eHealth

Volker P. Andelfinger • Till Hänisch

(Hrsg.)

eHealth

Wie Smartphones, Apps und Wearables
die Gesundheitsversorgung verändern
werden

Springer Gabler

Herausgeber
Volker P. Andelfinger
Palatinus Consulting
Annweiler
Rheinland-Pfalz
Deutschland

Till Hänisch
Wirtschaftsinformatik
DHBW Heidenheim
Heidenheim
Deutschland

ISBN 978-3-658-12238-6   ISBN 978-3-658-12239-3 (eBook)
DOI 10.1007/978-3-658-12239-3

Die Deutsche Nationalbibliothek verzeichnet diese Publikation in der Deutschen Nationalbibliografie; detaillierte bibliografische Daten sind im Internet über http://dnb.d-nb.de abrufbar.

Springer Gabler
© Springer Fachmedien Wiesbaden 2016

Gedruckt auf säurefreiem und chlorfrei gebleichtem Papier

Springer Fachmedien Wiesbaden ist Teil der Fachverlagsgruppe Springer Science+Business Media
(www.springer.com)

Vorwort

Liebe Leser,

Sie halten ein weiteres Buch in der Hand, das aus einem Integrationsseminar im Fachbereich Wirtschaftsinformatik an der Dualen Hochschule Baden-Württemberg in Heidenheim heraus entstanden ist. In Integrationsseminaren werden jeweils top-aktuelle Themenstellungen aus der Informatik und ihren Anwendungsbereichen aufgegriffen und mit Studierenden zusammen erarbeitet. Solche Themen, die zu neu sind, um schon in Lehr- und Studienplänen berücksichtigt werden zu können – die aber für Studierende höchstrelevant sind oder dies garantiert in nächster Zukunft werden.

Ein solches Thema ist eHealth – und dabei insbesondere Fitnessportale bzw. Gesundheitsportale, die in erheblichem Umfang von tragbaren Sensoren („Wearables") mit Daten gefüttert werden. In der wahrgenommenen Diskussion baut dieses Thema ein interessantes und brisantes Spannungsfeld auf:

Einerseits faszinieren die Möglichkeiten, Menschen ihren Lebensstil und ihren Gesundheitszustand wirkungsvoll bewusst zu machen. Sie können dadurch in die Lage versetzt werden, ihren Alltag gesünder und angenehmer zu gestalten; beispielsweise können sie dann besser mit chronischen Krankheiten umgehen. Sie gewinnen zukünftig vielleicht auch finanzielle Vorteile, etwa bei dadurch günstigeren Krankenversicherungstarifen. Und sie entlasten die Allgemeinheit von den Folgen der Krankheiten, die dadurch vermieden oder gemildert werden können. Im Buch werden die Vorteile anhand einiger Best-Practice-Beispiele sehr eindrucksvoll belegt.

Auf der anderen Seite konfrontieren diese Technologien ihre Nutzer mit der offenen Frage, was alles mit diesen Daten geschieht, ob sie also überhaupt noch die Kontrolle über ihre Daten besitzen. Gerade in Deutschland werden die Themen IT-Sicherheit, Datenschutz und Schutz der Privatsphäre vehement diskutiert. Wohingegen in anderen Ländern die Nutzung selbst von elektronischen Patientenakten mit hochsensiblen Daten längst Normalität ist. Das Buch zeigt auf, wie zumindest technisch-organisatorisch die Voraussetzungen für Sicherheit und Privacy geschaffen werden können; es zeigt aber auch, welche Überzeugungsarbeit in gesellschaftlicher und politischer Hinsicht noch geleistet werden muss.

Die Herausgeber sind sich wohl bewusst, dass das gesamte Themengebiet eHealth mit all seinen medizinischen, politischen, wirtschaftlichen, technischen und organisatorischen

Facetten nicht in ein einzelnes Buch passt. Für eine Verortung des Themas eHealth und die Herstellung eines Grundverständnisses ist es aber ideal und nützlich – so beispielsweise für die Gestaltung der Angebote von Fitness- oder Gesundheitsportalen. Die Anregungen in diesem Buch sind einerseits jugendlich frisch und mit einer unverstellten Sicht auf die Dinge, andererseits von sehr viel Erfahrung geprägt und zum Nachdenken ermahnend.

Beachtlich ist, dass es mit diesem Buch gelungen ist, fünfunddreißig Studierende, zwei Professoren, eine Gastprofessorin sowie Dozenten der DHBW Heidenheim und ergänzend einige externe – auch international profilierte – Autoren über ein wichtiges Thema zusammenzuführen. Autoren aus Lehre, Forschung und Praxis, allesamt Experten mit jahrelanger Erfahrung, vereinen ihre Erkenntnisse mit der Sichtweise junger Menschen, die noch keine „Scheuklappen" haben; gerade das macht den besonderen Reiz dieses Buches aus.

Durch meine „Versicherungsbrille" betrachtet, ist dieses Buch auch und gerade für Versicherer eine spannende Pflichtlektüre. Krankenversicherer, Lebensversicherer, ja eigentlich alle Personenversicherer, brauchen dringend frische Ideen, um ihre Geschäftsmodelle zu erweitern und zukunftsfähig zu machen. Da stellt dieses Buch einen wahren Fundus zur Verfügung.

Prof. Dr. Hans Jürgen Ott

Die Originalversion des Inhaltsverzeichnisses und des Autorenverzeichnisses wurde korrigiert. Für detaillierte Angaben ist ein Erratum verfügbar unter DOI 10.1007/978-3-658-12239-3_18

Inhaltsverzeichnis

Autorenverzeichnis

Volker P. Andelfinger   Annweiler, Deutschland

Irene Wyrwa   München, Deutschland

Arno Elmer   Berlin, Deutschland

Till Hänisch   Heidenheim, Deutschland

Julia Richter   München, Deutschland

Jessica Schmid   Heidenheim, Deutschland

Jonathan L. Schaffer   Cleveland, USA

Florian Schumacher   München, Deutschland

Jürgen Seitz   Heidenheim, Deutschland

Stefan Selke   Furtwangen, Deutschland

Ton Spil   Enschede, Netherlands

Nilmini Wickramasinghe   Melbourne, Australien

Doug Vogel   Dawesville, Australien

Die Herausgeber

Volker P. Andelfinger arbeitet seit Anfang 2009 als Unternehmensberater. Er befasst sich seit einigen Jahren mit Trend- und Zukunftsforschung, modernen Technologien, vorrangig Internet der Dinge und Innovation. Er arbeitet außerdem als Keynote-Speaker, als freier Fachjournalist und Buchautor. Als Dozent unterrichtet er an der Dualen Hochschule Baden-Württemberg in Heidenheim und Karlsruhe, der FH Zweibrücken/BA des Saarlandes und der ZHAW, Zürcher Hochschule für angewandte Wissenschaften.
Weitere Informationen finden Sie unter: www.palatinus-consulting.eu

Prof. Till Hänisch ist von Haus aus Physiker und lehrt an der DHBW Heidenheim im Studiengang Wirtschaftsinformatik. Seine Schwerpunkte in Forschung und Lehre sind das Internet der Dinge, Big Data und flexible Datenmodelle.
Weitere Informationen finden Sie unter: http://www.tillh.de

Einleitung

Volker P. Andelfinger und Till Hänisch

Das Gesundheitssystem in Deutschland ist bisher eindeutig auf Reparaturbetrieb ausgelegt. Wer krank ist, findet immer und überall die passende Behandlung, ob bei einem Hausarzt, Facharzt, den vielen unterstützenden Berufen im Heilwesen, in einer Apotheke, oder in einer Klinik. Die Beiträge für die Krankenversicherung, ob gesetzliche Kasse, oder private Krankenversicherung, sind nach wie vor tragbar. Prävention, also ein Verhalten des Einzelnen, das darauf abzielt, erst gar nicht krank zu werden, wird nach wie vor von keinem der Beteiligten wirklich fokussiert oder gefördert. Die Versicherten wissen um die Qualität der medizinischen Versorgung und tragen alle möglichen Gründe vor, warum es zu aufwändig ist, zu anstrengend oder erst gar nicht erforderlich, einen gesunden Lebensstil zu führen oder regelmäßig zu Vorsorgeuntersuchungen zu gehen. Die Ärzte partizipieren und profitieren am System dann am besten, wenn sie untersuchen und behandeln dürfen, nicht aber wenn sie die Menschen gesund erhalten. Das ist kein Vorwurf an den einzelnen Arzt – es ist das System, das nicht mehr passt.

Auch hinsichtlich der tatsächlich verursachten Kosten besteht kaum ein Bewusstsein, allenfalls die Privatversicherten kennen die Rechnungen der Gesundheitsversorger der Höhe nach, wobei die Transparenz oft beschränkt ist.

Wie lange kann das noch gutgehen?

Steigende Kosten im Gesundheitssystem wird es auch weiterhin geben. Niemand will auf medizinischen Fortschritt verzichten. Auch der kostet oft hohe Summen. Gleichzeitig

V. P. Andelfinger (✉)
Annweiler, Deutschland
E-Mail: vpa@palatinus-consulting.eu

T. Hänisch
Heidenheim, Deutschland
E-Mail: haenisch@dhbw-heidenheim.de

© Springer Fachmedien Wiesbaden 2016
V. P. Andelfinger, T. Hänisch (Hrsg.), *eHealth*, DOI 10.1007/978-3-658-12239-3_1

haben wir in der westlichen Welt eine demografische Entwicklung, die die Lasten auf immer weniger Schultern verteilt. Die Menschen leben länger, sollen auch länger arbeiten. Wer länger arbeiten soll, muss auch länger fit genug sein, um seine Arbeit machen zu können. Wer länger lebt – auch die Lebensspanne nach dem Renteneintritt verlängert sich immer weiter, nicht zuletzt durch den medizinischen Fortschritt – will auch länger gesund bleiben. Jedenfalls dürfte kaum jemand ein Interesse daran haben, einerseits länger zu leben, andererseits aber auch am Ende des Lebens länger krank zu sein.

In vielen anderen Ländern – mit auch teils deutlich anders gestalteten Gesundheitssystemen, was man beim Vergleich und dem Blick nach draußen nie vergessen darf – legt man bereits deutlich mehr Wert auf Prävention und den besseren Einbezug der Menschen in das Gesundheitssystem. Dabei spielen Fitnessportale, Gesundheitsportale, Apps und auch das Internet der Dinge in Form von Sensoren, Fitnesstrackern und anderen Geräten, die Vitalparameter des Menschen erfassen und speichern können, eine große Rolle.

All diesen Themen wollen wir uns in diesem Buch widmen.

Wir werden einen Überblick geben, was eHealth bedeutet, in welcher Form wir eHealth oder auch mobileHealth üblicherweise in Form von Hard- und Software vorfinden. Wir werden darüber berichten, wie es mit IT-Sicherheit, Datenschutz, Privatsphäre aussieht.

Danach werden wir die Bedeutung von eHealth für unser Gesundheitssystem beleuchten, warum es notwendig ist, die Menschen deutlich mehr einzubeziehen und es ihnen zu ermöglichen, mehr Selbstverantwortung für ihre Gesundheit zu übernehmen. Dazu hilft auch ein Blick über die Ländergrenzen hinweg, denn beispielsweise in den Ländern Skandinaviens ist man uns bei der Gesundheitsversorgung einer alternden Bevölkerung oder chronisch Kranker weit voraus. Prof. Nilmini Wickramasinghe wird Ihnen darlegen, wie die Entwicklungen auf wichtigen internationalen Märkten aussehen und was wir für Deutschland daraus lernen können.

Dabei stellt sich auch eine Grundsatzfrage: was wissen denn die Deutschen eigentlich über ihre Gesundheit und ihren Lebensstil, dessen Einfluss auf ihre Gesundheit? Dazu erhalten Sie Einblick in eine Studie aus 2014, die aufzeigt: da hat der Deutsche Michel erheblichen Nachholbedarf. Denn durch einen gesunden Lebensstil – wenn man das erst einmal begriffen hat – lassen sich dem Leben zahlreiche gesunde Lebensjahre hinzufügen. Wenn man denn will.

Die elektronische Gesundheitsakte in Deutschland – man könnte sagen: ein Trauerspiel. Über Jahre hinweg wurde daran mit hohen Zielen gearbeitet, Milliarden hat die Arbeit verschlungen. Der Berg kreißte und gebar… Sie wissen schon was: eine Plastikkarte mit Foto und der Adresse und Versichertennummer des gesetzlich versicherten Deutschen. Wie konnte es dazu kommen? Diese Geschichte fasst einer unserer Autoren für Sie zusammen.

Auf der anderen Seite gibt es mittlerweile viele Menschen, die freiwillig Daten sammeln, eine Vielzahl von Erfassungsmethoden und Werkzeugen nutzen, um ihr Leben zu erfassen. Schritte, Stockwerke zu Fuß, Nahrungsmittel und damit Kalorienzufuhr, Puls und Herzfrequenzvariabilität, Körpertemperatur, Schlafverhalten, Gewicht, Körperzusammensetzung. Ständig kommen neue Gadgets dazu, die weitere Vitalparameter zu erfassen in der Lage sind. Neueste Fitnessarmbänder haben dutzendweise Sensoren eingebaut. Nichts erscheint unvermessbar. Auch dieses Phänomen wird beleuchtet.

Ein vollständiger Überblick über Fitnessportale wird hier nicht machbar sein, alleine die ständig steigende Zahl der Fitness-Apps für die mobilen Geräte, die wir alle ständig mit uns herumtragen, würde den Rahmen sprengen. Wir werden in diesem Buch dennoch ein paar typische Beispiele beleuchten. Und natürlich einen Blick darauf werfen, wer denn die Zielgruppen, wer die Nutzer der Anwendungen sind.

Ein großer Teil des Buches beschäftigt sich vertiefend mit einzelnen Fragestellungen rund um Fitness- oder Gesundheitsportale. Welche Sensoren gibt es, welche machen im Einsatz Sinn, welche Entwicklungen sind zu erwarten und welche Daten dürfen wir daraus erwarten? Welche Funktionen sollten zukünftige Plattformen haben? Oder die spannende Frage, was Krankenkassen oder Private Krankenversicherer mit Gesundheitsdaten aus Portalen zu tun haben, zu tun haben dürfen oder sollten, was Einfluss auf die Tarife haben kann.

Eine große Herausforderung ist das richtige Geschäftsmodell. Niemand kann erwarten, dass ein Anbieter eines Gesundheitsportals dies einfach aus Spaß aufbaut. Mit Gesundheitsportalen soll ein großer Nutzen gestiftet werden, aber die Betreiber müssen auch Geld damit verdienen können. Was also wäre das Minimum Viable Product? Wie baut man es aus? Wie vermarktet man es? Dazu bedarf es Marktanalysen, eines Wettbewerbsvergleichs, Vertriebskonzepten.

In diesem Zusammenhang ist es entscheidend, wie wir methodisch am besten vorgehen, um die richtigen Anwender überhaupt zu erreichen. Die typische Vorgehensweise all derer, die Produkte und Dienstleistungen entwerfen, ist leider nach wie vor: ich hab da eine Idee, ich baue das, ich vermarkte es geschickt. Um dann festzustellen: zu wenige wollen es haben. Wir zeigen Ihnen einen Weg auf, mit dem Sie das umdrehen können. Wie Sie – wenn Sie das vorhaben – Lösungen im Rahmen von eHealth bauen können, die sich am Nutzer orientieren.

eHealth hat ein weiteres wichtiges Themenfeld als Schwester. Diese Schwester ist bisher das ungeliebte Kind. Keiner scheint es so recht haben zu wollen. Und dennoch gehört es dazu. Gerade wegen der absehbaren demografischen Entwicklung. AAL, Ambient Assisted Living. Denn diese Schwester ist zu großen Teilen eHealth und zu einem gewissen Teil auch Smart Home. Vielleicht hätte diese Schwester mehr Chancen auf dem Heiratsmarkt, wenn wir den eHealth-Anteil besonders hervorheben? Ein kurzer Ausflug versucht das zu klären.

Wie liest man am besten dieses Buch? Natürlich versuchen wir hier, eine Story zu erzählen, die Themen bauen aufeinander auf. Der Überblick über eHealth ermöglicht die Zuordnung der Gesundheitsplattformen in den Kontext. Wer sich dennoch einzelne Themen herausnehmen möchte, der kann auch dieses tun und einzelne Kapitel vorziehen.

Wir wünschen Ihnen jedenfalls so oder so eine aufschlussreiche Lektüre.

Volker P. Andelfinger arbeitet seit Anfang 2009 als Unternehmensberater. Er befasst sich seit einigen Jahren mit Trend- und Zukunftsforschung, modernen Technologien, vorrangig Internet der Dinge und Innovation. Er arbeitet außerdem als Keynote-Speaker, als freier Fachjournalist und Buchautor. Als Dozent unterrichtet er an der Dualen Hochschule Baden-Württemberg in Heidenheim und Karlsruhe, der FH Zweibrücken / BA des Saarlandes und der ZHAW, Zürcher Hochschule für angewandte Wissenschaften.

Weitere Informationen finden Sie unter: www.palatinus-consulting.eu.

Prof. Till Hänisch ist von Haus aus Physiker und lehrt an der DHBW Heidenheim im Studiengang Wirtschaftsinformatik. Seine Schwerpunkte in Forschung und Lehre sind das Internet der Dinge, Big Data und flexible Datenmodelle. Weitere Informationen finden Sie unter: http://www.tillh.de.

eHealth – eine Begriffsbestimmung

Till Hänisch

Das Internet hat fast alle Bereich des Lebens einschneidend verändert, nur der medizinische Bereich ist fast unbeeinflusst geblieben. Natürlich googeln wir beim ersten Husten nach möglichen Grippe-Symptomen, was dazu führt, dass eine Grippe-Welle von Google Flu Trends[1] früher erkannt wird, als von menschlichen Experten.

Solche Big-Data-Anwendungen gibt es schon viele und es werden immer mehr werden. Wir werden in diesem Buch einige davon kennen lernen. Aber warum nutzen wir die Medien, die wir ansonsten im Alltag nutzen, nicht für die Kommunikation mit Medizinern? Warum hat mein Hausarzt keine Facebook-Gruppe? Warum kriege ich Laborbefunde nicht per E-Mail? Oder kann Röntgenbilder auf meiner persönlichen Gesundheits-Dropbox speichern und anschauen, statt CDs (Sie erinnern sich, die Dinger, auf denen man vor zehn Jahren Software verteilte) von Arzt zu Arzt zu tragen?

Jedes Smartphone kann Dinge, mit denen sich die medizinische Versorgung ganz erheblich verbessern, beschleunigen und verbilligen könnte. Warum nutzen wir das nicht?

Was könnten wir denn alles machen? Was sollten wir denn alles machen, was nicht?

Diese Fragen wollen wir im Rahmen dieses Buchs beantworten. Na ja, um ehrlich zu sein, würden wir sie gerne beantworten. Ganz werden wir das nicht schaffen, aber wir wollen sie zumindest diskutieren und mögliche Ansätze aufzeigen.

Aber beginnen wir am Anfang: Wie sind die Computer in die Medizin gekommen?

Schon früh wurde der Nutzen von Computern zur Informationsbeschaffung, etwa zur Recherche in den Datenbanken zu Veröffentlichungen, erkannt. Die Suche nach Studien zu einem seltenen Krankheitsbild kann so viel schneller und bequemer erfolgen, als in

---

[1] (https://www.google.org/flutrends/).

T. Hänisch (✉)
Heidenheim, Deutschland
E-Mail: haenisch@dhbw-heidenheim.de

© Springer Fachmedien Wiesbaden 2016
V. P. Andelfinger, T. Hänisch (Hrsg.), *eHealth*, DOI 10.1007/978-3-658-12239-3_2

einer konventionellen Bibliothek. Die achtziger Jahre waren vom Optimismus geprägt, elektronische Patientenakten, die dem behandelnden Arzt alle Informationen zu seinem Patienten zur Verfügung stellen, Expertensysteme, die bei der Diagnose unterstützen, Netzwerke, die den Aufbau von Klinik-Informationssystemen erlauben oder doch zumindest PACs-Systeme, die Röntgenbilder archivieren und zugänglich machen können, schienen in greifbarer Nähe [Rennels87]

Telemedizin schien das Mittel der Wahl, um medizinische Expertise auch an unzugängliche Orte zu bringen und so erstklassige medizinische Versorgung in alle Ecken der Welt zu bringen. Nach der Tschernobyl-Katastrophe wurden etwa von der WHO weltweit Zentren zur Notfallhilfe bei nuklearen Unfällen eingerichtet. Um diese auch in entlegenen Gebieten nutzen zu können, wurde Mitte der neunziger Jahre mit dem RATEMA-Projekt ein System entwickelt, um Opfer des Unfalls in Tscheljabinsk vom Ulmer REMPAN-Zentrum aus telemedizinisch zu betreuen[2], was technisch auch nach der Überwindung kleinerer Probleme funktionierte.

Aber die meisten dieser Ansätze haben es nicht „in die Breite" geschafft, sind nicht Teil der normalen medizinischen Versorgung, sondern bleiben auf kleine Nutzerkreise (etwa das Militär) beschränkt. Heute üblicher Standard ist die Verwendung von Computern und die Integration von Systemen innerhalb von Kliniken oder Arztpraxen: Praktisch jede Klinik hat ein System zur elektronischen Erfassung und Verwaltung von Patientendaten und Untersuchungsergebnissen, praktisch jeder Hausarzt hat einen PC auf dem Schreibtisch[3].

Eine Vernetzung zwischen diesen Systemen oder gar zwischen den medizinischen Systemen und dem Patienten gibt es praktisch nicht, gerade eben, dass Werte elektronisch zwischen Labor und Hausarzt übertragen oder die Abrechnungsdaten vom Arzt zur Versicherung übermittelt werden. Der „Internet-Ansatz", alles mit allem zu vernetzen und per Klick auf einen Link im Browser darzustellen, hat vor der Medizin Halt gemacht. Zumindest in Deutschland, zumindest bisher. In anderen Ländern ist das anders: In Dänemark etwa kommunizierten schon 2008 über 60 % der Menschen mit ihrem Hausarzt per E-Mail [EU08], im EU-Durchschnitt grade mal 4 %.

Aber genau das ändert sich. Nicht auf Initiative der Mediziner, sondern von Seiten der Nutzer. Was derzeit als Quantified Self noch eher Nischencharakter hat, ist der Anfang einer umfassenden Personalisierung des Gesundheitswesens, der Patient übernimmt eine aktivere, irgendwann vielleicht zentrale Rolle in der Gesundheitsversorgung, die sich zukünftig stärker daran orientiert, gesund zu bleiben, als Krankheiten zu heilen, Lebensqualität zu verbessern statt nur Lebenszeit zu verlängern. Aber was steckt tatsächlich hinter dieser eHealth?

---

[2] http://www.who.int/ionizing_radiation/pub_meet/en/RAD0207ALL.pdf.

[3] Das liegt allerdings hauptsächlich daran, dass Diagnosen in codierter Form (ICD 10) an die Kassen gemeldet werden müssen, was ohne Computerunterstützung ziemlich aufwendig ist. Und, dass die Archivierung von Röntgenbildern u.ä. als digitales Archiv viel günstiger und schneller ist als auf Film. Hier dient der Computer also im wesentlichen nur als intelligente Ablage.

Jeder Mensch ist unterschiedlich. Außer in der Medizin: Gängige Praxis ist die Behandlung von Krankheiten nach einem festen Schema, das für die Mehrheit der Betroffenen gute Ergebnisse liefert. Bewertet werden diese Leitlinien[4] durch Statistik: In (teilweise sehr großen) klinischen Studien wird überprüft, ob eine Behandlung „signifikant" besser ist, als eine andere. Und die, die in Studien als die Überlegene gefunden wird, wird zum Standard für alle. Die Struktur dieser Leitlinien ist im Prinzip einfach: Liegen bestimmte Umstände vor, wird eine bestimmte Therapie vorgeschlagen.

Aber: Jeder Mensch ist unterschiedlich, jeder Patient hat eine unterschiedliche Krankheit. Und eine lange Geschichte. Die Behandlung auf diesen einen Patienten abzustimmen, mehr noch, für jeden einzelnen möglichst hohe Lebensqualität zu sichern, jeden Menschen in die Lage zu versetzen, eine aktive Rolle im medizinischen Kontext zu verschaffen, ist ein wichtiges Ziel von eHealth.

Natürlich unterstützen eHealth-Anwendungen auch die „klassische" Medizin: Apples ResearchKit erlaubt es, jedem Interessierten an medizinischen Studien teilzunehmen: „Hunderte Millionen Menschen auf der Welt haben ein iPhone in der Tasche. Jedes hat leistungsstarke Prozessoren und Sensoren, die Bewegungen verfolgen, Messwerte ermitteln und Daten aufzeichnen können – Funktionen, die perfekt für medizinische Studien sind. Diese große Zahl weltweit verwendeter Geräte eröffnet Forschern ganz neue Möglichkeiten."[5] Forschung wird so aus dem Labor ins echte Leben geholt. Grade für multifaktorielle Massenerkrankungen wie etwa Diabetes oder Herz-Kreislauf-Erkrankungen können Ärzte über die Sensoren moderner Smartphones oder Smartwatches auf eine riesige Menge kontinuierlicher Daten zugreifen, die viel mehr aussagen, als punktuelle Messungen in der Arztpraxis.

Aber zurück zur Individual-Medizin. Die sogenannte Alternativmedizin, die nicht auf wissenschaftlichen Erkenntnissen basiert, sondern die ganzheitliche Betrachtung des Menschen in den Vordergrund stellt und teilweise Verfahren anwendet, die mehr mit Glaube als mit Wissenschaft zu tun haben, hat Anhänger in weiten Teilen der Bevölkerung. Dies könnte als Wunsch nach Aufmerksamkeit und Berücksichtigung der Individualität interpretiert werden. Vielleicht werden eHealth und Quantified Self ja die moderne Form der ganzheitlichen Medizin.

2.1   Consumerization des Gesundheitswesens

Früher: Ich habe Beschwerden, deshalb gehe ich zum Arzt. Der bringt das dann wieder in Ordnung. Fertig.

Heute: Ich habe Beschwerden. Ich google erstmal, was das sein könnte. Versuche vielleicht zunächst, selber etwas dagegen zu unternehmen. Wenn das nicht hilft, suche ich (im

---

[4] https://de.wikipedia.org/wiki/Medizinische_Leitlinie.

[5] http://www.apple.com/de/researchkit.

Internet) einen passenden Arzt. Der macht dann irgendwas. Ich google erstmal, ob das auch das richtige war usw.

Morgen: Mein Smartphone sagt mir, dass ich mich in den letzten Wochen zu wenig bewegt habe, man sieht das auch an meinem Gewicht, das die Waage per WLAN an mein Health-Portal übermittelt hat. Es sagt mir auch, dass ich vermutlich bald wieder Probleme mit dem Knie bekommen werde, genau wie letztes Jahr als ich zugenommen hatte.

Die Firmentermine mit dem privaten Smartphone verwalten. Mit den Kollegen per WhatsApp kommunizieren. Das versteht man unter Consumerization in der IT. Die Geräte und Anwendungen, die man privat nutzt, werden auch im beruflichen Umfeld verwendet. „Consumerization can be embraced and it must be dealt with, but it cannot be stopped."[6] so die Gartner Group, eines der großen IT-Beratungshäuser.

Was bedeutet das für die Gesundheitsversorgung? Ein Smartphone enthält eine Vielzahl von Sensoren, die alles Mögliche messen können. Mit den leistungsfähigen Kameras der modernen Smartphones etwa könnten viele einfache telemedizinische Untersuchungen kostengünstig realisiert werden. Beispiele sind etwa die Diagnose von Hautkrebs [Mone14], die Diagnose von Mittelohrentzündungen[7] oder von Netzhaut-Tumoren bei Kindern [Shaw13]. Computer, die aus Bildern die Stimmungslage eines Menschen erkennen, können das Schmerzniveau von Menschen, die sich verbal nicht gut äußern können, erkennen, etwa von Kindern [Mone15].

In noch viel stärkerem Maß gilt das für Smartwatches. Eine mit Sensoren ausgestattete Uhr wie die Apple Watch[8] kann medizinisch relevante Parameter wie körperliche Aktivität, Schlafrhythmus und Herzfrequenz messen. Durch die kontinuierliche Erfassung bieten sich viel weiter reichende diagnostische Möglichkeiten als bisher: Jeder Deutsche geht durchschnittlich siebenmal pro Jahr zum Arzt[9]. Durch die kontinuierliche Überwachung von Vitalparametern können Erkrankungen früher erkannt werden als durch Schnappschüsse bei gelegentlichen Arztbesuchen.

Die Früherkennung etwa von Herz-Kreislauf-Erkrankungen könnte erheblich ausgeweitet werden. Herz-Kreislauf-Erkrankungen sind immer noch die häufigste Todesursache in OECD-Ländern[10]. Vielleicht fehlt derzeit noch die „Killer-Anwendung", die diese Technologien tatsächlich in die Masse der Anwender bringt. Das könnte zum Beispiel ein ständig messender, nicht invasiver Blutzucker-Sensor sein, der die Lebensqualität von Diabetikern erheblich steigern könnte. Das ist derzeit so etwas wie der „Heilige Gral" der

---

[6] http://www.gartner.com/it-glossary/consumerization.

[7] www.cellscope.com.

[8] http://www.apple.com/de/watch/.

[9] http://de.statista.com/statistik/daten/studie/71119/umfrage/anzahl-jaehrlicher-arztbesuche-pro-kopf/.

[10] http://www.spiegel.de/gesundheit/diagnose/herzinfarkte-und-schlaganfaelle-oecd-studie-zu-herz-kreislauf-erkrankungen-a-1039167.html.

Sensor-Entwickler, heiße Favoriten sind Kontaktlinsen mit eingebautem Sensor, an denen etwa Google arbeitet[11].

Der Besitzer einer solchen Smartwatch kann mit geeigneten Apps, ggf. mit zusätzlicher Online-Konsultation von medizinischen Partnern seinen Gesundheitszustand überwachen und bewerten. Mit diesen Informationen geht er dann zum Arzt. Die Rolle des Patienten ändert sich vom passiven Nutzer des Gesundheitssystems im Krankheitsfall hin zu einem aktiven Kunden der medizinischen Partner. Die Rollen von Ärzten und Patienten werden sich massiv ändern. „We don't really, fully know and understand how patients will want to use this and we're going to basically stand ready to learn by what will happen." so der IT Leiter des Cedars-Sinai Medical Center in Los Angeles nach der Integration von Apples Health Kit für 80.000 Patienten.

Aber nicht nur die Diagnose von Krankheiten wird sich ändern, auch und gerade bei der Unterstützung älterer Menschen zu Hause werden diese Technologien erhebliche Veränderungen mit sich bringen. Hausnotrufsysteme für Senioren sind weit verbreitet, allein in Deutschland mit etwa 350.000 Installationen. Bei Kosten von um die zwanzig Euro pro Monat ist das ein attraktiver Markt: Eine Smartwatch bietet alle notwendigen Funktionen um bei vorhandenem Internet-Anschluss einen solchen Service ohne weitere Kosten zu bieten. Darüber hinaus können durch die integrierten Sensoren auch etwa Stürze oder Bewegungsunfähigkeit erkannt werden. Da diese Devices solche Funktionalitäten von Haus aus mitbringen, wird es auch nicht lange dauern, bis entsprechende Apps und Services entstehen.

In der IT-Welt hat dies weitreichende Konsequenzen: IT-Anbieter orientieren sich immer weniger an Firmenkunden, sondern immer mehr am privaten Anwender. Vorgemacht hat das Apple mit Produkten, die so attraktiv sind, dass Anwender ihre privaten Geräte in die Unternehmen bringen, Richtlinien hin oder her. Das ist kein Nischenmarkt, der Börsenwert von Apple ist fast doppelt so hoch wie der aller russischer Unternehmen zusammen[12], Apple ist etwa dreimal so viel wert wie Microsoft, der größte Anbieter von Unternehmens-Software. Dies führt zu einer immer stärkeren Ausrichtung der Produkte am Endverbraucher, weniger an Unternehmenskunden.

Zu Recht erwartet dann natürlich der Patient, dass sein Arzt diese Daten und Dienste berücksichtigt. Die Consumerization wird sich nicht – genau so wenig wie in der betrieblichen IT – aufhalten lassen.

Literatur

[Atienza15] Audie A. Atienza et al., Consumer Attitudes and Perceptions on mHealth Privacy and Security: Findings From a Mixed-Methods Study, Journal of Health Communication, 7/ 2015

---

[11] http://google-produkte.blogspot.de/2014/01/projekt-smart-contact-lens.html.

[12] http://www.welt.de/wirtschaft/webwelt/article136881587/Apples-schiere-Groesse-ist-fast-schon-beaengstigend.html.

[EU08] Europäische Kommission, Pressemitteilung, Survey takes pulse of e-Health in Europe and prescribes wider ICT use among doctors, 2008

[Mone14] G. Mone, The New Digital Medicine, IEEE Spectrum Vol. 57, 2014

[Mone15] G. Mone, Sensing Emotions, Communications of the ACM, September 2015, VOL. 58

[Rennels87] G.D. Rennels, E.H. Shortliffe, Moderne Computer in der Medizin, Spektrum der Wissenschaft, Dezember 1987

[Rossner15] Gilad Rosner, The Intimacy of Things, http://radar.oreilly.com/2015/02/the-intimacy-of-things.html?imm_mid=0cd1fb&cmp=em-iot-na-na-newsltr_iot_20150219, 2015

[Shaw13] Abdolvahabi A, Taylor BW, Holden RL, Shaw EV, Kentsis A, Rodriguez-Galindo C, et al. (2013) Colorimetric and Longitudinal Analysis of Leukocoria in Recreational Photographs of Children with Retinoblastoma. PLoS ONE 8(10): e76677. doi:10.1371/journal.pone.0076677

Prof. Till Hänisch ist von Haus aus Physiker und lehrt an der DHBW Heidenheim im Studiengang Wirtschaftsinformatik. Seine Schwerpunkte in Forschung und Lehre sind das Internet der Dinge, Big Data und flexible Datenmodelle.

Weitere Informationen finden Sie unter: http://www.tillh.de.

Exkurs: Telemedizin – Chance für eine bessere Behandlung?

3

Jessica Schmid

Auch dieser Beitrag ist im Rahmen des Integrationsseminars entstanden. Jessica Schmid hat sich zusätzlich zur Arbeit in den Gruppen – diese Kapitel sind später im Buch konzentriert – dieses Thema vorgenommen: Telemedizin. Der Beitrag findet hier relativ früh im Buch seinen Platz, zusammen mit den Grundsatzaussagen über eHealth. Hier gehört er auch hin und zeigt, wie vielfältig auch in diesem Umfeld die Begriffswelten sind. eHealth, mHealth, Telemedizin – die Grenzen sind oft fließend.

3.1 Telemedizin – Verbesserte und effektivere Behandlung?

Jessica Schmid

Abstract
Viele Länder, z. B. Schweden, bieten bereits telemedizinische Beratungen, Untersuchungen und Behandlungen an. Dabei beugen sie dem Ärztemangel in abgelegenen Regionen vor. Auch können in manchen Ländern, z. B. Schweiz, Patienten 24 h lang einen Arzt telefonisch oder über das Internet kontaktieren. Diese Arbeit soll eine Einführung in die Thematik der Telemedizin darstellen und ihre Vorteile für den Patienten aufzeigen. Außerdem soll ein Überblick über einen Teil der Anwendungsbereiche und – gebiete gegeben werden.

Keywords
Telemedizin, Telekardiologie, Telechirurgie.

J. Schmid (✉)
Heidenheim, Deutschland
E-Mail: eHealth-Autoren@dhbw-heidenheim.de

3.1.1 Einleitung

Die Telemedizin ist ein Bereich der Telematik im Gesundheitswesen (Gesundheitstelematik). Diese Technologie verbindet die Bereiche Telekommunikation und Informatik. Dabei werden elektronische Daten verarbeitet und ausgetauscht. Die Gesundheitstelematik bezeichnet das Nutzen von Informations- und Kommunikationstechnologien. Dadurch können die medizinischen Daten nicht nur elektronisch gespeichert, sondern auch über Datennetze übermittelt werden.

Durch die Gesundheitstelematik werden zwei Ziele verfolgt. Einerseits sollen medizinische Daten eines Patienten, die meistens im Gesundheitswesen an verschiedenen Orten gespeichert werden, im Sinne einer elektronischen Patientenakte verfügbar gemacht werden. Dadurch soll die sektorübergreifende medizinische Versorgung verbessert werden. Andererseits können so räumliche Distanzen überwunden werden. Dadurch können Spezialisten mithilfe von technischen Hilfsmitteln Befunde oder Zweitmeinungen abgeben, ohne dass sie vor Ort sein müssen [Bundesärztekammer, 2006].

3.1.2 Definition

Durch die Telemedizin sollen medizinische Leistungen, wie z. B. Diagnostik und medizinische Notfallversorgung, trotz räumlicher Distanz ermöglicht werden. Die Überwindung der räumlichen Distanz erfolgt durch den Einsatz von audiovisuellen Kommunikationstechnologien [Bundesministerium für Gesundheit, 2015].

Bei audiovisuellen Technologien ist der Gegenüber, z. B. ein Spezialist in Amerika, gleichzeitig hör- und sichtbar [Duden, 2013].

Bei der Telemedizin werden zwei Bereiche unterschieden. Einerseits wird die Kommunikation und Zusammenarbeit von verschiedenen medizinischen Leistungsträgern, wie z. B. Ärzten unterstützt (Doc2Doc). Dabei ist die Sicherstellung der Transparenz von Prozessen zur Behandlung und die Übermittlung von medizinischem Wissen wichtig [Telemedizinführer Deutschland, 2006]. Andererseits liegt die Erbringung telemedizinischer Dienstleistungen durch den Arzt am Patienten im Fokus (Doc2Patient) [Krüger-Brand, H., 2005].

In ländlichen Räumen soll die Telemedizin ein zukünftiger Bestandteil der medizinischen Versorgung sein [Bundesministerium für Gesundheit, 2015].

3.1.3 Anwendungsbeispiele

Ferndiagnose
Bei der Ferndiagnose, z. B. in der Telekardiologie, stellt der Arzt die Diagnose für den Patienten [Deutsche Gesellschaft für Telemedizin 1, 2014], ohne ihn vor Ort selbst zu untersuchen [kma – Das Gesundheitswirtschaftsmagazin, 2013].

In Deutschland jedoch gibt es das Problem des Fernbehandlungsverbots, welches in der Musterberufsordnung für Ärzte steht. Daraus ergibt sich, dass ein Arzt seine Patienten nicht nur durch elektronische Medien behandeln darf [DrEd, 2015]. Andere Länder haben die Ferndiagnose, ohne direkten Kontakt mit dem Patienten, bereits legalisiert und in ihren Alltag integriert. In Deutschland kann die Ferndiagnose nur durch das Aufheben des Fernbehandlungsverbots legalisiert werden. Diese Änderung sehen die Ärzte und Kassen kritisch, da jeder Patient anders ist und dadurch eine individuelle Behandlung erforderlich ist. Für den Ärztemangel in ländlichen Regionen können die Online-Diagnosen und die ärztliche Unterstützung per Videochat eine Lösung darstellen und sehr hilfreich sein [kma – Das Gesundheitswirtschaftsmagazin, 2013].

Fernbetreuung und Telemonitoring
Die Fernbetreuung ist ein großer Wunsch von chronisch Kranken. Dabei ist die Telemedizin ein erster Schritt, um ihnen diesen Wunsch zu erfüllen. Denn durch die Fernbetreuung kann der Patient in seiner gewohnten Umgebung bleiben und wird trotzdem von einem Team aus geeigneten Experten (Fachärzte, Ernährungsberater und Therapeuten) betreut und beraten. Der Patient erhält schnell und bequem Informationen zu seinem Krankheitsbild. Auch unnötige Aufenthalte in Kliniken können so vermieden werden. Dies spart nicht nur Kosten, sondern steigert auch die Patientenzufriedenheit [Das Biotechnologie und Life Sciences Portal Baden-Württemberg, 2013].

Durch ein auf den Patienten zugeschnittenes Telemonitoring lernt er schrittweise, wie er mit seiner Krankheit umgehen muss. Häufig können dadurch Folgeerkrankungen verhindert und der Krankheitsverlauf positiv beeinflusst werden [Das Biotechnologie und Life Sciences Portal Baden-Württemberg, 2013].

Beim Telemonitoring (hier vom Unternehmen AnyCare GmbH) stehen der behandelnde Arzt, der Patient und das medizinisches ServiceCenter (TeleMed-Zentrale) im ständigen Austausch miteinander (siehe Abb. 3.1) [Das Biotechnologie und Life Sciences Portal Baden-Württemberg, 2013].

Abb. 3.1 Telemonitoring der AnyCare GmbH

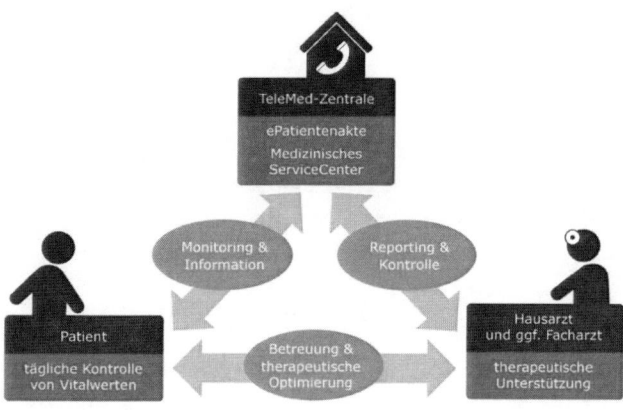

Abhängig vom Krankheitsbild bekommt der Patient sein telemedizinisches Gerät (z. B. telemedizinische Gewichtswaage, Blutzuckermessgerät). Diese Geräte werden von den Patienten täglich zu Hause genutzt, um ihre Vitalparameter zu bestimmen. Sie gewährleisten die ständige Übertragung der Daten zu AnyCare, denn der Patient besitzt neben dem Messgerät, das mit einem Bluetooth-Modul oder einer SIM-Karte ausgestattet ist, auch ein Übertragungsgerät. Das Übertragungsgerät kann ein Tablet-PC oder ein Smartphone sein. Die Ärzte überprüfen die übertragenen Werte. Bei der Überschreitung von Grenzwerten wird der Patient schnellstmöglich vom medizinischen ServiceCenter kontaktiert. Dabei werden dann die Möglichkeiten zur Senkung der Werte angesprochen. Der Patient wird nicht nur durch die Überprüfung seiner Vitalparameter unterstützt, sondern auch durch schriftliche Informationsmaterialien, die er zuhause lesen kann. Auch erfolgt eine telefonische Betreuung, durch die der Patient zur Einhaltung seiner Therapie motiviert werden soll (z. B. regelmäßige Medikamenteneinnahme, Befolgen des Diätplans) [Das Biotechnologie und Life Sciences Portal Baden-Württemberg, 2013].

Telemonitoring ist erfolgreich, wenn der Patient seine Krankheit allein von zu Hause überprüfen und behandeln kann [Das Biotechnologie und Life Sciences Portal Baden-Württemberg, 2013].

3.1.4   Telemedizinische Anwendungsbereiche

Telekardiologie

Die wichtigen „Herzdaten" werden bei der Telekardiologie über das Internet, das Mobilfunknetz oder über Telefonleitungen an den Arzt übermittelt. Dadurch wird die räumliche Entfernung vom Arzt zum Patienten überbrückt [Kardionet, 2008].

Viele Patienten mit chronischen Herzerkrankungen haben die Angst als ständigen Begleiter. Dadurch benötigt ein langfristiger Therapieerfolg eine gewissenhafte Nachsorge. Durch die Telekardiologie sind Herzpatienten ständig und direkt mit ihrem Arzt verbunden, denn innovative Herzschrittmacher übermitteln ständig und rund um die Uhr Daten über den Herzstatus per Mobilfunk an den behandelnden Arzt. Dadurch kann der Arzt auf bedrohliche Veränderungen schnell reagieren und der Patient hat ein sicheres Gefühl [Gesundheit, 2014].

Über eine winzige Antenne senden die modernen Implantate (z. B. Kardiale Resynchronisationstherapie) rund um die Uhr EKG-Daten direkt vom Herz an ein mobiles Empfängergerät. Dieses Gerät kann ohne Probleme tagsüber am Körper befestigt werden (z. B. Gürtel) und nachts am Bett und ist etwa so groß wie ein Handy. Die Daten werden vom mobilen Empfängergerät über eine zentrale Stelle auf den Computer vom behandelnden Arzt gesendet. Das Implantat überwacht außer dem Herz des Patienten auch seine eigene Funktionalität. Bei technischen Problem oder Herzrhythmusstörungen, wird der Arzt direkt benachrichtigt (per Fax, E-Mail oder SMS). Dadurch kann er dem Patienten sofort Bescheid geben [Gesundheit, 2014].

Durch das Versenden der Daten per Mobilfunk, bleibt die Verbindung zum Arzt auch über weite Entfernungen bestehen. Dadurch kann der Patient ein mobileres und befreiteres Leben führen, da er weiß, dass er rund um die Uhr durch das Implantat und von seinem Arzt überwacht wird [Gesundheit, 2014].

Telechirurgie

Die Telechirurgie bezeichnet eine Operation, bei der sich der Chirurg nicht im selben Operationssaal befindet wie der Patient, sondern die Operation von Robotersystemen durchgeführt wird, die vom Arzt gesteuert und kontrolliert werden. Dadurch können Operationen über große Entfernungen hinweg durchgeführt werden. Hierfür gibt es verschiedene Verfahren und Techniken, wie z. B. computerassistierte Chirurgie (Telementoring), computerunterstützte Chirurgie (Computer Aided Surgery – CAS), Medizinrobotik, OP-Roboter, minimal invasive Chirurgie (MIC) und Simulation von Operationen [Deutsche Gesellschaft für Telemedizin 2, 2014].

Man unterscheidet immer zwischen „Long-distance"- und „Short-distance"-Operationen. Bei der „Short-distance"-Operation befindet sich der operierende Chirurg in der Nähe des Patienten. Dies kann derselbe oder ein Nachbarraum im OP sein. Beim „Long-distance"-Verfahren befindet sich der Operateur in weiterer Entfernung. Dies kann sogar auf einem anderen Kontinent sein. Bei auftretenden Komplikationen muss jedoch ein Arzt vor Ort sein, der eingreifen kann [Deutsche Gesellschaft für Telemedizin 2, 2014].

3.1.5 Fazit

Durch die verbreitete Einführung von telemedizinischen Dienstleistungen in Deutschland haben nicht nur Patienten Vorteile sondern auch das Gesundheitswesen. Der Patient braucht bei Beschwerden oder zur Kontrolle keine weiten Entfernungen zu überbrücken, er kann schnellstens mit einem Arzt Kontakt aufnehmen und sich untersuchen und behandeln lassen. Dies betrifft überwiegend auch ältere Menschen, die nicht mehr so mobil sind und auf fremde Hilfe angewiesen sind.

Durch die Telemedizin kann der in Deutschland weit verbreitete Ärztemangel in ländlichen Regionen aufgefangen werden. Dabei wird die medizinische Notfallversorgung sichergestellt.

Deshalb wäre es sinnvoll, in Deutschland die Telemedizin schnellstens einzuführen.

Literatur

Bundesärztekammer (2006): Glossar zur Telematik im Gesundheitswesen. http://www.bundesaerztekammer.de/page.asp?his=1.134.3418, zuletzt geprüft am 27.03.2015.
Bundesministerium für Gesundheit (2015): Glossarbegriff Telemedizin. http://mobile.bundesgesundheitsministerium.de/glossarbegriffe/t-u/telemedizin.html, zuletzt geprüft am 27.03.2015.

Duden (2013): audiovisuell. http://www.duden.de/rechtschreibung/audiovisuell, zuletzt geprüft am 27.03.2015.

Telemedizinführer Deutschland (2006): Integrierte Versorgung als Anwendungsfeld der Telemedizin – Akzeptanz und deren Treiber bei Ärzten. http://www.telemedizinfuehrer.de/index.php?option=com_content&task=view&id=63&Itemid=28, zuletzt geprüft am 27.03.2015.

Krüger-Brand, Heike E. (2005): Telemedizin: Erfolgreiche Geschäftsmodelle. http://mobile.aerzteblatt.de/print/45514.htm, zuletzt geprüft am 27.03.2015.

Deutsche Gesellschaft für Telemedizin 1 (2014): Telemedizin: Anwendungsbeispiele. http://www.dgtelemed.de/de/telemedizin/anwendungsbeispiele.php?lang=de, zuletzt geprüft am 27.03.2015.

kma – Das Gesundheitswirtschaftsmagazin (2013): Ferndiagnose ist in anderen Ländern etabliert. http://www.kma-online.de/nachrichten/technologie/telemedizin-ferndiagnose-ist-in-anderen-laendern-etabliert___id__32099___view.html, zuletzt geprüft am 27.03.2015.

DrEd (2015): Telemedizin: Viel ungenutztes Potenzial. https://www.dred.com/de/telemedizin.html, zuletzt geprüft am 27.03.2015.

Das Biotechnologie und Life Sciences Portal Baden-Württemberg (2013): Telemonitoring, eine besondere Form der Telemedizin. http://www.bio-pro.de/magazin/thema/09145/index.html?lang=de&artikelid=/artikel/09437/index.html, zuletzt geprüft am 27.03.2015.

Kardionet (2008): Telekardiologie: innovative Technologie optimiert Betreuung und Nachsorge. http://www.kardionet.de/telekardiologie-innovative-technologie-optimiert-betreuung-und-nachsorge, zuletzt geprüft am 27.03.2015.

Gesundheit (2014): Telekardiologie: Das Sicherheits-Plus für Herzpatienten. http://www.gesundheit.de/krankheiten/herz/herzgesundheit-und-herzpatient/telekardiologie-das-sicherheits-plus-fuer-herzpatienten, zuletzt geprüft am 27.03.2015.

Deutsche Gesellschaft für Telemedizin 2 (2014): Glossar. http://www.dgtelemed.de/de/telemedizin/glossar/?lang=de, zuletzt geprüft am 27.03.2015.

Sind die Daten sicher, Privacy gestern, heute, morgen

Till Hänisch

Der Schutz der Privatsphäre (*engl. „privacy"*) von Patienten, insbesondere die Sicherung der Vertraulichkeit von Informationen zum Gesundheitszustand ist ein hohes, in Gesetzen und in der Gesellschaft fest verankertes Gut.

Werden Informationen, etwa über Diagnosen, bekannt, drohen unangenehme Konsequenzen. Sei es durch die Stigmatisierung bestimmter Krankheiten, man denke nur an HIV oder andere sexuell übertragbare Krankheiten. Oder durch berufliche Nachteile, wenn Einschränkungen der Leistungsfähigkeit zu erwarten sind. Dies führt aber dazu, dass der Schutz medizinischer Daten so stark ist, dass unter Umständen durch eben diesen Schutz negative Konsequenzen auftreten können, die ja genau verhindert werden sollen: Ärzte und Kliniken hüten und horten alle Daten über ihre Patienten in völlig abgeschlossenen Systemen, auf die nicht einmal der Patient selber Zugriff hat. Ein anderer, weiter behandelnder Arzt erhält nur einen Teil der Informationen der vorigen Behandlungen, welchen Teil bestimmt nicht der Patient, sondern der Arzt. Dies kann zu falschen Schlüssen führen oder die Möglichkeiten, Therapien (insbesondere bei Komplikationen oder anderen Problemen) nachzuvollziehen, erheblich einschränken. Soweit nichts neues, diese Probleme scheinen gesellschaftlich akzeptiert und als Konsequenz des Schutzes der eigenen Daten verstanden worden zu sein.

Aber mit den heutigen Möglichkeiten der automatischen Auswertung großer Datenmengen („Big Data") muss dieser Konsens neu hinterfragt werden. Die Konsequenzen der Abschottung sind viel weitreichender als früher. Bereits heute in Einzelfällen und in naher Zukunft auch für jeden wäre es möglich, alle Daten eines Patienten als Basis für Diagnose und Therapie zu verwenden und damit eine individuell angepasste Behandlung

T. Hänisch (✉)
Heidenheim, Deutschland
E-Mail: haenisch@dhbw-heidenheim.de

V. P. Andelfinger, T. Hänisch (Hrsg.), *eHealth,* DOI 10.1007/978-3-658-12239-3_4

zu ermöglichen. Noch viel weitergehender wären die Möglichkeiten, die sich daraus ergeben, dass alle Daten über alle Patienten untersucht werden könnten und so etwa ähnliche
Patienten automatisch gesucht und deren Behandlung und insbesondere deren Erfolg beachtet werden könnten. So könnte für jeden Patienten eine auf allen verfügbaren Informationen basierte optimale Therapieempfehlung entwickelt werden.

Das versucht IBM grade im Bereich der Onkologie: „It will be like having a capable
and knowledgeable ‚colleague' who can review the current information that relates to my
patient… It is fast, thorough, and has the uncanny ability to understand how the available evidence applies to the unique individual I am treating." (IBM Watson for Oncology[1]). Dadurch kann auf das Wissen aus einer viel größeren Zahl von Fällen, als es einem
„normalen", also menschlichen Mediziner zugänglich ist, zurückgegriffen werden. „Each
year we care for more than 130,000 people with cancer, contribute to premier oncology
organizations, and lead groundbreaking clinical trials. Our subspecialized oncologists are
applying their unique expertise – integrating the latest published research with decades
of longitudinal data into clinical practice – to teach Watson Oncology." so das Memorial
Sloane Kettering Cancer Center, der medizinische Partner in diesen Projekt[2].

Grundlage für diese Art der Medizin ist aber der (natürlich prinzipiell anonyme, dazu
gleich mehr) Zugriff auf eine große Menge von medizinischen Daten, am besten nicht
nur aus einer Einrichtung, idealerweise auf alle Daten aller Patienten. Diese in vielen
Bereichen bereits praktizierte Öffnung der Daten für andere ist aber mit dem heutigen
Verständnis von Privatsphäre und Datenschutz, insbesondere auch mit den rechtlichen
Rahmenbedingungen nicht vereinbar. Die Technik schreitet hier viel schneller fort, als der
gesellschaftliche und politische Diskurs oder gar die Gesetzgebung.

Open Data ist ein wichtiger Trend unserer Zeit: Werden Daten, insbesondere große
Datenmengen der öffentlichen Hand, öffentlich zur Verfügung gestellt, kann dies neue
Nutzungsmöglichkeiten hervorbringen. Frei zugängliche Wetterdaten oder die Daten der
statistischen Ämter werden schon lange Zeit für alle möglichen Anwendungen genutzt.
Dass auch medizinische Daten sinnvoll ausgewertet werden könnten, ist unstrittig. Wenn
auch bisher eher nicht öffentlich, sondern in einem kontrollierten Rahmen können die riesigen Datensammlungen für vielfältige Zwecke genutzt werden, etwa um multifaktorielle Ursachen verbreiteter Krankheiten wie Alzheimer zu untersuchen. Das britische NHS
(National Health Service) sammelt etwa im Rahmen des care.data Programms Daten und
stellt diese zur Verfügung, „to understand patterns and trends in public health and disease
to ensure better quality care is available to everyone".

Um die Privatsphäre der betroffenen Personen zu schützen, werden die Daten anonymisiert, das heißt, es werden Informationen entfernt oder verschlüsselt, die eine direkte
Identifikation der betroffenen Person erlauben würden. Leider ist das jedoch grade bei Gesundheitsdaten von nur beschränktem Wert: Mit etwas Mühe läßt sich, in der Regel durch
Kombination mit anderen (mehr oder weniger öffentlichen) Datenquellen, die Identität

---

[1] http://www.ibm.com/smarterplanet/us/en/ibmwatson/watson-oncology.html.
[2] https://www.mskcc.org/about/innovative-collaborations/watson-oncology.

wieder herausfinden. So konnte etwa Yaniv Erlich 2014 zeigen, dass sich aus den ver-öffentlichten Erbgut-Datenbanken (etwa des 1000 genome Projekts[3]) in Kombination mit öffentlich gemachten Familien-Stammbäumen durch Abgleich des Geburtsjahrs in vielen Fällen die Identität des Untersuchten herausfinden lässt [Erlich13][4].

Natürlich wurde sofort das Geburtsdatum aus der Genom-Datenbank entfernt und da-mit diese Lücke geschlossen. Jetzt kann zwar niemand mehr auf demselben Weg auf die Daten zugreifen, aber das ist letztlich keine Lösung: Erstens wurden die Daten ja bereits entschlüsselt, vielleicht bereits vor dem publizierten Erfolg durch jemand anderen, der die Lücke nicht veröffentlichte und zweitens wird mit Sicherheit irgendwann wieder eine andere Möglichkeit entdeckt werden.

So ungefähr das einzige, was man aus vielen Jahren der Untersuchung zu Fragen der IT-Sicherheit absolut sicher weiß, ist, dass es keine absolut sicheren Systeme gibt. Solange es sich nur um ein paar hundert Datensätze von Freiwilligen handelt, ist das sicher kein ernst zu nehmendes grundlegendes Problem. Aber man stelle sich vor, eine ähnlich Lücke würde entdeckt, wenn das Erbgut jedes Menschen entschlüsselt und in einer Datenbank verfügbar wäre – eine Möglichkeit, die in nicht ferner Zukunft zumindest technisch in Industrieländern durchaus realistisch ist. Man muss sich deshalb sehr genau überlegen, welche Daten man wie zur Verfügung stellt. Ob öffentlich oder nur einem eingeschränkten Personenkreis, ist weniger relevant, wie das folgende Beispiel zeigt.

Das NHS stellt pseudonymisierte Patientendaten (unter anderem Versicherungsnum-mer, Geburtsdatum, Postleitzahl, ethnische Zugehörigkeit und Geschlecht) unter bestimm-ten Bedingungen Forschungseinrichtungen, Kliniken und Pharmafirmen zur Verfügung. Es wird vertraglich geregelt, welche Art der Verwendung zulässig ist, und welche nicht. Der Schutz der Daten erfolgt hier also durch administrative und rechtliche Rahmenbedin-gungen. Es stellte sich heraus, dass im Jahr 2014 die kompletten Datensätze (27 DVDs) auf Google-Server hochgeladen wurden, um Auswertungen mit Google Maps durchzu-führen [Ramesh14].

Bei einer darauf folgenden Untersuchung zeigte sich, dass Daten an über 3000 Ein-richtungen vergeben wurden, gefunden wurden „lapses in the strict arrangements that were supposed to be in place to ensure that people's personal data would never be used improperly". So wurden etwa unberechtigt die Sterbedaten von Patienten weitergegeben, die in der Regel eine Identifizierung erlauben. In einem anderen Fall wurden unberechtigt Identifikationsdaten von Patienten angegeben. Ausserdem erhielten die Strafverfolgungs-behörden vollen Zugriff auf alle Patientendaten [Ramesh14/2].

Dieses Beispiel zeigt, dass selbst solche kritischen Daten selbst unter streng kontrol-lierten Bedingungen missbräuchlich verwendet und damit die Privatsphäre der Nutzer verletzt werden. Technische und rechtliche Regularien helfen hier nur begrenzt, da Im-plementierungsfehler nie auszuschließen sind. Diese betreffen dann meistens gleich sehr

---

[3] http://www.1000genomes.org/.

[4] Hintergründe zur Story in einem Nature Feature von Erika Check Hayden http://www.nature.com/news/privacy-protections-the-genome-hacker-1.12940.

viele Datensätze und richten damit großen Schaden an. Außerdem ist zum Zeitpunkt der Erstellung der rechtlichen und technischen Frameworks in der Regel gar nicht bekannt, wie die Daten später tatsächlich genutzt werden: „Compliance with the law cannot guarantee that a use of data is morally acceptable." [NUF15]

Es stellt sich die Frage, ob es tatsächlich sinnvoll und nötig ist, persönliche Daten an einer zentralen Stelle „auf einer Plattform" zu halten, oder ob dies nicht praktisch zwingend zu Privacy-Problemen führen muss. Bisher sind jedenfalls praktisch alle Versuche, Daten zentral vertraulich zu halten, gescheitert, absolute Sicherheit gibt es nicht. Selbst ausgewiesene Sicherheitsexperten scheitern gelegentlich, wie eine Vielzahl an Beispielen zeigt. So wurde etwa die Website des SANS-Instituts (die größte IT-Sicherheits-Organisation der Welt) im Jahr 2001 gehackt, 2008 wurde die Website des Virenscanner-Anbieters Trend Micro gehackt, 1999 die von Symantec usw.

„This is a true dilemma. People want both perfect privacy and all the benefits of openness. But they cannot have both. The stripping of a few details as the only means of assuring anonymity, in a world choked with data exhaust, cannot work." [Economist15]. Besser kann man es nicht ausdrücken. Konventionelle technische Verfahren sind auch keine Lösung, das resultiert daraus, dass „We observed that privacy and data protection features are, on the whole, ignored by traditional engineering approaches when implementing the desired functionality" [enisa14]. Um dauerhafte Sicherheit (in diesem Fall Vertraulichkeit) zu erreichen, muss dies im Design des Systems von Anfang an berücksichtigt werden. Diese „Privacy by Design" wird inzwischen von der EU für IT-Systeme gefordert, wenn auch nicht immer klar ist, wie das in der Praxis erreicht werden soll.

Theoretisch sind Verfahren denkbar, die für diese Anwendungen absolute Sicherheit bieten: Die Daten werden mit einem speziellen Verfahren verschlüsselt gespeichert, das heißt, selbst wenn jemand unberechtigt an die Daten herankommt, hat er keinen Nutzen davon. Homomorphe Verschlüsselungsverfahren [Gentry08] erlauben, dass Algorithmen auf verschlüsselte Daten angewendet werden, ohne dass diese entschlüsselt werden müssen. Konkret könnte das etwa bedeuten, dass ein Forscher oder eine Krankenversicherung eine Datenbank mit den Krankheiten aller Patienten auswerten könnte, ohne tatsächlich auf einzelne Datensätze zuzugreifen, diese blieben verschlüsselt und damit geheim. Die zugrunde liegenden Algorithmen sind sehr komplex und äußerst langsam. Zumindest derzeit sind solche Verfahren nur im Rahmen von Forschungssystemen auf einzelne Datensätze anwendbar, bis die für medizinische Anwendungen erforderlichen riesigen Datenmengen bearbeitet werden können, wird noch viel Zeit vergehen. In der weiteren Zukunft werden solche Verfahren möglicherweise eine allgemeine Lösung dieses Vertraulichkeitsproblems bieten, bis dahin bleiben nur Lösungen von Spezialfällen. Abgesehen davon hat auch ein theoretisch absolut sicheres Verfahren das Problem, dass die Implementierung Fehler enthalten kann, die zu Unsicherheit führen. Insofern ist es grundsätzlich fraglich, ob eine einzige große Datenbasis, wenn auch noch so gut gesichert, überhaupt wünschenswert ist. Bleiben die Speziallösungen, ein Beispiel folgt im nächsten Kapitel.

Welche Informationen wie geschützt werden müssen, ist aber immer auch eine Frage der Wahrnehmung. Dies wird deutlich, wenn man bedenkt, wie viele Menschen Bonusprogramme wie payback benutzen und damit freiwillig Informationen über sich selbst preisgeben. Für ein bisschen Rabatt werden Informationen, die unter Umständen genau so relevant sind wie Gesundheitsdaten, an Unternehmen gegeben. Bedenkt man, welche und wieviele Informationen Internet-Unternehmen wie Google oder Facebook sammeln, scheint es offensichtlich zu sein, dass ein großer Teil der Menschen bereit sind, Informationen über sich preiszugeben, wenn sie denn einen Nutzen davon haben. Sei es monetär wie bei Bonusprogrammen, oder…, eine Dienstleistung wie bei Internet-Anwendungen.

Eine Studie zum Thema mobile Health aus den USA [Atienza15], in der eine größere Anzahl Personen aus ganz unterschiedlichen Regionen und Bevölkerungsgruppen befragt wurde, zeigt, dass sich die Nutzer sehr wohl über diese Abwägung klar sind: „many participants were also willing to exchange privacy and security if they viewed the use of mHealth technology to be more convenient or perceived certain benefits". Interessanterweise scheinen dort eher Bedenken relevant zu sein, die die nähere Umgebung betreffen, wenn also etwa ein Sitznachbar im Zug zufällig eine SMS mit den Ergebnissen eines Labortests mitliest oder ein Familienangehöriger zufällig auf das rumliegende Smartphone schaut und so Informationen bekommt, die nicht für ihn gedacht sind. Das Vertrauen in Unternehmen wie Krankenversicherer ist hier viel größer als etwa bei uns. Im angloamerikanischen Raum spielt bezüglich Privacy viel stärker das Vertrauen in Unternehmen oder Institutionen eine Rolle, als gesetzliche Regelungen. In diesem Kontext ist auch verständlich, warum Unternehmen wie Apple oder Google große Probleme mit den Snowden-Enthüllungen über den Zugriff ihrer Daten haben und anfangen, Schutzmaßnahmen wie starke Ende zu Ende Verschlüsselung zu verwenden, das Vertrauen der Käufer in den Schutz ihrer Daten soll wieder gestärkt werden.

4.1 Exkurs: Privacy-bewahrende Auswertung von Gesundheitsdaten durch Dritte

Es gibt viele sinnvolle Anwendungsszenarien, in denen Dritte wie etwa Kliniken, Versicherer oder Forschungseinrichtungen auf medizinische Daten von Personen zugreifen möchten um diese mit statistischen Verfahren auszuwerten. Bei den derzeitigen Lösungsansätzen werden hierzu anonymisierte oder pseudonymisierte Datensätze weitergegeben. Dies ist jedoch problematisch, da die Anonymität unter Umständen durch Kombination der Daten, ggf. mit solchen aus anderen Quellen, zumindest teilweise aufgehoben werden und damit der Schutz der Privatsphäre der Betroffenen verletzt werden kann. Da es bei den Auswertungen oft gar nicht auf den einzelnen Fall oder ein einzelnes Datum ankommt, sondern die Daten ohnehin aggregiert werden, stellt sich die Frage, ob die vollständigen Daten tatsächlich weitergegeben werden müssen.

Im Folgenden wird ein Ansatz vorgestellt, bei dem interessierte Dritte ihr Auswertungsverfahren in Form eines verifizierten und signierten ausführbaren Programms an die Patienten weitergeben, die dieses dann selbst auf ihre eigenen Daten anwenden und nur die aggregierten Daten weitergeben, die keine erhebliche Beeinträchtigung der Privatsphäre darstellen. Dies wird von der EU explizit als eine zentrale Strategie zum Schutz personenbezogener Daten empfohlen [enisa14].

Damit könnten Anwendungen, wie sie etwa die Generali-Versicherung 2016 auch in Deutschland einführen möchte, umgesetzt werden, ohne dass mehr Daten weitergegeben werden, als unbedingt nötig. Die Generali möchte Daten etwa von Fitnessstudios auswerten, damit das Trainingsverhalten der Versicherten auswerten und mit entsprechend vergünstigten Tarifen honorieren [Hon15]. Oder die Daten über Einkäufe in Supermärkten. Spätestens hier werden vermutlich bei dem einen oder anderen Bedenken auftauchen, ob die Krankenversicherung denn alle diese Daten haben sollte.

Muss sie eigentlich gar nicht. Denn der Versicherung kommt es nur darauf an, die gesundheitsfördernde Lebenshaltung zu bewerten. Oder die Fahrweise bei der KfZ-Versicherung. Dies erfolgt in der Regel mit statistischen Verfahren, also etwa der Berechnung von Mittelwerten. Also: Wie oft gehe ich im Mittel pro Woche ins Fitnessstudio. Oder wieviel Prozent meiner Fahrten sind Kurzstrecken, wieviel Langstrecken. Die Berechnung dieser Werte kann auch beim Kunden, etwa auf dem Smartphone erfolgen. Der Versicherung werden dann nur die Mittelwerte übermittelt. Damit hat der Versicherer die Informationen, die er zur Berechnung der Prämien braucht und der Kunde gibt keine unnötigen Informationen weiter.

Natürlich könnte man das mit einer speziellen App realisieren. Das Problem dabei ist: Wie überprüft man als Kunde, ob die Generali-App wirklich nur die Daten übermittelt, die ich freigeben möchte? Eine komplette App zu überprüfen, ist viel zu aufwendig. Vor allem, da es sich nicht nur um eine App handeln würde, sondern um eine grosse Anzahl von vielen verschiedenen Anbietern. Wie also sonst? Betrachten wir als Beispiel das HealthKit von Apple, zunächst eine Plattform für die Verwaltung medizinischer Daten auf dem Smartphone. Apps können dann auf diese Daten zugreifen und sie beispielsweise auswerten.

Healthkit bietet bereits aus Performancegründen bestimmte Aggregationsalgorithmen an[5]. Diesen Algorithmen kann offensichtlich vertraut werden (sonst würden sie nicht verwendet). Würde Apple alle denkbaren Aggregationsalgorithmen zur Verfügung stellen, wären die beschriebenen Probleme gelöst. Da dies angesichts der Anzahl denkbarer Algorithmen jedoch aus offensichtlichen Gründen unmöglich ist, muss ein Mechanismus gefunden werden, der es ermöglicht, die tatsächlich benötigten Algorithmen in der gleichen Qualität und damit auf dem gleichen Vertrauensniveau zur Verfügung zu stellen.

Ein Weg, dies zu erreichen, wäre, dass potentielle Anwender (in unserem Szenario also die Versicherungen) die notwendigen Algorithmen spezifizieren und diese dann durch Apple implementiert werden. Dies würde jedoch vermutlich sehr lange Turn around Zeiten zur Folge haben. Aufgrund der Vielzahl möglicher Algorithmen erscheint diese Variante nicht praktikabel. Der Aufwand zur Erstellung dieser Code-Module sollte aus der Sicht des Plattformanbieters möglichst weit an den Nutznießer des Systems, in diesem Fall der Versicherer verschoben werden.

Nur unbedingt vom Plattformanbieter vorzunehmende Tätigkeiten sollten auch von diesem ausgeführt werden. Dies ist in jedem Fall die Sicherstellung der Vertrauensbeziehung.

---

[5] Über die Klassen HKStatisticsQuery und HKStatisticsCollectionQuery.

Diese könnte wiederum in zwei Schritten erfolgen: Der Nutzer der Daten reicht eine formelle Spezifikation, etwa in Form einer mathematischen Beschreibung, und den zugehörigen Code beim Plattformbetreiber ein. Dieser läßt durch einen Dienstleister (in Deutschland etwa der TÜV) die Übereinstimmung von Spezifikation und Code überprüfen. Daraufhin überprüft er das Ergebnis auf Konsistenz und auf Übereinstimmung mit den Plattform-Richtlinien. Ist dieser Schritt erfolgreich, wird der Code vom Plattformbetreiber (hier also Apple) signiert und den Kunden angeboten.

Dieses Vorgehen entspricht i.w. dem, das Apple für Apps im AppStore verwendet. Zusätzlich wird hier noch die Übereinstimmung mit einer (einfach zu verifizierenden) Spezifikation überprüft, die sicherstellt, dass keine Informationen für den Benutzer verborgen übertragen werden können.

Dieses Verfahren funktioniert analog zu Betriebssystem-Treibern bei Microsoft: Dort erstellt der Hersteller des Geräts den Treiber und läßt diesen nach Tests von Microsoft zertifizieren.

Literatur

[Atienza15] Audie A. Atienza et. al., Consumer Attitudes and Perceptions on mHealth Privacy and Security: Findings From a Mixed-Methods Study, Journal of Health Communication, 7/ 2015
[Economist15] Data privacy, The Economist, August15th, 2015, S. 69 ff
[enisa14] European Union Agency for Network and Information Security, Privacy and Data Protection by Design – from policy to engineering, Dezember 2014, www.enisa.europa.eu
[Erlich13] Yaniv Erlich et al. Identifying Personal Genomes by Surname Inference, Science 18,. January 2013
[Gentry08] Craig Gentry, Computing Arbitrary Functions of Encrypted Data, Communications of the ACM, Vol. 53 No. 3, 2008
[Hon15] Gregor Honsel, Tracking durch die Versicherung: „Wir werden Sie nicht bestrafen", Technology Review, 9/2015
[NUF15] The Nuffield Council on Bioethics, The collection, linking and use of data in biomedical research and health care: ethical issues, http://nuffieldbioethics.org/project/biological-health-data /, 2015
[Ramesh14] Randeep Ramesh, The Guardian, 3.3.2014, NHS England patient data ‚uploaded to Google servers‘, http://www.theguardian.com/society/2014/mar/03/nhs-england-patient-data-google-servers
[Ramesh14/2] Randeep Ramesh, The Guardian, 17.6.2014, NHS patient data audit uncovers ‚significant lapses‘ in confidentiality, http://www.theguardian.com/society/2014/jun/17/nhs-patient-data-audit-significant-lapses-confidentiality-hscic

Prof. Till Hänisch ist von Haus aus Physiker und lehrt an der DHBW Heidenheim im Studiengang Wirtschaftsinformatik. Seine Schwerpunkte in Forschung und Lehre sind das Internet der Dinge, Big Data und flexible Datenmodelle.
Weitere Informationen finden Sie unter: http://www.tillh.de.

eHealth: Grundlagen und Bedeutung für die Gesundheitssysteme heute und morgen

Volker P. Andelfinger

Die sozialen Sicherungssysteme in Not

Die demografische Entwicklung ist dramatisch. Das ist nicht nur in Deutschland so, auch in den meisten anderen Ländern der westlichen Welt. Wobei Deutschland mit einer Geburtenrate von rund 1,4 Kindern pro Frau einer noch dramatischeren Entwicklung entgegensieht als beispielsweise Frankreich oder Großbritannien (jeweils knapp 2 Kinder). Die Zahl der pflegebedürftigen Menschen wird sich dramatisch erhöhen.

Aktuell sind die Kassen der Sozialsysteme noch recht gut gefüllt, das wird sich bald ändern. Die Veränderung bei der personellen Ausstattung im medizinischen und pflegerischen Bereich ist bereits heute spürbar. Tausende Stellen in der Pflege sind unbesetzt. Die Jobs sind unattraktiv, körperlich und seelisch hart und gleichzeitig schlecht bezahlt. Wohin die Reise bei den Kliniken geht, ist ebenfalls ungewiss. Zuletzt lassen Klinik-Aufkäufe durch große private Anbieter aufhorchen. Kritik wird laut. Diese Entwicklung kann die öffentlichen Krankenhäuser weiter in Bedrängnis bringen, denn sie sind es, die Notfälle aufnehmen müssen. Die privaten Kliniken könnten sich indes auf lukrative Aufgaben konzentrieren. Wettbewerb kann in diesem Zusammenhang auch Qualität kosten.

Mit immer weniger Beitragszahlern und gleichzeitig immer mehr Aufgaben und steigenden Kosten gerät das Gesundheitssystem früher oder später in eine deutliche Schieflage. Die bisherigen Antworten darauf sind immer die gleichen: höhere Kassenbeiträge, steigende Prämien in der Privaten Krankenversicherung (PKV), der Ruf nach Politik und Staat. Doch mittlerweile werden auch andere Stimmen hörbar. Deutschland muss mehr in Prävention investieren, betriebliches Gesundheitsmanagement gerät in Mode. Die Menschen sollen mehr Verantwortung für ihre eigene Gesundheit übernehmen. Das wird kein

V. P. Andelfinger (✉)
Annweiler, Deutschland
E-Mail: vpa@palatinus-consulting.eu.de

© Springer Fachmedien Wiesbaden 2016
V. P. Andelfinger, T. Hänisch (Hrsg.), *eHealth*, DOI 10.1007/978-3-658-12239-3_5

einfacher Weg werden. Der deutsche Bürger ist es gewohnt, sich erst dann um seine Gesundheit zu kümmern, wenn er sie bereits eingebüßt hat. Dann hat er die Gewissheit, immer einen Arzt und andere gesundheitliche Einrichtungen in der Nähe zu haben, die ihn quasi „reparieren". Das deutsche Gesundheitssystem ist ein Reparaturbetrieb. Das ist auch das Geschäftsmodell der Ärzte. Sie reparieren. Sie werden nicht für Krankheitsvermeidung bezahlt, sondern für deren Behandlung. So ist das System.

Der Patient in der Verantwortung

Experten auf der World of Health IT, einem internationalen Kongress in Nizza im April 2014 und bei der eHealth Week in Riga im Mai 2015 sind sich einig: die Kosten der Gesundheitsversorgung sind nur mit deutlich mehr Verantwortung der Menschen, der Patienten in den Griff zu bekommen. Damit ist nicht gemeint, mehr private Zusatzversorgung abzuschließen, ein Rat, der für viele ohnehin zu spät kommt. Das kann allenfalls ein Teil der Lösung sein und wird insbesondere in den üblichen Diskussionen der Politik als der Weg diskutiert. Der Patient in der Verantwortung bedeutet indes viel mehr: Verantwortung in der Prävention, Verantwortung während der Behandlung von Krankheiten, Verantwortung während der Kostenverursachung zu übernehmen.

Doch können das die Menschen in unserem heutigen System? Einem System, in dem kein Zugriff auf eine zentrale Krankenakte mit allen Berichten, Laborergebnissen, Daten aus bildgebenden Untersuchungsverfahren, Medikamentenlisten und dergleichen besteht? In dem eine Vielzahl von Untersuchungen doppelt und dreifach durchgeführt wird, weil der Patient von Arzt zu Arzt wandert und das System den Arzt dafür bezahlt, Untersuchungen durchzuführen, anstatt auf bestehende Werte und Berichte zuzugreifen?

Nochmal: Das bestehende Gesundheitssystem in Deutschland ist ein Reparaturbetrieb, es ist nicht auf Prävention und Vorsorge ausgerichtet, nicht auf den Erhalt der Gesundheit. Und die Daten über den Patienten liegen verteilt bei unterschiedlichen Ärzten, Spezialisten, medizinischen Versorgern, und in Kliniken. Alle Versorger agieren in Silos, sowohl fachlich, als auch organisatorisch und daher auch was die Datenhaltung angeht. Der Kunde, der Mensch, der Patient, er hat keinen eigenen Zugriff auf oder Hoheit über seine Daten und daher keine Transparenz. Und damit weder Kenntnis von den gesundheitlichen Zusammenhängen, noch von den Kosten, die das System – respektive er selbst – verursacht. Allenfalls ist er besorgt, wenn ein Röntgenbild erneut aufgenommen wird und eine weitere Strahlendosis auf ihn wirkt. Ohne Transparenz ist es schwer, Einfluss zu nehmen. Und ohne die richtigen Informationen zu Gesundheitsthemen ebenso.

Gesundes Leben – was wissen die Menschen?

Studien belegen, dass der Lebensstil, also Ernährung, Bewegung, Schlaf und Entspannung große Bedeutung für die Gesundheit, die Leistungsfähigkeit und für die Lebenserwartung haben. Präventive Maßnahmen haben eine hohe Wirkkraft: Durch Lebensstil-Veränderungen können ein erheblicher Teil der Herz-Kreislauf-Erkrankungen, die zu den häufigsten Todesursachen in Deutschland zählen, vermieden werden. Auch bei einer der teuersten chronischen Krankheiten, Diabetes-Typ-II, könnten durch eine Verbesserung des Lebensstils nach Studienergebnissen mehr als die Hälfte der Erkrankungen verhindert werden. Die positive Wirkung auf Diabetes-Erkrankte zeigen auch Erfahrungen aus einem trainingswissenschaftlichen Projekt der Uni Landau in Zusammenarbeit mit einem Fitnessstudio. Die individuelle Beratung und gezielte Bewegungsanleitung führte in vielen Fällen schon nach kurzer Zeit zur Reduktion der Medikation.

Es ist demnach nicht nur sinnvoll, sondern zwingend notwendig, in der Bevölkerung mehr Gesundheits-Kompetenz aufzubauen. Denn nur Menschen, die wissen, was gesund ist, wieviel Bewegung beispielsweise nötig ist, um gesund zu leben und die sich bewusst sind, wie sich ihr eigener Lebensstil im Vergleich zu einem empfohlenen Verhalten darstellt, können die richtigen Entscheidungen für Veränderungen treffen.

eHealth – Potenziale moderner Technologie
Dabei könnte die zunehmende Digitalisierung wertvolle Unterstützung leisten. Dank der breiten und in vielen Fällen mobilen Nutzung des Internet sind Inhalte und Informationen immer und überall zugänglich. Durch diese Transparenz werden die Menschen in die Lage versetzt, sich die erforderlichen Informationen selbst zu beschaffen und nicht mehr von Dritten abhängig zu sein.

eHealth dient per Definition der Verbesserung der Qualität, der Kosteneffizienz und der Sicherheit von Gesundheitsvorsorge und Krankheitsbehandlung durch vernetzte gesundheitsbezogene Produkte und Dienstleistungen auf Basis von Informations- und Telekommunikationstechnologie. Das Spektrum reicht von Sensoren wie Aktivitätstrackern, Schrittzählern, Geräten zur Erfassung von Blutdruck, Gewicht, Körperzusammensetzung oder Blutzuckerwerten über WLAN-gebundene Medikamentenspender, EKG-Messgeräte bis hin zu Portalen für medizinische Behandler und Krankenhäuser, die einen zentralen Zugriff auf Patientendaten und Akten ermöglichen.

Menschen nutzen freiwillig Fitnesstracker und die dazugehörigen Portale, um die eigene Fitness zu messen und zu verbessern, Quantified Self ist das Stichwort. Motivierende Elemente wie der tägliche Vergleich mit Freunden und deren sportlichen Anstrengungen erhöhen das Bewegungspensum. Der Überblick über die Gewichtsentwicklung, die verbrauchten und zugeführten Kalorien, Blutdruck- und andere Werte helfen den Menschen, für die eigene Gesundheit mehr zu tun als bisher.

Die vier wichtigsten Hebel von eHealth
Der gesamten Bandbreite der Möglichkeiten rund um eHealth können letztlich vier wesentliche Hebel zur Entlastung des Gesundheitssystems zugeordnet werden:

- die Unterstützung der Menschen bei der Prävention von Krankheiten,
- der zentrale Zugang zu elektronischen Patientenakten durch Patienten, Ärzte, Krankenhäuser und weitere medizinische Berufe und damit die Vermeidung von mehrfachen Untersuchungen und gleichzeitig
- die Verbesserung der Qualität der medizinischen Versorgung durch schnellere, bessere und zuverlässigere Informationen, was ebenfalls die Kosten senken kann.
- Der vierte Hebel: die Menschen, die die gesundheitliche und pflegerische Versorgung zu leisten haben, werden entlastet, können für mehr Menschen die qualitativ hochwertige

Arbeit machen, für die sie eigentlich benötigt werden und für die sie unersetzlich sind. „Bring back the nurses to the bedside" war ein eindringlicher Aufruf bei der eHealth Week in Riga im Mai 2015.

Showstopper Datenschutz

Andere Länder, andere Diskussionen. Während wir es in Deutschland noch immer nicht geschafft haben, aus der elektronischen Gesundheitskarte den Nutzen zu generieren, der vorgesehen war, gehen Länder wie USA, Großbritannien, Südafrika oder Schweden, um nur wenige Beispiele zu nennen, konsequent den Weg, die Gesundheitsinformationen für die Patienten zentral zu sammeln und nutzbar zu machen. Über Online-Plattformen werden die Berichte, Laborwerte und andere medizinische Daten zusammengeführt. Schweden führt aktuell flächendeckend ein solches System ein. Jeder Schwede soll zukünftig seine Gesundheitsakte online zur Verfügung haben, Ärzte sollen Zugriff bekommen. Doppelte Untersuchungen sollen überflüssig werden, dadurch die Kosten drastisch sinken. Südafrika ist noch mutiger. Jeder Versicherte hat am Anfang des Jahres ein Gesundheitsbudget, jede Untersuchung wird dokumentiert und dem Budget belastet, doppelte Untersuchungen werden erkennbar und vermeidbar, sobald der Patient beim Arzt vorspricht. In Deutschland stoppt die Diskussion beharrlich beim Thema Datenschutz. Er ist notwendig, keine Frage, aber er darf nicht zum Showstopper werden, wenn das Gesundheitssystem bezahlbar bleiben soll.

Prävention ist der Einstieg in eHealth und damit ein guter Einstieg beim Vertrauensaufbau bei den Menschen. Das medizinisch qualifizierte andere Ende der Skala darf dabei nicht außer Acht gelassen werden. Das wäre zu kurz gedacht. Die Technologie ist allerdings nichts ohne den Menschen, der sie anwendet.

Menschen mitnehmen – Prävention als Einstiegsthema

Der Mensch muss mit seinen Bedürfnissen im Mittelpunkt stehen, wenn eHealth ein Erfolg werden soll. Auch diesbezüglich waren sich die Experten in Nizza und Riga einig. Versuche, technische Lösungen einzuführen, ohne auf diesen entscheidenden Punkt zu achten, sind kläglich gescheitert. In Großbritannien beispielsweise mit einer früheren Gesundheitsplattform ebenso, wie die Gesundheitskarte in Deutschland, die, ohne bis heute einen Beitrag zu Kostenreduktion, Qualität der Versorgung oder Transparenz zu liefern, viele Millionen Euro verschlungen hat. Niemand hat gefragt, was die Patienten sich wünschen. Alles andere wurde auf dem Altar der politischen Diskussionen rund um den Datenschutz geopfert.

Es ist daher klug, den Weg mit einfachen Schritten zu beginnen. Der offensichtlich nachhaltige Trend, dass große Teile der Bevölkerung sich nicht nur für Fitness und Gesundheit interessieren, sondern sich auch tatsächlich mehr bewegen und dabei zunehmend Smartphones, Apps und Tracker nutzen, ist eine große Chance auch und gerade für die Private Krankenversicherung (PKV), ihre Produktpalette und Dienstleistungen zu verbessern, zu ergänzen und den Wünschen der Menschen nach Lebensbegleitung, Rat und Unterstützung beim Erhalt der Gesundheit nachzukommen. Das gilt auch für die gesetzlichen Kassen.

Der erforderliche Kompetenzaufbau bezüglich Gesundheitsthemen kann mit passenden eHealth-Angeboten unterstützt werden. Bereits mit den heutigen Möglichkeiten, über Portale wie beispielsweise Fitbit für die Menschen Transparenz zu schaffen, wie es um ihren Körper bestellt ist, wird Einfluss genommen auf das Verhalten bei Ernährung und Bewegung. Das lässt sich kombinieren mit den Angeboten der PKV, der Zusatzversicherung, der betrieblichen Krankenversicherung und dem betrieblichen Gesundheitsmanagement. BP in den USA macht es in der Prävention vor. Über 20.000 Mitarbeiter wurden mit Fitnesstrackern ausgestattet. Wer sie fleißig nutzt und seinen Gesundheitszustand positiv beeinflusst, erhält Vorteile, zum Beispiel durch eine bessere Krankenversicherung. Das gilt auch vor dem Hintergrund, dass bekannt ist, dass bei weitem nicht alle, die ein solches Gerät bekommen haben, dieses auch auspacken und nutzen. Jeder Einzelne zählt.

Doch auch dieses Ansinnen wird in Deutschland kritisch gesehen. Ein großes Versicherungsunternehmen, die Generali, hat Ende 2014 angekündigt, ein Versicherungsmodell, das in Südafrika und in den USA bereits erfolgreich eingeführt ist, auch auf den deutschen Markt bringen zu wollen. Der Sturm der Entrüstung in den Medien war schlagartig und vernichtend. Auch hier kommt es darauf an, wie die Gestaltung geschieht.

Fazit

eHealth hat in vielen Bereichen enormes Potenzial, unser Gesundheitssystem zu verbessern und die Kosten trotz der notwendigen Investitionen positiv zu beeinflussen. Es hat das Potenzial, die Qualität der medizinischen Versorgung zu verbessern und das medizinische Personal effizienter einzusetzen, damit dem Mangel an medizinischem Fachpersonal eine technologische Lösung entgegen zu setzen. Mit eHealth bekommt unser Gesundheitssystem mehr Möglichkeiten, die Gesundheit zu erhalten, anstatt sie nur zu reparieren.

Volker P. Andelfinger arbeitet seit Anfang 2009 als Unternehmensberater. Er befasst sich seit einigen Jahren mit Trend- und Zukunftsforschung, modernen Technologien, vorrangig Internet der Dinge und Innovation. Er arbeitet außerdem als Keynote-Speaker, als freier Fachjournalist und Buchautor. Als Dozent unterrichtet er an der Dualen Hochschule Baden-Württemberg in Heidenheim und Karlsruhe, der FH Zweibrücken/BA des Saarlandes und der ZHAW, Zürcher Hochschule für angewandte Wissenschaften.

Weitere Informationen finden Sie unter: www.palatinus-consulting.eu.

Der Lebensstil der Deutschen: Eine quantitative Studie über die Bedeutung und Einschätzung des Lebensstils und seiner Auswirkungen auf die Gesundheit

6

Irene Wyrwa

Vorbemerkung der Herausgeber:
Was wissen die Deutschen eigentlich über ihre Gesundheit und ihren Lebensstil?

eHealth-Experten betonen immer wieder, der Patient müsse in den „Driverseat" gesetzt werden. Er müsse die Verantwortung übernehmen, jedenfalls große Teile davon, wie es um seine Gesundheit bestellt ist. Er müsse wissen, wie er mithilfe der Möglichkeiten moderner eHealth-Lösungen seinen Gesundheitszustand kennen lernt, was er mit den Daten machen kann, wie er sein Verhalten im Sinne einer Prävention gestalten soll, um erst gar nicht krank zu werden, er müsse – wenn er denn schon erkrankt ist – seine Krankheit positiv beeinflussen können und er müsse die Hoheit über seine gesammelten Daten haben.

Wer sich bei einem Auto auf den Fahrersitz begibt, um das Fahrzeug in Bewegung zu versetzen, der benötigt einen Führerschein. Im übertragenen Sinne benötigt das der Patient auch. Doch hat er den? Kann der normale Durchschnittsbürger beurteilen, wie gesund er eigentlich ist – tatsächlich ist? Weiß er, was ein gesunder Lebensstil ist? An welchen Stellschrauben er drehen könnte, wenn er sie kennen würde und welche Auswirkungen das hätte? Dazu gibt es eine Studie aus 2014, deren wichtigste Erkenntnisse Sie hier lesen können.

Die Originalversion dieses Kapitels wurde revidiert. Für detaillierte Angaben ist ein Erratum verfügbar unter DOI 10.1007/978-3-658-12239-3_18

I. Wyrwa (✉)
München, Deutschland
E-Mail: eHealth-Autoren@dhbw-heidenheim.de

© Springer Fachmedien Wiesbaden 2016
V. P. Andelfinger, T. Hänisch (Hrsg.), *eHealth*, DOI 10.1007/978-3-658-12239-3_6

6.1 Der Lebensstil der Deutschen: Eine quantitative Studie über die Bedeutung und Einschätzung des Lebensstils und seiner Auswirkungen auf die Gesundheit

Irene Wyrwa

Es ist jedes Mal das Gleiche: das Jahr neigt sich dem Ende zu und schnell wird noch eine lange Liste an guten Vorsätzen für das neue Jahr formuliert. Dort wird alles reingepackt, was dieses Jahr schlecht gelaufen ist, was vernachlässigt oder bewusst verdrängt wurde. Unter den Top 10 der hehren Vorsätze für 2015 rangieren laut einer Forsa-Umfrage, die im Auftrag der DAK-Gesundheit [1] durchgeführt wurde, Absichten rund um die Verbesserung der Gesundheit und Fitness ganz weit vorne. Doch wie gesund und fit schätzen sich die Deutschen selbst ein? Und viel wichtiger: Was denken sie, was gesund und gut ist? Wie weit sehen sie sich von diesem Ideal entfernt?

Diesen Fragen ist iic solutions im Rahmen einer quantitativen Befragung mit dem Titel „Bedeutung und Einschätzung des Lebensstils und seiner Auswirkungen auf die Gesundheit" Ende 2013 nachgegangen. In dem Online-Survey wurde der Kenntnisstand zu den aktuellen gesundheitsfördernden Empfehlungen sowie die Eigenwahrnehmen in Bezug auf gesundheitsrelevante Fragestellungen für eine ausgewählte Bevölkerungsstichprobe ($n = 1000$) ermittelt. Außerdem wurde erfragt, wie groß das Interesse und die Bereitschaft ist, sich durch neue digitale Angebote bei der Verbesserung des Lebensstils unterstützen zu lassen.

Der Einfluss von Lebensstil auf die Gesundheit
Es ist allgemein bekannt, dass die Lebensstilbereiche Ernährung, Bewegung, Sport, Schlaf, Erholung, Rauchen und Alkohol großen Einfluss auf die die Gesundheit und nicht zuletzt auf die Lebenserwartung haben. So lassen sich beispielsweise 82 % der Herzerkrankungen auf den Lebensstil zurückführen [2] aber auch 89 % der Fälle von Diabetes Typ 2 sind Bewegungsmangel, Ernährung, Rauchen, Alkohol und Übergewicht zuzurechnen [3]. Viele der heute dominanten, chronischen Krankheiten sind also selbst beeinflussbar und vor allem vermeidbar. Damit aber mehr Eigenverantwortung in Sachen Gesundheit übernommen wird und Krankheiten verhindert werden, müssen die Menschen auch wissen, wie sie Einfluss auf ihre Gesundheit nehmen können und sollen.

Informationshäufigkeit und Informationskanäle
Im Rahmen zunehmender Transparenz durch Digitalisierung sind Informationen nunmehr jederzeit und von überall her zugänglich. Prinzipiell sind also alle Rahmenbedingungen gegeben, damit jeder Einzelne in Eigenverantwortung die eigene Gesundheit gestalten kann. Immerhin informieren sich knapp 80 % der Befragten mindestens gelegentlich über das Thema Gesundheit. Hier schein der Informationsbedarf am größten zu sein, während es zu den Themen Sport und Ernährung nur noch um die 60 % sind.

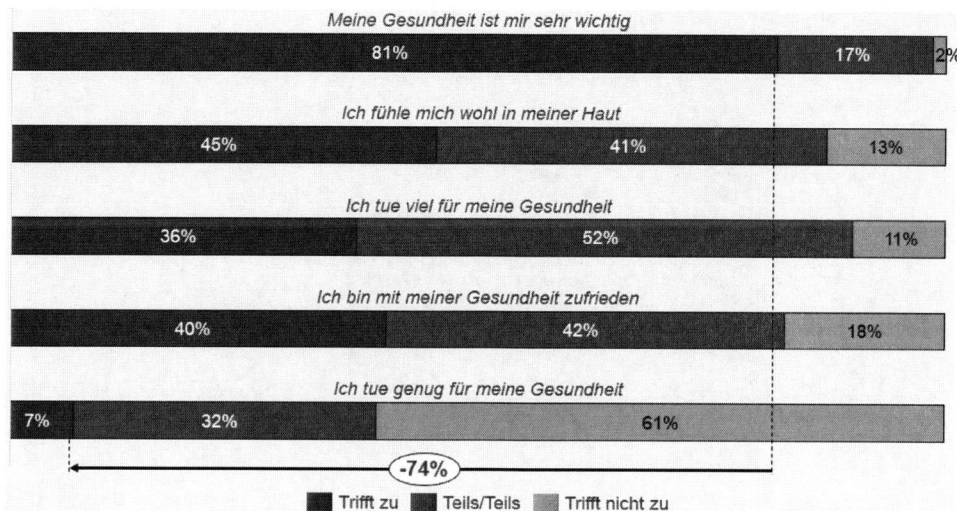

Abb. 6.1 Stellenwert von Gesundheit

In Hinblick auf die Kanäle, über die sich die Informationen beschafft werden, ist das Internet über alle Themen hinweg der präferierte Kanal. In Ernährungsfragen informieren sich die Befragten eher über Printmedien als über Familie und Bekannte. Gleichzeitig vertrauen sie nicht nur einem Kanal, sondern holen sich ihre Informationen hauptsächlich über mehr als 3 Kanäle.

Stellenwert von Gesundheit
Gesundheit hat wie erwartet einen sehr hohen Stellenwert bei den Befragten. Während sich knapp die Hälfte in ihrer Haut wohl fühlt, sind sie zwiegespalten, ob sie mit ihrer Gesundheit zufrieden sind. Man ist sich aber darüber einig, dass zu wenig für die Gesundheit getan wird. Der Wunsch nach Verbesserung des Lebensstils ist stark ausgeprägt und hat verglichen mit Bereichen wie Sport oder Schlafqualität einen wesentlich höheren Stellenwert (vgl. Abb. 6.1).

Chronische Krankheiten
Fast die Hälfte der Befragten leidet unter mindestens einer chronischen Krankheit und bei knapp einem Drittel sind es bereits zwei chronische Krankheiten. Angeführt wird die Liste der chronischen Erkrankungen von Rückenschmerzen (41 %) gefolgt von Bluthochdruck (31 %) und psychischen Erkrankungen (29 %). Erschreckend ist, dass der Großteil der Befragten mit chronischen Krankheiten schon seit dem frühen Erwachsenenalter daran leidet. Sie müssen auch regelmäßig verschreibungspflichtige Medikamente einnehmen; hauptsächlich gegen Schmerzen oder für ihren Blutdruck (vgl. Abb. 6.2).

Beginn der chronischen Erkrankung

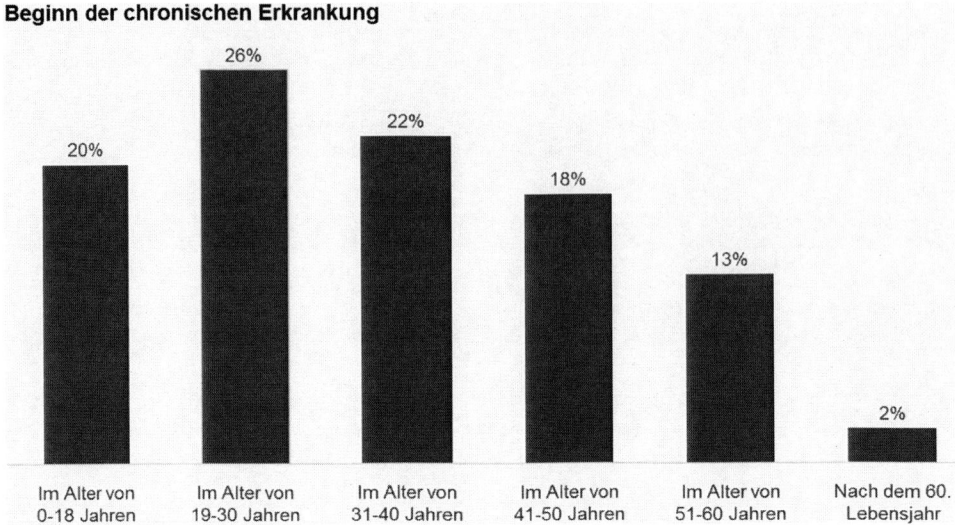

Abb. 6.2 Chronische Erkrankungen

Bewegung und Sport

Zwar macht die Mehrheit (76 %) gerne oder zumindest teilweise gerne Sport, nur 35 % nehmen sich aber die Zeit für Sport und an Motivation mangelt es gleich 40 % der Befragten. Es wundert daher nicht, dass knapp die Hälfte nicht regelmäßig zum Sport geht und ein Viertel gar keinen Sport treibt. Allerdings äußern 7 von 10 Befragten den Wunsch, mehr Sport zu machen. Auf die Frage hin, was sie davon abhält, dominiert die fehlende Motivation, Zeitmangel und körperliche Einschränkungen die Liste der Gründe. 40 % schätzen mehr als 151 min pro Woche als die empfohlene Menge Sport ein. Das von der WHO empfohlene Minimum von 150 min Sport pro Woche [5] treibt nach eigenen Angaben jeder Dritte.

Die täglich lange Sitzdauer von fast sieben Stunden ist ein Grund dafür, dass sich die Befragten zwar gerne mehr bewegen würden, dies aber viel zu selten umsetzen. Auch achtet die Hälfte nicht immer auf ihre Haltung. Jeweils ein Drittel der Befragten schätzt entweder weniger als 2500 Schritte pro Tag als die empfohlene Menge oder gibt an, es nicht zu wissen. Das von wissenschaftlicher Seite [4] empfohlene Minimum von 7500 bis 9999 Schritten pro Tag schätzen knapp 1 % der Befragten als empfohlen ein. 87 % unterschreiten diesen Wert regelmäßig.

Ernährung und Diäten

Das Thema Ernährung spielt eine große Rolle. Rund die Hälfte interessiert sich für das Thema. 9 von 10 achten mindestens teilweise auf die Ernährung und ernähren sich gesund, nur einem Drittel fällt es hingegen leicht, sich gesund zu ernähren. Der Großteil isst 1–3 Portionen Obst und Gemüse pro Tag und die Hälfte schätzt dies auch als die empfohlene Menge ein. Fast alle Befragten (92 %) essen weniger als die Empfehlung der Deutschen

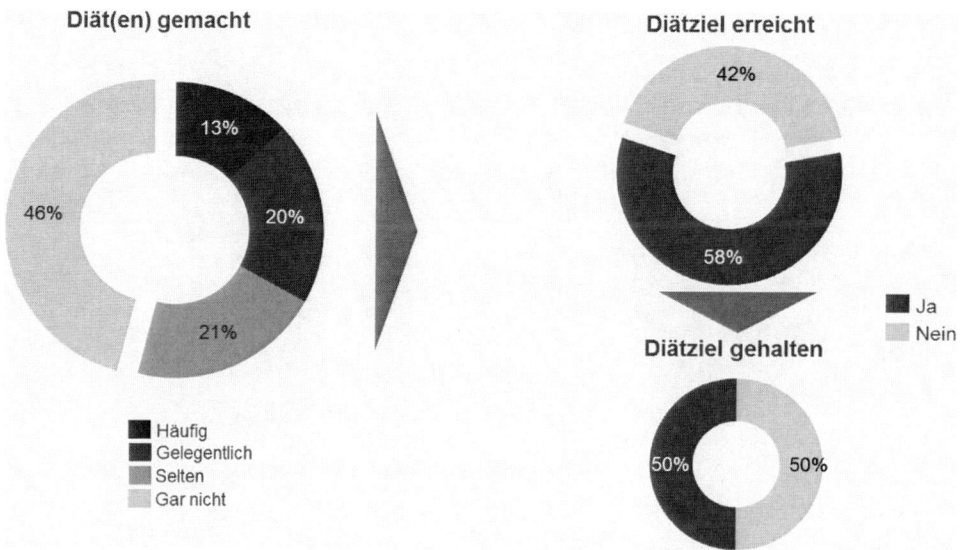

Abb. 6.3 Durchgeführte Diäten

Gesellschaft für Ernährung [6], welche 5 Portionen pro Tag vorgibt. Befragte, die angeben nur 1–2 Portionen pro Tag zu essen, machen dabei die größte Gruppe aus (64 %).

Etwas mehr als die Hälfte hat bereits mindestens einmal eine Diät zur Gewichtsreduktion gemacht. Davon haben wiederum 42 % ihr selbst gestecktes Ziel erreicht und hiervon die Hälfte gibt an, dieses Ziel auch gehalten zu haben (vgl. Abb. 6.3).

Schlaf und Stress
Stress ist bei den Befragten etwas mehr im Privatleben als im Beruf zu finden und nur teilweise fühlen sie sich ausgeglichen und erholt. Nur 43 % nehmen sich die Zeit für Entspannung und Ruhe.

Zu wenig und unruhiger Schlaf hindert sie daran, frisch und entspannt aufzuwachen. Knapp die Hälfte (46 %) bewertet mit 7–9 h Schlaf die Empfehlung [7] richtig. Allerdings schlafen 52 % der Befragten mit einem Median von 6 h Schlaf 1–3 h weniger als empfohlen.

Vergleiche zum Vorjahr
Über die Hälfte der Befragten hat in allen gesundheitlich relevanten Bereichen weder eine Verbesserung noch eine Verschlechterung gegenüber dem Vorjahr in jedem einzelnen Lebensstilbereich erfahren.

Vergleicht man allerdings die Befragten, bei denen es nach eigenen Angaben schlechter geworden ist mit denen, bei denen es besser geworden ist, so stellt man fest, dass es in Hinblick auf Gesundheit, Sport, Schlaf und Stress mehr Befragte gibt, denen es schlechter geht als besser (Gesundheit: 22 gegenüber 18 %; Sport: 23 gegenüber 20 %; Schlaf: 23 gegenüber 11 %; Stress: 27 gegenüber 15 %). Bei Lebensstilbereichen wie Bewegung oder

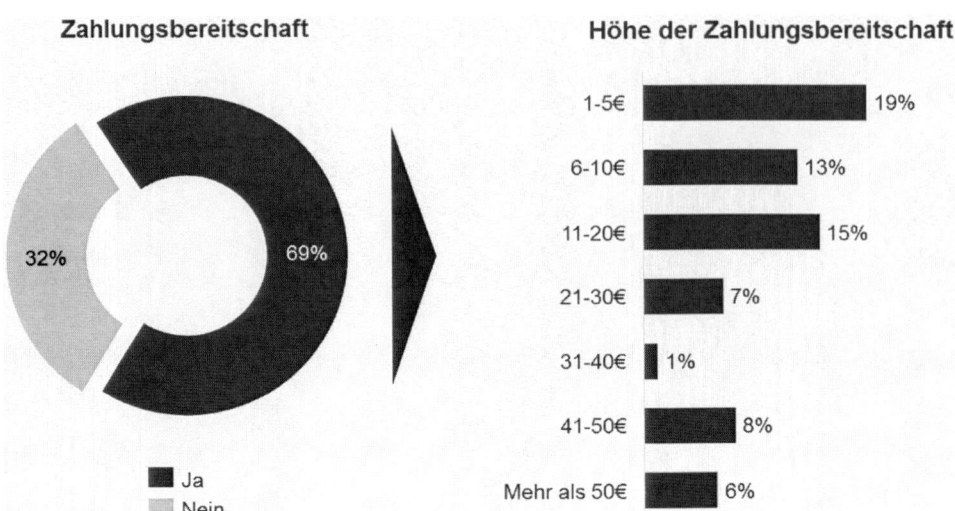

Abb. 6.4 Zahlungsbereitschaft für digitale Angebote

Ernährung sieht dies allerdings anders aus. Hier gibt es mehr Befragte, die angeben, eine Verbesserung zum Vorjahr empfunden zu haben (Bewegung: 14 gegenüber 25 %; Ernährung: 7 gegenüber 25 %).

Nutzung und Nutzungsbereitschaft digitaler Angebote
Die Befragten weisen eine ausgeprägte digitale Affinität auf, sodass sie mit ihrem Smartphone oder Laptop/PC das (mobile) Internet mehrmals täglich nutzen. In Hinblick auf das Interesse der Befragten an der Ermittlung gesundheitsrelevanter Parameter mithilfe eines Smartphone oder Tablet, bewerten 31 % die Ermittlung der Schlafqualität als interessant, während 36 % die Ermittlung von Vitalparametern wie Puls, Blutdruck, Gewicht oder Körperfett als interessant bewerten. 37 % der Befragten haben Interesse, was die Verbesserung gesundheitsrelevanter Parameter mithilfe eines Smartphone oder Tablet was die Verbesserung der Vitalparameter angeht. Knapp sieben von zehn Befragten sind bereit für solche Technologien monatlich etwas zu zahlen. 37 % wären bereit mehr als 10 € dafür jeden Monat zu zahlen (vgl. Abb. 6.4).

Ausblick
Überalterung der Gesellschaft, steigende Kosten und Beiträge im Gesundheitssystem sowie fehlendes Personal in den Gesundheitsberufen – die Probleme stellen sich in den Ländern der westlichen Welt weitgehend identisch dar.

Um diese Herausforderungen bewältigen zu können, werden grundlegende strukturelle Veränderungen erforderlich. Hierbei sind einige Trends absehbar: Statt der fortwährenden Optimierung aus Perspektive der Leistungsträger und Leistungserbringen rückt der einzelne Mensch mit seiner individuellen gesundheitlichen Situation stärker in den Mittelpunkt.

Der Gesundheitsförderung kommt eine steigende Bedeutung zu und jeder Einzelne wird in zunehmender Eigenverantwortung die eigene Gesundheit gestalten.

Aufklärung und gezielte bedarfsgerechte Unterstützung bei der Verbesserung des Lebensstils sind wesentliche Voraussetzungen für mehr Eigenverantwortung in Sachen Gesundheit. Genau hier setzen die neuen Möglichkeiten der Digitalisierung an, die beispielsweise bei der Aufzeichnung und Auswertung von Vitalparametern helfen und so für kontinuierliches Feedback, Erfolgskontrolle und Motivation bei der Umsetzung gesundheitsfördernder Maßnahmen sorgen. Allerdings muss neben der Entwicklung und dem Ausbau dieser neuen Möglichkeiten auch Aufklärungsarbeit geleistet werden. Empfehlungen und konkrete Verbesserungspotenziale müssen aufgezeigt werden. Vor allem im Bereich der Prävention ist dies notwendig, wo die Hebel noch am größten sind und mit wenig Aufwand potenziell verheerende Entwicklungen zu stoppen. Dass die Menschen weniger Zeit und Energie in ihre Gesundheit investieren als empfohlen, kommt nicht überraschend. Die erstaunlich niedrige Einschätzung dessen, was nach wissenschaftlicher Einschätzung gut ist und die größtenteils erhebliche Abweichung von der tatsächlichen Empfehlung, wirft aber die Frage auf, ob es sich hier um einen Kompensationsmechanismus oder um bloße Unwissenheit handelt? Investieren die Menschen so wenig in ihre Gesundheit, weil sie nicht wissen, dass sie mehr machen sollten oder schätzen sie die Empfehlung so gering, um ihr noch gerecht zu werden – oder vielleicht beides?

Literatur

1. DAK-Gesundheit (2014): Forsa-Umfrage: Vorsätze für das Jahr 2015. Abrufbar unter: http://www.dak.de/dak/download/Forsa-Umfrage_Gute_Vorsaetze_2015-1533874.pdf? (16.08.2015)
2. Stampfer M, Hu F, Manson J, Rimm E, Willett W (2000): Primary prevention of coronary heart disease in women through diet and lifestyle. In: The New England Journal of Medicine. 343(1), S. 16–22.
3. Mozaffarian D, Kamineni A, Carnethon M, Djoussé L, Mukamal K, Siscovick D (2009): Lifestyle risk factors and new-onset diabetes mellitus in older adults: the cardiovascular health study. In: Archives of Internal Medicine. 169(8), S. 798–807.
4. Tudor-Loche et al. (2011): How Many Steps/day are Enough? For Adults. In: International Journal of Behavioral Nutrition and Physical Activity, 28, S. 8–79.
5. WHO (2010): Global Recommendations on Physical Activity for Health.
6. Deutsche Gesellschaft für Ernährung (2008): Ernährungsbericht 2008.
7. National Sleep Foundation (2013): How Much Sleep Do We Really Need? Abrufbar unter: http://sleepfoundation.org/how-sleep-works/how-much-sleep-do-we-really-need (16.08.2015)

Irene Wyrwa ist Diplom Soziologin und studierte an der LMU München. Nach Stationen bei der LMU, der TU München und Telefonica O2 arbeitet sie heute als Consultant bei iic solutions in München. Ihre Fachgebiete sind unter anderem Customer Experience, Customer Insights, Customer Satisfaction und Internet der Dinge, sowie eHealth.

Von Quantified Self zur Gesundheit der Zukunft

7

Florian Schumacher

Vorbemerkung der Herausgeber:
Quantified Self – eine nachhaltige Bewegung?

Florian Schumacher ist der Gründer der deutschen Quantified-Self-Bewegung, die ursprünglich in den USA entstanden ist und seit geraumer Zeit auch hier in Deutschland Fuß gefasst hat. Und die sehr widersprüchliche Reaktionen verursacht. Menschen, die ihr Leben komplett in allen Facetten loggen, alles dokumentieren, Bewegung, Essen, Vitalparameter, die alle paar Minuten automatisch Fotos von ihrem Umfeld mit automatischen Kameras erfassen lassen, können auf andere, die darin den Sinn nicht sehen und die als Erstes wieder an die Privatsphäre und den Datenschutz denken und was andere mit bösen Absichten mit den Daten machen könnten, schon einen seltsamen Eindruck machen. In den Medien gibt es keine Mitte, so scheint es. Entweder toll oder böse. Mit dem Buch „Abnehmen mit dem Smartphone" hat einer der Herausgeber (Volker P. Andelfinger) einen Ausschnitt des Quantified Self beleuchtet, die Erfassung von Aktivität und Nahrungszufuhr als Basis für ein kontrolliertes Regulieren des Körpergewichts. Das wäre Florian Schumacher zu wenig. Er kennt alle wesentlichen Parameter seines Lebens und optimiert sich und seinen Tag in allen Bereichen. Die Daten, die er erfasst, sind die Basis für die Optimierung des eigenen Selbst. Das folgende Kapitel beschreibt seine Vision von der Gesundheit der Zukunft.

Die Originalversion dieses Kapitels wurde revidiert. Für detaillierte Angaben ist ein Erratum verfügbar unter DOI 10.1007/978-3-658-12239-3_18

F. Schumacher
München, Deutschland
E-Mail: eHealth-Autoren@dhbw-heidenheim.de

© Springer Fachmedien Wiesbaden 2016
V. P. Andelfinger, T. Hänisch (Hrsg.), *eHealth,* DOI 10.1007/978-3-658-12239-3_7

7.1 Von Quantified Self zur Gesundheit der Zukunft

Florian Schumacher

7.1.1 Quantified Self und die Suche nach einem neuen Bewusstsein

Im Jahr 2007 lancierten Gary Wolf und Kevin Kelly die Website QuantifiedSelf.org um über die immer populärer werdenden Technologien zur Vermessung des Menschen zu berichten. Apple hatte im selben Jahr mit seinem Smartphone iPhone das Zeitalter der ultramobilen Computer eingeleitet, eine Technologie welche in den kommenden Jahren die Digitalisierung in alle Lebensbereiche tragen sollte. Ebenfalls 2007 brachten Apple und Nike einen Sensor für Laufschuhe auf den Markt, der mit dem iPod verbunden war und über Kopfhörer Feedback zur Leistung des Läufers vermittelte. Entwicklungen wie iPhone und der Laufsensor waren für Kelly und Wolf Indizien für ein neues Zeitalter der Vermessung des Individuums. Kevin Kelly, Gründer des Wired Magazins und techno-kultureller Vordenker, beschrieb die Self-Tracking-Lösungen als Werkzeuge, die zu einem besseren Verständnis von Körper und Geist führen und die es uns erlauben würden, den Sinn der menschlichen Existenz zu erkennen (Quelle: „What is Quantified Self").

Bei einem Treffen in Kelly's Haus im Sommer 2008 wurde der Grundstein der heutigen Quantified-Self-Bewegung gelegt. Gut 20 Interessierte trafen sich, um über ihre persönliche Erfahrungen und Erkenntnisse mit und aus dem Aufzeichnen und Auswerten von Daten zu sprechen. Das Konzept wurde mittlerweile in mehr als 100 Städten auf der ganzen Welt aufgegriffen, in denen sich Menschen treffen, um von einander zu lernen. Dieser Idee des gemeinsamen Wachsens fühlt sich auch der Autor verpflichtet und widmet sich dem Aufbau der Quantified-Self-Kultur im Deutschsprachigen Raum. 2012 initiierte er Quantified-Self-Gruppen in Berlin und München und trägt seither zum Aufbau von Quantiefied-Self-Communities in weiteren Städten bei. Den Nutzen digitaler Vermessungsinstrumente erforscht er auch als Self-Tracking-Pionier und Blogger. Seine persönliche Erfahrung mit der Anwendung unzähliger Messgeräte und Lösungen fließt in seine Bewertung digitaler Gesundheitstrends in diesem Kapitel ebenso mit ein, wie sein Fachwissen als Berater in der digitalen Gesundheitswirtschaft. Seit seiner ersten Auseinandersetzung mit dem Phänomen der modernen Selbstvermessung in den Anfangsjahren von Quantified Self hat sich viel verändert. Self-Tracking-Lösungen sind mittlerweile in allen Bevölkerungsschichten angekommen und befinden sich auf einem rasanten Vormarsch. Immer mehr Menschen messen Werte über ihren Körper und ihr Verhalten und die Idee der Selbstvermessung zur Gesundheitsverbesserung ist fester Bestandteil gängiger Zukunftskonzepte zur Verbesserung der medizinischen Versorgung.

Besonderes Kennzeichen der auf Daten basierten Lösungen ist ihre hohe Effektivität. So hilft Selbstvermessung den Anwendern abstraktes Wissen auf die eigene Situation zu beziehen und sich konkrete Ziele zur Verbesserung der eigenen Gesundheit zu setzen. Zugleich bestärkt das Feedback von außen Menschen in ihrer Motivation und wirkt sich so positiv auf die Erfolgswahrscheinlichkeit aus. Diese Effekte lassen sich anhand von

Studien belegen. Menschen die sich mit einem Schrittzähler oder einer Waage regelmäßig ihre Aktivität oder ihre Gewicht bewusst machen sind aktiver oder nehmen schneller ab als ohne das Feedback (Quelle: Standford Medicine). Auch das Studien zufolge nachhaltigste Programm zur Gewichtsreduktion „Weight Watchers" setzt auf Gewichts- und Ernährungstracking, erhöht die Motivation der Anwender durch die sozialen Effekte in der Gruppe, welche bei Self-Tracking-Apps häufig unter dem Stichwort „Gamification" erzielt werden (Quelle: AAFP). Enorme Potenziale liegen aber auch in der Nutzung der selbsterfassten Daten in der Prävention, Therapie und medizinischer Forschung. Kerngedanken der neuen digitalen Lösungen zur Verbesserung der Gesundheit sind eine verbesserte Informationslage und eine aktivere Rolle des Patienten, aber auch das gemeinsame Interesse von Patientengruppen, mit ihren Daten zur Verbesserung ihrer Therapiemöglichkeiten beizutragen.

7.1.2   Die Vermessung des Lebensstils und der Gesundheit

Schrittmacher für die immer einfacher werdende Selbstvermessung sind der Preisverfall von Sensoren und Kommunikationstechnologien wie Bluetooth. Heute bereits für Centbeträge verfügbar, werden die technischen Komponenten in immer mehr Alltagsgegenständen integriert. Uhren und Armbänder messen die Bewegungsaktivität ihrer Besitzer und Körperwaagen verbinden sich mit dem Smartphone und erlauben es so, die Entwicklung des eigenen Gewichts per App nachzuvollziehen. Die Vernetzung erreicht dabei immer mehr Geräte. Patienten protokollieren ihre Blutdruck- oder Blutzuckerwerte und auch die elektrischen Zahnbürsten sind mit Bluetooth ausgerüstet um die Zahnpflege per App zu dokumentieren und zu unterstützen.

Activity-Tracking auf dem Weg in den Mainstream

Geräte und Apps zur Selbstvermessung zielen heute meist auf die Bewusstmachung und Verbesserung des Lebensstils in Bereichen wie Bewegung, Ernährung und Schlaf ab, welcher einen entscheidenden Einfluss auf die Lebensqualität und die gesundheitliche Entwicklung hat. Weit verbreitet sind sogenannte Wearables wie Activity-Tracker oder Smartwatches, welche am Handgelenk getragen die Anzahl der Schritte im Alltag erfassen und häufig auch zur Schlafmessung eingesetzt werden können. Diese motivieren zu einem aktiveren Alltag und mehr Schlaf und über Smartphone Apps lässt sich auch die eigene Ernährung protokollieren und auswerten. Auch bei der Apple Watch nimmt die Aktivitätsmessung eine wesentliche Rolle ein. Die Uhr erfasst die im Alltag durch Aktivität verbrannten Kalorien, motiviert zu regelmäßigem Sport und erinnert ihren Besitzer nach längeren Phasen des Sitzens daran, kurz aufzustehen und den Kreislauf in Schwung zu bringen. Damit möchte Apple den Menschen wieder gesunde Bewegungs-Gewohnheiten beibringen. Weitere Lebensstilbereiche dürften folgen.

Aktuelle Activity-Tracker und Smartwatches basieren auf der günstigen und technisch einfach realisierbaren Beschleunigungsmessung – aus den Sensordaten lassen sich

Bewegungen wie die Anzahl der Schritte ermitteln und mit Hilfe von Algorithmen in verbrannte Kalorien oder auch die im Schlaf verbrachte Zeit berechnen. Aufwendigere Geräte wie die Apple Watch besitzen zusätzlich einen optischen Pulssensor. Die Haut unter der Uhr wird dabei mit Licht verschiedener Wellenlängen bestrahlt und die Reflektion des Lichts von einer Kamera erfasst, welche sich im Boden des Uhrengehäuses befindet. Mit diesem Verfahren lassen sich die durch Herzschlag ausgelösten rhythmischen Veränderungen des Blutflusses unter der Haut erkennen und als Herzfrequenz interpretieren. Der in die Uhr integrierte Pulssensor ermöglicht es Anwendern beim Sport sich ohne zusätzlichen Brustgurt über ihre aktuelle Herzfrequenz zu informieren. Außerdem nutzt Apple das Wissen um die Herzfrequenz, um den Energieverbrauch des Nutzers genauer berechnen zu können und dadurch bessere Gesundheitsempfehlungen geben zu können. Die Technologie zur Pulsmessung ist noch relativ jung und liefert prinzipbedingt aufgrund des Einflusses von Störgrößen weniger genaue Resultate als die Messung der Herzfrequenz durch Elektroden im Brustbereich. Dennoch dürfte das Verfahren schon bald zum Standard bei vielen Wearables werden und neue Sensoren am Handgelenk noch detailliertere Einblicke in die Gesundheit und das Verhalten von Menschen ermöglichen.

Neue Technologien verschieben die Grenzen des Messbaren

Neben digitalen Hilfsmitteln für mehr Bewegung oder mehr Schlaf setzen auch Apps und Geräte für andere Gesundheitsaspekte zunehmend auf die Vermessung ihrer Nutzer. Zugleich haben viele Anwender ganz individuelle Systeme entwickelt, mit denen Sie Daten aus verschiedensten Lebensbereichen erfassen. Noch lassen sich Stimmung und Wohlbefinden, Ernährung, Kaffe- und Alkoholkonsum nur manuell durch händische Eingabe in Apps, Tagebücher oder Tabellen aufzeichnen. Erleichtert wird dies zunehmend durch smarte Geräte und Algorithmen, welche die Daten automatisch aufzeichnen. Vernetzte Waagen speichern das Gewicht nach jedem Wiegen im persönlichen Online-Profil, Sensoren für das Bett messen nicht nur den Schlaf, sondern steuern zugleich das Licht und die Heizung in einer vernetzten Wohnung, um durch gezielte Optimierung der Schlafumgebung die Schlafqualität zu verbessern. Bei den Wearables werden Fitnessarmbänder und smarte Uhren schon bald um smarte Textilien und smarte Pflaster ergänzt, welche die vom Herz oder von anderen Muskeln erzeugten elektrischen Signale messen und daraus Puls, Atemfrequenz, Bewegung und viele andere Werte erfassen. Durch ihren direkten Hautkontakt erzielen sie dabei sehr genaue Messwerte und mit ihrer teilweise großflächigen Körperbedeckung erlauben sie zum Beispiel die Analyse der Muskelspannung von Rumpf und Oberkörper. Insbesondere für Sportler ergeben sich hierdurch viele neue Anwendungsmöglichkeiten zur Verbesserung des Trainings, aber aufgrund der hohen Datenqualität sind die auf der Haut getragenen Sensoren auch für medizinische Zwecke von hohem Interesse.

Sensoren spielen aber auch in der Umgebung des Menschen eine zunehmend wichtige Rolle und in den Laboren und Entwicklungsabteilungen von Universitäten und Unternehmen wird unerlässlich an neuen Datenquellen geforscht. Smarte Trinkflaschen messen schon heute ob ihr Besitzer genügend trinkt und erinnern ihn ggf. an die ausreichende

Flüssigkeitsaufnahme. Einen Schritt weiter geht ein smarter Becher, der neben der Flüssigkeitsmenge auch Kalorien und Inhaltsstoffe wie Zucker, Alkohol oder Koffein erfasst und in einem Diättagebuch aufzeichnet. Feste Nahrungsmittel könnten mit handlichen Spektrometern vermessen werden, welche die Bestandteile unserer Nahrung wie wichtige Nährstoffe, aber auch unerwünschte Schadstoffe erkennen und auf dem Smartphone anzeigen. Neue Sensor-Technologien verschieben so zunehmend die Grenzen des messbaren und ermöglichen neue Instrumente, mit denen Menschen ihren Lebensstil, ihre Therapie oder ihre Gesundheit verbessern können.

Medizinische Messgeräte
Neben den Lifestyle-Produkten zur Verbesserung des Lebensstils entstehen immer mehr Datenbasierte Lösungen für die Behandlung von Patienten. Schmerzen, Depressionen und die Einnahme von Medikamenten lassen sich mit Apps protokollieren und immer mehr Geräte zur Kontrolle von Körperwerten eignen sich zur einfachen Aufzeichnung von Daten. Dazu werden Körperwaagen, Blutdruckmessgeräte oder Blutzucker-Messgeräte mit Schnittstellen wie Bluetooth oder WiFi ausgestattet und mit dem Smartphone oder drahtlosen Heimnetzwerk der Patienten verbunden. Hierdurch werden die Daten automatisch aufgezeichnet, sodass Patienten mit Diabetes und Bluthochdruck ihre Therapie kontrollieren und optimieren können. Die Weitergabe der gemessenen Daten an den Arzt ist in Deutschland noch kaum verbreitet, könnte aber schon in wenigen Jahren der Telemedizin und damit der konstanten medizinischen Supervision auch jenseits von Arztbesuchen zum Durchbruch verhelfen. Wie auch bei den Lifestyle-Produkten entstehen im medizinischen Bereich immer bessere Sensoren. So werden zukünftige Generationen von smarten Armbändern und Uhren, Pflastern und Textilien in Kombination mit anderen vernetzten Gesundheitsgeräten wie Waagen oder Blutdruckmanschetten schon bald eine viel genauere Überwachung chronischer Patienten erlauben. Die permanente EKG-Überwachung mit solchen Geräten könnte zum Beispiel helfen, einen drohenden Herzinfarkt zu verhindern oder sollte es doch zum Notfall kommen, eine schnellere und effektivere Rettung ermöglichen. Neben den großen Herausforderungen hinsichtlich Genauigkeit und Verlässlichkeit, die bei der Entwicklung medizinischer Produkte zu bewältigen sind, muss aber auch das medizinische System unserer Gesellschaft selbst erst lernen mit den neuen Möglichkeiten umzugehen.

7.1.3 Was machen wir mit den Daten?

Die Messwerte, die mit neuen und immer leistungsfähigeren Sensoren erfasst werden können, sind die Ausgangsbasis für eine Vielzahl von Datenbasierten Anwendungen. Erst die Aufbereitung der von Sensoren und Algorithmen erfassten Rohdaten gibt diesen einen Sinn, der auf diversen Abstraktionsebenen immer wieder neu geschaffen werden muss. Ganz am Anfang stehen elektrische Signale oder Einträge in Datenbanken, die interpretiert werden müssen, um auf Ergebnisse wie Schritte, Puls oder Kalorien zu kommen. Diese gilt es dann sinnvoll darzustellen, um für, den Anwender einen Nutzen zu erzeugen. Je nach Bereich, kann hier der aktuelle Tageswert, die Abweichung von einem Ziel, oder die Entwicklung über die letzten Wochen von Interesse sein. So entsteht aus Daten Information, welche sich ggf. bis hin zum Wissen verdichten lässt. Der geeignete Abstraktionsgrad und die gewählte Aussage hängen dabei entscheidend vom Betrachtungshorizont des Nutzers ab. Entsprechend sind Daten die Ausgangsbasis für neue Erkenntnisse des sich selbst vermessenden Individuums, können aber auch als Stellgrößen in personalisierten Anwendungen oder für Wissenschaft und Industrie genutzt werden. Persönliche Daten ermöglichen damit ganz verschiedene Anwendungen für verschiedenste Stakeholder. Durch entsprechende Aufbereitung können Sie Privatpersonen zu einem gesünderen Leben verhelfen, aber auch für Forschung und Industrie stellen die Daten über gesunde und kranke Menschen ganz neue Möglichkeiten dar.

Motivation und Verhaltensänderung

In den meisten Fällen führt Selbstvermessung zu sogenannten Feedback Loops, welche eine direkte Reaktion auf die Messergebnisse ermöglichen. Die erfassten Werte werden wie zum Beispiel beim Wiegen vom Nutzer selbst direkt beim Messen zur Kenntnis genommen oder an geeigneter Stelle in aufbereiteter Form von den Diensten mitgeteilt, wie zum Beispiel bei einem Fitnessarmband, das über das Erreichen des Tagesziels informiert. Diese regelmäßige Auseinandersetzung mit Werten wie Aktivität, Gewicht oder der Menge der ausgenommen Kalorien, steigert, das Bewusstsein für das eigene Verhalten und fördert so konstruktive Entscheidungen.

Dennoch fällt die Reaktion auf nackte Zahlen bei Menschen sehr unterschiedlich aus, weshalb durch geeignete grafische Präsentation der persönlichen Ergebnisse und die Nutzung von Spielmechanismen die Wirkung von Self-Tracking-Technologien verbessert werden kann. Wichtig ist deshalb die zielgruppengerechte Darstellung der Informationen, wobei häufig eine Vereinfachung sinnvoll sein kann. Die Messwerte werden so zum Beispiel über ein Ampelsystem dargestellt, welches auf einen Blick erkennen lässt, ob man im grünen Bereich liegt, oder man von seinem Ziel abweicht. Bei der Apple Watch werden die Ergebnisse hingegen über drei Kreise dargestellt, die erst voll werden, wenn das jeweilige Ziel erreicht ist. Durch solch eine Aufbereitung von Informationen lassen sich Aussagen gezielt verdeutlichen. Ist der Status eines Wertes wie gewünscht, oder, wie entwickelt sich der Trend der letzen Messungen? In geeigneter Form visualisiert, lässt sich die Bedeutung der Zahlen viel einfacher verstehen und ihre Botschaft mit Emotionen aufladen.

Über die Messwerte und deren Darstellung hinausgehend werden oft zusätzliche, unter dem Fachbegriff „Gamification" bekannte spielerische Elemente eingesetzt, um die Motivation von Nutzern zu erhöhen. Ein bei vielen Self-Tracking-Anwendungen häufig genutzter Mechanismus ist der Wettbewerb, wobei meist die Ergebnisse ausgewählter „Freunde" im Vergleich zu den eigenen Werten angezeigt werden, wodurch zusätzlicher Ansporn entsteht. Das gemeinsame Verfolgen eines Ziels und der Austausch der jeweiligen Fortschritte führt dabei zu gesteigerter Motivation, wodurch Erfolge schneller und nachhaltiger erzielt werden. Alternativ zum Wettbewerb „jeder gegen jeden", können auch die Erfolge einer Gruppe als Ganzes in den Vordergrund gestellt und ggf. mit denen einer anderen Gruppe verglichen werden, wodurch viele Ausprägungen mit mehr oder minder starkem kompetitivem Charakter entstehen. Auch das Teilen der eigenen Leistungen und Erfolge auf sozialen Netzwerken wie Facebook ist insbesondere bei Sport-Anwendungen weit verbreitet. Je nach Umsetzung können die Kontakte des Athleten diesen bei seiner Aktivität teilweise live auf einer Karte verfolgen und ihn anfeuern, wodurch dynamischere Interaktionen entstehen.

Weitere Elemente aus dem Bereich der „Gamification" sind Punkte, Levels und Auszeichnungen, die man von Computerspielen kennt. Erwünschtes Verhalten wird dabei mit Punkten belohnt, welche je nach Komplexität des spielerischen Ansatzes das Erreichen neuer Auszeichnungen und Levels, oder sogar das Freischalten neuer Herausforderungen ermöglichen. Psychologisch fundierte Systeme wie vom amerikanischen Hersteller Basis berücksichtigen dabei die Regeln des Selbstmanagements. Die Self-Tracking-Uhr des Herstellers lässt sich einsetzen, um die eigene Schlafmenge, Bewegung im Alltag, oder gezielten Sport zu überwachen. Neue Ziele kann sich der Nutzer jedoch erst setzen, nachdem er erste Erfolge erzielt hat, um sich nicht mit zu hohen Ambitionen zu übernehmen und gänzlich zu scheitern. Die verschiedenen Gamfication-Elemente werden dabei von jedem Hersteller anders kombiniert, um dem Grad der Verspieltheit der eigenen Zielgruppe gerecht zu werden. Manche Systeme verbinden dabei Aktivitäten in der realen Welt mit echten Computerspielen. Sportliche Anstrengungen werden dabei mit Punkten belohnt, welche als Voraussetzung für den Fortschritt in digitalen Spielen auf dem Computer oder Smartphone eingebunden sind.

Weniger verbreitet sind Ansätze, die neben der Belohnung durch positives Feedback, Anerkennung und Spaß auch auf Bestrafung als Motivationsfaktor setzen. Dennoch machen sich einige Anbieter den psychologischen Zusammenhang zu nutze, dass Verlust bei Menschen einen weitaus stärkeren Antrieb auslöst, als Gewinn. Entsprechende Anbieter lassen ihre Nutzer Geld auf das Erreichen ihrer Ziele wetten, welches bei einem Misserfolg an die erfolgreicheren Mitglieder der Plattformen verloren wird. Auch die öffentliche Bloßstellung, zum Beispiel durch Waagen, die das Gewicht des Benutzers automatisch auf Twitter posten, lassen sich unter gegeben Umständen zu diesen Ansätzen zählen. Eine der umfassendsten Lösungen bei der Nutzung sowohl positiver wie auch negativer Motivationsmechanismen ist das Armband des jungen Startups Pavlok. Neben der gängigen Belohnung beim Erreichen der selbstgewählten Ziele, setzt das Unternehmen auch auf diverse Stufen der Bestrafung, welche in einem milden aber deutlichen Elektroschock am Handgelenk eskalieren. Auch wenn der Mechanismus dem aufgrund seiner neurologischen Wirkung ideal geeignet sein soll, um negative Angewohnheiten zu überwinden, dürfte das Produkt eher für eine Nische geeignet sein. Anwendungen für den Massenmarkt dürften sich weiterhin primär auf die positiven Motivationsmechanismen konzentrieren, welche bei den meisten Anwendern eine höhere Akzeptanz finden.

Selbstregulierende Systeme

Die mit Self-Tracking-Technologien erfassten Daten spielen nicht nur für den vermessenen Menschen selbst eine wichtige Rolle, technische System nutzen die Messwerte immer öfter als Eingangs-Parameter um ihre Funktionen auf die Bedürfnisse des Nutzers anzupassen. Smarte Schlafsysteme messen nicht nur die Vitalfunktionen während der Nacht und liefern am anderen Morgen Feedback zur Schlafdauer und Tiefe des Schlafs, sie nehmen auch während der Nacht Einfluss auf die Umgebungsbedingungen des Nutzers, um eine bestmögliche Erholung zu gewährleisten. Ein Ansatz hierzu ist die Regulation der Temperatur im Bett oder Schlafzimmer durch in eine Matratzenauflage integrierte Heiz- oder Kühlelemente. Andere Hersteller setzen auf eine Vernetzung mit smarten Heizungsthermostaten und sorgen für eine Absenkung der Raumtemperatur während der Nacht sowie eine Anhebung der Temperatur während der Schlafende sich in den letzten Zügen seiner Nachtruhe befindet. Auch durch eine intelligente Anpassung der Beleuchtung lassen sich die Schlafgewohnheiten positiv beeinflussen. Wachheit und Müdigkeit werden von der durch Licht regulierten Ausschüttung der Hormone Melatonin und Serotonin gesteuert, deren Konzentration vor Erfindung künstlicher Lichtquellen vom Verlauf des Sonnenlichts und dessen Änderungen in Helligkeit und Farbspektrum abhing. Smarte Schlafsysteme nutzen diesen Zusammenhang, um den Schlafenden morgens durch die Stimulation mit Licht aus dem Leichtschlaf zu wecken, oder schon am Abend durch eine automatische Dämpfung der vernetzten Wohnraumbeleuchtung auf die Nachtruhe vorzubereiten. Technologie hilft dem Menschen somit, mit den im Laufe der evolutionären Entwicklung entstandenen Bedürfnissen seines Körpers im Einklang zu leben.

Auch in vielen anderen Bereichen werden selbstregulierende Systeme auf Basis der Vermessung von Menschen eine große Rolle spielen. Diabetiker, die heute noch selbst regelmäßig mit einer Spritze ihren Insulinhaushalt ausgleichen müssen, könnten diese Verantwortung schon bald von einer künstlichen Bauchspeicheldrüse abgenommen bekommen. Wie ein Pflaster auf die Bauchdecke geklebt, messen die Geräte permanent den Blutzuckerspiegel des Diabetikers und injizieren diesem automatisch das benötige Insulin, sobald der Spiegel abfällt und ersetzen damit die Funktion zur Selbstregulation, welche der Stoffwechsels von Nichtdiabetikern selbst übernimmt.

Mittelfristig dürften die persönlichen Daten auch in vielen anderen Bereichen eine wichtige Rolle bei der Nutzung verschiedenster Dienste spielen. Angefangen vom eigenen Herzschlag als biometrisches Merkmal zur Verbesserung der Sicherheit der digitalen Autorisierung, um per Smartwatch die Türen von Autos oder Hausern zu öffnen oder wählen zu gehen, bis zum personalisierten Radio, das aus den Vitalitätswerten das Stresslevel und die Stimmung einer Person erkennt und situativ die passende Musik auswählt. Die Körpersensorik wird in den smarten Telefonen und Uhren der Zukunft dadurch immer mehr zur Plattformtechnologie, welche diverse Anwendungen ermöglicht, welche sich von Gesundheits- über Wellness- bis hin zu Komfortfunktionen erstrecken.

Daten für den Arzt

Insbesondere bei chronischen Patienten können die selbsterhobenen Daten zur Verbesserung von Therapie und Krankheitsverlauf beitragen. Diabetikern und Patienten mit Bluthochdruck wurde auch schon vor dem Zeitalter der Digitalisierung von ihren Ärzten empfohlen, ihre Messwerte aufzuschreiben, um einen besseren Überblick über deren Entwicklung zu erhalten. Auch zur Ableitung einer Therapie-Empfehlung fragen viele Ärzte ihre Patienten nach dem Verlauf ihrer Werte während der vergangenen Wochen. Hierbei wird jedoch meist nur nach dem Unter- oder Überschreiten gewisser Grenzwerte gefragt, eine detaillierte Sichtung der Messwert-Historie erfolgt in Deutschland derzeit kaum. Eine stärkere Integration von Self-Tracking-Daten in die Prozesse der Gesundheitswirtschaft gibt es jedoch bereits in vielen anderen Staaten. Insbesondere die amerikanische Mayo Clinic, eine Organisation, welche diverse Kliniken und niedergelassene Arztpraxen umfasst, macht sich diese Möglichkeiten zu nutze. Patienten können ihre selbst erfassten Daten per App an ihre Ärzte übermitteln, aber auch in umgekehrter Richtung funktioniert der Datenfluss. Laborwerte aus den Mayo Kliniken werden so direkt auf den Smartphone Apps der Patienten angezeigt, wodurch eine integrierte Sicht von Self-Tracking-Daten und medizinischen Messwerten entsteht. Auf demselben Weg versorgt die Mayo Klinik ihre Patienten mit relevanten Informationen zu Ihrer Erkrankung und ermöglicht es Ihnen, Termine mit ihren Ärzten zu vereinbaren.

Möglich macht dies der offenere Gesundheitsmarkt in den USA und der Ansatz des „Outcome Based Healthcare", der die Effizienz teilnehmender Anbieter medizinischer Leistungen fördert, da nicht die Behandlung, sondern deren Nutzen abgerechnet wird. Geradezu gegensätzlich stellt sich die Situation in Deutschland dar. Ärzte und Kliniken werden für die von den Krankenkassen festgelegten Behandlungsmaßnahmen vergütet. Die Nutzung einer elektronischen Patientenakte oder anderweitig vom Patienten bereitgestellter selbsterfasster Daten zählen bislang nicht zu den erstattungsfähigen Aktivitäten und sind damit beim Fachpersonal wenig populär. Eine Verbesserung dürfte durch das eHealth-Gesetz eintreten, welches sich zum Zeitpunkt der Erstellung dieses Textes in Abstimmung befindet. Der Gesetzesentwurf regelt in seiner aktuellen Form jedoch primär den sicheren elektronischen Austausch von Informationen unter den Akteuren der Gesundheitswirtschaft. Die Nutzung der vom Patienten selbst erfassten Daten wird von dem neuen Gesetz voraussichtlich nicht gefördert und bedarf weiterer Anreize um die Vorzüge der Telemedizin zum tragen zu bringen.

Self-Tracking-Daten in der Versicherungswirtschaft

Der Trend zum Self-Tracking und zur Teemedizin hat auch maßgeblichen Einfluss auf das Geschäftsmodell von Krankenversicherungen. Digitale Angebote mit positiven Effekten auf die Gesundheit von Menschen qualifizieren sich wie auch andere Mittel als Maßnahme zur Prävention und Therapie. So bieten immer mehr Versicherer ihren Kunden ein umfangreiches Sortiment an Apps für Bewegung, Ernährung und Entspannung, oder finanzieren die digitalen Präventions-Angebote von Drittanbietern. Auch die Nutzung von

Self-Tracking-Geräten wie Activity Trackern wird von immer mehr Versicherern unterstützt. Dies reicht bis zu einem Zuschuss von 250 € für die bei den jungen Kunden besonders beliebte Apple Watch, den die Techniker Krankenkasse ihren mit Erfolg am Bonusprogramm teilnehmenden Kunden gewähren möchte. Für die Versicherer ergibt sich dabei eine Vielzahl von Vorteilen. Digitale Themen helfen ihnen, sich als innovativ zu positionieren und vom Wettbewerb abzugrenzen, womit die Unternehmen neue Kunden gewinnen können. Die Angebote ziehen dabei insbesondere junge und gesundheitsbewusste Kunden an, welche die Schadenquote im Versichertenkollektiv reduzieren. Zugleich fördern die Versicherer damit auch aktiv die Verbreitung digitaler Gesundheitstechnologien bei ihren bestehenden Kunden und den dadurch ausgelösten positiven Einfluss auf deren Gesundheit.

Einen Schritt weiter gehen Ansätze von Versicherern, die ihre Mitglieder nicht nur in Synergie zu den eigenen Interessen fördern, sondern auch deren Daten einsehen wollen. So fördern viele amerikanische Arbeitgeber den Einsatz von Fitness-Trackern bei ihren Mitarbeitern, um den Versicherern die gute Gesundheit ihrer Belegschaft nachweisen zu können und günstigere Rahmenverträge auszuhandeln. Die Daten werden den Versicherern dabei meist nur in aggregierter Form über alle Mitarbeiter zur Verfügung gestellt, aber auch Ansätze, bei denen Einzelpersonen ihre Daten preisgeben, werden zunehmend beliebter. So zum Beispiel schenkt das Versicherungs-Startup Oscar seinen Kunden einen Schrittzähler zur Motivation und zum Nachweis der eigenen Aktivität und erstattet diesen für jeden Tag, an dem die empfohlene Marke von zehntausend Schritten erreicht wird, einen Dollar von ihrer Versicherungsprämie. Andere Versicherer interessieren sich im Gegenzug für Rabatte nicht nur für die Aktivität eines Nutzers, sondern haben es dabei auch auf andere Gesundheitsdaten abgesehen. Als erster Anbieter in Deutschland plant die private Krankenversicherung Generali die Einführung eines Programms, bei dem Versicherte Gesundheitswerte von ihrem Smartphone gegen Vergünstigungen wie Gutscheine für Gesundheits- und Unterhaltungsangebote einlösen können. Neben der reinen Übermittlung von Daten soll die App, welche mit Hilfe des südafrikanischen Dienstleisters Discovery derzeit entwickelt wird, auch zur Planung von Vorsorgeterminen eingesetzt werden können. Das Interesse der Kunden dürfte dem Unternehmen mit seinem Ansatz sicher sein. So sind einer Studie (yougov) zufolge 32 % der Deutschen Bevölkerung bereit, ihre persönlichen Daten einem Versicherer im Gegenzug für Vergünstigungen mitzuteilen. Weniger positiv aufgefasst wird der Vorstoß dagegen von den Medien, Gesellschaftskritikern und Datenschützern. Diese befürchten die Abkehr des Gesundheitssystem vom Solidaritätsprinzip und eine Zunahmen des Drucks auf den Einzelnen sich und seine Gesundheit zu optimieren.

Datenschützer hingegen befürchten, dass die Daten für den Anwender zum Nachteil werden könnten. So könnten die dem Nutzer durch Einsicht in die eigenen Daten gewährten Vorzüge schnell wieder verwehrt werden, sollte sich seine gesundheitliche Situation zum negativen entwickeln. Außerdem könnten die Daten auch zum Scoring in anderen Bereichen genutzt werden und sich zum Beispiel auf die angebotenen Konditionen bei einer Lebensversicherung auswirken. Einen Kompromiss aus Datenschutz und

Individualisierung der Tarife stellt die Gesundheitsplattform des Schweizer Anbieters Dacadoo dar. Das Unternehmen hat in Kooperation mit Wissenschaftlern vom MIT einen Health Score entwickelt, der die Gesundheit und deren erwartete Entwicklung eines Menschen bewertet. Anstatt einem Versicherer detaillierten Zugriff auf einzelne Gesundheitswerte zu gewähren, reicht beim Modell von Dacadoo der abstrakte Healthscore, um individualisierte Rabatte und mehr zu errechnen. International hat das Unternehmen bereits zahlreiche Kooperationen zu verzeichnen, im Deutsch-sprachigen Raum halten sich die Versicherer zurück und fördern die Gesundheitsplattform als Präventionslösung für ihre Kunden, ohne aber Prämien und Rabatte an den Healthscore zu koppeln.

Persönliche Daten in der Wissenschaft
Auch für Forschung und Wissenschaft spielen selbst gemessene Daten eine immer wichtigere Rolle. Im Gegenzug zu klassischen Studiendesigns, erlaubt die Auswertung der vom Nutzer selbst erfassten Werte, Studien mit einer weitaus größeren Datenbasis durch eine höhere Teilnehmerzahl, aber auch durch erheblich mehr Daten pro Teilnehmer. Neu an dem Ansatz ist auch, dass Daten noch besser unter normalen Alltagsbedingungen erfasst werden können und dadurch nicht den, das Ergebnis beeinflussenden Rahmenbedingungen vieler anderer Studiendesigns unterliegen. Möglich wird der Transfer von persönlichen Daten in die Forschung und Wissenschaft durch verschiedene Ansätze. Die meisten Anbieter von Self-Tracking-Lösungen speichern die Messwerte der Nutzer auf ihren eigenen Servern und räumen sich in ihren Geschäftsbedingungen die Nutzung für eigene Zwecke und die Weitergabe an Dritte ein, was je nach Anbieter in anonymisierter oder auch in personalisierter Form erfolgen kann. Dies ermöglicht es Herstellern aus den Daten ihrer Nutzer zu lernen und dadurch ihre Algorithmen und Produkte zu verbessern. Ebenso möglich ist auch der Verkauf der Daten an Wissenschaft und Industrie, wodurch sich manche Hersteller eine zusätzliche Erlösquelle für ihre Geschäftsmodelle sichern. Eine andere Strategie hat hier das Unternehmen Apple, welches mit seinen Smartphones und Smartwatches eine zentrale Rolle bei der Erfassung von Gesundheitsdaten spielt. Besitzer einer Apple Watch sind anders als bei den Produkten vieler Wettbewerber auch die Besitzer ihrer Daten, welche nur lokal auf Uhr und Smartphone gespeichert werden, ohne auf Apple's Server geladen zu werden. Stattdessen gibt Apple seinen Kunden die Möglichkeit ihre Daten für sich zu behalten oder Drittanbietern zur Verfügung zu stellen, sei es für die eigene Verwendung mit zusätzlichen Apps, oder für andere Zwecke. Darüber hinaus unterstützt das Unternehmen mit seinen Technologien auch aktiv die Vernetzung zwischen Patienten und Wissenschaft. Mit seinem im März 2015 vorgestellten ResearchKit schafft Apple dabei die Voraussetzung für die direkte Verbindung zwischen Forschungseinrichtungen und Studienteilnehmern. Mit dem speziellen Entwicklungs-Framework ermöglicht Apple Wissenschaftlern die effiziente Erstellung von Apps für klinische Studien. Fragebögen über den Nutzer und seine Symptome lassen sich damit einfach digital umsetzen und auch die digitale Einwilligung der Nutzer in die Teilnahme an der Studie bricht mit der gängigen wissenschaftlichen Praxis. Dies ermöglicht es Forschern, die bisher vor Ort alle Studienteilnehmer in die Studie aufnehmen und unterzeichnen lassen mussten, die

Aufnahme einer weitaus größeren Teilnehmerzahl. Dank dieser Vorteile haben sich für die ersten Studien auf Basis von ResearchKit statt der typischerweise wenigen hundert Teilnehmer bereits mehrere zehntausend Menschen eingeschrieben. Der große Zusatznutzen der Plattform liegt jedoch im Zugriff auf die Daten und Sensoren der Nutzer, um automatisiert eine Vielzahl an Messwerten zu erhalten. So nutzen die Apps auf Basis von ResearchKit die Sensoren eines iPhones, um Daten zur Aktivität, der Reaktionsgeschwindigkeit aber auch auffällige Bewegungsmuster beim Gehen zu erfassen. Die geringe Modellvielfalt des kalifornischen Herstellers ist für die Wissenschaftler dabei ein entscheidender Vorteil. Diese können sich bei der Entwicklung einfach auf die Sensoren der Geräte ihrer Nutzer einstellen und wissen auch, welche Streuung bei den Messwerten des iPhones zu erwarten ist. Zugleich können sie über Apples HealthKit auch auf Messwerte des Nutzers zugreifen, welche er mit anderen Geräten wie zum Beispiel einer vernetzten Waage oder Blutzucker-Messgerät gewonnen hat. Die Möglichkeiten von ResearchKit stehen dabei von Apple überprüften Einrichtungen zur Verfügung – zum Start hat das Unternehmen mit fünf Forschungseinrichtungen zusammengearbeitet. Diese bieten Apps für Diabetiker, Menschen mit Herzerkrankungen, Brustkrebs, Asthma und Parkinson. Die Nutzer werden dabei nicht als reine Datenspender betrachtet, sondern profitieren selbst von der Beantwortung der Fragen und der Freigabe ihrer Messwerte. So liefert die App für Asthmatiker nach einem Asthma-Anfall Daten zur lokalen Luftqualität und ermöglicht es den Patienten dadurch ihre Krankheit besser zu verstehen.

Neben Apple versuchen auch viele andere große Konzerne die Nutzung persönlicher Daten für wissenschaftliche Zwecke zu fördern. Google und Samsung entwickeln dafür spezielle Sensoren für medizinische Anwendungen und bieten Forschern die zugehörige Software-Plattform zur Auswertung der Daten. Auch mit ihnen sollen Krankheiten besser verstanden werden und die Entwicklung besserer Therapieverfahren unterstützt werden. Umso mehr Informationen dabei verfügbar sind, umso gezielter können die Behandlungsempfehlungen auf die individuellen Faktoren eines Patienten zugeschnitten werden. In einem nächsten Schritt dürften die den Wissenschaftlern zur Verfügung gestellten Datensets daher auch Informationen zum Blutbild oder Genom umfassen, aus welchen die Disposition für Krankheiten und besondere biochemische Eigenschaften wie die individuelle Verträglichkeit und Wirksamkeit von Nahrung und Medikamenten hervorgeht. Ziel bei den Studien mit Daten aus dem Alltag der Nutzer ist es nicht nur, den Verlauf, sondern auch die Entstehung von Krankheiten besser zu verstehen, wodurch die Entwicklung neuer Technologien zur Prävention und Früherkennung möglich wird. So arbeiten Startups aus dem Silicon Valley, aber auch etablierte Unternehmen auf der ganzen Welt an der Entwicklung einer neuen Art von medizinischen Messgeräten, die wie eine Art Gesundheitsscanner zu Hause angewandt, diverse Messwerte erfassen und teils automatisiert Diagnosen stellen sollen. Probleme wie der Ärztemangel oder die späte Diagnose gefährlicher Erkrankungen könnten damit gelöst werden, wodurch sich der Gesundheitszustand der Bevölkerung verbessert. Die Fortschritte in der sich selbst vermessenden Gesellschaft der Zukunft bedingen sich daher gegenseitig. Millionen von Menschen tragen mit ihren Messwerten zur Entwicklung einer immer besseren Gesundheitsversorgung bei und profitieren dabei zugleich von ihr.

7.1.4   Die Zukunft der Selbstvermessung

Die Verbreitung der Selbstvermessung wird in den kommenden Jahren weiter zunehmen und sich zum Massenphänomen entwickeln, welches fest in die Systeme der Gesundheitswirtschaft integriert ist. Für gesundheitsbewusste Anwender entstehen dabei immer bessere Hilfsmittel zur Prävention und zur Verbesserung des eigenen Lebensstils. Komplexitätshürden werden dabei zunehmend abgebaut und der Nutzen der Lösungen durch Synergien mit anderen Diensten erhöht. Die smarte Wohnung nutzt dann Informationen über den Nutzer, um ihm noch mehr Komfort und Wohlbefinden zu bieten, von der optimalen Temperierung für den Schlaf bis zur passenden Raumatmosphäre durch Licht, welches sich an den Bedürfnissen und dem Tagesablauf der Nutzer ausrichtet. Self-Tracker werde ihre Daten auch im Kontext ganz neuer Anwendungen und Geschäftsmodelle nutzen, vom Radiostream der zur Stimmung passende Musik spielt, bis zur Versicherung die einen zum Lebensstil passenden Tarif anbietet. Eine noch wichtigere Rolle spielt die Selbstvermessung zukünftig bei Patienten, welche durch eine präzise und kontinuierliche Überwachung ihres Krankheitsverlaufs die bestmögliche Versorgung erfahren. Auswahl und Dosierung von Medikamenten werden so zukünftig individuell optimiert und das Risiko von Unglücken wie einem Herzinfarkt minimiert. Sobald die Gesundheitswirtschaft gelernt hat, mit den Daten sich selbst vermessender Bürger umzugehen, wird der Nutzen für die Anwender schon bald so groß sein, dass ein Verzicht darauf ein Randphänomen sein wird, ähnlich wie der Verzicht auf ein Mobiltelefon. Auf dem Weg in diese Zukunft haben sich Industrie, Politik und Gesellschaft noch viele Fragen zu beantworten. Eine der wichtigsten davon ist sicher die Frage, wie wir als Menschen mit soviel Wissen über uns selbst umgehen und dabei die Menschlichkeit bewahren.

Literatur

What is Quantified Self: http://quantifiedself.com/2007/10/what-is-the-quantifiable-self/
Standford Medicine: http://med.stanford.edu/news/all-news/2007/11/pedometers-help-people-stay-active-stanford-study-finds.html
AAFP: http://www.aafp.org/news/health-of-the-public/20150414weightloss.html
iTunes: https://itunes.apple.com/de/app/mayo-clinic/id523220194?mt=8
yougov: https://yougov.de/loesungen/ueber-yougov/presse/presse-2015/pressemitteilung-self-tracking-rund-jeder-dritte-wurde-gesundheitsbezogene-daten-an-krankenversicherer-weitergeben/

Florian Schumacher ist Self-Tracking-Pionier, Speaker und berät Unternehmen zu digitalen Gesundheitslösungen. Er hält ein Diplom in Maschinenwesen der TU München und absolvierte eine Ausbildung in Design Thinking am Hasso Plattner Institut in Potsdam. Nach seiner Ausbildung war er für Start-ups im Digital-Health-Umfeld und als Trendscout und Produktmanager der Wearable Technologies AG tätig. 2012 gründete er die Quantified-Self-Community Deutschland.

Rationale Diskriminierung durch Lifelogging – Die Optimierung des Individuums auf Kosten des Solidargefüges

8

Stefan Selke

Vorbemerkung der Herausgeber:
Die Optimierung des Individuums – wie weit wollen, sollen, dürfen wir gehen?

Wie schon vor dem Kapitel unseres Co-Autors Florian Schumacher beschrieben, gibt es zum sogenannten Lifelogging oder Quantified Self fast nur Schwarz-Weiß-Diskussionen. Am Ende ist es jedoch jedem selbst überlassen, ob er sich für diesen Trend erwärmen kann, oder nicht. Und auf den Gestaltungswillen unserer Gesellschaft, die von den positiven Aspekten des Quantified Self profitieren möchte, aber die negativen Auswirkungen, wie etwa den möglichen Verlust der Solidargemeinschaft, verhindern muss. Das Buch lässt als Nächstes Prof. Dr. Stefan Selke zu Wort kommen. Er bildet sozusagen die Antithese zum vorangegangenen Kapitel, formuliert die möglichen negativen Auswirkungen. Diese nicht zu übersehen, stellt eine wesentliche gestalterische Aufgabe unseres Gemeinwesens dar.

Die Originalversion dieses Kapitels wurde revidiert. Für detaillierte Angaben ist ein Erratum verfügbar unter DOI 10.1007/978-3-658-12239-3_18

S. Selke (✉)
Furtwangen, Deutschland
E-Mail: eHealth-Autoren@dhbw-heidenheim.de

© Springer Fachmedien Wiesbaden 2016
V. P. Andelfinger, T. Hänisch (Hrsg.), *eHealth*, DOI 10.1007/978-3-658-12239-3_8

8.1 Rationale Diskriminierung durch Lifelogging – Die Optimierung des Individuums auf Kosten des Solidargefüges[1]

Stefan Selke

Zusammenfassung
Trotz euphorischer Einschätzungen und Nutzenversprechungen durch Entwickler, Pioniere und Unternehmen sind mit dem Boom digitaler Selbstvermessung zahlreiche Risiken verbunden. Lifelogging – die Summe der Technologien und Anwendungen zur digitalen Selbstvermessung und Lebensprotokollierung – verändert als ‚disruptive' Technologie die ‚kulturelle Matrix', also die institutionalisierten Regeln des Zusammenlebens. Die Vermessung des Menschen und dessen Reduktion auf ein numerisches Objekt und einen Datenkörper erzeugen ein negatives Organisationsprinzip des Sozialen. Die hieraus resultierende *rationale Diskriminierung* wird als Pathologie der Quantifizierung *zwischen* statistischer und sozialer Diskriminierung verortet sowie in ihren Folgen analysiert.

Schlüsselwörter
Big Data, Lifelogging, Self-Tracking, Quantified Self, Selbstoptimierung, Normalismus, Diskriminierung

Der störanfällige Mensch im Zeitalter der Postmedialität

Die Grundaufgabe der Soziologie besteht seit ihren Anfängen in der Analyse sozialer (also ge-sellschaftlich gemachter und nicht zufälliger) Ungleichheit. Verschiedene techniksoziologische Ansätze (zur Übersicht Häußling 2014) machen deutlich, dass insbesondere ‚disruptive' Technologien – also solche, die in relativ kurzer Zeit einen hohen Diffusionsgrad in der Gesellschaft erreichen (Coupette 2014) – sich destabilisierend auf die kulturelle Matrix auswirken, in dem sie z. B. neue soziale Selektionskriterien sowie neue soziale Bewertungs- und Organisationsprinzipien nach sich ziehen. Im Zeitalter der Postmedialität (Selke/Dittler 2009; Selke/Dittler 2010) treten sogar vollkommen neue Technologiesets auf, die als endokolonisatorische Quasi-Subjekte (Virilio 1994) oder Wissensobjekte (Knorr-Cetina 1998) bezeichnet werden. Postmedien sind also Medien, die nah am oder sogar im Körper wirken und Sozialität mit Menschen ersetzen können. Anders gewendet: Im postmedialen Zeitalter konvergieren nicht nur Medien mit Medien. Vielmehr konvergieren Medien mit dem Menschen selbst (Selke 2009: 32 f.). Menschen, so die hier vertretene These, können sich immer seltener kollektiven Zurechnungsprozessen entziehen, d. h. der

---

[1] Dieser Beitrag ist eine überarbeitete Fassung des Vortrages, den der Autor auf der Jahrestagung des Deutschen Ethikrats am 21. Mai in Berlin zum Thema „Die Vermessung des Menschen – Big Data und Gesundheit" hielt. Vgl. http://www.ethikrat.org/dateien/pdf/infobrief-02-15.pdf (letzter Abruf am 17.08.2015) Teile des Beitrages wurde bereits in der Zeitschrift *Blätter für deutsche und internationale Politik* veröffentlicht (Selke 2015a).

Phänotyp Mensch wird immer strikter nach Nützlichkeitskriterien des Genotyps Mensch beurteilt. Letztlich entsteht dabei die Figur des fehlerhaften oder störanfälligen Menschen.

Um die dabei auftretenden neuen Formen sozialer Ungleichheit angemessen analysieren zu können, braucht es Begriffe, die das bisherige Repertoire der Soziologie nicht liefert. Der folgende Beitrag steht daher in Anlehnung an eine spurensuchende Soziologie der Assoziationen (Latour 2010) im Zeichen dieser Re-Systematisierung soziologischen Wissens, wenn am aktuellen Anwendungsfeld Lifelogging exemplarisch der Begriff der rationalen Diskriminierung entwickelt und als ungleichheitsproduzierendes soziales Organisationsprinzips vorgestellt wird. Ziel dieses Beitrages ist es also nicht eine vollumfängliche Analyse des Trends digitaler Selbstvermessung zu liefern, für den hier konsequent der Begriff Lifelogging genutzt wird, auch wenn in (fach-)öffentlichen Debatten meist Begriffe wie Self-Tracking oder Quantified Self im Vordergrund stehen. Stattdessen wird Lifelogging als Sammelbegriff angeboten, weil er umfassender und zugleich anwendungsbezogener ist (‚life' umfasst alle Lebensbereiche) sowie heterogene Vermessungsformen integriert (‚to log'=protokollieren). Lifelogging eignet sich als heuristischer Begriff für die Summe aller Versuche, menschliches Leben in Echtzeit zu erfassen, indem Verhaltens- und Datenspuren digital aufgezeichnet, in einem Speicher abgelegt und zum späteren Wiederaufruf vorrätig gehalten werden (Selke 2010: 107 f., Selke 2014b). Lifelogging ist letztlich personalisierte Informatik vor dem Hintergrund von ‚Big Data'. Die dabei genutzten Technologien reichen von miniaturisierten Kamera- und Sensortechniken, tragbaren Datenaufzeichnungssystemen (*„wearable computing"*) und Smartwatches in der Verbindung von Apps bis hin zur Echzeit-Datenübertragung und immer preisgünstigeren Speichertechnologien (z. B. Cloud Computing). Die eigentliche Innovation von Lifelogging besteht jedoch in der automatischen und im Alltag unbemerkten Datenerfassung. Unaufdringliche digitale Technologien ermöglichen es kontinuierlich, passiv und ‚nicht-diskriminierend' Daten zu sammeln, ohne diesem Prozess zu viel Aufmerksamkeit widmen zu müssen. Der Logger wählt dabei nicht mehr aus, denn das System und dessen Sensoren erfassen permanent verschiedene Daten (z. B. biometrische Körperdaten, Ortsdaten, Bilder etc.). Auf diese Weise entsteht nach und nach eine „digitale Aura" der Person (Hehl 2008), die je nach Vorliebe Daten zu Gesundheit, Aufenthaltsort, Produktivität, Finanzen oder sogar Hormonwerten umfassen kann. Lifelogging kann somit als eine passive Form digitaler Selbstarchivierung verstanden werden. Der Widerspruch zwischen der ‚nicht-diskriminierenden' Datenerfassung (d. h. der automatischen Erfassung der Daten ohne subjekti-ven Filter durch Relevanzsetzungen des Vermessenden) und den sozial diskriminierenden Folgen der vermeintlich rationalen Nutzung der Datenspuren scheint allerdings als ambivalente Signatur in das Phänomen der digitalen Selbstvermessung eingeschrieben zu sein.

Alle Daten, immer ... die Suche nach dem bestmöglichen Überblick
Es lohnt sich, kurz an den Ursprung dieser Ambivalenz zu erinnern, bevor die Pathologien der Quantifizierung näher in den Blick genommen werden. Ausgerechnet das Pentagon startete ein Projekt, das zum Namensgeber von Lifelogging avancierte. Verteidigungsexperten der Defense Advanced Research Projects Agency (DARPA) fanden Interesse an

den neuen Möglichkeiten der digitalen Vollprotokollierung und suchten nach Anregungen für ihr Projekt LifeLog, in dem es darum ging, den Soldaten der Zukunft mit Sensoren auszustatten. Ziel der DARPA-Forscher war es, alle Aktivitäten von Soldaten zu erfassen, um dem Kommando eine bessere Übersicht zu ermöglichen. Die Militärs und die beim Pentagon beschäftigten Forscher waren fest von der Nützlichkeit exzessiver Datensammlungen überzeugt. Der Slogan „Every soldier a sensor" bedeutete konkret, dass Soldaten eine am Helm angebrachte, hochauflösende Mini-Kamera nutzen, dazu zwei Mikrofone (eines für die Spracherfassung und eines zur Erfassung von Umgebungsgeräuschen), ein GPS-Ortsbestimmungssystem sowie Beschleunigungssensoren an verschiedenen Stellen des Körpers sowie an der Waffe. Ein General drückte es so aus: „Ich möchte, dass Soldaten permanent die eigene Umwelt scannen [...]. Ich will, dass sie wach sind" (Magnuson 2007, Übersetzung durch den Autor).

Die Forderung maximaler Wachheit enthält bereits den Nukleus, der zum Verständnis digitaler Selbstvermessung beiträgt. So wie es für Soldaten in Krisengebieten keine überflüssigen Informationen geben kann, so sollen die selbst erhobenen Daten zum besseren Gesamtüberblick über das eigene Leben verhelfen. Jedes Detail könnte wichtig sein. Nur wenn alles erfasst wurde, kann jede Einsatzlage detailliert beurteilt werden. Die Übertragung dieser Prämisse – vom militärischen Kontext auf zivile Einsatzspektren – führt zu den zeitgenössischen Selbstbeschreibungen der Lifelogger. Auch in der Selbstvermessungsszene geht man davon aus, dass alle Daten wichtig und jedes Detail der Schlüssel zum Gesamtverständnis des eigenen Lebens sein könnte. Soziologisch gewendet: In unserer sozial beschleunigten Zeit lautet die Grundannahme, dass nur derjenige die eigene Zukunft aktiv gestalten kann, der in der Lage ist, informierte Entscheidungen zu treffen. Je mehr Daten dazu als Grundlage vorhanden sind, desto besser. Stellt man sich eine „Black Box" vor, die alle nur denkbaren Daten über das eigene Leben enthält, so kommt dies einer Definition von Lifelogging recht nahe. Jim Gemmell, einer der Treiber der Bewegung und Programmierer der komplexen Lifelogging-Software MyLifeBits nutzt jedenfalls die Analogie, um das Prinzip zu erläutern. Gemmell Menschenleben so „auslesen", wie Flugsicherheitsinspektoren Flugdatenschreiber. Erst füllt sich die „Black Box" selbständig im „Reiseflug des Lebens" und dann liefert ihr Inhalt detaillierte Antworten auf die zentralen W-Fragen des Lebens: Was passiert wo mit wem und wie habe ich darauf reagiert? Der Inhalt der Black Box soll ein möglichst objektives Abbild des gelebten Lebens sein.

Zugleich repräsentiert dies das Versprechen, aus ruinösen Gewohnheiten in ein besseres Leben aufbrechen zu können. In der Black Box soll sich mathematisches Kalkül mit zweckrationalem Denken zu erfolgreichen Verhaltensänderungen verbinden. Mit der Quantifizierung des eigenen Lebens beginnt eine Expedition in die letzten noch unerschlossenen Gebiete des Ichs. Das Versprechen von Lifelogging besteht genau darin, unser Leben unter der Regie der Black Box zu einem permanenten Optimierungsprojekt zu machen, bei dem wir uns selbst beobachten, erkennen und verändern, zum Zweck der Effizienzsteigerung. Diese existenzielle Kalkulation basiert auf der normativen Vorstellung, dass der Körper störungsfrei zu funktionieren hat und sich die eigene Existenz nutzenmaximierend entwerfen ließe. Es geht, in einem Satz, um die technische Rationalisierung und Kontrolle unseres Lebens. Die Black Box ist damit eine ideale Projektionsfläche für den Wunsch nach Ordnung, Struktur, Sicherheit und Selbstverbesserung eines als strukturell fehlerhaft begriffenen Menschen.

Das präventive Selbst – Selbstvermessung und der Zeitgeist
Die Maxime optimierter Selbstrationalisierung entfaltet ihre Wirksamkeit besonders dort, wo es um die eigene Gesundheit geht. Einer der Treiber der digitalen Selbstvermessung ist das unter Kostendruck stehende Gesundheitswesen. „Digital Health Consultants" prophezeien, dass die Vermessung von Gesundheits- und Körperwerten fester Bestandteil der Präventionslogik werden könne. Vertreter der Consultingbranche jubeln, dass neue „Business-Cases" zur Förderung der „Joint-Value-Creation" entstehen, die im Kern darauf beruhen, aus den durch die Sensorik der Selbstvermesser zur Verfügung gestellten Informationen adäquate Verhaltensänderungen abzuleiten – die sich u. a. in neuen Konsumakten manifestieren (Scheuch 2014: 23).

Lifelogging spiegelt dabei den Zeitgeist perfekt: Nach einer Studie von Yougov können sich 32 % der Bundesbürger vorstellen, gesundheitsbezogene Daten an Krankenversicherungen mitzuteilen, um Vorteile zu erhalten. Jeder fünfte Befragte zieht sogar die digitale Vermessung der eigenen Kinder in Betracht. Die Techniker Krankenkasse kommt in ihrem Monitor-Bericht gar zu der Einschätzung, dass die Phase der technischen Experimente vorbei sei und nunmehr digitale Selbstvermessung verlässlich zu eigenverantwortlichem Umgang mit der eigenen Gesundheit beitragen könne. Gesundheits-Apps (so die alltagstaugliche Umschreibung der Lifelogging-Technologien) würden zukünftig einen festen Platz in der Prävention und Chroniker-Versorgung einnehmen. Sind derartige Aussagen eher Ausdruck der Gewöhnung an alltagstaugliche Technologien oder doch ein seismographischer Hinweis auf einen Riss im sozialen Kitt?

Wer hinhört, kann jedenfalls auch kritische Stimmen vernehmen. In einem Interview zu den Parallelen von Stasi und NSA befragt, kritisiert die ehemalige DDR-Eiskunstläuferin Katarina Witt (Witt 2015) den Selbstvermessungstrend: „Ich finde es gefährlich, dass es Leute gibt, die wissen, was du isst, wie viele Schritte du am Tag gehst, was für einen Puls du hast – und dieses Wissen zu Geld machen." Mit diesen Befürchtungen ist sie nicht allein. Auch die meisten der Befragten in der yougov-Studie haben ein Gespür für die Schattenseiten der Selbstvermessung: 73 % ahnen, das bei einer Verschlechterung des Gesundheitszustandes mit einer Beitragserhöhung zu rechnen ist. Und sogar 81 % glauben, dass ihre Daten für andere Zwecke verwendet werden. Diese Sorge ist berechtigt, wie der Trend zum An- und Verkauf persönlicher Daten durch Dienstleister (wie z. B. Data Fairplay) zeigt, die Firmenkunden mit Privatdaten zu Konsumverhalten, Freizeitgestaltung und weiteren Themen versorgen. Die IT-Sicherheitsfirma Symatec untersuchte in ihrer Studie „How safe is your quantified self?" Angebote zur Selbstvermessung und kam zum Ergebnis, dass Datenschutz und Nutzersicherheit einer Vielzahl von Anbietern egal ist und diese private Daten an Marketingfirmen verkaufen. Selbst die Technikerkrankenkasse räumt ein, dass es den meisten Gesundheits-Apps noch an „Qualität" und „Nachhaltigkeit" mangele.

Lifelogging bringt zweifellos Chancen mit sich. Chronisch Kranke können auf Plattformen wie PatientsLikeMe oder CureTogether Daten teilen, sich von der Expertenmacht der Ärzte emanzi-pieren sowie die Versprechungen der Pharmaindustrie überprüfen. Doch es gibt auch Risiken Paradoxien und Pathologien der Selbstvermessung.

Pathologien der Quantifizierung

In einer „Always-On-Gesellschaft" (Kimpeler 2010, Henning 2015) verschieben sich Normen der Selbstbeobachtung hin zu permanenter Selbstüberwachung (der eigenen Gesundheit, des körperlichen Wohlbefindens, der eigenen Leistungsfähigkeit etc.) sowie zu Kontrolle dieser Kategorien *zwischen* Peer-to-peer Bezugsgruppen. Daten wird dabei eine Wertigkeit zugesprochen, die weit über den numerischen Gehalt hinausgeht, sondern vielmehr als umfassender sozialer Marker oder Indikator aufgefasst wird.

Kennzahlengläubigkeit

Zunächst stellt sich daher die Frage, warum Lifelogging so wirksam und für viele Praktiker so faszinierend ist. „Erhebend ist das Gefühl, die Linien in der grafischen Darstellung sich verschmelzen zu sehen", so eine Journalistin im Selbsttest, „also eine *Übereinstimmung* vom subjektiven Selbstbild und Realbild zu haben" (Pauk 2014: 43; Hervorhebung durch den Autor). Diese Aussage ist fast schon symptomatisch. Lifelogging basiert auf Kennzahlengläubigkeit und der Verwechslung des Ganzen mit seinen Teilen. Das Problem der *Kommensuration* – also der Fehler, qualitative Eigenschaften in quantitative Werte zu transformieren um sie damit messbar und vergleichbar zu machen – ist in der Selbstvermessungsszene allgegenwärtig und wird kaum hinterfragt.[2] Die Verfahrenslogik der Vermessung erzwingt, dass völlig heterogene Daten zu einem Gesamtbild zusammengesetzt werden, was oft genug im Widerspruch zu lebenspraktischen Bezügen steht. Einzelne vermessbare Aspekte eines Ganzen (z. B. Arbeitsleistung, Körperwerte, Bewegungsprofile) werden mit dem Ganzen verwechselt. Digitale Selbstvermessung ist auch dann anfällig für diesen Kategorienfehler, wenn mehr und mehr Einzelaspekte vermessen werden. Gerade dann tritt das Messen selbst in den Vordergrund, was nichts anderes bedeutet, als dass die eigentlichen Ziele von den Mitteln der Datenerfassung dominiert werden. Diese *gestörte Zweck-Mittel-Balance* ist eine der augenfälligsten Pathologien, die mit Lifelogging verbunden ist. Der Glaube an die prinzipielle Vermessbarkeit von fast allem ist eine smarte Ideologie, „die ihre Macht aus der Inszenierung eines allgegenwärtigen Scheins der Objektivität bezieht" (Distelhorst 2014: 19). Der Vorgang der Quantifizierung beinhaltet selbst schon ein Element der Kontrolle. Selbstvermessung ist letztlich nichts anderes als ein zeitgeistkonformer Nützlichkeitsnachweis mit Feedbackfunktion in Echtzeit.

Kontingenzreduktion

Der Boom der Selbstvermessung erklärt sich vor diesem Hintergrund nicht etwa allein aus technischen Aspekten (Miniaturisierung, Preisverfall, Simplifizierung etc.). Die neue

---

[2] Als Goethe, hochbetagt, gefragt wurde, ob der ein glückliches Leben gehabt hatte, antwortete der Dichter: „Ja, ich hatte ein sehr glückliches Leben. Aber ich kann mich an keine einzige glückliche Woche erinnern." (zit. n. Baumann 2014: 66).

Lust an der Selbstverdatung korrespondiert perfekt mit dem Anwachsen von Komplexität und Kontingenz sowie der Angst vor Kontrollverlust in modernen Gesellschaften. Wir finden es mehr und mehr „natürlich", Gefahren in (berechenbare) Risiken und (erwartbare) Sicherheiten zu zerlegen, um so eine Beherrschbarkeit der Welt zu suggerieren. Im Zwischenraum zwischen diffusen Erwartungen und vorenthaltenden Erfüllungen etablieren sich die Versuche, durch Selbstvermessung die stets vorhandene Unsicherheit der Welt und die Fehlerhaftigkeit des störanfälligen Menschen zu minimieren. Lifelogging kann übergreifend als digitales Sinnbasteln verstanden werden. Die Daten haben die Funktion von Deichen in der digitalen Gesellschaft. Sie schützen vor dem jähen Einbruch des Unbekannten und Unvorhergesehenen.

Die Nachfrage nach diesem Schutz ist eine Reaktion auf eine „flüssige Moderne" (Baumann 2012, in der Individuen ständig *exogene* Veränderungen und Einflüsse hinnehmen müssen, die sie nicht beeinflussen können. Aus der Resignation vor dem gefühlten Kontrollverlust in Risiko- und Nebenfolgengesellschaften resultiert eine Hinwendung zu denjenigen Feldern, die als *endogen* beherrschbar erscheinen. Der Vertrauensverlust in (politische) Institutionen und die mangelnde Selbststeuerungsfähigkeit moderner Gesellschaften verstärken die Sehnsucht nach positiven Selbstwirksamkeitserfahrungen und unmittelbarem Feedback.

Hieraus resultiert als Strategie der *Rückzug auf die Maßstabsebene des Beherrschbaren* – und das ist vor allem der eigene Körper, der durch Monitoringmaßnahmen in den ‚sorgenden Blick' genommen wird. Selbstvermessung ist also kein digitaler Narzissmus, wie einige Feuilletonisten vorschnell etikettierten. Es geht bei Lifelogging eher um die Suche nach einer *Strategie der Lebensbewältigung* als um Selbstverliebtheit. Kontingenz – also die Wahrnehmung eines „Es-könnte-immer-auch-ganz-anders-sein" zwingt dauernd zum Umgang mit offenen Möglichkeiten. Indem die Welt in der Maßstabsebene des Beherrschbaren detailliert untersucht wird, findet eine Verinnerlichung (Endogenisierung) desjenigen Risikomanagements statt, dass in der „Welt draußen" nicht mehr gelingt.

Diese privatisierte Kontingenzreduktion (Krause 2005) bewirkt, dass der Glaube daran, mit Zahlen das Chaos bändigen zu können, ansteigt und die Illusion der Beherrschbarkeit wiedergewonnen wird. Die Illusion der Vermessbarkeit (von fast allem) ist vielleicht das letzte Mittel gegen eine „transzendentale Obdachlosigkeit" (wie dies bereits 1916 Lukács nannte) in einem Jahrhundert, in dem Sinn die primäre Mangelware darstellt (Selke 2012). Dem Verlust der metaphysischen Geborgenheit setzen Selbstvermesser vertrauensvoll bunte Balkendiagramme, deskriptive Statistiken und letztlich eine Logik entgegen, die sich in der hypnotisch redundanten Sinnformel erschöpft, dass sich Selbsterkenntnis durch Datenmassen steigern ließe.

Körperkapital

Durch den Rückzug auf die Maßstabsebene des Beherrschbaren erhält der eigene Körper fast automatisch einen neuen Status. Er wird zur Baustelle und die an ihn gebundene Gesundheit zur Ersatzreligion. Die damit erzielte Umwandlung des Körpers zum Lifestyle-Produkt und zum Tempel kann anhand des Konzepts des *korporalen Kapitals* verständlich gemacht werden. Zu den von Pierre Bourdieu differenzierten Kapitalsorten (ökonomisches K., soziales K., kulturelles K.) tritt eine neue Kapitalsorte hinzu. Gesundheit und Fitness gelten heute „als Symbol für Körperdisziplin und Attraktivität" (Schröter 2014: 32), Komponenten also, die in der Gesellschaft zu Status und Macht führen können. Leben kann als Projekt beschrieben werden, in dessen Körperkapital regelmäßig investiert werden muss, um der eigenen Austauschbarkeit vorzubeugen. Der gesunde, schöne sowie trainierte Körper gilt als Voraussetzung, um in der Gesellschaft als nützlich angesehen zu werden (a. a. O.). Erst durch *demonstrative* Gesundheit, also durch äußere Symboliken, kann das korporale Kapital gesellschaftlich bewertet werden. „Körper werden trainiert und therapiert, rehabilitiert und repariert, sozial diszipliniert und ästhetisch modelliert" (Schröter 2009: 252). Die Baustelle Körper erhält damit den Status eines Investitionsobjekts.

Und dabei ist die Selbstvermessung eine gute Grundlage. In einer Gesellschaft, der die Erwerbsarbeit ausgeht, wird vor allem der Erhalt der Gesundheit zur Arbeitsform (v) erklärt. Der Einzelne wird zum Manager seiner Gesundheit, so wie er auch schon im Bereich der Erwerbsarbeit zum Unternehmer seiner selbst geworden ist. Dass man in seinen Körper investiert, erkannte schon 1929 der Soziologe Siegfried Kracauer in der Beobachtung der vielen Schönheitssalons in Berlin. In seinem Klassiker *Die Angestellten* (Kracauer 2013: 25) resümiert er, über die Ursachen des Booms – und findet eine bis heute gültige soziologische Erklärung: „Der Andrang zu den vielen Schönheitssalons entspringt auch Existenzsorgen, der Gebrauch kosmetischer Erzeugnisse ist nicht immer ein Luxus. *Aus Angst, als Altware aus dem Gebrauch zurückgezogen zu werden*, färben sich Damen und Herren die Haare, und Vierziger treiben Sport, um sich schlank zu erhalten." (Hervorhebung durch den Autor) Den Zeitgenossen Kracauers ging es vor allem um den Erhalt der eigenen Marktfähigkeit.[3] Der natürliche Körper wird deshalb zu einem bearbeitbaren Material, das in einer Reparatureinstellung sichtbar (demonstrativ) behandelt wird. In der Selbstvermessungsszene finden sich in der Tat viele mechanistische und funktionalistische Bilder eines in Einzelteile zerlegbaren Körpers, der bei Defekten selbst repariert oder in entsprechende Reparaturwerkstätten gebracht werden kann. Jede Form digitaler Spurensicherung erweist sich damit als „Fenster in den Körper", wobei der Mensch durch Naturalisierung von einem Subjekt zu einem Objekt mutiert und das eigene Leben den Status eines Projekts erhält.

Der Körper ist damit Teil eines sich kontinuierlich dynamisierenden Prozesses. Sein Symbolwert muss immer wieder gesteigert werden. Innerhalb einer sich immer weiter verbreitenden Präventionslogik (Kühn 1993; Lengwiler/Madarász 2010) wird die Investition in Körperkapital zu einer alltäglichen, individuellen und eigenverantwortlichen Aufgabe, deren Nichterfüllung mit Sanktionen einhergeht oder bald einhergehen wird. Die Lust an der digitalen Selbstkontrolle durch Selbstvermessung erwächst dabei (psychoanalytisch argumentiert) aus dem Gebot des Triebverzichts. In einer Gesellschaft, in der die

---

[3] Um Körper anschaulich funktionsfähig zu erhalten, eignen sich neben der digitalen Selbstvermessung selbstverständlich vielfältige Arten der Investition: Pflegende Kosmetika ebenso wie Anti-Aging-Produkte; Sport- und Fitnessprogramme ebenso wie Social-Egg-Freezing.

Leitwerte Schlankheit, Sportlichkeit, Gesundheit, Produktivität und Effektivität sind, ist Triebverzicht tatsächlich rational, weil nur durch den demonstrativen Verzicht die eigene soziale Position gesichert oder markiert werden kann. Dies schafft den Nährboden für die exklusive Lebensform eines datengetriebenen *Wohlstandsasketismus*. Verzicht erfolgt nicht mehr aus Mangel, sondern aus Einsicht in die Aussagekraft der Daten.

Dadurch verändert sich aber auch das Wissensgefüge in Richtung einer Überbetonung von *Know-how* bei gleichzeitigem Verlust von *Know-why*. Die technisch mögliche Kategorisierung äußerer und selbst innerer Zustände (etwa durch „*mood tracking*") macht deutlich, dass prinzipiell alle biologischen Zustände hierarchisiert, entkontextualisiert und dadurch sozial vergleichbar gemacht werden können. Jede Form der digitalen Spurensicherung erweist sich damit als Form des vermeintlich rationalen Umgangs mit dem Körper. Auf Deutungswissen und alternative Lesarten wird immer weniger Rücksicht genommen, je häufiger die selbst erhobenen Daten auf eHealth-Plattformen zum Vergleich bereit stehen und sich dezentrale, selbstregistrative Datenpraktiken mit zentralen, administrativen Sozial-, Gesundheits- oder Konsumstatistiken vermischen (Kuhn 2014). Durch den Mangel an Deutungs- und Interpretationsfähigkeit kommt es aber letztlich zu einer normalisierenden Selbstverdatung und Homogenisierung gesellschaftlicher Praktiken und Projekte, die eine übergreifende Sinnorientierung vermissen lassen.

Konkrete Ökonomie

Statt einer Sinnorientierung folgen die Selbstvermessungsprojekte latent ökonomischen Logiken. Strategien wie Effizienzsteigerung und Selbstoptimierung pervertieren dabei zum Dopingmittel Wettbewerbsfähigkeit. In meritokratischen Gesellschaften, die (noch) dem Mythos Leistungsgerechtigkeit folgen (vgl. Distelhorst 2014) agieren wir ständig als ‚Lebendbewerbung', d. h. in marktförmigen Situationen versuchen wir uns performativ anzupreisen und zu beweisen. Da inzwischen fast alles marktförmig organisiert ist (Arbeitsmärkte, Beziehungsmärkte, Bildungsmärkte etc.), lernen wir immer häufiger, anhand von Kennwerten in diesen Märkten zu navigieren. Der Rationalitätsmythos zahlenbasierter Objektivität nährt so den fast alternativlosen Glauben an „Scores" und „Rankings": Nur was sich *messen* lässt, kann auch *verbessert* werden – so der an Managementtheorien geschulte Common Sense. Wem nicht auffällt, dass dabei eine komplette Hälfte aller Lebensbezüge (die qualitativen) ausgeklammert wird, gerät früher oder später in eine kognitive Sackgasse, in der Selbstvermessungen Lebensdaten als Rohstoffe für kommerzielle Anwendungen liefern, die nach marktförmigen Gesichtspunkten verwertet, d. h. kommerzialisiert werden. Wo mit Vorteilen gelockt wird, werden die Daten sogar „freiwillig" abgeliefert. Zwei Beispiele: Die Düsseldorfer *SparkassenDirektVersicherung* erprobt seit Anfang 2014 ein Scoring-System. Dabei werden Telematik-Boxen in private Pkws eingebaut, die automatisch Fahrdaten an eine Zentrale übermitteln. Ein errechneter Index bringt dem Nutzer im besten Fall einen Rabatt von fünf Prozent auf die Jahresversicherungspolice ein (Leipold 2015). Die AXA Winterthur belohnt „sicheres Fahren" für alle unter 26 Jahren, die ihre Fahrverhalten mit einem „Drive Recorder" aufzeichnen lassen mit bis zu 25 % Rabatt. [4] Aus der Werbung: „So können Sie ihren Fahrstil online jederzeit einsehen und auswerten."

Unter modernen Wohlstandsbedingungen zu leben bedeutet gegenwärtig, sich unter Wettbewerbsbedingungen selbst so zu konfigurieren, als wäre man eine Maschine, die optimal funktionieren soll. Das Wissen um das eigene „Ich" wird dabei zur Pflichtübung. In allen nur denkbaren Bereichen des Lebens sind Nützlichkeitsdenken, Kosten-Nutzen-Analysen und Effizienzberechnungen gegenwärtig. Leistung wird in allem gesucht, was quantifizierbar ist: „Joggen wird zur Leistung, ebenso wie Sight-seeing oder das verfügbare Repertoire an Sexpositionen." (Distelhorst 2014). Berechenbarkeit gilt als idealtypischer Ausdruck leistungsgerechter Lebensführung. Derart erklärt sich auch die Leitformel der Quantified-Self-Bewegung („*Self-knowledge trough numbers*") als Triumph des neoliberalen Denkens im Alltag (Stark 2014). Wir leben inzwischen im Zeitalter einer *Ökonomie des Konkreten*, auch wenn etwa der Philosoph Martin Seel warnt, das die messbare Welt eben *nur* die messbare Welt sei und nicht die wirkliche Welt.[5]

Die Praxis aber richtet sich nicht nach solchen analytischen Bedenken. Der *numerische Konkretismus*, der die Gesellschaft langsam durchdringt, wird nach und nach als Standardmodell der Lebensführung angesehen. Und diese Praxis richtet sich immer deutlicher zwischen zwei ‚Polen' aus: Einerseits verschiebt sich die „Decke der Perfektion" immer weiter nach oben: Digitale Selbstvermessung wird als ein Mittel verklärt, mit dem symbolisch überhöhte Ziele der Lebensführung erreichbar werden. Andererseits senkt sich der „Boden der sozialen Respektabilität" immer weiter ab, indem ganze Bevölkerungsgruppen durch Prekarität (d. h. Vereinzelung und Verunsicherung) stigmatisiert und exkludiert werden, was sich eben *auch* an numerischen Darstellungen sozialer Stratifikation zeigen lässt. Innerhalb dieses sich öffnenden ‚Korridors der Bewertbarkeit' des Menschen kommt es durch die zunehmende Konvergenz der Vermessungsmöglichkeiten zu einem *Eingriff in den Vollzug des Lebens* selbst: Ständig und überall müssen wir unser Leben ‚unter Beweis' stellen.

Wieder einmal kann das Gesundheitswesen als wesentlicher Treiber dieser Entwicklungen herangezogen werden. Die Meldung, dass *Generali* (einer der größten Erstversicherer in Deutschland) ein Incentive-Programm auflegen will, rief Kritik von Verbraucherschützern hervor. Die Versicherung kündigte an, ein Rabattprogramm für Kunden anzubieten, die dazu bereit sind, selbst vermessene Gesundheitsdaten transparent zu machen. Es sieht zunächst nach einer Win-Win-Situation für alle Beteiligten aus. Was könnte daran schlecht sein?

Das Prinzip rationaler Diskriminierung

Schlecht daran ist, dass es einen Preis gibt, der vom devotionalen Konsument bezahlt werden muss. Der Preis für das Leben als störanfälliger und *zugleich* nach Rabatten su-

---

[4] https://www.axa-winterthur.ch/de/privatpersonen/angebote/drive-recorder (letzter Abruf am 18.8.2015)

[5] Vgl. „Wirklichkeit" ist in Wirklichkeit Möglichkeit: eine sich ständig verändernde Konstellation von Gelegenheiten, die eintreten und ausbleiben, ergriffen und nicht ergriffen werden. Wer nur die eine Seite sieht, ist im wörtlichsten Sinn verrückt. Realität ist kein Faktum. Sie ist bestimmt und unbestimmt. Sie legt und fest und bleibt und offen (Seel 2009: 11).

chender Mensch besteht darin, die Vorstellung darüber, was (noch) „normal" ist, an Software zu delegieren und gleichzeitig die sozialen Folgen zu verdrängen. Die Zunahme von Verunsicherungsphänomenen führt nicht nur zum allgegenwärtigen Versicherungsverlangen sondern legitimiert auch eine zunehmende Peer-to-peer Kontrollneigung. Lifelogging schafft damit ein *horizontales* Kontrollregime, das auf der Abweichung von „Sollwerten" basiert und eine Normalgesellschaft vorbereitet.

Defizitorientiertes Organisationsprinzip des Sozialen

Das Funktionsprinzip hinter diesem Vorgang lässt sich folgendermaßen skizzieren: Daten dienen primär dazu, vorhandene soziale Erwartungen zu „übersetzen". Der Eingriff in den Vollzug des Lebens resultiert eben daraus, dass Daten *nicht* allein der Beschreibung von Sachverhalten dienen. Messung funktioniert vielmehr erst durch soziale Kontextualisierungen der Daten.[6] Allgemeiner gesprochen werden durch die Kontextualisierungen aus *deskriptiven* Daten *normative* Daten. Normative Daten sind solche, die soziale Erwartungen an „richtiges" Verhalten, „richtiges" Aussehen, „richtige Leistung" usf. in Kennzahlen „übersetzen" und damit ein *bestimmtes*, sozial erwünschtes Verhalten geradezu einfordern.

Die praktische Ausrichtung an diesen „übersetzten" Erwartungen erzeugt schleichend ein neues Organisationsprinzip des Sozialen. Durch die Allgegenwart von Vermessungsmethoden kommt es zu ständiger Fehlersuche, sinkender Fehlertoleranz und gesteigerter Abweichungssensibilität. Schon der Soziologe Georg Simmel erkannte im Menschen ein *differenzempfindliches* Wesen. Diese Differenzempfindlichkeit wird inzwischen in immer mehr Lebenssituationen handlungsleitend. Menschen werden also zunehmend über die (negative) Abweichung von Idealen und Idealwerten sozial wahrgenommen. Damit setzt sich ein *defizitorientiertes* und quantifizierendes Organisationsprinzipien des Sozialen durch. Große Bereiche des Lebens, die sich nur in *qualitativen* Dimensionen abbilden lassen und zugleich die Grundlage für *positive* soziale Wahrnehmungen sein könnten, geraten in den Hintergrund. Menschen werden insgesamt zu numerischen Objekten degradiert.[7] Der Kapitalismus erkennt als Leistung schlicht nur das an, was vermess- und berechenbar ist oder scheint. Diese Betonung des Messbaren wird gegenwärtig selbst maßlos und bringt zugleich das Gesamtphänomen Mensch zum Verschwinden.

Funktionsprinzipien rationaler Diskriminierung

Fasst man diese Argumentationskette von der ‚Übersetzung der Daten in Erwartungen' über die ‚Steigerung der Abweichungssensibilität' bis hin zur ‚Transformation des Menschen in ein numerisches Objekt' zusammen, resultiert daraus die Denkfigur *rationaler Diskriminierung*. Unter diesem Begriff wird ein negativ konnotiertes und auf Abwei-

---

[6] Ein Beispiel: Selbst die Messung der Außentemperatur macht nur Sinn, im Hinblick auf soziale Kontexte (z. B. angemessene Kleidung).

[7] Das beginnt schon in der Schule: Dort wird versucht, Bildungserfolg auf einer Notenskala von 1 bis 6 abzubilden. Erfolgreiche Schüler nennen Lehrer dann „Einserkandidaten".

chungssensibilität basierendes soziales Organisationsprinzip verstanden, dass (auch) aus der Verbreitung und Verbreiterung von Selbstvermessungspraktiken resultiert. Der erste Begriffsanteil betont hierbei die Methode, der zweite die Folgen.

Rational heißt diese Form der Diskriminierung, weil sie auf der Basis einer intellektualistischen Rationalität (Max Weber) fußt, die davon ausgeht, dass prinzipiell alles ergründbar und erklärbar ist. Aus wissenschaftlichen (oder zumindest protowissenschaftlichen) Selbstexperimenten werden dabei vermeintlich objektive, reliable und valide Daten nach transparenten Messverfahren abgeleitet, wobei vordergründig keine irrationalen oder destruktiven zwischenmenschlichen Abwertungsmotive handlungsleitend sind, sondern „bloß" der Wunsch nach Feststellung des Messbaren. Es handelt sich gleichwohl um eine Form der *Diskriminierung*, die sich typologisch *zwischen* sozialer und statistischer Diskriminierung einordnen lässt.

Unter *sozialer* Diskriminierung wird meist die kategorische Ablehnung oder Benachteiligung von Personen aufgrund ihrer (tatsächlichen oder zugeschriebenen) gruppenspezifischen Merkmale (z. B. Ethnie, Geschlecht, Alter) sowie politischer, religiöser oder sexueller Orientierung verstanden. Der Diskriminierungsaspekt kann von sprachlichen und symbolischen Abwertungen über sozialräumliche Exklusion bis hin zu gruppenbezogener Menschenfeindlichkeit (vgl. Heitmeyer 2012) sowie manifester Gewalt reichen. Unter *statistischer* Diskriminierung wird die pauschale Be- und Verurteilung von Personen (Arbeitnehmern, Konsumenten etc.) aufgrund von wahrscheinlichkeitstheoretischen Ansätzen verstanden. Der Diskriminierungsaspekt liegt darin begründet, dass individuelle Ausprägungen, also z. B. die tatsächliche Arbeitsleistung oder die tatsächliche Kaufkraft für Entscheidungen keine Rolle spielen. Statistische Diskriminierung verstößt gegen Gleichbehandlungspflichten in den Bereichen Versicherungsschutz, Arbeitsmarkt oder Altersversorgung (z. B. Richter 2011; Balsa 2001, Eriksson 2001, Büsch 2000).

Das Phänomen der rationalen Diskriminierung kann *zwischen* statistischer und sozialer Diskriminierung verortet werden, weil einerseits Einzelwerte mit Gruppen-, Mittel- oder Idealwerten abgeglichen werden (Aspekt der statistischen D.), anderseits Vorab-Definition des Normalen festgelegt werden, die hier als „Korridor der Bewertbarkeit des Menschen" bezeichnet wurden. Dies erinnert an das Konzept des *Normalismus*. Darunter werden theoretische Diskurse und praktische Verfahren verstanden, mit denen gesellschaftliche ‚Normalitäten' hergestellt werden, die dann also so selbstverständlich gelten, dass sie als letztbegründete Gegebenheiten wahrgenommen werden (Link 2013, Gertenbach/Mönkeberg 2015). Selbstvermessung basiert auf derartigen Meta-Annahmen über Normalität und zwingt damit gleichzeitig zu Konformität.

Um nur drei Beispiele zu nennen: Rationale Diskriminierung findet u. a. dort am Arbeitsplatz statt, wo im betrieblichen Gesundheitsmanagement der Druck ganzer Belegschaften auf einzelne Mitarbeiter weitergegeben wird, weil durch das individuelle normabweichende Verhalten ein „Health-Score"everschlechtert wird. So basiert z. B. Geschäftsmodell von *dacadoo* auf dem Service, aus individuellen Werten einen kollektiven „Healthscore" von Firmen zu errechnen, aus dem sich der Versicherungsbeitrag für die Betriebskrankenkasse ergibt. Rationale Diskriminierung findet weiter dort statt, wo

Leistungen (z. B. von Versicherungen und Krankenkassen) auf der Basis des Risikoäquivalenzprinzips vergeben werden, also nur in Abhängigkeit zuvor berechneter Wahrscheinlichkeiten oder nachweisbarer präventiver Aktivitäten. Das lässt sich wunderbar prägnant
im Motto „Taten für Daten" ausdrücken (Kuhn 2014). Rationale Diskriminierung findet
schließlich auch durch technische Assistenzsysteme statt, die immer häufiger im Bereich
der Pflege älterer Menschen eingesetzt werden. Durch diese wird Verantwortung für „Fürsorge" zunehmend in technische Systeme verlagert. Wo früher Menschen für Menschen
Entscheidungen getroffen haben, tun dies heute Sensoren.

Folgen rationaler Diskriminierung
Die Folge ist eine ‚digitale Klassengesellschaft' in der gesellschaftliche Konflikte vorgezeichnet sind. Lifelogging kann hierbei als ‚disruptive' Technologie (Coupette 2014)
verstanden werden, also als eine Technologie, die in sehr kurzer Zeit massiv in das Wertegefüge unserer Kultur eingreift. Dieser Eingriff erzeugt neue *strukturelle* Bedingungen für
soziale Abwertungen, die sich zusehends in vielfältigen Praxisfeldern institutionalisieren.
    Die expressive Normativität der Daten mündet schließlich im Zerfall des Solidaritätsgefüges. Rationale Diskriminierung basiert zwar auf vermeintlich objektiven und rationalen Messverfahren. Dennoch werden mit den Vermessungsmethoden digitale Versager
und Gewinner produziert. So werden Leistungsträger von Leistungsverweigerern getrennt, Kostenverursacher von Kosteneinsparern, „Health-On"-Menschen (Gesunde) von
„Health-off"-Menschen (Kranke) sowie Nützliche von Entbehrlichen. Vor allem kommt
es zu einer Renaissance vormoderner Anrufungen von „Schuld" im modernen Gewand
der Rede von der „Eigenverantwortung". Lifelogging kann vor diesem Hintergrund auch
als *shame punishment* verstanden werden. Das funktioniert gerade dann, wenn sich der
Diskriminierungsaspekt hinter den Fassaden spielerischer Wettbewerbe oder Belohnungssysteme verbirgt.

Selbstvermessung als Bürgerpflicht?
Die sich verschränkenden Prozesse Normierung (Standardisierung) und Normalisierung
(Kontrolle) verengen die Zone des Normalen und Menschlichen und laufen Gefahr, eine
„vollkommen disziplinierte Sozialstruktur" (Mills 1959) auf der Basis rationaler Konsistenz zu erzeugen, in der statt des Phänotyps Mensch der Genotyp im Mittelpunkt steht.
Werden wir also Teil einer funktionellen Totalität, indem wir uns in immer mehr Lebensbereichen selbst rationalisieren?
    Ja, denn rationale Diskriminierung verändert (schleichend) die Behandlung von Menschen und erzeugt dort (ethische) Probleme, wo es um existentielle Entscheidungen geht
und nicht bloß um Lifestyle-Fragen. Daten übersetzen soziale Erwartungen und machen
aus Menschen abstrakte Zahlenkörper mit denen in sozialen Kontexten viel rücksichtsloser und gleichgültiger verfahren werden kann. Verschwinden die persönlichen Umrisse
durch die Quantifizierung bedeutet dies auf lange Sicht die Ausschaltung der differenzierten Persönlichkeit und die Etablierung eines eindimensionalen Menschenbildes. Aus
dieser Entpersönlichung resultiert letztlich eine Verdinglichung des Sozialen: Die Frage

nach dem „richtigen Maß des Lebens" verschiebt sich immer weiter hin zur Frage nach dem „Wert des Menschen". Der Endpunkt in der Reihe dieser Selbstverzweckungsprinzipien ist die Kommodifizierung des Menschen, d. h. seine Transformation in eine fiktive Ware („*fictitious commodity*", vgl. Polanyi 2014). Denn wir sind nicht nur Konsumenten von Waren, wir preisen uns selbst immer wieder als ‚Lebendbewerbung' warenförmig an. Wer sich selbst immer wieder auf den Markt bringen muss, trachtet danach, gut in Form zu sein. Selbstvermesser sind zugleich Werbende und beworbenes Produkt. Es ist eine stillschweigend als wertsteigernd empfundene Investition in den eigenen sozialen Status und die eigene Selbstachtung. Die zentrale Prüfung, die abzulegen ist, besteht darin, sich selbst als Ware zu konfigurieren und damit in die eigene gesellschaftliche Zugehörigkeit und „Verkäuflichkeit" zu investieren (Baumann/Lyon 2013: 47). Selbstvermessung legt gerade die Lupe auf jene Eigenschaften, für die eine Nachfrage in den Märkten angenommen wird oder versucht vorhandene Eigenschaften in eine Warenform zu bringen. Wer uneingeschränkt selbst für seine „Gebrauchsfertigkeit" verantwortlich ist, heißt selbstverständlich alle Hilfsmittel und Werkzeuge willkommen, die dazu beitragen, den eigenen Betrieb störungsfrei aufrechterhalten zu können. Die leistungsfixierte Ökonomie beschafft sich direkt oder indirekt das für sie geeignete „Menschenmaterial" (Lutz 2014: 11). Eine der Paradoxien dieses Beschaffungsprozesses liegt darin, dass die mit der Kommodifizierung verbundene Entindividualisierung gleichzeitig als Basis der eigenen Besonderheitsindividualität empfunden werden kann.

Rationale Diskriminierung ist die Grundlage für die Konstruktion neuer sozialer Kategorien und die Etablierung neuer sozialer Sortierungen, die Abweichungen, Verdächtigungen, Risiken, Defizite und v. a. Kostenfaktoren in den Mittelpunkt stellen. Letztlich entsteht eine *generalisierte Ideologie der Ungleichwertigkeit*. Wird rationale Diskriminierung gar zu einem unhinterfragten Element der Gesellschaft kann es in Zukunft sogar zu einem legitimen Element der Strafverfolgung mutieren. Am Ende dieser Entwicklung stünde dann die *Notwendigkeit zur Umkehr der Beweislast* – das wäre dann die Dystopie „Lifelogging als Bürgerpflicht". Die *default*-Situation wäre die „Verdächtigung". Der Mensch würde also primär als Risiko, als Fehler, als Störfall angesehen. Erst ausgehend *davon* darauf müsste dann die eigene Nützlichkeit, Ungefährlichkeit etc. nachgewiesen werden. Und das in immer mehr Lebensbereichen.

Ausweitung der Kampfzone
Die Zone der Selbstvermessung weitet sich stetig aus. Eine mittlerweile unüberschaubare Anzahl von Anbietern vermarktet Technologien, die Lifelogging ermöglichen. Das beliebte Gesundheitsmonitoring wird durch Sleep-, Mood-, Sex-, Thing[8]-, Work- und sogar Death-Logging ergänzt (Leipold 2015, Selke 2014a). Damit ändert sich nach und nach auch das Bewusstseinsgefüge. Noch nie verfügten Menschen über einen so tiefen Spiegel

---

[8] Zu der Verwechslung von *Thing*- und *Think*logging und den Rückschlüssen, die sich daraus ziehen lassen, vgl. meinen Blog *Stabile Seitenlage* unter http://stefan-selke.tumblr.com/post/124651628034/think-logging

ihres Lebens. Lifelogging ist begleitet vom Versuch einer dauerhaften Momentorientierung und Überhöhung des Augenblicks bei gleichzeitiger Vorratshaltung der Daten für alle Ewigkeiten. Dieses Leben in der Gleichzeitigkeit des Ungleichzeitigen verschiebt letztlich die Sinneswahrnehmung, fragmentiert das Alltagsbewusstsein und beraubt Letzteres um dessen synthetisierende Kraft, weil alle Eindrücke nur noch als „sinnlose" Datenspuren nebeneinander vorliegen. Die neue datengetriebene Subjektmodellierung läuft auf Prozesse der Umerziehung unseres Selbstverständnisses hinaus. Wenn eine Dublette des Menschen auf der Basis selbst erhobener Daten entsteht – und in diesem Selbstverständnis gar die Möglichkeit des Weiterlebens als digitaler Avatar mitgedacht wird – dann zeigt sich spätestens dann, dass *Angst* die emotionale Grundierung des Selbstvermessungs-Booms darstellt. Latente Verlustängste (Gesundheits-, Gedächtnis-, Effizienz-, Mobilitätsverluste) unterliegen fast allen Manifesten und Selbstbeschreibungen der Lifelogger.

Denn das protokollierte Leben ist kein Selbstzweck. Lebensbewältigung und Selbstoptimierung sind keine finalen Ziele von Lifelogging. Der letzte Schritt besteht vielmehr im Verlust der eigenen Entscheidungsautonomie. Der Mensch wird zum Konformisten, blind für die Möglichkeiten eigenen Denkens und vor allem autonomer Entscheidungen. Grundlage hierfür ist eine Entwicklung, die nicht von realweltlichen Fragestellungen ausgeht, sondern datengetriebene Prozesse in den Mittelpunkt stellt (Krcmar 2014: 10). Es geht also nicht darum, was Menschen *brauchen*, sondern darum, wie sich Daten (gewinnbringend) *verbinden* lassen.

Fast harmlos erscheint vor diesem Hintergrund ein Beispiel des Lifelogging-Pioniers Gordon Bell, der die Entscheidung darüber, ob er sich ein Eis gönnt, seiner digitalen ‚Black Box' überlässt. Sie teilt ihm mit, ob er einen bestimmten „Schwellenwert" des Kalorienverbrauchs unterschritten hat und signalisiert ihm die „Freigabe" für den Eiskonsum. Lebensfreude findet also nur im mathematischen Korridor vorprogrammierter Angemessenheit statt. Dies führt zum Verlernen („*de-skilling*") elementarer Kompetenzen, die eben auch eigene Entscheidungen betreffen. Ähnliches zeigt sich bei der App Ampelini (www.ampelini.de), die Kindern helfen soll, beim Überqueren einer Straße die richtige Entscheidung zu treffen. Eltern verlassen sich beim Baby-Logging mit Owlet (www.owletcare.com) auf die Kontrolle die Software („monitor you baby from your smartphone"). In diesen und in vielen anderen Fällen wird vor allem ein Zuwachs an Sicherheit versprochen. Kein Aspekt des Lebens bleibt ausgespart. Und damit stellt sich die Frage, was passiert, wenn Maschinen nicht nur simple Entscheidungen wie das Überqueren der Straße oder den Kauf einer Portion Eis beeinflussen, sondern auch komplexe Entscheidungen übernehmen. Für das Leben in der Perfektionskolonie werden immer raffiniertere Helfer entwickelt. Dabei stellt sich die Frage, wann die Maschinen uns erstmals auch ethische Entscheidungen, z. B. solche über Leben und Tod abnehmen werden (Rauner/Schröder 2015).

Lifelogging ermöglicht ein völlig neues Lebensgefühl. Es verändert sogar die Bedeutung dessen, was ein Mensch in Zukunft ist (Bell/Gemmell 2010: 4). Selbstvermessung und Selbstkontrolle sind letztlich nur Vorstufen einer Entwicklung, die in der Ära der Entscheidungsmaschinen enden wird. Entschieden wird – vermeintlich rational und informiert – über Feinde oder „Sozialschmarotzer", über Faule, Leistungsverweigerer, Dumme, Arbeitsunfähige oder Konsumunwillige. Dabei ist rationale Diskriminierung keine Eigenschaft der Technik an sich. Maschinen werden von Menschen programmiert: Nicht die Technik überwacht Menschen, Menschen überwachen Menschen. Dann aber stellt sich die Frage, wer über Pensum und Belohnung am Arbeitsplatz entscheidet, über Punkte und Rabatte für vorsichtiges Autofahren, über richtiges und präventives Gesundheitsverhalten und über fleißiges Lernen? Es ist die offene Frage nach den Welt- und Menschenbilder der Wissensarbeiter und Symbolanalytiker, die daran beteiligt sind, das „Lifelogging-Jahrzehnt" (Jim Gemmell zit. n. Selke 2014: 13 ff.) einzuleiten.

Offensichtlich haben viele der Heilsversprechungen der Szene ihre Wurzeln unverkennbar in einem Solutionimus kalifornischer Prägung, der davon ausgeht, dass sich für jedes Problem dieser Welt eine technische und pragmatische Lösung finden lässt (Mozorov 2013: 19 ff.). Lifelogging passt perfekt zu dieser Denkrichtung. Es ist in diesem Zusammenhang mehr als eine Fußnote der Geschichte, dass einer der Mitbegründer der Quantified-Self-Bewegung, Kevin Kelly, zugleich einer der zentralen Ideengeber des Neoliberalismus ist. Kelly nutzte in seiner Stellung als Chefredakteur die Zeitschrift *Wired* als publizistische Plattform, um neoliberales Gedankengut voranzutreiben. Zudem legte er mit seinem einflussreichen Buch *Neue Regeln für die New Economy* jene Prinzipien fest, die gegenwärtig in der Big-Data-Idee aufgehen. Der bemerkenswerte erste Satz dieses einflussreichen Buches lautet: „Niemand entgeht dem verwandelnden Feuer der Maschine." (zit. n. Schirrmacher 2013: 283). Damit ist der Markt gemeint, der gerade die Welt und ihre Werte verschluckt. Lifelogging bringt Menschen dazu, ihr eigenes Leben marktfundamentalistisch zu organisieren. Kelly, der mit Gary Wolf den neuen Selbstvermessungskult etablierte, verlangt, dass der Mensch „selbst zum Werkstück [wird], das seinen Wert erst durch Verarbeitung und Tausch bekommt." (zit. n. Schirrmacher 2013: 227). Es scheint, als hätten die Anhänger der Quantified-Self- Bewegung das Kleingedruckte in den Manifesten ihrer Gurus nicht wirklich gelesen.

Denn im Kern bedeutet Selbstvermessung das Durchlaufen hochspezifischer Trainingseinheiten zum Erlernen und Erwerb kulturell prämierter, sichtbarer und marktkompatibler Eigenschaften. Die Trainingseinheiten sollen zur Selbstrationalisierung der Lebensführung beitragen. Was aber in diesen eindimensionalen Trainingseinheiten nicht mehr vorkommt, ist das Erlernen des Umgangs mit Überraschungen, Geheimnissen, Intuitionen und Kontingenz. Um in der neuen versachlichten Realität zu leben, bräuchte es Zweisprachigkeit: Erzählen statt nur Zählen, Ermessen statt nur Messen.

Bereits jetzt werden Daten zunehmend als fiktive Autoritäten anerkannt. Schon der Soziologe Heinrich Popitz sprach in diesem Zusammenhang von *datensetzender Macht*. Die Ambivalenz von Lifelogging lässt sich vielleicht am Besten an zwei bekannten Filmfiguren illustrieren. In der Serie Star Trek repräsentiert Mr. Spock die Verkörperung der Logik und des Rationalen – bis in die Körpersprache hinein. Captain Kirk hingegen verkörpert Unsicherheit und Emotionalität – eben das Menschliche. Wir sind mitten in der Aushandlung dessen, was in Zukunft ein Mensch ist oder zu sein hat. Es wird ein Wesen zwischen Mr. Spock und Captain Kirk dabei herauskommen, ein kontrollierter Mensch. Der Protagonistin des Zukunftsromans *Limit* (Frank Schätzing) legt der Erzähler folgende

Worte in den Mund: „Das Ende der Kontrolle ist das Ende der Existenz." Gut, das dem noch nicht so ist. Noch ist Zeit, dieser Sichtweise durch Aufklärung die Notwendigkeit von Zonen der Intransparenz als Signatur des Menschlichen entgegen zu setzen.

Literatur

Balsa, Ama Inés (2001): »Statistical discrimination in health care«. In: Journal of health economics, 6, S. 881–907.

Baumann, Zygmunt (2012): Liquid Modernity. Cambridge: Polity.

Baumann, Zygmunt (2014): What Use is Sociology? Conversations with Michael-Hviid Jacobsen and Keith Tester. Cambridge: Polity.

Baumann, Zygmunt; Lyon, David (2013): Daten, Drohnen, Disziplin. Ein Gespräch über flüchtige Überwachung. Berlin: Suhrkamp.

Bell, Gordon; Gemmell, Jim (2010): Your Life, uploaded. The digital way to better memory, health, and productivity. New York: Pengiun.

Büsch, Victoria (2000): Statistische Altersdiskriminierung bei der Auswahl von Bewerbern. Berlin: Discussion Paper. Wirtschaftswissenschaftliche Fakultät.

Coupette, Jan (2014): »Digitale Disruption erfordert Bewegung – das Internet of Everything«. In: Wirtschaftsinformatik & Management, 2, S. 20–29.

Distelhorst, Lars (2014): Leistung. Das Endstadium einer Ideologie. Bielefeld: Transcript.

Eriksson, Rickard (2001): »Statistical discrimination and sex stereotypes in the labor market«. In: Price responses to changes in costs and demand. Hg. v. Rickard Eriksson, Stockholm: EFI.

Gertenbach, Lars; Mönkeberg, Sarah (2015): »Lifelogging und vitaler Normalismus. Kultursoziologische Betrachtungen zur Neukonfiguration von Körper und Selbst«. In: Lifelogging. Digitale Selbstvermessung zwischen disruptiven Technologien und kulturellem Wandel. Hg. v. Stefan Selke, Wiesbaden: Springer VS.

Häußling, Roger (2014): Techniksoziologie. Baden-Baden: Nomos.

Hehl, Walter (2008): Trends in der Informationstechnologie. Von der Nanotechnologie zu virtuellen Welten. Zürich: vdf Hochschulverlag.

Heitmeyer, Wilhelm (Hg.) (2012): Deutsche Zustände. Folge 10.

Henning, Markus (2015): Sicherheit im Always-On. Vortrag auf em Tag der IT-Sicherheit, 19. Mai. http://www.tag-der-it-sicherheit.de/cms/programm/vortraege/tditsi_150519_Sicherheit%20im%20Always%20on_Markus%20Hennig.pdf.

Kimpeler, Simone (2010): »Leben mit der digitalen Aura. Szenarien zur Mediennutzung im Jahr 2020«. In: Postmediale Wirklichkeiten aus interdisziplinärer Perspektive. Hg. v. Stefan; Dittler Selke, Ulrich, Hannover: Heise, S. 61–81.

Knorr-Cetina, Karin (1998): »Sozialität mit Objekten. Soziale Beziehungen in posttradionellen Gesellschaften«. In: Technik und Sozialtheorie. Hg. v. Werner Rammert, Frankfurt a. M.; Campus, S. 83–120.

Kracauer, Siegfried (2013): Die Angestellten. Aus dem neuesten Deutschland. Frankfurt a. M.: Suhrkamp.

Krause, Boris (2005): Solidarität in Zeiten privatisierter Kontingenz. Anstöße Zygmunt Baumans für eine Christliche Sozialethik in der Postmoderne. Münster: Lit.

Krcmar, Helmut (2014): »Die digitale Transforamtion ist unausweichlich, unumkehrbar, ungeheuer schnell und mit Unsicherheit behaftet«. In: IM + io. Das Magazin für Innovation, Organisation und Management, 4, S. 9–13.

Kühn, Hagen (1993): Healthismus. Eine Analyse der Präventionspolitik und Gesundheitsförderung in den USA. Berlin: Edition Sigma.

Kuhn, Joseph (2014): »Daten für Taten. Gesundheitsdaten zwischen Aufklärung und Panopticum«. In: Akzeptierende Gesundheitsförderung. Unterstützung zwischen Einmishcung und Vernachlässigung. Hg. v. Bettina Schmidt, Weinheim/Basel: Beltz Juventa, S. 51–61.

Latour, Bruno (2010): Eine neue Soziologie für eine neue Gesellschaft. Frankfurt a. M.: Suhrkamp.

Leipold, Roman (2015): »Trend Lifelogging. Doctor Selftrack & Mister Hype«. In: CHIP, 4, S. 34–38.

Lengwiler, Martin; Madarász, Jeannette (Hg.) (2010): Das präventive Selbst. Eine Kulturgeschichte moderner Gesundheitspolitik. Bielefeld: Transkript.

Link, Jürgen (2013): Normale Krisen? Normalismus und die Krise der Gegenwart. Konstanz: Konstanz University Press.

Lutz, Ronald (2014): Soziale Erschöpfung. Kulturelle Kontexte sozialer Ungleichheit. Weinheim und Basel: Beltz Juventa.

Magnuson, Stew Army wants to make ‚every soldier a sensor'. http://www.nationaldefensemagazine.org/archive/2007/May/Pages/ArmyWantSensor2650.aspx -28.01.2014.

Mills, Wright C. (1959): The Sociological Imagination. Oxford: Oxford Univ. Press.

Mozorov, Evgeny (2013): Smarte neue Welt. Digitale Technik und die Freiheit des Menschen. München: Blessing.

Pauk, Charlotte (2014): »Auf der Suche nach dem eigenen Potenzial. Selbstversuch einer Standortbestimmung«. In: IM + io. Das Magazin für Innovation, Organisation und Management, 4, S. 40–45.

Polanyi, Karl (2014): The Great Transformation. Politische und ökonomische Ursprünge von Gesellschaften und Wirtschaftssystemen. Frankfurt a. M.: Suhrkamp.

Rauner, Max; Schröder, Thorsten (2015): »Die Cogs kommen«. In: Zeit Wissen, 2/3, S. 64–67.

Richter, Tobias (2011): Gleichbehandlungspflichten in der Privatversicherung. Schutz vor personenbezogener statistischer Diskriminierung im Privatrecht. Badenb-Baden: Nomos.

Scheuch, Rolf (2014): »Selbstvermessung fördert Joint-Value-Creatiion.«. In: IM + io. Das Magazin für Innovation, Organisation und Management, 4, S. 20–24.

Schirrmacher, Frank (2013): Ego. Das Spiel des Lebens. München: Blessing.

Schröter, Klaus (2014): »Alte(r) in Bewegung – Alternde Körper zwischen Aufrichtung und Zurichtung«. In: Education Permanente, 2, S. 32–34.

Schröter, Klaus (2009): »Korporales Kapital und korporale Performanzen in der Lebensphase Alter«. In: Theatralisierung der Gesellschaft. Hg. v. Herbert Willems, Wiesbaden: Springer VS, S. 163–181.

Seel, Martin (2009): Theorien. Frankfurt a. M.: Fischer.

Selke, Stefan (2009): »Die Spur zum Menschen wird blasser. Individuum und Gesellschaft im Zeitalter der Postmedien«. In: Postmediale Wirklichkeiten. Wie Zukunftsmedien die Gesellschaft verändern. Hg. v. Stefan; Dittler Selke, Ulrich, Hannover: Heise, S. 13–57.

Selke, Stefan (2010): »Der editierte Mensch. Vom Mythos digitalisierter Totalerinnerung durch Lifelogging«. In: Postmediale Wirklichkeiten aus interdisziplinärer Perspektive. Hg. v. Stefan; Dittler Selke, Ulrich, Hannover: Heise, S. 96–117.

Selke, Stefan (2012): »Sinn – Mangelware des 21. Jahrhunderts. Menschen als Werkzeuge der Veränderung in der Sphäre der Hypertechnologisierung«. Hg. v. Armin Grunwald, von Hartlieb, Justus, Hannover, S. 284–292.

Selke, Stefan (2014a): Lifelogging. Wie die digitale Selbstvermessung unsere Gesellschaft verändert. Berlin: ECON.

Selke, Stefan (2014b): »Lifelogging als soziales Medium? Selbstsorge, Selbstvermessung und Selbstthematisierung im Zeitalter der Digitalität«. In: Technologien für digitale Innovationen. Interdisziplinäre Beiträge zur Informationsverarbeitung. Hg. v. Jürgen; Förster Jänert, Christian, Wiesbaden: Springer VS, S. 173–200.

Selke, Stefan (2015a): »Lifelogging oder: Der fehlerhafte Mensch«. In: Blätter für deutsche und internationale Politik, 5, S. 79–86.

Selke, Stefan (Hg.) (2015b): Lifelogging. Digital self-measurement between disruptive technology and cultural change. Wiesbaden: Springer VS.

Selke, Stefan (Hg.) (2015c): Lifelogging. Digitale Selbstvermessung zwischen disruptiven Technologien und kulturellem Wandel. Wiesbaden: Springer VS.

Selke, Stefan; Dittler, Ulrich (Hg.) (2009): Postmediale Wirklichkeiten. Wie Zukunftsmedien die Gesellschaft verändern. Hannover: Heise.

Selke, Stefan; Dittler, Ulrich (Hg.) (2010): Postmediale Wirklichkeiten aus interdisziplinärer Perspektive. Neue Beiträge zur Zukunft der Medien. Hannover: Heise.

Stark, Christopher (2014): Neoliberalyse. Über die Ökonomisierung unseres Alltags. Wien: Mandelbaum.

Virilio, Paul (1994): Die Eroberung des Körpers. Vom Übermenschen zum überreizten Menschen. München.

Witt, Katarina (2015): »Am besten war ich, wenn ich mit dem Rücken zur Wand stand«. In: ZEIT MAGAZIN, 2. April 2015.

Prof. Dr. Stefan Selke geboren 1967, studierte zunächst Luft- und Raumfahrttechnik und promovierte später dann in Soziologie. Er vertritt das Lehrgebiet „Gesellschaftlicher Wandel" an der Hochschule Furtwangen und ist Inhaber der Forschungsprofessur „Transformative und Öffentliche Wissenschaft". Seine Forschungsgebiete reichen von Armutsökonomie über Digitalisierung der Gesellschaft bis zur öffentlichen und narrativen Soziologie.

Analyse verschiedener eHealth-Lösungen mit Hilfe des Fit-Viability-Modells

Nilmini Wickramasinghe, Jonathan L. Schaffer, Jürgen Seitz, Ton Spil und Doug Vogel

Vorbemerkung der Herausgeber:
eHealth im internationalen Kontext

Prof. Nilmini Wickramasinghe ist regelmäßiger Gast an der DHBW in Heidenheim. Zu Hause ist sie in Melbourne, Australien. Wir haben sie gebeten, für dieses Buch einen internationalen Kontext zu beschreiben. Und was wir in Deutschland aus den bereits umgesetzten Lösungen – eHealth, Gesundheitsplattformen – lernen können, wenn wir mit eHealth unser Gesundheitssystem zukunftssicher machen wollen.

Die Sichtweise auf eHealth ist schon in Europa sehr unterschiedlich. In den Nordischen Ländern sind eHealth- aber auch AAL-Lösungen bereits deutlich weiter entwickelt und verbreitet, als in Deutschland. Dies hat sehr unterschiedliche Gründe, die in den grundsätzlich unterschiedlichen Systemen, aber zum Beispiel auch den Einstellungen der Bevölke-

Die Originalversion dieses Kapitels wurde revidiert. Für detaillierte Angaben ist ein Erratum verfügbar unter DOI 10.1007/978-3-658-12239-3_18

N. Wickramasinghe (✉)
Melbourne, Australien
E-Mail: eHealth-Autoren@dhbw-heidenheim.de

J. L. Schaffer
Cleveland, USA

J. Seitz
Heidenheim, Deutschland

T. Spil
Enschede, The Netherlands

D. Vogel
Dawesville, Australien

rung liegen. Die zu meisternden Probleme innerhalb der Gesundheitssysteme sind weltweit im Grunde jedoch dieselben. Wie also gehen andere Länder mit diesen Problemen um?

9.1 Analyse verschiedener eHealth-Lösungen mit Hilfe des Fit-Viability-Modells

Nilmini Wickramasinghe, Jonathan L. Schaffer, Jürgen Seitz, Ton Spil und Doug Vogel

Zusammenfassung
Die Gesundheitsversorgung ist überall auf der Welt mit den Herausforderungen steigender Kosten, einer alternden Gesellschaft, einer stark steigenden Anzahl von Diagnosetechniken und einem Anstieg chronischer Erkrankungen konfrontiert, was mehr und mehr zu einem vorbeugenden Fokus führt. Kurz gesagt, die gegenwärtige Gesundheitsversorgung ist nicht nachhaltig (OECD, 2010a; 2010b; Pearce und Haikerwal, 2010; Porter und Guth, 2012; Porter und Teisberg, 2006; Wickramasinghe und Schaffer, 2010). Die meisten Länder reagieren mit unterschiedlichen Arten von Gesundheitsreformen. eHealth ist jedoch kein Allheilmittel zur Lösung aller Probleme des Gesundheitswesens. Daher ist es wichtig, sowohl die Schlüsselmakro- und -mikrofragen, als auch Mensch-, Prozess- und Technikaspekte zu betrachten, wenn die Gesundheitsversorgung verbessert und nachhaltig gewährleistet sein soll. Im Folgenden wird ein Fit-Viability-Modell als ein systematisches Framework zur kritischen Analyse von Überlegungen zur Gestaltung und Entwicklung von nachhaltigen eHealth-Lösungen vorgestellt. Gegenwärtige nationale und regionale Lösungen werden auf das Modell projiziert, um deren Nutzen und Vorteile aufzuzeigen.

Schlüsselwörter: Gesundheitsinformationssysteme, eHealth, Gestaltung von Gesundheitsinformationssystemen, Akzeptanz von Gesundheitsinformationssystemen, IT-Unterstützung, Fit-Viability-Modell

Einleitung
Die erfolgreiche Entwicklung und Einführung von Gesundheitsinformationssystemen ist seit längerer Zeit Teil intensiver Forschung. Allerdings wurde die Wirkung interkultureller Aspekte wie externe Faktoren auf der Makroebene einschließlich politischer, gesellschaftlicher, wirtschaftlicher, technischer, rechtlicher Faktoren, organisatorische Faktoren auf der Mesoebene, wie beispielsweise Führung, Managementstil, Richtlinien, Strukturen und taktische Faktoren auf Mikroebene, wie beispielsweise Informationsaustausch, Ausbildung und Lernen, technisches Personal oder das Nutzerverhalten bislang kaum untersucht. Genau diese Faktoren führen jedoch einzeln oder in Kombination zum Scheitern einer Vielzahl von Gesundheitsinformationssystemimplementierungen. Um dieses Problem zu untersuchen, stellen wir zunächst ein Fit-Viability-Modell vor, um dann ein besseres Verständnis der Schlüsselaspekte zu erleichtern. Damit beantworten wir die Forschungsfrage „Wie kann ein Fit-Viability-Modell die Lösung interkultureller Problemstellungen bei der Entwicklung und Einführung von Gesundheitsinformationssystemen unterstützen?". Es wird die explorative Mehrfallstudie angewendet.

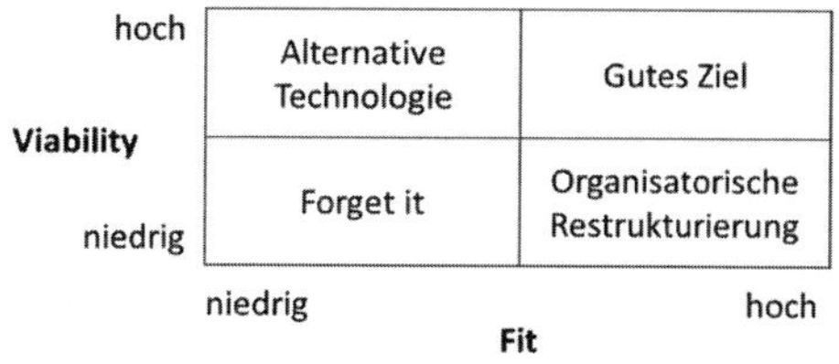

Abb. 9.1 Fit-Viability-Modell.
(Liang und Wei 2004)

		niedrig ← Fit → hoch
hoch	Alternative Technologie	Gutes Ziel
Viability niedrig	Forget it	Organisatorische Restrukturierung

Entwicklung eines geeigneten konzeptionellen Modells: Das Fit-Viability-Modell

Tjan (2001) schlug Fit-Viability-Dimensionen für die Bewertung von Internet-Initiativprojekten vor. Liang und Wei (2004) schlugen ein Fit-Viability-Modell zur Analyse von M-Commerce-Anwendungen vor, indem sie diese beiden Dimensionen mit der Task-Technology-Fit-Theorie kombinierten. In ihrem Framework misst Viability die Bereitschaft einer Organisation für die Übernahme und Einführung einer Technologie und Fit die Fähigkeit eines Systems Aufgaben optimal durchzuführen. Diese beiden Dimensionen können in einer einfachen Matrix mit Fit auf der Abszisse und Viability auf der Ordinate dargestellt werden (s. Abb. 9.1).

Die vier Felder der Matrix erlauben es Organisationen fundierte Entscheidungen bezüglich der Technologie-Übernahme und -Einführung zu treffen. Zum Beispiel könnten Entwicklungsländer politische Stabilität, eine wachsende Wirtschaft, eine bessere Umwelt und eine stabilere Telekommunikations- und Informationstechnikinfrastruktur haben, was wiederum eine hohe Viability bedeutet, aber weil die Aufgabe nicht zum aufgebauten System passt, würde es zu keinen erfolgreichen Ergebnissen führen. Für ein multinationales Unternehmen, das in zwei unterschiedlichen Ländern, wie USA und China agiert, bedeutet dies zum Beispiel eine hohe Tragfähigkeit und eine hohe Passform in den USA für ein bestimmtes System, aber hohe Tragfähigkeit und geringe Passform in China aufgrund unterschiedlicher Datenstrukturen, aufgrund eines unterschiedlichen Berichtswesens und anderer Geschäftsprozesse. Dies bedeutet, dass das System an die lokalen organisatorischen und kulturellen Gegebenheiten angepasst werden muss, oder das Geschäft muss reorganisiert oder ein Business Process Reengineering muss durchgeführt werden, was zu Komplikationen, Verzögerungen und Budgetüberschreitungen führen kann. Nur die Systeme, die sowohl eine hohe Aufgaben-Technologie-Passform (Task Technology Fit), als auch eine hohe Tragfähigkeit aufweisen, sind gut und führen mit großer Wahrscheinlichkeit zum Erfolg.

Task Technology Fit

Die theoretische Grundlage des Fit-Konstrukts aus dem Task-Technology-Fit-Modell basiert gemäß Goodhue und Thompson (1995), sowie Goodhue (1998) darauf, dass Aufgabenmerkmale und Systemeigenschaften für einen größeren Erfolg sehr gut zusammenpassen müssen. Weiterhin hat dies einen Einfluss auf den Entscheidungsprozess eines Unternehmens. Untersuchungen (Soh et al. 2000, Goodhue 1998) zeigen, dass ein System, das eher an den Anforderungen der Nutzer ausgerichtet ist, größere Chancen auf einen Erfolg hat und damit zu einer besseren Leistung führt. Wenn also die von einem System bereitgestellten Funktionen besser zu den Bedürfnissen der Nutzer passen, dann wird ein System auch eher angenommen.

Viability

Viability bezieht sich auf den Grad der Wirkungen nationaler und organisatorischer Faktoren auf eine Systemeinführungsentscheidung. Auf nationaler Ebene sind politische und soziale, wirtschaftliche, Umweltaspekte, sowie auch Infrastruktur und Technologie entscheidende Faktoren. Auf organisatorischer Ebene werden in der Literatur viele Faktoren mit strategischer und taktischer Reichweite vorgeschlagen (Umble et al. 2003, Poon and Wagner, 2001). Diese Faktoren schließen Führung, Management-Stil, Richtlinien, Informationsaustausch, Aus- und Weiterbildung, technische Mitarbeiter und Nutzerverhalten ein. Am Beispiel China weisen Huang und Palvia (2001) darauf hin, dass wirtschaftliche und technische Faktoren entscheidende Faktoren für die kulturübergreifende Einführung von ERP-Systemen sind. Wenn man diese Faktoren ignoriert, kann dies zu erfolglosen Projekten führen. Molla und Arjun (2006) argumentieren, dass ein stabiles Wirtschaftswachstum und eine gute IT-Infrastruktur zu einer erfolgreicheren Geschäftsgrundlage und einer höheren Innovationsfähigkeit führen kann, was die Viability des Systems positiv beeinflusst.

Das Modell

Das in Abb. 9.2 dargestellte Modell veranschaulicht die wichtigsten Konstrukte und Faktoren, die das System beeinflussen. Fit wird gemessen inwiefern Anforderungen der Organisation mit den Funktionalitäten des Systems wie Datenformaten, Verfahren und Ausgabedarstellung zusammen passen. Viability wird durch die Bewertung der Wirkungen der nationalen und organisatorischen Faktoren auf die Einführungsentscheidung dargestellt. Dieser Artikel zeigt, dass dies ein robustes Framework für die Bewertung großer eHealth-Systeme darstellt. Dazu haben wir den Ansatz der Mehrfachfallstudie, wie sie in der Methodik beschrieben ist, gewählt.

Methodik

Auf der Grundlage der Kriterien nach Yin (2014) ist die geeignete Methode zur Untersuchung des Einsatzes und der Benutzerfreundlichkeit des in Abb. 9.2 vorgestellten Modells die qualitative Mehrfallstudie, da dies eine Untersuchung eines neuen oder neu auftretenden Phänomens, nämlich das der Gesundheitsinformatiklösungen auf nationaler oder regionaler Ebene, ist. Weiterhin gilt es zu untersuchen, wie Lösungen in verschiedenen Ländern erfolgreich umgesetzt werden können und welches die Faktoren sind, die die Implementierung und die Einführung dieser Gesundheitsinformationssysteme beeinflussen. Qualitative Forschung ist ganzheitlich, humanistisch und interaktiv. Sie erlaubt in einer Studie die stärkere Fokussierung auf die komplexen Phänomene des Zusammenspiels von Mensch und System wie in unserer Untersuchung (Creswell 2009, Yin 2014). Qualitative Forschung kann zu einem besseren Verständnis von Phänomenen als quantitative Forschung führen, da aufgrund des explorativen Charakters und des Fokus der Studie keine quantitativen Werte vorliegen (Trochim und Donnelly 2008). Die ausgewählten Fallstudien stammen aus Australien, China, Deutschland, Südafrika und den USA.

Kurzdarstellung der Fallstudien

Im Folgenden werden verschiedene Lösungen und Technologien vorgestellt. Die Daten wurden mit Hilfe verschiedener Techniken, einschließlich unstrukturierter Interviews, Be-

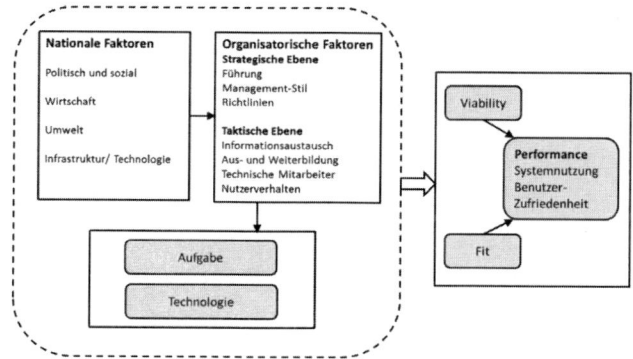

Abb. 9.2 Modell

fragungen und Sekundäranalyse erhoben. So weit wie möglich werden die Sichtweisen der unterschiedlichen Interessengruppen (Anbieter, Regulator, Zahler, Krankenhaus und Patient) erfasst. Die Datenanalyse beinhaltet qualitative Standardtechniken wie die thematische Analyse, bei der A-priori-Themen von den Komponenten des konzeptionellen Modells abgeleitet werden. Die Fallstudien veranschaulichen verschiedene Aspekte des vorgestellten konzeptionellen Modells auf eine Weise, die dazu dient, das Modell zu validieren und dessen Nützlichkeit zu zeigen, indem kritische Aspekte bei der Implementierung von Gesundheitsinformationssystemen betrachtet werden.

Die deutsche elektronische Gesundheitskarte
Die Grundlage für die deutsche elektronische Gesundheitskarte bildet das Gesetz zur Modernisierung der gesetzlichen Krankenversicherung, das vom Bundestag am 14. November 2003 verabschiedet wurde und in § 291a SGB V kodifiziert wurde. Es wurden zwei Gruppen von Funktionen definiert: einerseits obligatorische Funktionen andererseits optionale Funktionen. Pflichtfunktionen sind beispielsweise die Speicherung von administrativen Daten und das elektronische Rezept. Optionale Funktionen sind medizinische Funktionen wie der Notfalldatensatz und die elektronische Patientenakte. Ursprünglich sollte die elektronische Gesundheitskarte zum 1. Januar 2006 eingeführt werden. Im Jahr 2011 wurde das elektronische Rezept gestoppt. Seit Januar 2014 ersetzt die elektronische Gesundheitskarte die alte Versichertenkarte (Bundesgesundheitsministerium 2008, gematik 2014).

Da das Projekt zur Einführung der elektronischen Gesundheitskarte im Jahr 2003 gestartet wurde, bedeutet dies, dass die grundlegende Architektur nicht mehr auf dem Stand der Technik ist. Zum Beispiel ist spezifiziert, dass eine maximale Anzahl von acht Rezepten auf der Karte gespeichert werden kann (gematik 2008). Für Menschen mit chronischen Leiden reicht diese Anzahl jedoch nicht aus. Heute stellt sich die Frage, ob Rezepte überhaupt auf der Karte gespeichert sein müssen. Im Jahr 2003 betrug die maximale Bandbreite beim Download 1,536 und 0,384 Mbit/s beim Upload; 2014 sind es beim Download 50 und 10 Mbit/s beim Upload (Telekom Deutschland GmbH 2014). Im Zeitalter des Cloud-Computing stellt das Datenvolumen eines einzelnen Rezeptes, das sehr klein ist, keine Herausforderung an die Bandbreite mehr dar. Es ist nicht mehr notwendig, diese

Daten auf der Gesundheitskarte zu speichern. Der bedeutendere Aspekt ist die Datensicherheit. Die vorhandenen Verschlüsselungsalgorithmen können einen angemessenen Schutz gewährleisten. Die Länge des asymmetrischen RSA-Algorithmus ist nicht auf eine bestimmte Schlüssellänge beschränkt. Natürlich können zukünftig Daten, die heute mit einem kürzeren Schlüssel verschlüsselt werden, sehr viel schneller entschlüsselt werden. Die Länge des Schlüssels kann in Abhängigkeit von der Lebensdauer der Daten und der Kritikalität des Wertes der Daten festgelegt werden.

In Deutschland werden jährlich ungefähr 700 Mio. Rezepte ausgestellt (Schweim 2007). Das Gesundheitsministerium schätzt, dass jährlich ungefähr eine Milliarde Euro eingespart werden kann, wenn diese Rezepte durch elektronische Rezepte ersetzt werden (Handelsblatt 2004). Der gesamte Prozess kann als Prozess ohne Medienbrüche abgebildet werden. Selbst wenn nicht 100 % der Rezepte durch elektronische Rezepte ersetzt werden können, kann sehr viel Geld gespart werden. Natürlich ist es weder effizient, noch effektiv, wenn es zwei Prozesse gibt: einen papierbasierten und einen elektronischen Prozess. Da die Akzeptanz gering ist und es niemals die Unterstützung alle Interessengruppen geben wird, ist es die einzige Möglichkeit, wenn man von dem elektronischen Prozess ohne Medienbrüche profitieren will, die Wahl zu lassen, in welcher Form ein Rezept ausgestellt werden soll. In diesem Prozess sind mindestens drei Parteien involviert: der Patient, der Arzt und die Apotheke. Verglichen mit dem elektronischen Zahlungsverkehr ist dieser Prozess komplexer. Beim Online-Banking sind es in der Regel nur zwei Partner: der Kunde und die Bank. Obwohl dieser Prozess einfacher ist, nutzen im Jahr 2012, mehr als dreißig Jahre nach der Einführung nur rund 45 % der Menschen zwischen 16 und 74 Jahren Online-Banking-Angebote, d. h. nur ungefähr 40 Mio. der 93 Mio. Girokonten sind Online-Konten (Leichsenring 2012). Positive Erfahrungen erlauben es Patienten, Ärzten und Apothekern ihre Meinung zu ändern. Es gibt technikaffine Patienten, Ärzte und Apotheker, auch in einer Konstellation, dass sie aufeinander treffen, was insgesamt eine sehr viel langsamere Verhaltensänderung bedeutet. Aber im Vergleich zu keiner Veränderung, ist dies effektiver. Es sind bereits acht Jahre ohne einen elektronischen Prozess vergangen, in denen technikaffine Menschen nicht von einem geänderten Prozess profitieren konnten. Während ein technikaffiner Patient und ein technikaffiner Arzt essenziell sind, muss dies beim Apotheker nicht unbedingt sein, da ein Patient gegebenenfalls bereit ist, die Apotheke zu wechseln. Ein Patient wechselt jedoch nicht seinen Arzt nur wegen der elektronischen Gesundheitskarte. Zwischen Patient und Arzt besteht eine starke Vertrauensbeziehung.

Schritt für Schritt steigt die Zahl der Patienten, die Zahl der Ärzte und die Zahl der Apotheken, da sie von dem elektronischen Prozess profitieren. Zum Beispiel verspüren nicht nur junge Ärzte und neue hochspezialisierte Arztpraxen, sondern auch Krankenhäuser den Wettbewerbsdruck. Sie benötigen eine effiziente und effektive Organisation. Sie profitieren vom Informationstechnikeinsatz (Fähling et al. 2009a; Fähling et al. 2009b; Köbler et al. 2010). Daten sind online verfügbar. Es gibt keine Medienbrüche, die überwunden werden müssen. Im Gegensatz dazu haben etablierte Ärzte mit einer hohen Reputation, die ihre Daten heute noch nicht einmal elektronisch speichern, keinen Druck ihre Prozesse und ihre Systeme zu ändern. Sie haben oft lange Wartelisten. Ihre Wahrnehmung ist, dass jegliche Prozess- und Verhaltensänderung eine Investition bedeutet, die sich nicht amortisiert (Dünnebeil et al. 2012).

Es wird oft kritisiert, dass die informationelle Selbstbestimmung nicht gegeben ist (z. B. Gardt 2012; Chaos Computer Club e. V. 2014; Bündnis ‚Stoppt die e-Card!' 2014). Die Idee des Systems ist, dass die Patienten steuern, welcher Arzt Zugang zu Daten wie Befunden hat (§ 295a SGB V). Ein Arzt hat nur im Beisein des Patienten Zugang zu den Daten. Zur Autorisierung am System wird die elektronische Gesundheitskarte in Verbindung mit der PIN des Patienten benötigt. Natürlich gibt es keine Garantie, dass der Prozessablauf immer sicher ist und es keinen Missbrauch gibt. Datenmissbrauch resultiert aus Fehlern von Menschen und kriminellen Aktivitäten. Einige der Fehler von Menschen sind in frühen Phasen des Projektes aufgetreten als die Prozesse noch nicht vollständig implementiert waren (z. B. Gruhn 2014; Gruhn und Reisener 2014). Solche Fehler sollten nicht grundsätzlich zur Ablehnung der elektronischen Gesundheitskarte führen. Die Karte an sich hat immer ordnungsgemäß funktioniert. Andererseits hat ein Prozess ohne die Gesundheitskarte auch Risiken: Korrespondenz zwischen Ärzten erfolgt beispielsweise mittels unverschlüsselter E-Mails; Patientenunterlagen liegen offen in Arztpraxen und Krankenhäusern herum; die Zugangskontrolle zu Archiven mit Patientendokumenten ist nicht ausreichen; Rechneradministratoren haben nahezu vollen Zugriff auf Patientendaten, sie sind auch in der Lage Daten zu manipulieren (Weichert 2006). Seit Jahrzehnten übertragen Ärzte und Krankenhäuser Daten unverschlüsselt an Clearing-Stellen und Versicherungen.

Schließlich entsteht der Anschein, dass es keinen großen Unterschied zwischen der alten Versichertenkarte und der neuen elektronischen Gesundheitskarte gibt. Beide Karten werden zur Identifikation und Autorisierung von Personen verwendet. Aber selbst wenn auf der Karte (außer dem Notfalldatensatz) keine Daten mehr gespeichert werden, ist eine Verbesserung der Datensicherheit erforderlich, da Patienten die Möglichkeit haben, den Datenaustausch zwischen Ärzten zu steuern, aber auch weil die Datenübermittlung und die Datenspeicherung in der Telematik-Infrastruktur verschlüsselt sein müssen. Die gesetzlichen Anforderungen an den Datenschutz und die Datensicherheit sind in Deutschland sehr hoch. In einem Notfall, in dem es um Leben und Tod geht, und dies von der Verfügbarkeit von Daten abhängt, würde jeder einzelne wahrscheinlich auch auf Datenschutz verzichten.

Makroebene

Das Ziel der elektronischen Gesundheitskarte auf der Makroebene ist das Gesundheitswesen an aktuelle Anforderungen anzupassen und zu modernisieren. Das System sollte mit einigen grundlegenden Funktionen beginnen und sollte erweitert werden. Das System wurde als sehr flexibles System mit einem starken Fokus auf eine sichere Datenübertragung konzipiert. Leider war der Zeitplan zu eng und die Entwicklung neuer Technologien erfolgte schneller, so dass das System nicht mehr zeitgemäß erscheint.

Mesoebene

Die Mehrheit der Stakeholdergruppen akzeptiert das System nicht. Jede Gruppe ist skeptisch und besorgt. Daher konzentriert sich jede Stakeholdergruppe auf die Nachteile,

Schwächen und Risiken für die eigene Gruppe. Niemand hat die Chancen und Vorteile für die eigene Gruppe und auch nicht für die Gesellschaft als Ganzes im Blick.

Mikroebene

Der wichtigste Aspekt auf der Mikroebene ist die IT-Sicherheit. Nicht nur die meisten Patienten, sondern auch Ärzte und Apotheker verstehen nicht, wie sichere Datenübertragung und sichere Datenspeicherung funktioniert. Nur eine kleine Gruppe von IT-Spezialisten weiß, wie Datenverschlüsselung, digitale Signaturen usw. wirklich funktionieren. Die meisten Menschen haben nur die Möglichkeit, dem System zu vertrauen. Aber wie kann einem System vertraut werden, bei dem es bei der Entwicklung zu Missmanagement, mehreren erfolglosen Startversuchen und Fehlinformationen kam. Aus diesem Grund ist es anspruchsvoller und herausfordernder denn je, Vertrauen in das System zu integrieren?

Task Technology Fit

Die Absicht der deutschen Gesundheitskarte war lobenswert. Ein System mit einem sehr starken Fokus auf sichere Datenübertragung wurde entwickelt. Das System ist sehr flexibel. Zusätzliche Funktionen können einfach ergänzt werden. Das System wurde von Technikern entwickelt. Grundlegende Aspekte wurden nicht berücksichtigt, so dass Standardprozesse nicht wirklich komfortabel durchgeführt werden können. Leider wurden grundlegende Fehler wie in einer Reihe anderer Mega-Projekte in Deutschland gemacht (Mertens 2012). Es wurden nicht alle Stakeholdergruppen einbezogen. Meinungsbildner konnten ihre Bedenken formulieren und die Mehrheit der Patienten, Ärzte und andere beeinflussen, was bedeutet, dass es kein Vertrauen in das System und damit kaum Akzeptanz gibt.

Google, Microsoft, Apple und Samsung

Eine persönliche elektronische Gesundheitsakte ist eine individuell gepflegte, elektronische Aufzeichnung zur Verwaltung persönlicher Gesundheitsinformationen in einer sicheren Umgebung (Spil und Klein 2014). Eine solche elektronische Gesundheitsakte kann sich auf vielfältige Originaldatenquellen, einschließlich der persönlichen Gesundheitsdienstleister, Gesundheits- und Fitness-Tracker und die persönliche Historie unter anderem, beziehen. Apple hat vor kurzem die Markteinführung seines HealthKit (Apple 2014), eines App-basierten Dienstes für die Verfolgung einer Vielzahl von Gesundheits- und Fitnessinformationen, angekündigt. Samsung hat seine Life-Care-Anwendungen zunächst für eine ganz andere Umgebung von mobilen Endgeräten entwickelt (Samsung 2014, Sunyaev et al. 2010, Spil und Klein 2014). Sowohl Google, als auch Microsoft wollten zunächst mit web-basierten Lösungen einen ausreichenden Marktanteil erreichen. Microsofts HealthVault kämpft noch um die Gunst der Patienten. Sowohl Samsung, als auch Apple sind Partnerschaften mit medizinischen Organisationen eingegangen. Sie bieten aber auch Stand-alone-Lösungen für Fitness und Wellness an. Bislang war die Einführung der elektronischen Gesundheitsakte wenig erfolgreich und die Methoden zur Messung dieses Erfolgs wenig brauchbar. Sunyaev et al. 2010 stellen ein Modell für die Bewertung von persönlichen elektronischen Gesundheitsakten auf der Grundlage der Funktionalität vor und bewerten Google Health und Microsoft HealthVault. Das Modell umfasst drei Bereiche: Patienteninformationen, persönliche Kontrolle und Zusatzleistungen. Insgesamt führt die Studie zu 25 funktionalen Anforderungen, die in einer persönlichen elektronischen Gesundheitsakte realisiert sein können. Spil und Klein 2014 schlussfolgern, dass nicht nur die funktionalen Anforderungen von Bedeutung sind, die Relevanz für die Kunden ist nicht so klar, vor allem für gesunde Kunden.

Apples kürzlich eingeführtes HealthKit bezieht aufgrund des mangelnden persönlichen Nutzens bestehender Anwendungen sowohl Fitnessdaten von komplementären Smartphones und Tablet-Geräten, als auch Daten von traditionellen persönlichen elektronischen Gesundheitsakten ein. Samsung hat kürzlich die Einführung einer eigenen-Life-Care-Anwendung angekündigt, die in ähnlicher Weise auf die Integration von Fitness-überwachungsgeräten abzielt und ohne Anbieter einer traditionellen Lösung auskommt. Ferner scheint Google sich ein weiteres Stück aus dem Kuchen herauszuschneiden. Im Zusammenhang mit der HealthKit-Mitteilung werden GoogleFit-Produkte angekündigt, obwohl das Angebot einschließlich der Features und Funktionen unklar bleibt (Spil und Klein 2014). Das heißt, alle drei Angebote zielen auf die Integration von komplementären Fitnessgeräten und damit einhergehend auf die Daten ab, um einen Kundennutzen zu schaffen. Google waren die ersten, die gemeinsam mit einem Krankenhaus (Cleveland Clinic) einen Lernprozess starteten Sunyaev et al. 2010). Samsung arbeitet eng mit koreanischen Krankenhäusern zusammen und entwarf eine Architektur für eine multi-modale Interaktion. Es gibt eine Vielzahl von lokalen Initiativen, die von zahlreichen kleinen Apps bis zu umfangreichen Krankenhausportallösungen reichen.

Wenn man die Auswertungen anschaut, dann ist klar, dass die Funktionalität nicht die Ursache für das Scheitern von Google Health ist. Sunyaev et al. (2010) zeigen, dass Google Health einen Großteil der 25 dargestellten Funktionen besaß. Nicht nur die Relevanz oder der wahrgenommene Nutzen konnten nicht punkten, Vertrauen scheint eine wichtige Erfolgsbarriere zu sein (Spil und Klein 2014). Das heißt, Samsung und Apple könnten als neue Spieler mehr Kredit bekommen, weil sie nicht für Sammeln und Verkaufen von Daten an Dritte bekannt sind. Bislang erfolgten jedoch keine wissenschaftlichen Untersuchungen zur Erforschung dieses Phänomens. Alles, was hierzu gesagt wird, ist also Spekulation. Microsoft hat einen guten Ruf für kompatible Anwendungen wie die Office-Suite und SQL Server. Von einem allgemeinen Informationssystemanbieter würde in ähnlicher Weise erwartet werden, dass er solche Systeme gut entwickelt. Das heißt, trotz der positiven Wahrnehmung der Informationsqualität von Microsoft HealthVault wird das Produkt aufgrund geringer Relevanz möglicherweise kaum Chancen haben, erfolgreich zu sein (Spil und Klein 2014). Lee und Turban (2001) zeigen, dass letztendlich der Erfolg Internet-basierter Informationssysteme vom Vertrauen abhängt. Dementsprechend sind geringes Vertrauen und hohes Risiko ein wesentliches Hindernis für die breite Akzeptanz, sowohl für Google Health, als auch Microsoft HealthVault (Spil und Klein 2014).

In dieser Fallstudie haben wir vier Hauptakteure: Google, Microsoft, Apple und Samsung. Keiner von ihnen hat die Tragfähigkeit seiner Gesundheitsaktenlösung bewiesen.

Die Barrieren scheinen einerseits die mangelnde Bedeutung einer Gesundheitsaktenlösung zu sein, wenn man gesund oder nicht ernsthaft krank ist. Auf der anderen Seite besteht die Vertrauenshürde, die bei Google dazu führte, dass man die Reißleine zog und was auch noch weiteren Lösungen droht. Dann scheinen aber die Chancen auf der Lösungsseite wieder endlos zu sein. Gesundheitsüberwachung zuhause wird als heiliger Gral einer alternden Gesellschaft betrachtet. Aber wie können diese großen Datenmengen verarbeitet werden? Integration scheint das Zauberwort in diesem Fall zu sein. Schwierig, aber nicht unmöglich ist der erste Sieg hinsichtlich der Akzeptanz von Fitness- und Gesundheitsanwendungen durch gesunde Menschen oder Menschen, die gesund bleiben wollen. Zweitens wird eine vertrauenswürdige (lokale?) dritte Partei wahrscheinlich erforderlich sein, um die zweite Barriere zu durchbrechen.

China

China hat aufgrund des Mangels an Ressourcen und des Bevölkerungsdrucks anhaltende und durchdringende Probleme mit dem Gesundheitswesen. Die Zahl älterer Menschen mit chronischen Erkrankungen nimmt dramatisch zu. Es fehlt an Ärzten. Durch den relativen Mangel an jungen Menschen aufgrund der seit Jahrzehnten gültigen Ein-Kind-Politik kann das Problem auch nicht mit Nachwuchsärzten gelöst werden. Vor einem dreiminütigen Arzttermin in einem Krankenhaus wartet man schon einmal drei Stunden in einer Schlange. Anschließend wartet man weitere drei Stunden bis gezahlt werden kann. Es sieht aber nicht ganz so düster aus, da innovative Lösungen auf Nachbarschaftsebene medizinische Herausforderungen in einer kreativen Art und Weise lösen. Ein herausragendes Beispiel ist das Lujiazui-Smart-Stadtviertel-Projekt im Großraum Shanghai.

Das Lujiazui-Stadtviertel hat einen dramatischen Wandel hinter sich. Lujiazui liegt in Shanghai gegenüber des Bund auf der Pudong-Seite. In der Vergangenheit waren die landwirtschaftlichen Flächen anfällig für Überschwemmungen. In den letzten Jahrzehnten hat sich die Gegend in ein Geschäftsviertel mit 160.000 Menschen verwandelt. Allerdings wurden die Landwirte nicht umgesiedelt. Die Gemeinschaft dieser Menschen ist weiterhin vorhanden, allerdings in erster Linie als Gruppe von relativ armen und älteren Menschen, die häufig weder lesen noch schreiben können. In dieser Gemeinschaft treten mit steigender Prävalenz chronische Erkrankungen wie Bluthochdruck und Diabetes vom Typ 2 auf. Ein großer Teil dieser Menschen ist ans Haus gebunden. Interessant ist, dass ein anderer Teil der Bevölkerung, nämlich Berufstätige aller Altersgruppen aus dem neuen Geschäftsviertel dort wohnt. Diese Personen haben eine Vielzahl von Bedürfnissen, einschließlich Impfungen für ihre Kinder und die normalen medizinischen Bedürfnisse.

Ein nicht zu vernachlässigender Teil der berufstätigen Bevölkerung gehört zu der Gruppe der ‚jungen Älteren‘. Diese Menschen sind zwischen 60 und 75 Jahre alt. Sie treten in eine Lebensphase ein, in der sie einerseits nicht mehr Vollzeit arbeiten, aber dennoch viel Energie haben und daher von ihrer Zeit etwas der Gesellschaft geben möchten. Auf diese Weise können sie geistig aktiv bleiben und den Übergang von einem anstrengenden Arbeitsleben in den Ruhestand erleichtern. Diese jungen Älteren bringen eine Vielzahl von Erfahrungen mit, aber der größte Teil hat keine medizinische Ausbildung, obwohl auch einige Ärzte und Krankenschwestern darunter sind.

Um die unterschiedlichen Bedürfnisse der Bevölkerung zu erfüllen, wurde mit einem staatlichen Zuschuss eine gemeinnützige Organisation gegründet. Die Organisation wird von einem energischen (und charismatischen) ehemaligen Chirurgen geführt, der darauf hinweist, dass das Leben von Hunderttausenden von Menschen beeinflusst und nicht nur Tausende als Chirurg. Er geht regelmäßig in das Stadtviertel und wird von der Bevölkerung allgemein sehr respektiert.

Die IT-Lösung, welche die Organisation unterstützt, ist nicht übermäßig anspruchsvoll. Zu großen Teilen setzt sich die Lösung aus Open-Source-Komponenten und einer intensiven Internet-Nutzung aus. Die Dienstleistungen umfassen beispielsweise ein Online-Reservierungssystem für Arztbesuche, Hilfe bei der Medikamentensuche, aber auch Unterstützung bei der Überwachung Zuhause, Gesundheitsdatensammlung, die Koordination von Ärzten und Hilfe im Notfall, einschließlich der Suche nach einem geeigneten Krankenhaus. Zusätzliche Leistungen sind informationsorientiert, wie beispielsweise Beratung bei Selbstbehandlungen und Behandlungsalternativen.

Eine Reihe von Ärztehäusern in der Umgebung ist für Dienstleistungen für Patienten verantwortlich, die mobil sind. Im Gegensatz zu Krankenhäusern werden die Besuchstermine im Voraus besser geplant und organisiert. Hierzu wird eine Community-„SmartCard" eingesetzt. Die Ärztehäuser können eine breite Palette medizinischer Probleme behandeln. Sie können natürlich keine medizinischen Notfälle behandeln. Diese erfordern die Einlieferung in ein Krankenhaus. Die Ärztehäuser bieten quasi eine Hausarztversorgung und sorgen dadurch für eine merkliche Entlastung von Krankenhäusern. Die Ärztehäuser sind meist nur wenige Gehminuten von den Patienten entfernt.

Ein zentrales Element der Leistungserbringung sind 165 junge Ältere. Sie besuchen Patienten Zuhause, die nicht mehr mobil sind und Bedarf an persönliche Betreuung haben. Sie messen beispielsweise den Blutdruck und überwachen den Blutzuckerspiegel. Die jungen Älteren werden hierfür geschult. Sie sind jeweils für eine Gruppe von Patienten verantwortlich, haben Vertrauen aufgebaut und sind in der Lage Veränderungen (zum Besseren oder Schlechteren) im Laufe der Zeit bei den Patienten zu erkennen. Sie empfehlen gegebenenfalls einen Arztbesuch (oder auch nicht).Die freiwilligen jungen Älteren werden durch Anerkennung, aber auch Rabatte von lokalen Geschäften entlohnt.

Wo es möglich ist, werden Ergebnisse beispielsweise direkt auf die Smartphones der Patienten oder der jungen Älteren übertragen. Kumulierte Ergebnisse werden grafisch dargestellt und durch medizinisches Personal überprüft, um auch Behandlungswirkungen und Trends zu erkennen. Falls erforderlich kann der Patient in ein Krankenhaus überwiesen werden, wenn es die Situation erfordert. In den meisten Fällen bleiben die Patienten jedoch in ihrer gewohnten Umgebung. In zunehmendem Maße verfügbare Sensor-basierte Geräte werden künftig für die automatisierte Datenerfassung und -übertragung verwendet.

In den ersten acht Monaten hat die Organisation über 10.000 Patienten behandelt. Das Projekt wird weithin als erfolgreich betrachtet. Aus anderen Stadtvierteln kommen viele Interessierte, die etwas Ähnliches in ihren Vierteln etablieren wollen. Das Modell trägt sich zwischen zeitlich durch geringe Einzahlungen der Patienten in eine Art Versicherung selbst. Die Erfolgsfaktoren sind vielzählig. Sie können jedoch in die Kategorien der Makro-, Meso- und Mikroebene im allgemeinen Kontext des Task-Technology-Fit eingeteilt werden.

Makroebene

Auf der Makroebene hat eine Vielzahl von Umständen zum erfolgreichen Start der Lujiazui-Stadtviertel-Initiative beigetragen. Das generelle Gesundheitswesen ist mit Problemen behaftet und es ist allgemein bekannt, dass es nicht in der Lage ist, den Bedürfnissen der Bevölkerung gerecht zu werden. Aus diesem Grund ist die Grund ist die Regierung bereit, Startkapital für alternative Modell bereitzustellen, wenn die Aussicht besteht, dass sich diese langfristig als Non-Profit-Organisationen tragen können. Die rechtlichen Rahmenbedingungen sind in China relativ lasch, was neuen Initiativen zu Gute kommt. Internet-Technologien sind allgemein verfügbar und werden von der Bevölkerung im Allgemeinen sehr gut akzeptiert. Ein großer Prozentsatz der Bevölkerung aller Altersgruppen besitzt ein Smartphone. China nimmt eine führende Rolle bei der Einführung von IPv6 ein und erwartet eine große Anzahl an Sensor-basierten, mobilen Anwendungen. Komponenten werden nicht nur in China erstellt. Ungewöhnlich ist, dass die gesammelten Daten zur Auswertung dem Rest der Welt zur Verfügung gestellt werden. Anbieter sind bestrebt, Prototypen für das Sammeln von Daten kostenlos zur Verfügung zu stellen.

Mesoebene

Auf der Mesoebene ist eine ganze Reihe von organisatorischen Faktoren für den Erfolg verantwortlich. Wie bereits erwähnt, ist der charismatische Leiter der Organisation in gewisser Weise einzigartig mit seiner medizinischen Ausbildung zum Chirurgen. Viel wichtiger ist aber die Verpflichtung und Bereitschaft zu gemeinnütziger Arbeit, was viel seltener vorgefunden wird. Der Führungsstil ist partizipativ, kollaborativ und transparent, so dass die relativ wenigen Mitarbeiter Zugang und eine einvernehmliche Meinung zu den Zielen haben. Die Organisation stützt sich weiterhin auf eine starke Gruppe von engagierten Freiwilligen (einschließlich der jungen Älteren). Es gibt relativ wenige Richtlinien und die Organisation ist flexibel und kann sich den Umständen anpassen. Die organische Natur der Gemeinschaft ist aufgrund der vorteilhaften Dienstleistungen gut angenommen und unterstützt die Fokussierung auf organisatorische Notwendigkeiten.

Mikroebene

Auf der Mikroebene ist der Informationsaustausch von größter Bedeutung. Weiterbildung bei der organisationseigenen Bildungseinrichtung ist ausdrücklich erwünscht. Es gibt nur relativ wenige technische, aber sehr engagierte Mitarbeiter, die einen Fokus darauf haben, dass die Komponenten integriert und nicht wie herkömmliche Systeme entwickelt werden, so dass schnell reagiert und geändert werden kann, um die Akteure zu unterstützen. Das Nutzerverhalten ist entsprechend positiv in Bezug auf die Bereitschaft, bestehende Funktionen zu nutzen und zusätzliche Funktionen vorzuschlagen. Die Patienten sind dankbar für diese wichtige Komponente des Gesundheitswesens, da Krankenhausaufenthalte so minimiert werden können.

Task-Technology-Fit

Aus der Task-Technology-Fit-Perspektive ergibt sich, dass die Faktoren der Makro-, Meso- und Mikroebene zusammen dafür sorgen, dass das System genutzt wird und nützlich ist. Die Verfügbarkeit des Systems steht im Vordergrund. Technische Probleme stehen im Hintergrund. Eine sorgfältige Überwachung des Systems zusammen mit vielen Stakeholder-Feedbacks und der Auswertung mit anschließender Überarbeitung stellt sicher, dass das System weiterhin die Organisation auf eine fruchtbare Art und Weise unterstützt und die Erfolgswahrscheinlichkeit erhöht. Ein Schlüsselelement der Systemweiterentwicklung und des Entwicklungsprozesses ist die Einbindung der Stakeholder in einer organischen Art und Weise, dass schrittweise Unsicherheiten abgebaut werden. Es wird nicht nur das System ‚für sie' entwickelt. Die Systemkomponenten sind lose (und nicht fest) gekoppelt, was Flexibilität und einfache Änderungen bedeutet. Somit kann man den verändernden Bedürfnissen der Organisation gerecht werden und vom technischen Fortschritt profitieren.

Die persönliche elektronische Gesundheitskarte (PCEHR) in Australien

Die Terminologie, die in Australien für die persönliche elektronische Gesundheitsakte und die damit verbundenen eHealth-Lösungen verwendet wird, ist als persönlich kontrollierten elektronische Gesundheitsakte (Personally Controlled Electronic Health Record, PCEHR) bekannt. Diese Gesundheitsakte ist zwischen einer individuell kontrollierten Gesundheitsakte und Gesundheitsakte, die von Dienstleistern im Gesundheitswesen bereitgestellt werden, angesiedelt (NEHTA und DoHA 2011) (siehe Abb. 9.3). Somit liegen eine gemeinsame Nutzung und ein gemischtes Governance-Modell vor (NEHTA und DoHA 2011).

Insbesondere ist die PCEHR ein personenzentriertes, sicheres Repository von elektronischen Gesundheitsdaten und medizinischen Befunden, das die Krankengeschichte eines Individuums wiedergibt. Sie fungiert als Drehscheibe zur Verknüpfung von Krankenhaus-, Arzt- und Apothekensystemen unter Verwendung einer eindeutigen Patientennummer (NHHRC 2009, S. 134). Eine der Schlüsselfunktionen ist die Zusammenführung von Daten aus verschiedenen Systemen und die Präsentation dieser Daten dem Eigentümer und autorisierten Personen in einer einheitlichen Darstellung, damit bessere Entscheidungen bezüglich der Gesundheit und Gesundheitsdienstleistungen getroffen werden können (NEHTA und DoHA 2011). Dies ist dann ein hybrides Gesundheitsinformationssystem, das eine web-basierte persönliche Gesundheitsakte und elektronische Gesundheitsakten

Abb. 9.3 Einordnung der PCEHR in das Spektrum der eHealth-Lösungen. (In Anlehnung an Muhammad et al. 2012)

von Ärzten und Krankenhäusern zusammenführt, sowie einen gemeinsamen Zugriff von Patienten und Gesundheitsdienstleistern auf der Grundlage einer gemeinsamen Verantwortung und eines gemischten Governance-Modells ermöglicht (Leslie 2011).

Die PCEHR wurde als personenzentriertes System in einem komplexen medizinischen und organisatorischen Umfeld entwickelt, in dem Benutzer zu unterschiedlichen Gruppen von Stakeholdern, z. B. Gesundheitsdienstleister, Gesundheitsmanager, Regierungsangestellte, Gesundheitsinteressengruppen und vor allem Patienten, gehören (NEHTA und DoHA 2011). Weiterhin ist die PCEHR ein patientenzentriertes System und ein Modell, das Patienten in wesentlichen Fragen ihrer Gesundheitsversorgung einbezieht und befähigt, dies zu tun (NEHTA und DoHA 2011). Die PCEHR nutzt fortschrittliche Technologien vor allem aus dem Bereich Web 2.0, die es erlauben, Benutzern interaktive Schnittstellen zur Verfügung zu stellen (NEHTA und DoHA 2011). Das System leidet jedoch seit seiner Inbetriebnahme im Juli 2012 noch immer unter einer geringen Akzeptanz.

Makroebene

Die PCEHR wurde entwickelt, um das relative einzigartige und facettenreiche australische Gesundheitssystem, das sich durch Zuständigkeiten auf Bundes- und Landesebene auszeichnet zu unterstützen. Diese Struktur bedeutet eine ganze Reihe von komplexen und verschachtelten Mittel- und Informationsflüssen, die in Abb. 9.4 und 9.5 dargestellt sind. Es wäre zweckmäßiger gewesen, zunächst die Makroprozesse und Informationsflüsse zu straffen und dann eine geeignete technische Lösung daraus abzuleiten, die diese Prozesse erleichtern und unterstützen.

Mesoebene

Der Großteil der Dienstleister im Gesundheitswesen ist skeptisch und besorgt über die PCEHR. Nach der Auswertung mehrerer Interviews hat sich herausgestellt, dass es einige berechtigte Bedenken in Bezug auf die Haftung für falsche Daten gibt. Zusätzliche Verwaltungsaufgaben werden nicht kompensiert. Alle Dienstleister müssen neben der PCEHR-Lösung auch ihre bestehenden Systeme warten und weiterentwickeln. Kosten, erhöhter Aufwand und Haftungsrisiken sind die bedeutendsten Gründe für die mangelnde Unterstützung durch die Dienstleister.

Mikroebene

Der wahrscheinlich wichtigste Aspekt auf der Mikroebene ist das Verständnis der Patienten. Bis heute verstehen die meisten Australier die PCEHR nicht. Sie wissen nicht, wie die Gesundheitsversorgung dadurch beeinflusst wird und wie sie ihre Gesundheitsdaten verwalten können. Insbesondere jene Personen, die nicht besonders versiert im Umgang mit IT sind, müssen zunächst einen nicht unerheblichen Lernaufwand betreiben, bevor sie auf ihre Daten zugreifen und verwalten können. Zusätzlich muss das bisherige System und das PCEHR-System gepflegt werden, solange nicht jeder einzelne Arzt gewechselt hat. Dies bedeutet eine weitere Belastung für die Bürger in einer Zeit, in der sie sich unwohl und verletzbar fühlen. Weiterhin sind Patienten besorgt über ihre Privatsphäre und Sicherheit ihrer medizinischen Daten.

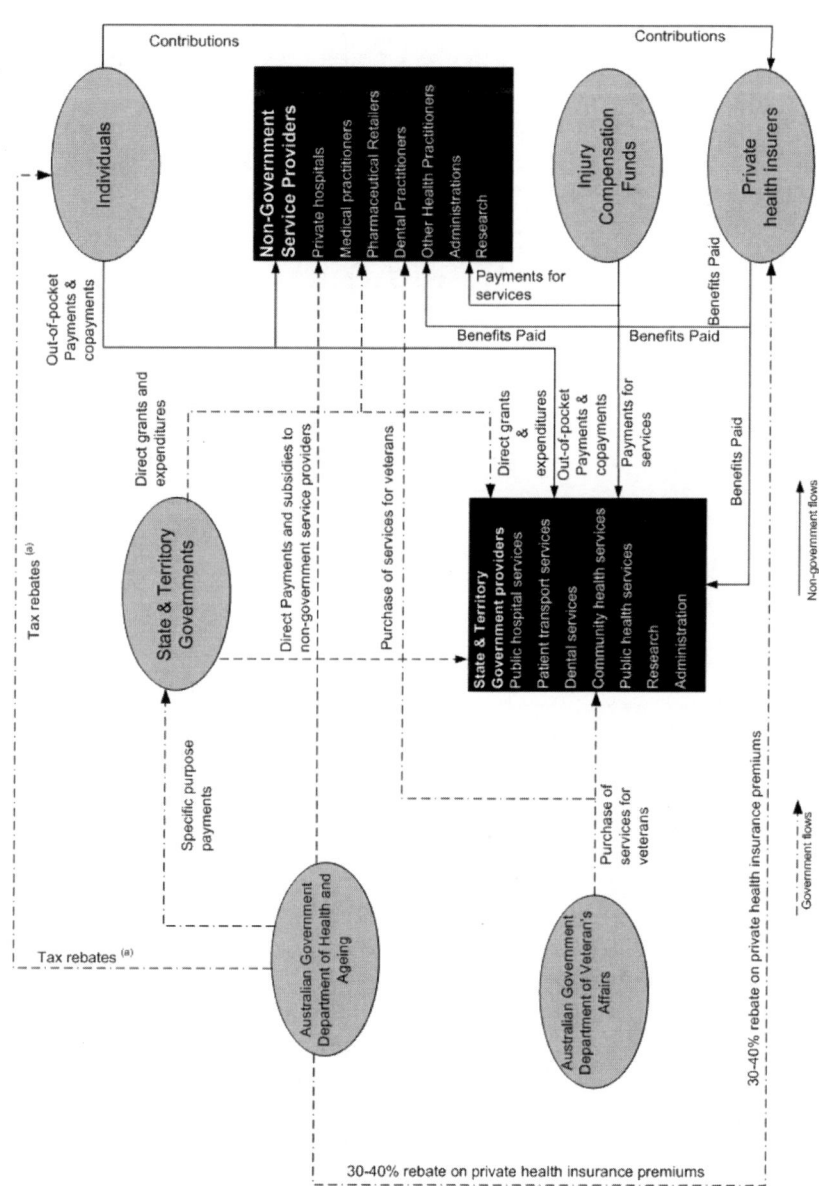

Abb. 9.4 Struktur des australischen Gesundheitssystems einschließlich der Mittelflüsse. (AIHW 2010)

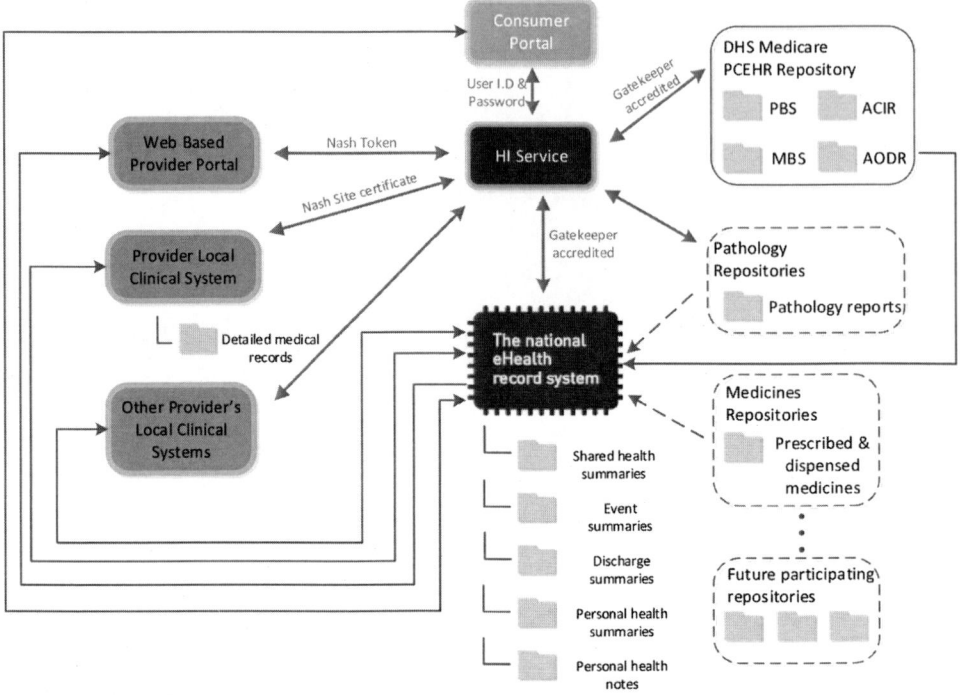

Abb. 9.5 Architektur der PCEHR. (NEHTA 2013)

Task-Technology-Fit

Aus der Perspektive des Task-Technology-Fit ist zu erkennen, dass während die PCEHR vielleicht lobenswerte Absichten gehabt hat und theoretisch eine gute Lösung zu sein scheint, um eine bessere Gesundheitsversorgung in der Realität auf der Makro-, Meso- und Mikroebene zu erleichtern, gibt es sehr reale Sorgen, die alle mit der Verwirklichung dieser Lösung in Beziehung stehen. In der Tat können durch die Anwendung des Task-Technology-Fit-Modells auf diese Fallstudie der PCEHR erhebliche Hindernisse bei der Umsetzung identifiziert werden.

Südafrika

Südafrika ist gegenwärtig mit Krankheiten und Gesundheitsproblemen konfrontiert, welche die Qualität der Gesundheitsversorgung verschlechtern (Department of Health 2011):

- HIV/AIDS und Tuberkulose;
- Mütter-, Säuglings- und Kindersterblichkeit;
- Nicht-übertragbare Krankheiten;
- Verletzung und Gewalt.

In Südafrika übernimmt das Gesundheitsministerium zunehmend eine Steuerungsfunktion im Rahmen einer erneuten Fokussierung auf die Verbesserung der Gesundheitsinformationssysteme (Nel 2011). Weiterhin wird das primäre südafrikanische Gesundheitsversorgungssystem (PHC) einem Prozess der Wiederbelebung unterzogen, in welchem gegenwärtig fragmentierte ‚Outreach'-Funktionen für eine stärkere Entwicklung durch die Integration mit und dem Management durch das Gesundheitsministerium priorisiert werden (Leon, Schneider und Daviaud 2012). Allerdings ist der Anteil der Gesundheitsausgaben an den Gesamtausgaben Südafrikas von mehr als 13 % im Jahr 1997 auf 11 % im Jahr 2006 gesunken, was eine Herausforderung für eine überdurchschnittlich gute Gesundheitsversorgung bedeutet (Govender, McIntyre und Loewenson 2008).

Es gibt Beispiele, aus denen eine führende Position im Gesundheitsinformationsbereich und das Entstehen neuer Technologieplattformen in Südafrika erkennbar sind, wie beispielsweise ein web-basiertes Kreisgesundheitsinformationssystem, ein elektronisches Aufzeichnungssystem für antiretrovirale Behandlung und eine eHealth-Strategie (Bowman 2014, Leon et al. 2012). Allerdings gibt es mehrere Hindernisse, welche die Ausweitung der Gesundheitssysteme hemmen. Diese sind z. B. Verhaltensweisen des Personals im Gesundheitswesen, die Integration neuer Technologien in bestehende Informationssysteme, nachhaltige Finanzierung und eine angemessene Führung, um eine Entwicklung in Richtung eHealth zu lenken (Foster 2013, Horner et al. 2013, Leon et al. 2012), welche eigentlich positiven Wirkungen in negative Entwicklungen umkehren können. Darüber hinaus ist Südafrika mit einer Reihe weiterer Herausforderungen konfrontiert (Masilela, Foster und Chetty 2013), wie beispielsweise:

- sehr große Unterschiede bezüglich der Entwicklungsstufen von eHealth zwischen den Provinzen, aber auch innerhalb einer Provinz;
- eine große Anzahl von unterschiedlichen Systemen, zwischen denen es wenig oder keine Interoperabilität und Kommunikation gibt;
- Ungerechtigkeiten bei eHealth-Dienstleistungen und -Ausgaben zwischen Bund und Provinzen;
- teure Breitband-Anbindung;
- fehlende Kapazitäten zur Entwicklung und Umsetzung von eHealth-Lösungen im öffentlichen Gesundheitswesen.

Die südafrikanische eHealth-Strategie umfasst zehn Punkte für den Zeitraum von 2012 bis 2017:

- *Strategische Priorität 1:* Strategie und Führung: Internationale Erfahrungen zeigen, dass die erfolgreiche Umsetzung von eHealth komplex ist und eine starke nationale eHealth-Strategie erforderlich ist.
- *Strategische Priorität 2:* Stakeholder-Engagement: eHealth braucht eine effektive Zusammenarbeit um erfolgreich zu sein.
- *Strategische Priorität 3:* Standards und Interoperabilität: Standards sind die Eckpfeiler der eHealth-Strategie-Implementierung.
- *Strategische Priorität 4:* Governance und Regulierung: eHealth wirkt auf mehrere Stakeholder-Typen und erstreckt sich über mehrere Domänen, einschließlich der persönlichen Gesundheit, der Gesundheitsversorgung, der Informations- und Kommunikationstechnik und des Managements.
- *Strategische Priorität 5:* Investition, Erschwinglichkeit und Nachhaltigkeit: Vor jedem eHealth-Projekt muss die Finanzierung gesichert und die Nachhaltigkeit über die Projektlaufzeit vorhanden sein.
- *Strategische Priorität 6:* Nutzengenerierung: Spezifische Maßnahmen sind erforderlich, um sicherzustellen, dass die eHealth-Implementierungen ihr Versprechen halten und dass der erwartete Nutzen für alle Beteiligten realisiert wird.
- *Strategische Priorität 7:* Kapazitäten und Anzahl der Mitarbeiter: Eine ausreichende Personalkapazität ist wesentlich für die erfolgreiche Umsetzung der eHealth-Strategie.
- *Strategische Priorität 8:* eHealth-Grundlagen: Der inkrementelle Ansatz dieser Strategie zielt darauf ab, eHealth-Funktionalitäten schrittweise zu entwickeln.
- *Strategische Priorität 9:* Anwendungen und Werkzeuge zur Unterstützung der Gesundheitsversorgung: Es gibt eine breite Palette von digitalen Anwendungen und Tools, die das Potenzial zur Unterstützung und Verbesserung der Gesundheitsversorgung haben.
- *Strategische Priorität 10:* Überwachung und Bewertung der eHealth-Strategie: Es ist wichtig, die Leistungsfähigkeit der eHealth-Strategie laufend zu überwachen und zu bewerten.

Eine Veröffentlichung von Mesilela et al. (2013) zeigt, dass leider bei der Bewältigung der folgenden fünf strategischen Schwerpunkte der eHealth-Strategie begrenzt Fortschritte gemacht wurden, nämlich: Investition, Erschwinglichkeit und Nachhaltigkeit, Nutzengenerierung, Kapazitäten und Anzahl der Mitarbeiter, eHealth-Grundlagen und Anwendungen und Werkzeuge zur Unterstützung der Gesundheitsversorgung. Um besser auf einige dieser strategischen Schwerpunktbereiche eingehen zu können, meinen Mxoli et al. (2014), dass eine persönliche Gesundheitsakte (PHR) durch eine bessere Entscheidungsfindung, bessere Diagnose und bessere Behandlung das Potenzial zur Verbesserung des aktuellen südafrikanischen Gesundheitssystems hat, was zu einem höheren Gesundheitsniveau führt. Dies muss in der Zukunft überprüft werden.

Auf der Grundlage des derzeitigen Stands der Gesundheitsversorgung und der möglichen Rollen von technischen Lösungen in diesem Land, ist es offensichtlich, dass viele Herausforderungen in Südafrika im Hinblick auf umfassende technische Lösungen zur Ermöglichung einer besseren Gesundheitsversorgung auf der Makro- und Mesoebene scheitern, weil die erforderlichen politischen und rechtlichen Strukturen nicht vorhanden sind. So lange wird es auch nicht möglich sein, wesentliche und nutzenstiftende eHealth-Lösungen in dieser Region zu erzielen.

USA: Cleveland-Klinik

In der amerikanischen Gesundheitsversorgung variieren technische Lösungen ermöglicht und unterstützt durch Institutionen und Gesundheitssysteme. Als ein sehr gutes Beispiel der Nutzengenerierung durch eHealth kann die Cleveland-Klinik in Cleveland, Ohio gesehen werden. Die Anwendung MyConsult ist ein System zur Einholung einer zweiten Meinung, das geografische Entfernungen für solche Diagnosen, für welche ausreichend objektive Daten vorhanden sind und eine Fernauswertung möglich ist, überbrückt. Im Mittelpunkt steht die Frage, ob eine Diagnose richtig ist und der Patient die optimale Behandlung bekommt. Diese Patienten können eine zweite Meinung erhalten, ohne ihre Zuhause verlassen zu müssen. Die Integration in die bestehende IT-Infrastruktur betrifft das Netzwerk, Schnittstellen, LDAP, Datenbank-Upload, elektronische Befunde, Sicherheit, Finanzen und Materialmanagement. Drei Strukturschichten sind besonders signifikant in dieser Lösung: zuerst das externe System zum Empfang und der Organisation der Anfragen, zweitens das interne System zur Koordination, Konsolidierung und Organisation von Diagnosen und drittens die geografischen Fragen von international, national und regional einzigartigen Märkten. Diese Lösung funktioniert, weil die notwendigen Anforderungen auf Makro- und Mesoebene in der Lösung entwickelt und umgesetzt wurden. Somit ist es möglich, sich auf die Erfüllung der Anforderungen auf der Mikroebene zu konzentrieren. Damit sind die Anforderungen des Fit-Viability-Modells erfüllt.

Diskussion

Wie zu sehen ist, erlaubt uns das Fit-Viability-Modell die Rolle verschiedener eHealth-Lösungen systematisch zu analysieren. Weiterhin ermöglicht es uns gleichzeitig Makro-, Meso- und Mikroumgebungen auf ihre relativen Stärken und Schwächen zu untersuchen, um das Potenzial von eHealth-Lösungen zu identifizieren. Zur Erläuterung dieses Ansatzes haben wir die PCEHR in Australien, die südafrikanische Gesundheitslösung, die deutsche elektronische Gesundheitskarte, Entwicklungen von Apple, Google, Microsoft und Samsung, sowie Entwicklungen in China und die MyConsult-Lösung der Cleveland-Klinik untersucht. Diese Lösungen sind vielfältig, aber auch die jeweiligen Gesundheitswesen sind sehr unterschiedlich. Einige sind überwiegend privat, andere vorwiegend öffentlich und das deutsche und australische Gesundheitswesen gemischt organisiert. Unabhängig von der Struktur des Gesundheitswesens ist das Fit-Viability-Modell flexibel genug, um die jeweiligen eHealth-Lösungen abbilden und damit vergleichen zu können. Dies macht es zu einem mächtigen und leistungsfähigen Modell.

Schlussfolgerung

Dieses Kapitel stellt einen systematischen Ansatz zur Analyse und Bewertung von eHealth-Lösungen zur Verfügung. Hierzu wurde zunächst das Fit-Viability-Modell vorgestellt. Im Anschluss daran wurden verschiedene eHealth-Lösungen aus der ganzen Welt analysiert und bewertet. Die systematische Analyse erfolgte auf drei Ebenen, nämlich der Makro-, Meso- und Mikroebene. Darüber hinaus ist es möglich, die vielen Stärken und Schwächen der verschiedenen eHealth-Lösungen zu ermitteln und dadurch geeignete Korrekturmaßnahmen vorzuschlagen, um die jeweiligen Einschränkungen zu beseitigen und Potenziale der Lösungen zu heben. Dies ist ein sehr leistungsfähiges Modell. Es erlaubt bessere eHealth-Lösungen zu entwickeln. Die heutigen eHealth-Lösungen schöpfen zumeist noch nicht das volle Potenzial aus. Zu viele eHealth-Lösungen kosten zu viel, übersteigen die ursprünglichen Budgets, haben viele Probleme, führen zu Unzufriedenheit bei den Benutzern und/oder führen zu einer Erhöhung statt einer Senkung der Gesundheitsausgaben. Das vorgestellte Modell kann einen Beitrag zur Lösung des aktuellen Dilemmas in Bezug auf eHealth-Lösungen auf der ganzen Welt liefern.

Literatur

AIHW (2010): Australia's health 2010. http://www.aihw.gov.au/publication-detail/?id=6442468376 Abfrage am 17.09.2015.

Apple (2014): iOS 8 Preview. https://www.apple.com/ios/ios8/health/ Abfrage am 12.06.2014.

Bowman, R. J. (2014): Sage Health Solutions taps into a global sourcing network: started by two sisters in South Africa, a small provider of medical supplies accepts an invitation from its biggest customer to join an electronic sourcing platform – then sees the technology as an opportunity to enable growth in a global scale. Supplychainbrain, 18(3), S. 42–43.

Bundesministerium für Gesundheit (2008): Die elektronische Gesundheitskarte.

Bündnis ‚Stoppt die e-Card!' (2014): Aktion ‚Stoppt die e-Card! http://www.stoppt-die-e-card.de/ Abfrage am 08.08.2014.

Chaos Computer Club e. V. (2014): Elektronische Gesundheitskarte. http://www.ccc.de/de/elektronische-gesundheitskarte Abfrage am 08.08.2014.

Creswell, J. W. (2009): Research Design: Qualitative, Quantitative, and Mixed Methods Approaches. 3. Auflage, Los Angeles u. a.: SAGE.

Department of Health (2011): http://www.doh.gov.za/ Abfrage im Dezember 2011.

Dünnebeil, S.; Sunyaev, A.; Blohm, I.; Leimeister, J. M.; Krcmar, H. (2012): Determinants of physicians' technology acceptance for e-health in ambulatory care. In: International Journal of Medical Informatics, Vol. 2012, No. 81, S. 1–15.

Fähling, J.; Köbler, F.; Leimeister, J. M.; Krcmar, H. (2009a): Wahrnehmung des Wertbeitrags von Informationstechnologie in deutschen Krankenhäusern – Eine empirische Studie. In: 9. Internationale Tagung Wirtschaftsinformatik, Wien, Österreich.

Fähling, J.; Köbler, F.; Leimeister, J. M.; Krcmar, H. (2009b): Wahrnehmung des Wertbeitrags von Informationstechnologie in deutschen Krankenhäusern. In: Krankenhaus-IT-Journal, Nr. 1, S. 34–36.

Foster, R. (2013): Assessing the development process of the eHealth strategy for South Africa against the recommendations of the WHO/ITU National eHealth Strategy Toolkit. Journal of the International Society for Telemedicine and eHealth, 1(2), S. 62–72.

Gardt, M. (2012): Was hinter der E-Gesundheitskarte steckt. In: Die Welt, 04.06.2012.

Gematik (2008): Speicherstrukturen der eGK für Gesundheitsanwendungen. http://www.gematik. de/cms/de/spezifikation/release_0_5_3/release_0_5_3_egk/release_0_5_3_speicherstrukturen. jsp Abfrage am 08.08.2014.

Gematik (2014): Anwendungen der eGK. http://www.gematik.de/cms/de/egk_2/anwendungen/anwendungen_1.jsp Abfrage am 08.08.2014.

Govender, V.; McIntyre, D. und Loewenson, R. (2008): Progress towards the Abuja target for government spending on health care in East and Southern Africa. Health Economics Unit, University of Cape Town, Cape Town and EQUINET, Harare.

Gruhn, A. (2014): So wird meine Krankenversicherung gekapert. In: RP Online, 26.06.2014. http://www.rp-online.de/wirtschaft/unternehmen/so-wird-meine-krankenversicherung-gekapert-aid-1.4341498 Abfrage am 08.08.2014.

Gruhn, A. und Reisener, Th. (2014): So unsicher sind Patientendaten. In: RP Online, 26.06.2014. http://www.rp-online.de/wirtschaft/so-unsicher-sind-patientendaten-aid-1.4341292 Abfrage am 08.08.2014.

Handelsblatt (2004): Reisepass und Gesundheitskarte mit Bits und Bytes. In Handelsblatt, 22.03.2004.

Horner, V.; Rautenbach, P.; Mbananga, N.; Mashamba, T. und Kwinda, H. (2013): An e-health decision support system for improving compliance of health workers to the maternity care protocols in South Africa. In: Appl Clin Inf, 4(1), S. 25–36.

Huang, Z. und Palvia, P. (2001): ERP implementation issues in advanced and developing countries. In: Business Process Management Journal, 7(3), S. 276–284. doi: 10.1108/14637150110392773.

Lee, M. und Turban, E. (2001): A Trust Model for Consumer Internet Shopping. International Journal of Electronic Commerce, 6(1), S. 75–91.

Leichsenring, H. (2012): Online Banking auf dem Vormarsch. http://www.der-bank-blog.de/online-banking-auf-dem-vormarsch/online-banking/6683/ Abfrage am 08.08.2014.

Leon, N.; Schneider, H. und Daviaud, E. (2012): Applying a framework for assessing the health system challenges to scaling up mHealth in South Africa. BMC medical informatics and decision making, 12(1), S. 123.

Leslie, H. (2011): Australia's PCEHR Challenge. http://omowizard.wordpress.com/2011/08/30/australias-pcehr-challenge/ Abfrage am 17.09.2015.

Liang, T.-P. und Wei, C.-P. (2004): Introduction to the Special Issue: Mobile Commerce Applications. In: International Journal of Electronic Commerce, 8(3), S. 7–17.

Masilela, T. C.; Foster, R. und Chetty, M. (2013): The eHealth Strategy for South Africa 2012–2016: How far are we? In: South African Health Review, S. 15–24.

Mertens, P. (2012): Schwierigkeiten mit IT-Projekten der Öffentlichen Verwaltung – Neuere Entwicklungen. In: Informatik Spektrum, 35(6), S. 433–446.

Molla, A. und Bhalla, A. (2006): Business Transformation Through ERP: A Case Study of an Asian Company. Journal of Information Technology Case and Application Research, 8(1), S. 34–54. doi: 10.1080/15228053.2006.10856081.

Muhammad, I., Teoh, S.Y., and Wickramasinghe, N. (2012): Why Using Actor Network Theory (ANT) Can Help to Understand the Personally Controlled Electronic Health Record (PCEHR) in Australia. In: International Journal of Actor-Network Theory and Technological Innovation. 4(2), S. 44–60.

Mxoli, A.; Mostert-Phipps, N. und Gerber, M. (2014): Personal Health Records: Design considerations for the South African context.

NEHTA (2013): http://www.nehta.gov.au/ Abfrage im Dezember 2013.

NEHTA und DoHA (2011): Concept of Operations: Relating to the introduction of a Personally Controlled Electronic Health Record System.

Nel, P. S. (2011): Human resources management: Oxford University Press.

NHHRC (2009): A Healthier Future for All Australians: National Health and Hospitals Reform Commission – Final Report June 2009. Australian Government Department of Health and Ageing. http://www.health.gov.au/internet/main/publishing.nsf/Content/nhhrc-report.

OECD (2010a): Growing health spending puts pressure on government budgets. http://www.oecd.org/document/11/0,3343,en_2649_34631_45549771_1_1_1_37407,00.html Abfrage am 31.01.2011.

OECD (2010b): OECD health data 2010. http://stats.oecd.org/Index.aspx?DatasetCode=HEALTH Abfrage am 31.01.2011.

Pearce, C. und Haikerwal, M. C. (2010): E-health in Australia: time to plunge into the 21st century. In: Med J. Aust., 193(7), S. 397–398.

Poon, P. und Wagner, C. (2001): Critical success factors revisited: success and failure cases of information systems for senior executives. In: Decision Support Systems, 30(4), S. 393–418. doi: 10.1016/S0167-9236(00)00069-5.

Porter, M. E. und Guth, C. (2012): Redefining German Health Care Moving to a Value-Based System: Berlin, Heidelberg: Springer.

Porter, M. E. und Teisberg, E. O. (2006): Redefining health care: creating value-based competition on results. Boston, Mass.: Harvard Business School Press.

Samsung (2014): Samsung Galaxy 4 Adjusts to You. http://www.samsung.com/global/microsite/galaxys4/lifecare.html Abfrage am 14.06.2014.

Schweim, H. G. (2007): Die unerträgliche Geschichte der Gesundheitskarte in Deutschland. GMS Medizinische Informatik, Biometrie und Epidemiologie, 3(1), Doc04.

Soh, C.; Kien, S. S. und Tay-Yap, J. (2000): Enterprise resource planning: cultural fits and misfits: is ERP a universal solution? In: Communications of the ACM, 43(4), S. 47–51. doi: 10.1145/332051.332070.

Spil, T. und Klein, R. (2014): Personal Health Records Success: Why Google Health Failed and What Does that Mean for Microsoft HealthVault? In: Proceedings der 47. Hawaii International Conference on System Sciences (HICSS).

Sunyaev, A.; Chornyi, D.; Mauro, C. und Krcmar, H. (2010): Evaluation Framework for Personal Health Records: Microsoft HealthVault Vs. Google Health. In: Proceedings der 43. Hawaii International Conference on System Sciences (HICSS).

Telekom Deutschland GmbH (2014): http://www.telekom.de.

Tjan, A. K. (2001): Finally, a Way to Put Your Internet Portfolio in Order. In: Harvard Business Review, 79(2), S. 76.

Trochim, W. und Donnelly, J. (2008): The Research Methods Knowledge Base. 3. Aufl., Atomic Dog.

Umble, E. J.; Haft, R. R. und Umble, M. M. (2003): Enterprise resource planning: Implementation procedures and critical success factors. In: European Journal of Operational Research, 146(2), S. 241–257. doi: 10.1016/S0377-2217(02)00547-7.

Weichert, Th. (2006): Datenschutzmanagement und Technikeinsatz. In: W & S Krankenhaus, Nr. 5, S. 44–45.

Wickramasinghe, N. und Schaffer, J. (2010): Realizing Value Driven e-Health Solutions. IMPROVING HEALTHCARE SERIES. Washington DC: IBM Center for the Business of Government.

Yin, R. K. (2014): Case Study Research: Design and Methods. 5. Auflage, Los Angeles u. a.: SAGE.

Prof. Nilmini Wickramasinghe ist Direktorin für Health Informatics Management bei Epworth HealthCare in Richmond sowie Professorin für Health Informatics Management an der Deakin University in Melbourne (Australien). Ihre Forschung beschäftigt sich mit dem Design, der Entwicklung und dem Einsatz von Informations- und Kommunikationstechnologien (IKT) im Gesundheitswesen. Das übergeordnete Forschungsziel ist es, zu einer höherwertigen und auf den Patienten ausgerichteten Gesundheitsfürsorge beizutragen. Sie arbeitet mit führenden Wissenschaftlern verschiedener Gesundheitsorganisationen in Australien, Asien, Europa und den USA zusammen. Ihre Forschungsergebnisse hat Nilmini Wickramasinghe in über 300 Artikeln in Fachzeitschriften, mehr als zehn Büchern, zahlreichen Buchkapiteln sowie in einer Enzyklopädie veröffentlicht.

Dr. Jonathan L. Schaffer ist Managing Director des IT-Bereiches der Cleveland Clinic, wo er die Arbeiten des eClevelandClinic-Projekts leitet, das zum Ziel hat, alle Beteiligten des Behandlungsprozesses zu verbinden (Continous Care). Das MyConsult Programm der Cleveland Clinic, eine Online-Plattform, die es Patienten ermöglicht, eine Zweitmeinung einzuholen, wird von Institutionen und Klienten weltweit genutzt und beseitigt auf diese Weise geografische Barrieren in der Behandlung.

Prof. Dr. Jürgen Seitz ist Studiengangsleiter Wirtschaftsinformatik an der DHBW Heidenheim. Er ist Mitherausgeber verschiedener internationaler Zeitschriften und Co-Chair der Wuhan International Conference on E-Business. Über 70 Artikel sind in Fachzeitschriften, Büchern und Konferenzbänden erschienen.

Prof. Ton Spil PhD ist Professor an der Universität Twente in Enschede, Niederlande. Er verfügt über eine vielfältige Erfahrung in der IT, einschließlich Information Strategy, eHealth, Information Value, Gigital Music, Business Modelling, eBanking, Information Adoption and Diffusion. Er ist als Forscher tätig und präsentiert seine Arbeiten regelmäßig bei internationalen Konferenzen.

Prof. Doug Vogel PhD ist IT-Professor an der Harbin University in China und Fellow der Association for Information Systems (AIS), deren Präsident er war. An der Harbin University ist er Director des eHealth Research Institute for the Harbin Institute of Technology School of Management in China. Sein Schwerpunkt ist Group Support Technology für Unternehmen der Gesundheitsindustrie.

Elektronische Gesundheitskarte und
Telematikinfrastruktur – Plattform für ein
sicher vernetztes Gesundheitswesen

10

Arno Elmer

Vorbemerkung der Herausgeber:
Die elektronische Gesundheitskarte – der steinige deutsche Weg

Die elektronische Gesundheitskarte in Deutschland hat eine lange Geschichte. Und eine teure dazu. Eigentlich sollte jeder Deutsche längst mit einer kleinen Scheckkarte ausgestattet sein, die seine wichtigsten Gesundheitsdaten enthält und die er dem jeweils behandelnden Arzt zum Einlesen in dessen System vorlegen kann. Aber soweit sind wir nicht, noch lange nicht. Denn außer den rudimentären Daten wie Name, Adresse und Versichertennummer enthält das Kärtchen nichts Verwertbares. Warum das so ist, warum es trotzdem gut ist und wo die Reise hingeht, das erklärt Prof. Dr. Arno Elmer im nächsten Kapitel.

10.1 Elektronische Gesundheitskarte und Telematikinfrastruktur – Plattform für ein sicher vernetztes Gesundheitswesen

Arno Elmer

Seit Anfang des Jahres 2015 ist sie nicht nur endgültig Pflicht sondern auch zu fast 100 % an alle gesetzlich Versicherten in Deutschland verteilt: die elektronische Gesundheitskarte (eGK). Viele Hürden mussten dafür genommen werden, denn eines der größten IT-Projekte Europas mit vielen Teilprojekten gestaltete sich schon vom Start an als äußerst komplex.

Die Originalversion dieses Kapitels wurde revidiert. Für detaillierte Angaben ist ein Erratum verfügbar unter DOI 10.1007/978-3-658-12239-3_18

A. Elmer (✉)
Berlin, Deutschland
E-Mail: eHealth-Autoren@dhbw-heidenheim.de

© Springer Fachmedien Wiesbaden 2016
V. P. Andelfinger, T. Hänisch (Hrsg.), *eHealth,* DOI 10.1007/978-3-658-12239-3_10

Durch die folgenden Verzögerungen des Projektes entstand zunehmend Erklärungsbedarf und eine negative, öffentliche Grundstimmung. In den letzten drei Jahren konnte durch eine zielgruppengerechte Kommunikation die Akzeptanz bei den meisten wichtigen Interessengruppen jedoch wieder deutlich gesteigert werden. Die eGK als Baustein eines sicher vernetzten Gesundheitswesens konnte erfolgreich eingeführt und auch die Telematikinfrastruktur – die kurz vor der Flächenerprobung steht – aufgebaut werden.

Einführung der elektronischen Gesundheitskarte – step by step

Der sog. „Lipobay-Skandal" im Jahr 2001 gilt als Auslöser für die folgenden Diskussionen und politischen Entscheidungen, medizinische Daten zukünftig durch Digitalisierung und Einführung von geeigneten IT-Instrumenten und -Anwendungen besser für die Patientenversorgung zu nutzen. Todesfälle, zu denen es durch die negativen Interaktionen des Blutdrucksenkungs-Präparats mit anderen Wirkstoffen kam, hätten wahrscheinlich verhindert werden können, wenn Medikationsdaten elektronisch auswertbar vorgelegen hätten. Da bis dahin keine geeigneten Informationsdaten zur Ermittlung von Wechselwirkungen gab – begannen Überlegungen eine Chipkarte einzuführen, auf der alle verschriebenen Medikamente gespeichert und potentielle Wechselwirkungen analysiert werden können. Bereits zwei Jahre später wurde die Einführung einer elektronischen Gesundheitskarte (eGK) von der damaligen Regierung gesetzlich verankert. Das Gesetz zur Modernisierung der gesetzlichen Krankenversicherung schrieb fest, dass die eGK bis zum 1. Januar 2006 bundesweit eingeführt werden sollte.[1] Die Selbstverwaltung des Gesundheitswesens wurde mit der Umsetzung beauftragt und hierfür 2005 die gematik, Gesellschaft für Telematikanwendungen der Gesundheitskarte mbH, gegründet. Die Spitzenorganisationen der Leistungserbringer und Kostenträger im deutschen Gesundheitswesen, GKV-SV, KBV, KZBV, BÄK, BZÄK, DKG und DAV, sind die Gesellschafter der gematik.

Die ersten Feldtests der elektronischen Gesundheitskarten in den Jahren 2007 und 2008 wurden in sieben Testregionen durchgeführt. Aufgrund der negativen Ergebnisse wurde beschlossen, das Projekt zunächst mit weniger komplexen Anwendungen fortzusetzen. Zudem erfolgte eine Aufgabenverteilung zwischen den Gesellschaftern, der gematik und der Industrie um mehr Effizienz, Schnelligkeit sowie Reduzierung der Komplexität im Projekt zu erreichen. Die Leistungserbringer (Ärzte, Zahnärzte, Krankenhäuser sowie Apotheker) und Kostenträger (Krankenkassen) übernahmen jeweils die fachliche Verantwortung für ihnen konkret zugeordnete Anwendungen (vgl. Abb. 10.1).

Ziel war es, die fachliche Expertise der verschiedenen Gesellschafter und Sektoren direkt in die Projekte einfließen zu lassen. Dies betraf insbesondere das Verständnis um Prozesse und medizinische Anwendungsfälle in Arztpraxen, Krankenhäusern aber auch die Prozesse auf Seiten der Krankenkassen. Die gematik übernahm bei dieser Rollenverteilung die Aufgabe des Projektmanagements und mit ihrer Fachkompetenz auch die Entwicklung geeigneter technischer Lösungen.

Die Idee einer „All-Inclusive"-Karte, die von Anfang an so viel wie möglich können sollte, wurde im Jahr 2010 durch das Konzept einer schrittweisen Einführung abgelöst und ein Stufenplan für die Umsetzung von Fachanwendungen festgelegt (vgl. Abb. 10.2).

---

[1] in § 291a SGB V vom 14. November 2003.

Projekt	Projektinhalt	Fachliche Verantwortung
Basis-TI	Basisversion der Telematikinfrastruktur	Spitzenverband der Gesetzlichen Krankenversicherungen (GKV-SV), Kassenärztliche Bundesvereinigung (KBV)
VSDM	Versichertenstammdatenmanagement	GKV-SV
NFDM	Notfalldatenmanagement	Bundesärztekammer (BÄK)
KOM-LE	Kommunikation der Leistungserbringer	KBV
eFA-Migration	Zugang/Migration von Gesundheitsdatendiensten als Mehrwertdienste in die Telematikinfrastruktur (am Beispiel der elektronischen Fallakte)	Deutsche Krankenhausgesellschaft (DKG)
AMTS	Arzneimitteltherapiesicherheit Datenmanagement	Deutscher Apothekerverband (DAV)

Abb. 10.1 Aufgabenverteilung der Gesellschafter. (Quelle: gematik)

Mit dieser Maßnahme sollte weiterhin direkt beim Start ein Nutzen für alle Beteiligten erreicht werden, ohne durch eine zu hohe Komplexität den Projektfortschritt zu gefährden. Am 5. Dezember 2011 beschlossen die Gesellschafter den sogenannten „Online-Rollout (Stufe eins)". Dies bedeutete, als Anwendungen zunächst nur das Versichertenstammdatenmanagement (VSDM) und die qualifizierte elektronische Signatur (QES) als „vorgezogene Lösung" auf Basis der zu aufzubauenden Telematikinfrastruktur (TI) umzusetzen. Im ersten Halbjahr 2012 startete die gematik dann ein europaweites Vergabeverfahren, das erfolgreich Ende 2013 mit dem Zuschlag an die Industrie abgeschlossen wurde. Ab diesem Zeitpunkt wurden alle notwendigen Komponenten und Leistungen für die Erprobung des Online-Rollouts (Stufe 1) entwickelt bzw. umgesetzt.

Telematikinfrastruktur und erste Anwendungen in der Erprobung (Stufe I):
- Aufbau der Telematikinfrastruktur
- Online Versichertenstammdaten-Management
- Sicherer Internetzugang
- Anbindung Bestandsnetze
- Qualifizierte elektronische Signatur
- *Sichere Kommunikation zwischen Leistungserbringern, z. B. Ärztinnen und Ärzten

Projektierte Anwendungen (Stufe II + ff.):
- Notfalldatenmanagement
- Migration von Gesundheitsdatendiensten in der Telematikinfrastruktur am Beispiel der elektronischen Fallakte
- Organspende
- Datenmanagement zur Prüfung der Arzneimitteltherapiesicherheit

Weitere Projekte / Anwendungen:
- QS-Marker, Telemedizin, eRezept, elektronische Patientenakte, epSOS (European Patient – Smart and Open Service)

*vorbehaltlich Gesellschafterbeschluss

Abb. 10.2 Stufenplan des eGK/TI-Projekts. (Quelle: gematik)

Mit der Vergabe des Auftrages an die Industrie eine „Hochsicherheitsdatenautobahn" zu bauen, konnte das Projekt der eGK und TI in den vergangen Jahren deutlich voran schreiten und dabei auch viele Ärzte, Zahnärzte sowie Krankenhäuser insbesondere als Erprobungsteilnehmer dafür gewonnen werden.

Datenschutz und -sicherheit der sensiblen, medizinischen Informationen standen schon immer im Fokus der technischen Lösungen, die von der gematik spezifiziert und von der Industrie umzusetzen sind. In § 291b SGB V ist dieser Auftrag formuliert: „die Interessen von Patientinnen und Patienten zu wahren", „die Einhaltung der Vorschriften zum Schutz personenbezogener Daten sicherzustellen" und „das notwendige Sicherheitsniveau der Telematikinfrastruktur zu gewährleisten".[2] Im Unterschied zum ungeschützten Internet, auf das jeder weltweit zugreifen kann, herrschen im Netz der gematik klare „Verkehrs-regeln", deren Einhaltung strengstens überwacht werden. Grundsätzlich geht daher auch heute noch bei dem Projekt Sicherheit vor Schnelligkeit. Trotz der technischen Heraus-forderungen, die sich aus den gesetzlichen Sicherheitsvorgaben ergeben, gelang es der gematik, den Turnaround des Projekts eGK und TI zu erreichen.

Sicherer Umgang mit der eGK

Seit dem 1. Januar 2015 ist die elektronische Gesundheitskarte nun deutschlandweit einge-führt und die meisten gesetzlich Versicherten nutzen beim Arztbesuch ganz selbstverständlich ihre eGK. Auch in Arzt- und Zahnarztpraxen sowie Krankenhäusern gehört der Umgang mit eGK-Lesegeräten mittlerweile zum Alltag. Neu im Vergleich zur bisherigen Kranken-versichertenkarte ist die Angabe zum Geschlecht sowie ein Lichtbild des Versicherten. Bei-des hilft, Verwechslungen zu vermeiden und die missbräuchliche Inanspruchnahme von Leistungen einzudämmen. Auf der Rückseite der elektronischen Gesundheitskarte ist zudem als Sichtausweis die Europäische Krankenversicherungskarte (European Health Insurance Card – EHIC) aufgebracht. Damit ist eine schnelle und unbürokratische Behandlung auch im europäischen Ausland möglich, ohne die früher dafür üblichen Vordrucke der eigenen Krankenversicherung zu benötigen. Die EHIC ist in allen Staaten der Europäischen Union und darüber hinaus in Island, Liechtenstein, Norwegen und in der Schweiz gültig.

Bereits heute ergeben sich durch den Austausch der alten Krankenversichertenkarte mit der elektronischen Gesundheitskarte unmittelbare Vorteile: Mit der lebenslang gültigen Krankenversichertennummer, der ungekürzten Erfassung von bspw. langen Straßennamen und weiteren Vornamen sowie der Angabe von Lichtbild sowie Geschlecht auf der eGK sind Versicherter und Behandlungsinformationen jederzeit eindeutig zuzuordnen.

In Zukunft sollen – vorausgesetzt der Patient wünscht dies – weitere Gesundheitsdaten, die für die Behandlung notwendig sind, sicher und schnell elektronisch zur Verfügung gestellt werden. Ziel ist es, die Qualität der medizinischen Versorgung zu verbessern und gleichzeitig die Rolle der Patienten zu stärken. Über die Nutzung der freiwilligen An-wendungen entscheiden Versicherte ganz allein, denn nur mit ihrer Zustimmung können

---

[2] Vgl. Bundesministerium der Justiz und für den Verbraucherschutz: § 291a Elektronische Gesund-heitskarte, in: http://www.gesetze-im-internet.de/sgb_5/_291b.html (30. Juni 2014).

Informationen angelegt werden. Zu den möglichen freiwilligen Anwendungen[3] gehören die Erfassung von Daten für die Notfallversorgung (Notfalldaten), der elektronische Arztbrief, Daten zur Prüfung der Arzneimitteltherapiesicherheit (AMTS), das elektronische Rezept, die elektronische Patientenakte, das elektronische Patientenfach oder die elektronische Patientenquittung.

Unverzichtbar bei allen Anwendungen ist es, besonders auf die Sicherheit der Patientendaten zu achten. Daher werden die medizinischen Informationen im digitalen Gesundheitsnetz nicht auf zentralen Servern gespeichert, sondern verbleiben beim behandelnden Mediziner. Die Daten sind während der Übertragung durch moderne Verschlüsselungsverfahren geschützt und liegen zu keinem Zeitpunkt der Übertragung unverschlüsselt vor. Das ist klarer Vorteil gegenüber dem ungeschützten Internet oder dem unverschlüsselten Informationsaustausch auf dem Postweg, via E-Mail oder Fax, was heute immer noch zum Standard zählt. Das Risiko, dass dadurch Unterlagen verloren gehen, zu spät ankommen oder gar in falsche Hände gelangen, ist heute immer noch hoch.

Das Sicherheitsniveau, das die gematik mit der Telematikinfrastruktur in Verbindung mit der eGK schafft, liegt weit oberhalb dessen, was heute in den unterschiedlichen Branchen und vor allem im Gesundheitswesen üblich ist. Nach aktuellem Forschungsstand der Kryptologie ist eine Entschlüsselung durch unberechtigte Dritte praktisch ausgeschlossen. Ein Hackerangriff brächte dem Eindringling also keine verwertbaren Daten. Die eGK dient als Schlüssel für die Telematikinfrastruktur in der Hand des Patienten und Versicherten. Die sicheren Anwendungen sowie eine flächendeckende sektorenübergreifende und vor allem sichere Vernetzung aller Akteure werden nachhaltig dazu beitragen, die Versorgungsqualität im Gesundheitswesen weiter zu verbessern.

Sichere Vernetzung des Gesundheitswesens ist nicht mehr aufzuhalten

Mit der eGK und dem integrierten Mikroprozessor-Chip halten die Versicherten bereits heute einen persönlichen, individuellen Zugangsschlüssel in der Hand, mit dem zukünftig alle Vorteile eines digitalen und hochsicheren Gesundheitsnetzes genutzt werden können. Die eGK ist also technisch vorbereitet für eine sichere Vernetzung aller Akteure über das digitale Netzwerk, die Telematikinfrastruktur (TI). Gemeinsam mit der Industrie baut die gematik diese Infrastruktur weiter aus und wird in fünf Bundesländern eine Erprobungsphase mit ersten Anwendungen starten. Die Erprobung der TI erfolgt mit 1000 Ärzten, Zahnärzten und Psychotherapeuten sowie Krankenhäusern. Potenzielle Teilnehmer müssen dabei bestimmte Auswahlkriterien erfüllen, die beispielsweise sicherstellen, dass Praxisverwaltungs- und Krankenhausinformationssysteme verschiedener Hersteller zum Einsatz kommen. In der sechsmonatigen Testphase werden mindestens eine Million Testfälle im täglichen Patientenkontakt erwartet. Diese Daten bilden die Basis für die begleitende wissenschaftliche Evaluation, die neben der rein technischen Erprobung auch Fragestellungen wie Akzeptanz und Auswirkungen von eGK und TI auf die Prozesse in der Praxis betrachtet.

---

[3] Nach SGB V § 291a.

In der ersten Erprobungsphase werden in den teilnehmenden Praxen und Krankenhäusern die Gültigkeit der elektronischen Gesundheitskarte und die auf ihr gespeicherten
Versichertenstammdaten auf Aktualität geprüft. Über die TI können dabei in wenigen Se-
kunden die administrativen Daten auf der eGK mit denen der Krankenkassen abgeglichen
und bei Bedarf direkt aktualisiert werden. Dies geschieht automatisch online beim Ste-
cken der Karte in ein Kartenterminal in der Praxis und vermeidet – z. B. bei einem Umzug
– den umständlichen bisherigen Kartentausch. Für die Ärzte hat der Online-Abgleich den
Vorteil, dass sie ihre Abrechnungsdaten einfach aktualisieren können. So sind die Daten
in jedem Quartal aktuell und Abrechnungsfehler können vermieden werden. Ebenfalls
Bestandteil der Erprobung ist die Anbindung von Bestandsnetzen am Beispiel von KV-
SafeNet, dem sicheren Netz der KVn. Als nächste Erprobungsphase folgen die Einführung
der qualifizierten elektronischen Signatur (QES) sowie die sichere Kommunikation der
Leistungserbringer (KOM-LE). Diese Anwendungen ermöglichen es den Ärzten, digitale
medizinische Dokumente, wie den elektronischen Arztbrief oder die Quartalsabrechnung,
rechtssicher elektronisch zu unterschreiben und in einem sicheren Netz mit anderen Leistungserbringern und Institutionen des Gesundheitswesens zu kommunizieren.

Zentrale Bausteine der Erprobung sind desweiteren die elektronischen Karten der
zweiten Generation (G2). Als Heilberufsausweis (HBA) bzw. Institutionenkarte (SMC-B)
sind sie gemeinsam mit der eGK die Schlüssel für den Zugang in die TI. Die Ausweise
werden individuelle, optische Merkmale wie Lichtbild sowie Name enthalten, außerdem
sind sie über starke und langfristig geeignete Verschlüsselungsverfahren vor unberechtig-
ten Zugriffen geschützt. Der Zugang in die TI und die Dateneinsicht ist nämlich nur im
Zusammenspiel mit der eGK und gleichzeitig einem Heilberufs- bzw. Institutionsausweis
möglich. Bei diesem sogenannten Zwei-Schlüssel-Prinzip müssen beide Karten zeitgleich
in ein Lesegerät gesteckt werden. Erprobungsteilnehmer werden die Ausweise über ein
Onlineportal bei ihren Institutionen, z. B. den Landesärztekammern, beantragen können.

Die Industrie entwickelt und baut die für den sicheren Zugang in die TI notwendigen technischen Komponenten (z. B. Konnektoren), die durch die gematik zugelassen werden müssen. Die Zulassung erfolgt auf Basis einer Sicherheitsüberprüfung bzw. Zertifizierung durch
das Bundesamt für Sicherheit in der Informationstechnik (BSI). Dies gewährleistet höchste
Sicherheit und störungsfreie Abläufe in den Erprobungspraxen und -krankenhäusern.

Nach erfolgreichem Abschluss der Erprobung des „Online Rollout Stufe 1", soll im
Jahr 2016 das digitale Gesundheitsnetz bundesweit allen Akteuren zur Nutzung zur Verfügung stehen. Dann können über 200.000 Haus-, Fach- und Zahnärzte sowie Krankenhäuser und Apotheken sicher elektronisch miteinander verbunden werden. Weitere
Gesundheitsberufe wie der Pflegebereich, Heil- und Hilfsmittelerbringer oder auch die
Gesundheitshandwerker könnten dann auch angebunden werden. Wichtiges Ziel der Vernetzung ist es, den elektronischen Informationsfluss zwischen allen Beteiligten deutlich
zu verbessern – teilweise überhaupt zu ermöglichen –, dabei Datenschutz und -sicherheit
auf höchstem Niveau sicherzustellen sowie die Patientensouveränität zu stärken. Wo heute noch Informationsbrüche an den Schnittstellen zwischen ambulanter und stationärer
Versorgung oder verschiedenen Institutionen vorkommen, werden behandlungsrelevante

Informationen künftig schnell und sicher vorliegen. Ärzte können dann auf Wunsch des Patienten medizinische Informationen von weiteren behandelnden Fachärzten einholen oder auch hinterlegte Notfalldaten direkt von der Karte lesen.

Die interoperable und hochsichere TI vernetzt sektorenübergreifend das gesamte Gesundheitswesen in einzigartiger Weise. Das stärkt nicht nur die Qualität der Behandlung, es erhöht auch die Transparenz und verbessert die Wirtschaftlichkeit der Patientenversorgung. Für einen schnellen Anschluss an die TI und damit an ein sicheres Gesundheitsnetzwerk bedarf es jedoch klarer Vergütungsregelungen für die Nutzung zukünftiger medizinischer Mehrwertanwendungen. Bislang sind bspw. die Bereiche der Pflege und der nicht verkammerten Berufe in Deutschland noch nicht berücksichtigt. Hier gibt es aber große Potenziale und der Gesetzgeber muss die notwendigen gesetzlichen Grundlagen schaffen. Dann kann es gelingen, dieses allumfassende Projekt als Meilenstein für ein modernes Gesundheitswesen schnell zum Erfolg zu führen. Durch die TI samt ihrer zentralen Steuerung und Sicherung ist es zuverlässig möglich Interoperabilität, aber auch Datenschutz und Patientenautonomie mit informationeller Selbstbestimmung zu gewährleisten. So wird das gesamte Gesundheitswesen effizienter und nachhaltiger gestaltet.

Das deutsche Gesundheitssystem gehört – ohne Frage – zu den besten der Welt. Doch während in anderen Ländern moderne Informations- und Kommunikationstechnologien in der Medizin längst flächendeckend etabliert sind, befinden wir uns in Deutschland bei der Einführung und Nutzung von Informationstechnologien auf einem Entwicklungsniveau, das in anderen Wirtschaftssektoren wie Handel oder der Industrie teilweise schon vor Jahrzehnten erreicht wurde. Was wir brauchen, ist ein Gesundheitssystem, das sich mit steigenden Anforderungen, welche nicht nur durch die demografischen Entwicklungen bedingt sind, effizient und dynamisch weiterentwickelt. Hier bieten technische Innovationen ein enormes Potenzial, um sowohl die Qualität als auch die Transparenz und Wirtschaftlichkeit der Patientenversorgung in Deutschland deutlich zu verbessern. Die sichere Vernetzung des Gesundheitswesens auf Basis von eGK und TI ist ein sehr wichtiger Schritt auf dem Weg zur Nutzung der Potenziale der Digitalisierung. Weitere – insbesondere die Verbindung mit innovativen Anwendungen – müssen jedoch folgen. Diese bieten nicht nur einen hohen Mehrwert für alle institutionalisierten Akteure im Gesundheitswesen dar, sondern unmittelbar und direkt auch für den Patienten und Versicherten. Die Verbindung der „safen", sicheren Technik von eGK und TI und der „smarten" technischen Lösungen der mobilen Geräte und Health-Apps, wird der nächste entscheidende Entwicklungsschritt sein.

Prof. Dr. Arno Elmer   ist Professor und Leiter der Forschungsgruppe digitale Gesundheit an der FOM, Hochschule für Oekonomie und Management, Berlin. Von 2012 bis 2015 war Prof. Elmer Hauptgeschäftsführer der Gematik (zur gematik: Die Spitzenverbände des Gesundheitswesens beschlossen im Jahre 2002 eine gemeinsame Vorgehensweise zur Einführung der elektronischen Gesundheitskarte (eGK), die 2004 in das Gesetz zur Modernisierung der gesetzlichen Krankenversicherung aufgenommen wurde. Für die Konzeption der eGK und der Telematikinfrastruktur (TI), die Zulassung von Produkten der TI und den Betrieb wurde am 11. Januar 2005 die gematik gegründet. Quelle: www.gematik.de).

Gesundheitsportale und Private Krankenversicherung – was in anderen Ländern passt, das passt auch in Deutschland – oder?

Volker P. Andelfinger

Ist Deutschland schon reif für eine sinnvolle Nutzung von Gesundheitsportalen? Großen Aufruhr gab es um den Generali-Vorstoß Ende 2014. Und so hatte sich das die Generali – einer der größten Versicherungskonzerne Europas – sicher nicht vorgestellt. Die Ankündigung, Fitnessdaten der Versicherten zukünftig im Zusammenhang mit Krankenversicherungsprodukten zu verwenden, sorgte jedenfalls für allergrößtes mediales Interesse. Kaum einer Zeitschrift oder Zeitung, die etwas auf sich hält, verzichtete auf einen Beitrag zu diesem Thema. Auch Funk und Fernsehen griffen den Vorstoß auf. Und sogar die Fraktion der Linken im Bundestag hatte einen Grund, eine kleine Anfrage einzureichen. Was die Generali verkündete, ist ein Thema, an dem mehrere große Versicherer arbeiten. Nur tun sie es bisher nicht so öffentlich. Was ist schief gelaufen? Was wurde übersehen?

Die Generali verkündete, dass man ein Versicherungsangebot, was unter anderem in Südafrika bereits auf dem Markt ist, auch auf den deutschen Markt bringen wolle. Dies wolle man mit dem Partner Discovery tun. Discovery – ebenfalls ein Versicherungsunternehmen – tut in Südafrika etwas, was grundsätzlich eine tolle Sache ist. Die Kunden nutzen Internet basiert ein Präventions-Programm namens Vitality, bei dem im weitesten Sinn Fitness- und Gesundheitsdaten erfasst werden und ein gesunder Lebensstil mit Punkten belohnt wird. Beispielsweise werden Nichtraucher belohnt, aber auch Menschen, die sich gesund ernähren, sich bestimmte Impfungen verabreichen lassen, die sich regelmäßig sportlich betätigen. Vitality ist bereits ein sehr reifes Angebot.

Ähnliche Angebote finden wir auch in anderen Ländern dieser Welt. Auch die Pressemeldungen aus 2014, dass der Öl Multi BP über 20.000 Fitbit Tracker gekauft hat, um sie im Rahmen des Krankenversicherungsangebotes für die Angestellten des Konzerns zu

V. P. Andelfinger (✉)
Annweiler, Deutschland
E-Mail: vpa@palatinus-consulting.eu

© Springer Fachmedien Wiesbaden 2016
V. P. Andelfinger, T. Hänisch (Hrsg.), *eHealth,* DOI 10.1007/978-3-658-12239-3_11

nutzen, passen hierzu. Grundsätzlich geht es darum, die Menschen zu einem gesunden Lebensstil zu bewegen, sie dadurch gesünder zu machen, weniger anfällig für die typischen Krankheiten der westlichen Welt, weniger anfällig für chronische Erkrankungen, was zur Folge hat, dass diese Menschen länger und gesünder leben, also direkt selbst profitieren, aber andererseits natürlich auch die Kosten der Krankheitsbehandlung gesenkt werden können. Davon profitieren die Versicherten ein zweites Mal, nämlich durch teilweise vergünstigte Tarife, oder eben Belohnungen in anderer Form. Angesichts der Situation des Gesundheitssystems auch in Deutschland, wäre dies absolut nicht verwerflich. Im Gegenteil, es würde auch unserem Gesundheitssystem gut tun, wenn wir in mehr Prävention und einen besseren Lebensstil investieren würden.

Was ist also schief gelaufen? Die Ankündigung kam viel zu schnell. Die Aussage, man wolle ein bereits bestehendes Angebot auf den deutschen Markt bringen, suggeriert, dass dies 1:1 geschehen soll. Dies jedoch wird aus mehreren Gründen nicht möglich sein.

Zum einen ist das Gesundheitssystem in Südafrika komplett anders gestaltet, als bei uns. Die Menschen dort sind bereits eine elektronische Patientenakte gewohnt. Im dortigen System haben die Patienten sehr viel mehr Transparenz über die Kosten, die sie verursachen. Sie sind es gewohnt, dass Gesundheitsdaten elektronisch verfügbar sind und beispielsweise Ärzten oder anderen Gesundheitsversorgern zugänglich gemacht werden können. Themen rund um Datensicherheit und Privatsphäre spielen zwar eine Rolle, jedoch stehen diese nicht im Zentrum. Genau das ist jedoch in Deutschland der Fall. Und zwar ganz besonders in Deutschland. Das wurde zuvor auch in diesem Buch ausführlich behandelt. Auch wenn es selbstverständlich enorm wichtig ist, sich Gedanken zu machen, wie man die Daten der Menschen schützen kann, nachdem zahlreiche Veröffentlichungen in den letzten Jahren gezeigt haben, wie nicht nur kriminelle, sondern auch staatliche Organisationen mit unseren Daten umgehen, ist es ein Fehler, sich ausschließlich auf diese Thematik zu beschränken. Dabei werden die positiven Effekte vollkommen ausgeblendet.

Eine interessante Lektüre ist die Drucksache 18/3633 vom 18.12.2014, die kleine Anfrage der Linken mit der Überschrift „Datensammlung über Versicherte in der privaten Krankenversicherung". Die Fragen, die die Abgeordneten dort stellen, sind durchaus richtig[1]. Sie zeigen, dass es bei zukünftigen Angeboten der privaten Krankenversicherer in Deutschland auf eine Gestaltung der Produkte und Zusatzdienstleistungen ankommt, die den Bedürfnissen der deutschen Versicherten entsprechen. Sich lediglich darauf zu berufen, dass man die Bestimmungen des Bundesdatenschutzgesetzes einhält, reicht nicht. Es erscheint in Deutschland nicht durchsetzbar, dass Fitnessdaten oder Gesundheitsdaten der Versicherten über Internetanwendungen oder Apps den Versicherern direkt zugänglich gemacht werden. Die Menschen sehen offenbar Versicherer nicht in der Position des vertrauenswürdigen Partners, der die Hoheit über derartige Daten bekommt. Und die Politik scheint dies ebenfalls nicht so zu sehen. Auch wenn die Antwort auf die Kleine Anfrage sehr zurückhaltend ausfiel. Der Tenor: die Menschen sind selbst dafür verantwortlich, welche Daten sie wem zur Verfügung stellen. Aber auch das ist zu kurz gesprungen.

---

[1] Die Herausgeber haben bei der Fraktion der Linken angefragt und um einen Buchbeitrag gebeten, jedoch keine Antwort erhalten.

Denn bei der Gestaltung derartiger Angebote kommt es darauf an, die Datensicherheit und Privatsphäre nicht nachträglich durch in der Regel unzureichende Verschlüsselungsmethoden vermeintlich sicherzustellen, sondern beim Design der Anwendung bereits dafür zu sorgen, dass Privatsphäre und Datenschutz nicht nur gewährleistet sind, sondern in der Hoheit in diesem Fall des Patienten, bzw. des einzelnen Versicherten zu verankern. Dazu bedarf es – so jedenfalls könnte man sich eine Lösung vorstellen – einer vertrauenswürdigen Instanz zwischen Versicherten und Versicherern, die die Daten speichert und verwaltet. Der Zugang für Dritte darf nur wissentlich und willentlich durch die einzelnen Versicherten gewährt werden. Für ein Angebot moderner privater Krankenversicherungspolicen mit einem Fokus auf Prävention und deren Belohnung reicht im Übrigen ein Scoring. Die echten Daten sind für den Versicherer entbehrlich.

Zur Gestaltung der Angebote gehören eine Reihe anderer Aspekte. Diese erscheinen erst dann diskutabel, wenn die Diskussion um Datenschutz und Privatsphäre zufriedenstellend gelöst ist.

Am Ende bleibt noch ein weiterer Aspekt, dem sich die Anbieter widmen müssen. Es ist die Frage nach der Motivation der Versicherten, sich an derartigen Programmen zu beteiligen. Prof. Nilmini Wickramasinghe sagt auf die Frage, wie man Menschen dauerhaft motiviert, Fitnessplattformen zu nutzen, dass es nur in den seltensten Fällen eine intrinsische Motivation der Menschen gibt. Prävention findet bei den Menschen nur dann Akzeptanz, wenn sie sich positiv im Geldbeutel ausdrückt. Sie ergänzt: in Deutschland sei der Druck im System noch nicht groß genug. Deutschland hat ein Gesundheitssystem, das hervorragend funktioniert. Wer krank wird, findet um die nächste Ecke eine Behandlungsmöglichkeit. Die Beiträge werden von den Menschen offenbar noch nicht als schmerzhaft hoch empfunden. Auch die Zahl der Arztbesuche wirkt sich finanziell für die Versicherten nicht aus.

Kinogutscheine als Belohnung werden demnach nicht reichen. Und Tarifnachlässe für Menschen, die einen gesunden Lebensstil pflegen, dürfen die anderen Versicherten nicht zusätzlich belasten. Hier beginnt die Diskussion um das Aufweichen der Versichertengemeinschaft. Keine einfache Aufgabe.

Eigenartig bleibt, dass die Aussicht auf ein längeres und gesünderes Leben für die Menschen keine ausreichende Motivation darstellt, den Lebensstil anzupassen. Und genau dabei sollen Fitnessportale helfen.

Wie das alles funktionieren kann und mit welchen Technologien die Lösungen aufzubauen sind, bis hin zur Fragestellung, wie man daraus erfolgversprechende Geschäftsmodelle macht, das war die Arbeit der Studierenden, die zu den folgenden Buchkapiteln geführt hat.

Volker P. Andelfinger   arbeitet seit Anfang 2009 als Unternehmensberater. Er befasst sich seit einigen Jahren mit Trend- und Zukunftsforschung, modernen Technologien, vorrangig Internet der Dinge und Innovation. Er arbeitet außerdem als Keynote-Speaker, als freier Fachjournalist und Buchautor. Als Dozent unterrichtet er an der Dualen Hochschule Baden-Württemberg in Heidenheim und Karlsruhe, der FH Zweibrücken/BA des Saarlandes und der ZHAW, Zürcher Hochschule für angewandte Wissenschaften.

Weitere Informationen finden Sie unter: www.palatinus-consulting.eu.

Volker P. Andelfinger und Till Hänisch

Ziel und Aufgabenstellung des Integrationsseminars

In einem Integrationsseminar wird Wissen vermittelt, aber auch kräftig gearbeitet. Ziel ist es, theoretisches Wissen in praktische Ergebnisse zu verwandeln. Im ersten Teil des Seminars werden wesentliche Inhalte vermittelt, die das Thema ausmachen. Vorträge, Skripte, Fallbeispiele, Methodenwissen bilden die Basis für die Arbeit der Studierenden.

Deren Aufgabe ist es 2015 zum zweiten Mal gewesen, auf Basis der vermittelten Inhalte und dem bereits erlernten technischen Wissen zielgerichtet zum Thema eHealth zu recherchieren und sich ergänzende Themenstellungen zu erarbeiten und in Buchkapitel zu gießen.

Erarbeitete Themen

Die folgenden Themenstellungen wurden gemeinsam im Integrationsseminar erarbeitet und auf die einzelnen Arbeitsgruppen aufgeteilt. Eine regelmäßige Abstimmung der Gruppen untereinander sollte sicherstellen, dass jede Gruppe immer alle relevanten Informationen besitzt und Redundanzen vermieden werden.

Die Themenstellungen sind:

- Neue Sensortechnologien zur Prävention und Behandlung der 10 häufigsten Krankheiten in Deutschland
- Informationsgewinnung aus Datenvernetzung – Koronare Herzkrankheiten über die Strukturierung von Daten frühzeitig erkennen

V. P. Andelfinger (✉) · T. Hänisch
Heidenheim, Deutschland
E-Mail: eHealth-Autoren@dhbw-heidenheim.de

- eHealth in der Arbeitswelt – Prävention von stress- und bewegungsbedingten Berufs-krankheiten
- Plattformen für die elektronische Gesundheitsakte – Aktueller Stand und Empfehlung
- Marktanalyse – Analyse des deutschsprachigen eHealth-Marktes für Gesundheitsplatt-formen
- Ableitung eines Anforderungsprofils für eine eHealth-Plattform auf der Basis eines Wettbewerbsvergleiches
- Entwicklung eines Vertriebsmodells einer eHealth-Plattform
- Werbung und Öffentlichkeitsarbeit – Konzeption der Markteinführung für eine offene eHealth-Plattform

12.1   Neue Sensortechnologien zur Prävention und Behandlung der 10 häufigsten Krankheiten in Deutschland

Julian Barthle, Michael Hegele, Andreas Ott

Abstract

In diesem Artikel soll es um die Entwicklung von neuen Sensortechniken zur Prävention und Behandlung der zehn häufigsten Krankheiten in Deutschland gehen. Dabei wird zu-erst die vorliegende Krankheitsstatistik analysiert und die Krankheiten auf ihre Ursachen und Wirkungszusammenhänge untersucht. Da die Ursachen vielmals in den Bereichen Bewegungsmangel und Ernährung liegen, wird im ersten Teil des Dokuments vor allem auf Entwicklungen von Aktivitätstrackern eingegangen, die derzeit eine immer größere Popularität erfahren. Diese Aktivitätstracker, bzw. ihre Nutzung und generierten Daten, dienen zur Prävention weit verbreiteter Krankheiten wie Bluthochdruck, Übergewicht oder Herzkrankheiten. Im zweiten Teil des Dokuments werden spezielle Sensorentwick-lungen zur Behandlungsunterstützung und Rehabilitation weit verbreiteter Krankheiten untersucht und erläutert und deren Zukunftsperspektiven aufgezeigt. Beispielsweise wird ein Sensor zur Behandlungsunterstützung bei Diabetes oder ein Gerät zur Rehabilitation bei Rückenschmerzen untersucht. Abschließend wird ein Ausblick auf zukünftige Einsatz-möglichkeiten und Entwicklungen gegeben.

Einleitung

Quantified Self stellt aktuell eines der Top-Themen im eHealth-Sektor dar. Dem Markt für solche Quantified-Self-Gadgets, wie Armbänder, Uhren oder auch Brillen wird ein riesi-ges Wachstum vorausgesagt. Dies hängt auch damit zusammen, dass die Technik immer weiter fortschreitet. Die Hersteller solcher Gadgets können immer mehr ihrer Sensoren auf kleinerem Raum unterbringen. Dies macht das Ganze einerseits für Privatanwender interessant, denn die Aktivitätstracker können im Alltag ohne großen Aufwand getragen werden und sie liefern Vital- oder Aktivitätsdaten, Daten zum Schlafverhalten und in den meisten Fällen können auch Gewohnheitsdaten erfasst werden (Frost & Sullivan, 2014).

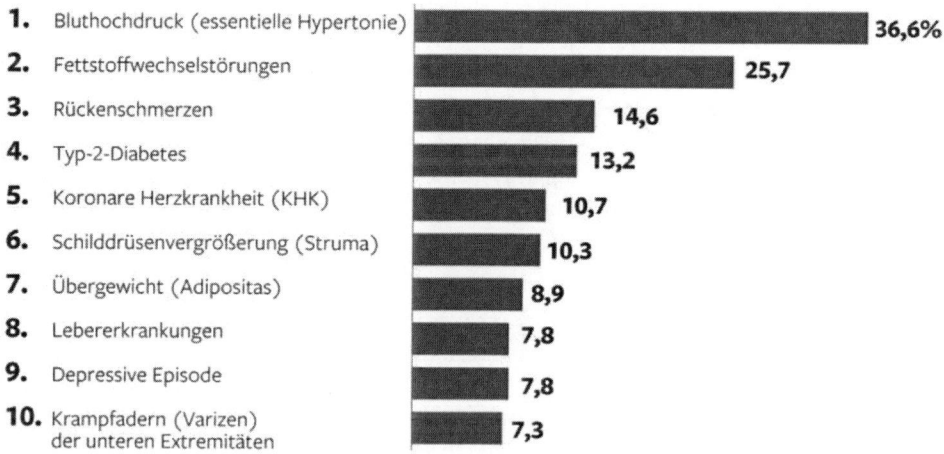

Die Top Ten auf einen Blick

1. Bluthochdruck (essentielle Hypertonie) — 36,6%
2. Fettstoffwechselstörungen — 25,7
3. Rückenschmerzen — 14,6
4. Typ-2-Diabetes — 13,2
5. Koronare Herzkrankheit (KHK) — 10,7
6. Schilddrüsenvergrößerung (Struma) — 10,3
7. Übergewicht (Adipositas) — 8,9
8. Lebererkrankungen — 7,8
9. Depressive Episode — 7,8
10. Krampfadern (Varizen) der unteren Extremitäten — 7,3

Die häufigsten Diagnosen in der allgemeinärztlichen Praxis 2012. Analysiert wurde eine Stichprobe anonymisierter Patientendaten aus der Region Nordrhein, wobei Diagnosen berücksichtigt wurden, die Anlass für eine Behandlung waren. Mehrfachnennungen waren möglich.

Quelle: Zentralinstitut für die kassenärztliche Versorgung

Abb. 12.1 Die zehn häufigsten Krankheiten und ihre Ursachen

Die digitale Erfassung des eigenen Körpers ist mehr als nur ein Modetrend für Fitness- und gesundheitsbewusste Menschen.

Diese Gadgets und deren Daten sind andererseits für Krankenkassen, Ärzte und Arbeitgeber höchst interessant in Verbindung mit Präventions- und Rehabilitationsmaßnahmen. Sie können aber ebenso wirkungsvoll zur Kontrolle der Gesundheitsbemühungen beispielsweise in Form von Health-Scores eingesetzt werden. Deshalb muss jeweils genau geprüft werden, welche sensiblen persönlichen Daten erfasst und übertragen werden und wer diese nutzt. Auf diesen Aspekt wird im Folgenden jedoch nicht näher eingegangen[1].

Vielmehr soll in diesem Artikel untersucht werden, wie sich diese hochtechnisierten Gadgets, die mit immer mehr und innovativeren Sensoren zur Erfassung unterschiedlichster Daten ausgestattet sind, zur Prävention und Behandlungsunterstützung von Krankheiten einsetzen lassen. Als Grundlage wird hierzu die Krankheitsstatistik des Zentralinstituts für die kassenärztliche Versorgung herangezogen, welche die zehn häufigsten von Allgemeinmedizinern diagnostizierten Krankheiten abbildet (vgl. Abb. 12.1).

12.1.1 Die zehn häufigsten Krankheiten und ihre Ursachen

Betrachtet man nun die möglichen Auslöser für diese Krankheiten, fällt auf, dass hierbei einerseits mangelnde Bewegung eine sehr große Rolle spielt, andererseits häufig eine Ver-

---

[1] Siehe dazu die entsprechenden Buchkapitel (Anm. d. Hrsg.).

knüpfung von Bewegungsmangel und falscher Ernährung. So kann mangelnde Bewegung Bluthochdruck, Typ-2-Diabetes, Rückenschmerzen und Übergewicht begünstigen, sich aber auch negativ auf die Psyche auswirken (Herzner, S. 2014). Krampfadern entstehen zwar aufgrund einer Venenwandschwäche oder einer Venenthrombose, aber Adipositas und mangelnde Aktivität begünstigen auch diese Krankheit, ebenso verhält es sich bei der Koronaren Herzkrankheit, die neben mangelnder Fitness aber meist noch weitere Ursachen haben kann (Apotheken Umschau, 2014a). Auch für Fettstoffwechselstörungen ist mangelnde Bewegung in Kombination mit falscher Ernährung hauptverantwortlich. Bei Lebererkrankungen gibt es mehrere Arten, die unterschiedliche Auslöser haben können. So können Viren oder auch eine Autoimmunerkrankung schuld daran sein. Für bestimmte Lebererkrankungen, wie die Fettleber oder Leberkrebs, können wiederum Übergewicht in Folge von mangelnder Bewegung und eine falsche Ernährung der Auslöser sein (Deutsche Leberstiftung, 2010).

Ein kausaler Zusammenhang zwischen Schilddrüsenvergrößerung und Bewegung kann nicht nachgewiesen werden, in den meisten Fällen ist hingegen ein Mangel an Jod für die Erkrankung ursächlich (Melzer M. Dr. 2015).

Im Folgenden wird nun zuerst auf die Bedeutung von Sport und Ernährung in Bezug auf die Gesundheit eingegangen. Dann werden die Sensoren, die zur Prävention der vorgestellten Krankheiten eingesetzt werden können, betrachtet. Im Anschluss daran werden mögliche Sensoren für eine Behandlungsunterstützung erläutert. Dabei wird in beiden Bereichen als erstes auf die Aktivitätstracker eingegangen, da diese bereits einen großen Teil der häufigsten Krankheiten hinsichtlich ihrer Einsetzbarkeit abdecken. Im Anschluss daran wird aufgezeigt, für welche der Krankheiten derzeit bereits speziell ausgerichtete Sensoren existieren oder vor der Markteinführung stehen.

12.1.2   Zusammenhang zwischen Sport, Ernährung und Gesundheit

Viele der in der Abb. 12.1 genannten Erkrankungen lassen sich auf Fehlernährung und mangelnde Bewegung zurückführen. So zeigt eine auf Focus Online veröffentlichte Studie, dass jeder berufstätige Deutsche durchschnittlich sieben Stunden täglich sitzend verbringt. Dazu kommen zusätzliche 3 h Freizeitaktivität im liegenden oder sitzenden Zustand (vgl. Abb. 12.2).

Das Meinungsforschungsinstitut Forsa (Medizin Info, 2015) hat darüber hinaus belegt, dass Sporttreiben immer mehr in den Hintergrund gerät. Mehr als die Hälfte der Befragten macht wenig bis gar keinen Sport. Dabei ist erwiesen, dass nicht nur das persönliche Wohlbefinden direkt mit sportlichen Aktivitäten in Verbindung steht, sondern Bewegungsmangel die Gesundheit direkt beeinträchtigt. Dieser Bewegungsmangel begünstigt Krankheiten wie Depressionen, koronare Herzkrankheiten oder Typ-2-Diabetes.

Negative Verstärkung erhält Bewegungsmangel dabei durch den Trend zur ungesunden Ernährung. Laut einer Statistik sind 52 % der Deutschen „übergewichtig" (Focus Online 2014). Als übergewichtig gelten Menschen ab einem BMI (Body-Mass-Index) von 25

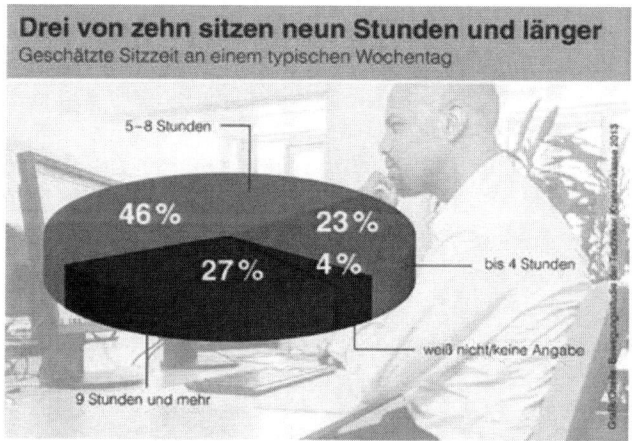

Abb. 12.2 Geschätzte tägliche Sitzzeit. (Quelle: Focus Online, 2013)

(Welt N24, 2015). Der Berufsalltag, aber auch sich verändernde Familienstrukturen und Lebensgewohnheiten verändern dabei unser Essverhalten. So wird beispielsweise immer weniger zuhause gekocht und gegessen. Ebenso wird zuhause häufig Fertignahrung lediglich warm gemacht. Die Lebensmittelindustrie folgt der Nachfrage nach Fastfood und macht sich dabei unser „körpereigenes Belohnungssystem" zunutze, welches bei dem Genuss von Fett, Salz und Zucker stimuliert wird. Bei dem Genuss kalorienreicher Nahrung steigt der Dopaminspiegel. Dopamin wird im Volksmund nicht ohne Grund auch als Glückshormon bezeichnet.

(Focus Online, 2013) (Spiegel Online, 2012) (Focus Online 2014) (Zentrum der Gesundheit, 2015)

12.1.3 Sensoren zur Prävention von Krankheiten

Prävention durch Aktivitätstracker
Wie kann dem Trend zur ungesunden Lebensweise entgegengewirkt werden? Die Bevölkerung muss für diese Themen sensibilisiert und zu präventivem Handeln motiviert werden. Wie wichtig gesunde Ernährung und Sport sind, findet sich zwar immer häufiger in den unterschiedlichsten Zeitschriften und zahlreicher Literatur. Doch Wissen allein reicht nicht aus. Forscher begründen die fehlende Motivation als einen Hauptgrund für diese Entwicklung.

Laut einer Studie von Idealo scheinen sogenannte Aktivitätstracker zur Erfassung von Körperdaten derzeit äußerst motivierend zu sein, da deren Nachfrage und Verkaufszahlen aktuell stark steigen. Den Auswertungen der Klickdaten zufolge hat sich ihre Popularität verzehnfacht. Es erscheint spannend, mithilfe von Daten einen neutralen Blick auf sich selbst zu werfen. Parallel zur gesteigerten Nachfrage ist die Bandbreite der angebotenen Geräte ebenfalls gestiegen (Anne-Laure de Noblet, 2015, Lohmeier Patrick, 2015). Der

Bestsellerliste von Amazon vom 20.02.2015 folgend sind Fitbit, Jawbone und Garmin bei den Kunden die beliebtesten Aktivitätstracker. Bei Fitbit ist es der Fitbit Flex (Preis ca. 100 €), bei Jawbone der Up24 (Preis ca. 130 €) und bei Garmin der Vivofit (Preis ca. 160 €) (Amazon, 20.02.2015).

Was können diese Aktivitätstracker und wodurch unterscheiden sie sich?

In jedem der drei Aktivitätstracker ist ein Tri-Achsen-Beschleunigungssensor enthalten. Dieser Sensor ist in der Lage, dreidimensionale Beschleunigungen wahrzunehmen und die entstehenden Trägheitskräfte der Masse in der Bewegung zu messen [Fitness Tracker Test, 2015]. Neben Beschleunigungsmesser enthalten Sie einen Vibrationsmotor, eine Batterie und meist ein Bluetooth-Modul zur drahtlosen Kommunikation (CHIP 04/2015) (vgl. Abb. 12.3).

Die eingebauten Sensoren ermöglichen die Erfassung unterschiedlicher Bewegungen. Bei Aktivitätstrackern wird diese Technik überwiegend zur Erkennung von Schritten und Bewegungsabläufen verwendet. Mithilfe der Eingabe von Größe und weiterer persönlichen Daten können daraus Werte wie zurückgelegte Strecke und tägliche Aktivität berechnet werden. Der Bewegungssensor wird auch für die Aufzeichnung des Schlafs verwendet. Er erkennt die verschiedenen Bewegungen und über eine Auswertung kann anhand der Bewegungsart und -häufigkeit die Schlafphase erkannt werden. Mit diesen Werten

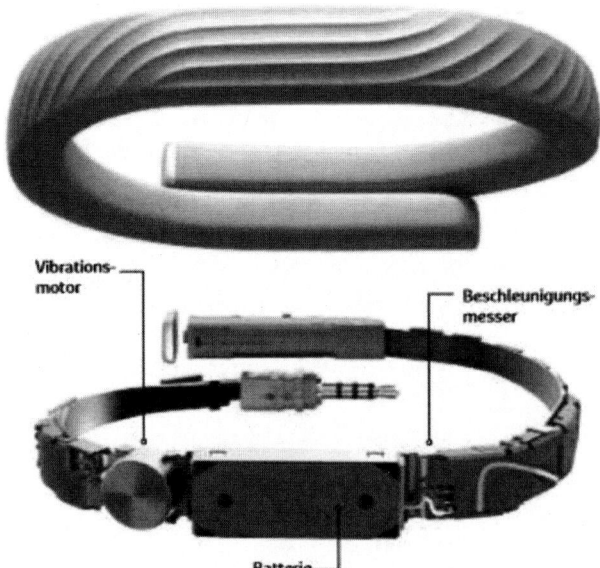

Tracker-Technik: Einfach und effizient

Fitness-Armbänder wie das Jawbone UP24 haben weniger Technik verbaut als man denkt. Neben Beschleunigungsmesser, Vibrationsmotor und Batterie kommt meist noch ein Bluetooth-Modul zum Einsatz. Alles Weitere passiert in Smartphone, PC und Cloud.

Vibrations-motor

Beschleunigungsmesser

Batterie

Abb. 12.3 Tracker-Technik. (Quelle: CHIP 04/2015)

können dann Empfehlungen zur Verbesserung der einzelnen Aktivitäten gegeben werden. Um die Motivation zu steigern, kann man seine täglichen Ergebnisse mit Freunden oder Kollegen teilen und sich gemeinsam Ziele setzen, um aktiver zu werden. So können bei allen drei Aktivitätstrackern die Daten per App mit der Community geteilt und verglichen werden. Zur Steigerung der gegenseitigen Motivation können Tagesziele erstellt und Fortschritte verglichen werden. Allerdings ist ein Aktivitätstracker kein Alleskönner. Gerade Höhenunterschiede und Treppensteigen erkennen die Tracker nur sehr schwer bzw. äußerst ungenau.

Da Bewegung und Fitness sehr stark in Verbindung mit der Ernährung stehen, wird immer mehr versucht, zusätzlich den Kalorienverbrauch in die Messung zu integrieren. Über die erfassten Bewegungen, Größe und Gewicht wird der Kalorienverbrauch bestimmt. Bei sehr großer Motivation kann die Kalorienaufnahme durch Essen zusätzlich erfasst werden, um einen Gesamtumsatz zu erhalten. Da dies aktuell mit keinem Sensor erfasst werden kann, sondern händisch eingetragen werden muss, ist dies aber eine recht zeitaufwendige Angelegenheit. Es gibt zwar unterstützende Apps (z. B. die App MyFitnessPal), bei denen die Kalorien der meisten auf dem Markt befindlichen Lebensmittel exakt bekannt sind, allerdings funktioniert dies bei ganzen Mahlzeiten nur sehr begrenzt.

Der größte Unterschied zwischen den einzelnen Aktivitätstrackern liegt in der unterschiedlich genauen Erhebung der Daten, der Nutzerfreundlichkeit und den vorhandenen Zusatzfunktionen. So kann der Vivofit beispielsweise mit einem Herzfrequenz-Sensor gekoppelt werden, um bei sportlichen Aktivitäten die genaue Herzfrequenz erfassen zu können. Der Sensor wird dabei mit einem Gurt um den Bauch befestigt und tauscht seine Daten per Near Field Communication (Funktechnik) mit dem Vivofit-Tracker aus. Der Vivofit hat über eine größere Batterie eine Laufzeit von mehr als einem Jahr, während die anderen beiden Tracker per Akku alle fünf bis sieben Tage aufgeladen werden müssen.

Zusammenfassend lässt sich sagen, dass bei der Wahl des richtigen Aktivitätstrackers, auch aufgrund der zum Teil großen Preisunterschiede, persönliche Anforderungen, Möglichkeiten und Präferenzen gefragt sind.

(Fitbit, 2015) (Jawbone, 2015) (Garmin, 2015)

Prävention bei Rückenschmerzen
Eine Krankheit, die jeder kennt und von welcher ein Großteil der Bevölkerung mindestens einmal im Leben betroffen ist, sind Rückenschmerzen. Glücklicherweise handelt es sich oftmals aber nur um eine kurzfristige Beeinträchtigung der betroffenen Person, da in den meisten Fällen keine Erkrankung der Wirbelsäule vorliegt. Falsche Haltung und mangelnde Bewegung sind dabei häufige Auslöser (Apotheken Umschau, 2014b). Genau an diesen Punkten setzen Sensoren zur Prävention von Rückenschmerzen an. Nicht nur die bereits angesprochenen und deshalb hier nicht weiter thematisierten Aktivitätstracker leisten hier ihre Dienste, sondern es existieren bereits spezialisierte, auf den Rücken ausgerichtete Sensoren.

Eines dieser Systeme, Valedo, stammt vom Unternehmen Hocoma. Es besteht aus zwei Sensoren, die mittels Klebestreifen an Brust und Rücken angebracht werden und über

Bluetooth mit einem Tablet oder Smartphone kommunizieren. Die App ermöglicht es spielerisch, verschiedene Übungen zum Training des Rückens durchzuführen. Gerade dieser spielerische Ansatz sorgt für die nötige Trainingsmotivation. Mit Hilfe der Sensoren, die beide jeweils mit einem 3D-Gyroskop, 3D-Akzeleromat und einem 3D-Magnetometer ausgestattet sind, werden Bewegungen erfasst, auf dem Tablet als Avatar in einer virtuellen Umgebung nachgestellt und in Statistiken zur Nachverfolgung festgehalten (Manager Magazin, 2014). So gut diese Sensortechnik auch ein eigenständiges Training ohne Therapeuten ermöglicht, sollte man die Anwendung aber auch kritisch betrachten. Führt man die Übungen und Bewegungsabläufe nicht richtig durch, wird man zwar gewarnt, es fehlen aber Anleitungen und Hinweise zur Fehlerkorrektur. Es bietet sich daher an, das System in Absprache mit einem Therapeuten einzusetzen. Was zusätzlich berücksichtigt werden muss, ist der Preis, der mit 300 € doch recht hoch ist (Johannsen Jan, 2015).

Der zweite Sensor zur Vorbeugung von Rückenschmerzen ist der so genannte Lumo-Back von Lumo. Hierbei handelt es sich um einen Sensor der ebenfalls auf dem Rücken getragen wird. In diesem Fall mit Hilfe eines Hüftgurtes. Im Gegensatz zu Valedo wird LumoBack aber nicht nur während des Rückentrainings benutzt, sondern auch im Alltag. Die Funktionsweise des LumoBack ist einfach. Beschleunigungssensoren erfassen die Haltung des Trägers und warnen den Anwender mit Vibrationen, wenn dieser eine schlechte Haltung einnimmt. Die gesammelten Daten kann man sich anschließend auch auf dem Smartphone oder Tablet in der zugehörigen App anzeigen lassen. Die Synchronisation mit der App findet wiederum mittels Bluetooth statt (Grote Caspar, 2013). In der App sieht man dann nicht nur wie sich die Haltung über den Tag hinweg entwickelt hat, sondern auch wie viel Zeit man im Sitzen verbracht hat, wie viele Schritte man gegangen ist oder wie lange man geschlafen hat (Lumo, 2014).

12.1.4 Sensoren zur Behandlungsunterstützung und Rehabilitation

Behandlungsunterstützung bei Übergewicht
Ein großes Problem der gängigen Aktivitätstracker ist die ungenaue Ermittlung des Kalorienverbrauchs einer Person. Es kann von Person zu Person unterschiedlich sein, wie viele Kalorien der Körper bei einer Mahlzeit aufnimmt und wie hoch der tägliche Verbrauch ist. Diese Abweichungen führen häufig zu Motivationsproblemen, da es zu größeren Fehleinschätzungen im persönlichen Kalorienbedarf kommt.

Das Unternehmen PhiloMetron hat sich mit diesem Problem beschäftigt. Über ein selbstentwickeltes Messpflaster soll sowohl der Kalorienverbrauch als auch die Kalorienaufnahme ermittelt werden. Um auf diese Daten zu kommen, wird ein in einem Pflaster integrierter Chip an der Haut angebracht. Der Chip enthält unterschiedliche Sensoren wie Beschleunigungssensoren, Sensoren zur Messung der Hauttemperatur, Herzfrequenz und der Atemfrequenz und der Leitfähigkeit der Haut. Zudem wird ein Sensor entwickelt, welcher die Wassermenge im Körper bestimmt. Die Auswertung dieser Daten soll den korrekten Kalorienwert berechnen können und kurzzeitigen Flüssigkeitsverlust mit einberechnen können.

Aktuell sind diese Pflaster noch nicht auf dem Markt erschienen. An der Verfeinerung der Messergebnisse wird seit 2009 gearbeitet. Können mit dieser Technik in Zukunft genaue Ergebnisse erzeugt werden, handelt es sich um eine vielversprechende Technologie, die im Bereich der Aktivitätstracker mit Sicherheit markante Fortschritte erzielt.

Behandlungsunterstützung bei Rückenschmerzen
Grundsätzlich können die speziell zur Prävention von Rückenschmerzen angesprochenen Sensoren auch dann noch eingesetzt werden, wenn bereits akute Beschwerden vorliegen. Valedo passt sich flexibel an den Anwender an. Je nachdem, wie stark der Bewegungsbereich in Folge der Rückenbeschwerden eingeschränkt ist, erfassen die Sensoren dies bei der Kalibrierung und die Übungen werden dementsprechend angepasst (Johannsen Jan, 2015). Aber auch LumoBack kann im Falle akuter Rückenschmerzen eingesetzt werden. Gerade dann ist es wichtig durch eine korrekte Körperhaltung den Rücken so gut wie möglich zu entlasten, um die Symptome nicht weiter zu verschlimmern.
   (Heise Medien, 2009)

Behandlungsunterstützung bei Diabetes Mellitus
Diabetes Mellitus ist eine weit verbreitete Stoffwechselerkrankung, die rund 13 % der deutschen Bevölkerung betrifft und langfristig zu schweren Gesundheitsschäden führen kann. Bei der Krankheit produziert der Körper zu wenig Insulin, um den durch die Nahrung aufgenommenen Zucker abzubauen. Die Folge daraus ist eine gefährliche Überzuckerung des Körpers, die zu Organschäden und Herz-Kreislauf-Erkrankungen führt. Die Patienten sind lebenslang darauf angewiesen, ständig ihren Blutzucker (Glucose) zu überwachen und bei Überzuckerung Insulin zu spritzen. Im Detail wird die Krankheit unterschieden in Typ-1-Diabetes, bei dem der Körper zu wenig Insulin produziert und ein absoluter Insulinmangel vorliegt, und in Typ-2-Diabetes, bei dem der Körper im Laufe der Zeit eine verminderte Empfindlichkeit der Körperzellen auf Insulin und somit eine Insulinresistenz entwickelt. Typ-2-Diabetes entwickelt sich oft im Laufe der Zeit aufgrund ungesunder Ernährungs- und Lebensweise und wird immer mehr zu einer Volkskrankheit, da die Zahl der Neuerkrankungen von Jahr zu Jahr ansteigt. Präventive Maßnahmen wie eine gesunde Lebensweise mit ausgewogener Ernährung und Sport sind wichtig und werden durch Fitness- und Ernährungstracker gut unterstützt (vgl. Abschnitt zu „Zusammenhang wischen Sport, Ernährung und Gesundheit"). Wichtig sind aber auch Entwicklungen in der Behandlungsunterstützung, da Diabetes Mellitus bisher nicht heilbar ist und die Patienten lebenslang begleitet.
   (Toplak Hermann Prof. Dr. 2015) (Zentrum der Gesundheit, 2015)
   Bisher ist eine Blutzuckermessung nur durch direkten Kontakt mit dem Blut, d. h. durch Einstich einer Nadel in die Haut zur Blutentnahme und anschließender Analyse, möglich. Dieses Verfahren, das mehrmals am Tag durchgeführt werden muss, ist für den Patienten aber unangenehm und bringt Gesundheitsrisiken wie z. B. eine Infektion mit Viren und Bakterien mit sich.

Das Universitätsspital Zürich hat deshalb zusammen mit der Eidgenössischen Forschungsinstitution Empa den Sensor „Glucolight" entwickelt, der den Blutzucker nur durch Hautkontakt misst und somit deutliche Vorteile zu bisherigen Messverfahren mit sich bringt. Der Sensor besteht dabei aus einem auf der Haut anzubringenden Messkopf mit einer speziellen Membran, einer Lichtquelle, einem Mikrofludik-Chip und einem Fluorometer. Die Membran selbst enthält spezielle Farbstoffmoleküle, die ihre Struktur verändern und die Membran öffnen, wenn sie mit UV-Licht bestrahlt werden. Bei Bestrahlung mit sichtbarem Licht kehren sie in ihre ursprüngliche Struktur zurück und schließen die Membran wieder. Glukosemoleküle diffundieren dabei relativ leicht von der Haut durch die geöffnete Membran. Bei geschlossener Membran, also bei Bestrahlung mit sichtbarem Licht, passieren dagegen deutlich weniger Glukosemoleküle die Membran.

Für die Blutzuckermessung wird der Messkopf zuerst mit sichtbarem Licht bestrahlt und die diffundierte Glucose durch den Mikrofluidik-Chip gepumpt, der bei Kontakt mit Glucose Fluoreszenz erzeugt. Diese Fluoreszenz wird durch den Fluorometer gemessen und daraus die Glucosekonzentration errechnet. Anschließend wird der gleiche Vorgang mit UV-Licht wiederholt. Mit diesen zwei unterschiedlichen Werten kann anschließend der Blutzuckerwert berechnet werden, wobei durch die doppelte Messung der Permeabilitätswert der Haut berechnet werden kann und so der Sensor richtig kalibriert wird (e-health-com Fachmagazin, 2015).

Im Laufe des Jahres 2015 sind einige klinische Studien und weitere Forschungen am Universitätsspital Zürich geplant, um den Sensor in einigen Jahren standardmäßig bei Diabetikern einzusetzen. Auch Verhandlungen mit Partnern zur industriellen Herstellung des Sensors laufen bereits. Auf jeden Fall erleichtert er die Blutzuckermessung wesentlich und trägt so maßgeblich zur Behandlungsunterstützung der Krankheit Diabetes bei (Wolf Martin Prof. Dr. 2015).

Behandlungsunterstützung bei Krampfadern

Krampfadern, auch Varikose genannt, sind dauerhaft erweiterte und unregelmäßig verlaufende Venen, die vorwiegend im Bein- und Beckenbereich auftreten. Etwa die Hälfte aller Mitteleuropäer im Alter zwischen 25 und 74 Jahren sind dabei von der Krankheit betroffen (Aphoteken Umschau, 2014a). Krampfadern sind nicht nur aufgrund ihrer kosmetischen und ästhetischen Beeinträchtigung störend, sie sind auch ein potentieller Risikofaktor von lebensbedrohlichen Krankheiten, die sie mitauslösen können. Oftmals bildet sich in einer erweiterten Vene ein Blutgerinnsel, welches in tiefere Venenstrombahnen wandern kann und so das Risiko von Lungenembolien, Herzinfarkten und Schlaganfällen erhöht. Außerdem können unbehandelte Krampfadern nach einiger Zeit Gewebeschäden nach sich ziehen, wenn das in den erweiterten Venen zirkulierende höhere Blutvolumen in tiefere Venen gelangt und dort chronische Schwellungen und Ödeme verursacht (Kruschke Andreas Dr. med. 2014; Inpunktmed, 2014).

Aus diesen Gründen ist eine frühzeitige Diagnose und Behandlung von Krampfadern essentiell, um ein Fortschreiten der Krankheit und die möglichen Komplikationen zu vermeiden. Für die Diagnose im Rahmen von Screening-Untersuchungen zur Früherkennung gibt es moderne Sensoren, die den Körper schnell, effektiv und vor allem nebenwirkungsfrei auf Krampfadern untersuchen. Etabliert hat sich hierbei die Photoplethysmographie, auch Lichtreflexions-Rheographie genannt, bei der ein Sensor auf der Haut das venöse Blutvolumen und dessen Verlauf durch Aussendung und Empfang von reflektierten Infrarot-Lichtsignalen misst. Im Detail wird den Sensor dabei direkt auf die Haut des zu untersuchenden Areals aufgebracht und sendet Infrarotlicht in die venösen Blutbahnen. Das Infrarotlicht wird dabei besonders gut von Hämoglobin (roter Blutfarbstoff) in den oberflächlichen Venen absorbiert. Anschließend empfängt der Sensor reflektiertes Infrarotlicht wieder und kann über die Menge des reflektierten Lichtes Rückschlüsse auf die Dicke und den Verlauf der Venen ziehen. Zudem erfasst der Sensor Volumenschwankungen und Wiederauffüllungszeiten der Gefäße, wenn im Zuge der Muskelpumpe Blut in Richtung Herz gepumpt wird und sich anschließend die Gefäße wieder füllen. Hierdurch können Rückschlüsse über den Funktionszustand und die Schädigung der Venengeflechte gezogen werden (DocMedicus-Verlag, 2013; Deutsche Gesellschaft für Phlebologie, 2012).

12.1.5   Fazit und Ausblick

Zusammenfassend kann man sagen, dass derzeit interessante digitale und technische Entwicklungen zur Prävention und Behandlungsunterstützung weit verbreiteter Krankheiten stattfinden. Vor allem neue und verbesserte Technologien im Bereich der Aktivitätstracker versprechen eine Unterstützung zur Erreichung eines deutlich gesünderen Lebensstils und damit zur Prävention von Krankheiten, bei denen Bewegungsmangel und ungesunde Ernährung mitauslösend sind. Die Aktivitätstracker haben immer mehr Sensoren auf immer geringerem Raum untergebracht, werden deutlich handlicher und besitzen immer mehr innovative Funktionen beispielsweise zur Datenanalyse oder zur Kommunikation. Gleichzeitig entwickelt sich eine immer größere Community, die durch die Möglichkeit zum Austausch von Fortschritten zum Wettbewerb untereinander anregt. Dies alles steigert die Attraktivität des Self-Trackings enorm und trägt somit zu einer gesünderen Lebensweise mit mehr Bewegung und gesunder Ernährung bei – dies beugt wiederum weit verbreiteten Krankheiten wie Übergewicht, Bluthochdruck, koronare Herzkrankheiten oder Typ-2-Diabetes vor.

Auch zur Behandlungsunterstützung weit verbreiteter Krankheiten werden immer neue und innovativere Sensoren und Geräte entwickelt und stehen in den „Startlöchern" zur Anwendung und Vermarktung. So verspricht beispielsweise der Glucolight-Sensor des Universitätsspitals Zürich eine deutliche Erleichterung und Vereinfachung der Blutzuckermessung bei Patienten mit Diabetes Mellitus. Auch das elektronische Messpflaster des Unternehmens PhiloMetron zur genauen Erfassung und Analyse der Kalorienaufnahme und des Kalorienverbrauchs bietet markante Fortschritte sowohl zur Prävention als auch zur Behandlungsunterstützung weit verbreiteter Krankheiten.

Für fitness- und gesundheitsorientierte Privatanwender ist Self-Tracking bereits ein Modetrend und Ausdruck eines bestimmten Lifestyles geworden. Für Ärzte und Patienten

sind diese Entwicklungen äußerst interessant und bieten viele Vorteile. Technische Weiter-
entwicklungen können in diesem Bereich segensreich wirken. Krankenkassen und Arbeitgeber interessieren sich ebenfalls zunehmend für die gelieferten Messdaten. Allerdings
sollte genau geprüft werden, was mit den erfassten Daten passiert – Daten zu Schlafgewohnheiten, Blutwerten oder Kalorienaufnahme bieten einen tiefen Einblick in den Menschen als „gläserner Patient" und bieten so natürlich auch Möglichkeiten zur Erstellung
eines Health-Scores, aber auch Anreize zur Kontrolle oder missbräuchlichen Verwendung
dieser Daten. Wenn der Aspekt des Datenschutzes aber entsprechend berücksichtigt wird,
dürften die neuen Technologien und Geräte weiter große Verbreitung und Entwicklung
erfahren und können viel Positives bewirken.

12.2 Informationsgewinnung aus Datenvernetzung – Koronare Herzkrankheiten über die Strukturierung von Daten frühzeitig erkennen

Martin Brehmer, Christian Eichele, Marvin Scharle, Daniel Rolfs

Abstract
Lässt sich über die Auswertung von Sensordaten auf eine Bedrohung des Gesundheitszustandes eines Menschen schließen? Mit dieser Frage beschäftigt sich dieses Paper und
zeigt am Beispiel koronarer Herzkrankheiten auf, dass dies in der Tat mit heutigen Mitteln
bereits möglich ist. Hierbei wird neben verschiedenen Datenvernetzungsmethoden auch
die Frage beleuchtet, ob die Auswertung großer Datenmengen („Big Data") ausschließlich
in der Cloud erfolgen kann oder ob auch ein einzelnes Smartphone derartige Datenanalysen ausführen kann.

12.2.1 Vorwort

„Der Tod lächelt uns alle an – das einzige, das man machen kann, ist zurücklächeln!" –
Liest man dieses Zitat von Marcus Aurelius, einem römischen Kaiser, so erweckt es den
Anschein, dass nichts gegen den Tod getan werden kann. Gegen den Alterstod ist bislang in der Tat noch kein effektives Gegenmittel bekannt, doch dieser ist weitaus nicht
die einzige existierende Todesursache. So ermittelte das Statistische Bundesamt im Jahr
2008 beispielsweise, dass 43 % aller Todesfälle in Deutschland in Zusammenhang mit
Herz- bzw. Kreislaufursachen standen [1, 2]. Dass in diesem Zusammenhang Vorsorge
und Prävention von Herzerkrankungen wichtige Punkte im öffentlichen Diskurs einnehmen, zeigt die Tatsache, dass 23 % aller befragten Bürger der Bundesrepublik Deutschland
in Herzinfarkten die größte medizinische Herausforderung der Zukunft sehen [3]. Bezieht
man hierbei die Tatsache mit ein, dass übergewichtige Menschen unter einem erhöhten,
kardiovaskulären Risiko leiden [4], so sieht nahezu jeder Dritte die größten Herausforde-

rungen der Gesundheitsfürsorge im direkten und indirekten Zusammenhang mit Herz- und Kreislaufleiden.

Durch den technischen Fortschritt der letzten Jahre ist es möglich, Sensoren kostengünstiger zu produzieren [5, 6]. Am Beispiel Smartphones lässt sich erkennen, dass dadurch bereits heute eine Vielzahl von Sensoren in mobilen Geräten verbaut und genutzt werden [7]. Neben diversen weiteren Anwendungsfällen können viele dieser Sensoren auch für medizinische Zwecke eingesetzt werden [8].

Diese Sensoren finden sich wieder in alltäglichen Gebrauchsgegenständen und erfüllen je nach Nutzung erstaunliche Aufgaben. So enthält beispielsweise das iPhone 6 acht Sensoren – die beiden Kameras eingeschlossen [9]. Mit diesen Funktionen lassen sich naheliegende Aufgaben, wie das zählen von Schritten – durch Einsatz des Beschleunigungs- und Kreiselsensors – oder das zählen von Stufen – durch Messung des Luftdruckunterschiedes durch das Barometer – durchführen. Jedoch lassen sich auch unüblichere Analysen durchfführen, so kann durch Fotos der Urin eines Menschen analysiert werden [10].

Hinter vielen Analysen steckt das Prinzip, mehr oder weniger strukturierte Rohdaten – seien es Messwerte von Sensoren oder Medien, wie Bilder oder Videos – in strukturierte Daten zu überführen, auf deren Grundlage die eigentliche Analyse stattfinden kann.

Die durch Sensoren erfassten Daten errichten neue Perspektiven für die Gesellschaft. Sie ermöglichen, komplizierte Analysen, für die bisher ein Besuch beim Facharzt notwendig gewesen ist, eigenverantwortlich durchzuführen. Hierbei stellt sich folglich die Frage, ob die selbstständig durchgeführten Tests den qualitativen Standards der Medizin genügen.

In diesem Artikel wird diese Fragestellung genauer untersucht. Es soll aufgezeigt werden, dass durch eine zielgerichtete Auswertung von Sensordaten komplexe Analysen heruntergebrochen und dabei dieselben qualitativen Standards erhalten werden können. Im ersten Teil gehen wir hierbei auf einem abstrakten Level auf die zur Verfügung stehenden Analysetechniken ein; im zweiten Teil möchten wir die vorgestellte These durch das Beispiel eines Langzeit-EKGs konkretisieren.

12.2.2   Big Data auf mobilen Endgeräten – unmöglich oder notwendig?

Über die Hälfte aller in Deutschland verwendeten Mobiltelefone sind mittlerweile Smartphones. Dabei ist erwähnenswert, dass sich die Anzahl der deutschen Smartphone-Nutzer innerhalb der letzten fünf Jahre mehr als versechsfachte [11]. Bei einer Betrachtung der quantitativen Veränderung von Smartphone-Nutzern in den USA von 2010 bis 2014 lässt sich ebenfalls ein kontinuierliches Wachstum – eine Verdreifachung des Wertes aus 2010 – erkennen [12].

Die Nutzung von Smartphones ist inzwischen so weit fortgeschritten, dass nun ein amerikanisches Startup mit dem Namen Oscar Health ein Smartphone-App-basiertes Geschäftsmodell für den amerikanischen Krankenversicherungsmarkt vorstellte. Dabei sollen die Kunden dieser Versicherung eine Rückvergütung für die Leistung bestimmter Fitnessaktivitäten erhalten, welche sie über die App bzw. die Sensoren des Smartphones nachverfolgen und an das Unternehmen übermitteln [13]. Die Nutzung von Sensoren in mobilen Endgeräten zur Datenerfassung ist dabei selbstverständlich nicht neu. Eben dies prägt den Begriff des „Mobile Computing", der Nutzung von Sensoren aus dem alltäglichen Umfeld zur Bereitstellung von Diensten [14]. Doch nicht nur Smartphones, auch Smartwatches – allgemein Wearables – Tablets und weitere Mobilgeräte verwenden inzwischen eine Vielzahl von Sensoren [6, 7, 15–17]. Damit ist es möglich, allein mit einem Nutzer eine große Anzahl unterschiedlichster Daten zu erzeugen. Aus Gründen des Datenschutzes und des mangelnden Vertrauens der Nutzer an die Dienstanbieter wurden diese Daten bislang meist nicht ausgewertet sondern höchstens lokal gespeichert. Durch das Geschäftsmodell von Oscar Health könnte sich das jedoch ändern, denn dieses basiert auf einer Cloud-basierten Speicherlösung, also einer Speicherung von Daten in einem Netzwerk. Ob ein solches Projekt in Deutschland eine große Akzeptanz fände, lässt sich an dieser Stelle nur spekulieren. Das durch das Bundeswirtschaftsministerium finanzierte Projekt „cloud4health" versucht deshalb, durch einen Fokus auf den individuellen Datenschutz der Patienten dem in Deutschland verbreiteten Misstrauen gegenüber Cloud-Plattformen entgegenzuwirken [18, 19].

Tatsächlich beschäftigten sich Wissenschaftler im Feld eHealth bereits seit einigen Jahren mit möglichen Szenarien, wie Sensoren in mobilen Endgeräten zum Wohle der menschlichen Gesundheit eingesetzt werden können. Im Detail bedeutet das die Auswertung und Überwachung von gesundheitlich relevanten Daten, um zum Beispiel eine Früherkennung schwerwiegender Krankheiten oder Präventivmaßnahmen zu ermöglichen [20, 21]. Die Verlässlichkeit des eingesetzten Systems ist dabei speziell im medizinischen Bereich ein oftmals unerlässlicher Faktor für seine Effektivität. Funktionieren Sensoren nicht wie vorgesehen, beispielsweise im Falle einer Insulinpumpe, welche auf den Blutzuckerspiegel im menschlichen Blut reagiert, kann dies lebensbedrohliche Folgen herbeiführen [22]. Für den Fall einer notwendigen kontinuierlichen Statusüberwachung bzw. Abfrage medizinisch relevanter Daten über Sensoren kann auch die Handhabung des Systems ein weiterer, entscheidender Faktor sein. Empfindet ein Nutzer ein System als unhandlich, wird er es möglicherweise nicht wie vorgesehen nutzen, was wiederum zu einer Verfälschung der Daten führen kann. Hierbei spielt neben anderen Faktoren auch die Anzahl der benötigten zu vernetzenden Sensoren eine wichtige Rolle. Besitzt ein Gerät nicht alle erforderlichen Sensoren für eine Auswertung, so ist es auf andere Datenquellen – das bedeutet Sensoren anderer Geräte, möglicherweise sogar unterschiedlicher Hersteller – angewiesen. Eine lokale Auswertung der Daten auf dem jeweiligen Gerät ist damit kaum praktikabel und nur begrenzt zweckmäßig [21]. Um die gewonnenen Daten auszuwerten wird außerdem eine bestimmte Rechenleistung benötigt, welche lokal limitiert ist. Diese und weitere Argumente, wie zum Beispiel die mittlerweile sehr schnelle Bereitstellung von Ressourcen, sprechen für eine Cloud-basierte Speicherung und Verarbeitung von Sensordaten [23, 24]. Aus ärztlicher Sicht ermöglicht eine Cloud-basierte Bereitstellung von Daten zudem neue diagnostische Möglichkeiten, da medizinische Fachkräfte auf eine viel größere Datenbasis als bislang zugreifen können. Dies impliziert auch das Potenzial einer Kostensenkung, da beispielsweise Ärzte Anfragen wesentlich effizienter bearbeiten können [25].

Auf der anderen Seite jedoch lassen sich viele Auswertungen auch auf einem Smartphone durchführen. Tatsächlich verbesserte sich die CPU-Performance von Smartphones und Tablets zwischen 2009 und 2015 um das Zwölffache [26]. Diesem Trend kommt die kontinuierliche Verbesserung im Bereich der Algorithmen entgegen. Ähnlich dem Moore'schen Gesetz verbessert sich die Performance von Software und folglich auch von Algorithmen in einem kontinuierlichen Wachstum, welches in jüngster Zeit den Performance-Gewinn im Hardware-Bereich überstiegen hat [27, 28]. Betrachtet man beide Faktoren zusammengefasst, ergibt sich hieraus eine deutliche Leistungssteigerung von Smartphones in den letzten Jahren. Dass diese Verbesserung dazu führt, dass das Durchführen von Big-Data-Analysen auf einem Smartphone möglich ist, zeigen die Entwicklungen im Bereich „Deep Learning" auf mobilen Endgeräten [29].

Was ferner für die Machbarkeit spricht, ist die Tatsache, dass auf dem mobilen Endgerät ausschließlich die Daten, welche lokal erfasst wurden, verarbeitet werden. Diese Datenmenge ist folglich deutlich kleiner als eine vergleichbare Datensammlung auf einem zentralisierten Serversystem in der Cloud. Zwar reduziert der Mangel an Vergleichsdaten die Möglichkeiten der jeweiligen Anwendung, aus den erfassten Daten Rückschlüsse zu treffen, auf der anderen Seite steht jedoch der Vorteil des Anwenders, dass dessen persönliche Daten nicht auf ein Drittsystem übertragen werden. Zudem stehen die lokal erzeugten Daten dem Benutzer unabhängig der Internetanbindung zur Verfügung, vernachlässigt man hierbei die Möglichkeit, Cloud-basierte Daten im Rahmen eines Caches offline verfügbar zu machen.

Korrekterweise stellt sich an dieser Stelle die Frage, welchen Vorteil das Durchführen von Datenanalysen auf einem mobilen Endgerät bringt, wenn sich diese Vorzüge ausschließlich auf die Umkehrung der Nachteile einer Cloud-basierten Auswertung beziehen. Daher ist es zweckmäßig, „Big Data" nicht exklusiv auf einem mobilen Endgerät, sondern im Zusammenspiel mit einer Cloud-Plattform zu betreiben (vgl. Tab. 12.1).

Als Beispiel kann man einen Cloud-Dienst andenken, welcher ausschließlich anonymisierte Daten sammelt und diese im Rahmen von Mustererkennungen oder Aggregationen auswertet. Die dadurch gewonnenen Informationen können als Vergleichsdaten im Rahmen einer Datenanalyse auf dem Smartphone verwendet werden. Vereinfacht gesehen könnte dadurch eine App, die den Puls eines Benutzers aufzeichnet, Muster von Herz-

Tab. 12.1 Vergleich von Cloud-basierten und Smartphone-basierten Lösungen für Big Data

Merkmal	Cloud-basierte Lösung	Smartphone-basierte Lösung
Größere Datenbasis für Analysen	Ja	
Erhöhte Privatsphäre		Ja
Unabhängigkeit der Internetanbindung	Durch Caching	Ja
Erweiterte Möglichkeiten für die Forschung	Ja	

infarkt-Patienten als Grundlage der Datenanalyse verwenden. Somit wäre es der Anwendung möglich, den Benutzer über eine lokal durchgeführte Analyse auf ein drohendes Herzleiden hinzuweisen.

12.2.3 Datengewinnung aus Daten

Problemfall Aggregation: Ist Datenqualität wichtiger als Performance?
Innerhalb einer relationalen Datenbank gehören Aggregationen und Generalisierung zum Standardrepertoire datenspezifischer Strukturierungstechniken. Wie bereits lange bekannt, erlauben diese, verschiedene Daten so in Relation zu bringen, dass diese Objekten und Abstrahierungen zugeordnet werden können [30]. Durch Aggregation werden Daten, welche sich auf ein Objekt beziehen, miteinander vereinigt. Übertragen auf ein Beispiel der analogen Welt bedeutet Aggregation, dass die Daten „Motorrad", „Karosserie" und „Reifen" Teil des übergeordneten Objektes „Fahrzeug" sind. Korrekterweise kann man an dieser Stelle anmerken, dass der Begriff „Fahrzeug" bereits eine Generalisierung ist – diese beschreibt nämlich die Vereinheitlichung vieler ähnlicher Objekte mit ähnlichen Eigenschaften. Im Kontext unseres Beispiels wäre ein „Fahrzeug" demnach eine Generalisierung von „Auto", „Motorrad", „LKW" und so weiter.

Während sich die oben beschriebenen, sehr einfach gestrickten Beispiele auf jeweils ein Objekt beziehen, ist die Komplexität bei großen Datenmassen – wie der Auswertung von Sensormesswerten – schwieriger. Zur Verdeutlichung dieses Ansatzes nehmen wir an, dass oben genannte Objekte in einer sehr großen Anzahl vorkommen. Zum Zwecke einer Auswertung sei es nun erforderlich, alle Objekte nach einem bestimmten Attribut in einer Art und Weise zu gruppieren, dass die Attribute der sich in einer Gruppe befindlichen Objekte über ein mathematisches Verfahren (z. B. die Bildung eines Mittelwertes) verfügbar gemacht werden.

Um dies zu konkretisieren, möchten wir alle Fahrzeuge nach dem Monat der Herstellung gruppieren. Hierbei werden die zu gruppierenden Objekte – ähnlich dem vorher beschriebenen Beispiel – in ein neues, übergeordnetes Objekt aggregiert. Hierbei entsteht folglich ein qualitativer Datenverlust. Zwar sind die aggregierten Daten des neuen „FahrzeugMonat"-Objektes repräsentativ für die Objekte, aus dem das übergeordnete Objekt entstanden ist, jedoch sind untergeordnete Abweichungen einzelner Daten nicht mehr im übergeordneten Datenobjekt sichtbar – die Daten wurden homogenisiert.

Selbstverständlich steht hierbei nicht das Reduzieren der Datenqualität im Vordergrund. Durch die Aggregation der Daten reduziert sich bei nachfolgenden Schritten der Bedarf an Rechenzeit, sofern die aggregierten Daten in dieser Form gesichert wurden.

Besonders auf mobilen Geräten, die basierend auf ihrem Design vergleichsweise wenig Rechenleistung besitzen, ist die Frage, ob bei der Auswertung Tausender Sensor-Messdaten aggregierte oder nicht-aggregierte Daten verwendet werden sollen, für das Konzept einer entsprechenden mobilen Anwendung entscheidend. Wird zum Beispiel der Herzschlag eines Menschen aufgezeichnet, kann es unter Umständen nicht ausreichend sein, aggregierte Daten zur Beschreibung des Gesundheitszustandes zu verwenden. So würde zum Beispiel in einer zeitlich aggregierten Form eine Herzrhythmusstörung, welche über eine Mustererkennung feststellbar wäre [31], nicht auffallen, wohingegen die Rohdaten dies sehr deutlich zeigen könnten. Anders verhält es sich beim Zählen von Schritten: hier sind die Einzeldaten – also wann genau ein Schritt getätigt wurde – nicht sonderlich relevant, wohl aber die Aggregation dieser Einzelwerte. Auf diese Art lässt sich ermitteln, wie viele Schritte pro Stunde, Tag oder Woche gegangen wurden.

Die Aggregation von Daten kann folglich dazu benutzt werden, bestimmte Daten in einem relevanten Kontext auszuwerten. Jedoch ist es von der Art der Daten abhängig, ob eine solche Auswertung mehr oder weniger zweckmäßig ist.

Daten in Relation: Informationen über Muster erkennen
Da es verschiedene Einsatzgebiete im Bereich eHealth gibt, unterscheiden sich die Applikationen je nach Themengebiet. Diese können hierbei in drei Themengebiete aufgeteilt werden [32]:

- Austausch von medizinischen Informationen in Bezug auf die gemeinsame Arbeit und Behandlung mit den Patienten
- Verbreitung, Vermittlung und Speicherung der Daten
- Forschung, Ausbildung und Wissensvermittlung

Damit Applikationen Daten beispielsweise verarbeiten können, müssen diese zunächst über Sensoren ermittelt werden. Diese Daten können jedoch durch falsche Platzierung des Smartphone, Smartwatch oder einem anderen Gerät, welches die Sensoren beinhaltet, beeinflusst werden. Um diesem Punkt entgegenzuwirken, werden Strategien beziehungsweise Methoden benötigt, welche stabile Messungen gewährleisten und diesen Faktor im Rahmen der ermittelten Daten berücksichtigen [33].

Sobald die Daten erfasst wurden, können Szenarien des Nutzers ermittelt werden. Es kann anhand der Aktivität festgestellt werden, ob der Nutzer zum Beispiel Sport treibt oder lernt. Diese Szenarien wiederholen sich immer in einem bestimmten Zeitintervall. Anhand dieser Zeitintervalle können Muster gebildet werden. Diese Muster sind in diesem Beispiel „Joggen" oder „Lernen". Sobald innerhalb eines Musters ein untypisches Verhalten auftritt, kann dieses ein Auslöser für ein Frühwarnsystem sein. Somit wäre ein untypisches Verhalten eventuell ein Indiz für ein bevorstehendes Ereignis mit negativen Folgen für die Gesundheit [34].

12.2.4   Früherkennung von Herzkrankheiten

Es ist anzunehmen, dass auch in Zukunft Herz-Kreislauf-Erkrankungen an der Spitze der Erkrankungs- und Sterblichkeitsstatistik stehen werden [35]. Bei Betrachtung der Krankheiten, welche das Herz-Kreislaufsystem betreffen, gilt die koronare Herzkrankheit (auch als ischämische Herzkrankheit bezeichnet) als häufigste Herzkrankheit [36].

Sport bzw. körperliche Aktivität sind ausschlaggebend bei der Vorbeugung (Primärprävention), sowie bei der Verhinderung einer erneuten Erkrankung (Sekundärprävention) [37]. Um diese Vorsorge effektiver zu gestalten, werden bereits eHealth-Lösungen genutzt.

Eventuell auftretende Krankheiten frühzeitig zu erkennen, fällt in den Bereich der Frühdiagnostik. Nachfolgend wird betrachtet, welche Sensoren und Auswertungsmethoden aus dem eHealth-Bereich sich für die Früherkennung von Herzkrankheiten, speziell der koronaren Herzkrankheit eignen.

Benötigte Sensoren

Herzkrankheiten, besonders die koronare Herzkrankheit, werden neben anderen Diagnosemethoden durch ein Ruhe-, Belastungs- und Langzeit-EKG diagnostiziert. Der Risikostatus, also die Wahrscheinlichkeit, dass sich diese Krankheit bei einem Menschen entwickelt, kann beispielsweise am Blutzuckerspiegel gemessen werden, welcher im Falle eines konkreten oder bevorstehenden Herzleidens möglicherweise erhöht ist. Diese Parameter allein sind jedoch selbstverständlich noch nicht aussagekräftig genug für eine fundierte Diagnose oder gezielte Präventivmaßnahmen – hierzu bedarf es weiterer Untersuchungen [38].

Ein Beispiel für ein kleines, mobiles EKG-Gerät ist das Modell „Custo Cardio 100" [39], welches für ca. 2395,00 € (netto) gehandelt wird [40]. Auf Grund des Preises und der Beschaffenheit ist es jedoch kaum für den Privateinsatz relevant. Um den Blutzuckerspiegel zu messen, ist der Patient derzeit noch auf ein klassisches Blutzuckermessgerät angewiesen. Dies könnte sich allerdings zeitnah durch eine intelligente Kontaktlinse ändern, die zur Messung statt Blut, Tränenflüssigkeit verwendet. Eine solche Kontaktlinse wird derzeit von Google und unabhängig davon vom Korea Institute of Science and Technology entwickelt. Letztere geben an, das bessere Modell zu entwickeln. Die Produktreife wurde noch nicht erreicht. Google konnte allerdings bereits das schweizerische Pharmaunternehmen Novartis als Partner für die Vermarktung und Entwicklung gewinnen, was eine zeitnahe Markteinführung wahrscheinlicher machen könnte [41–43].

Eine Lösung zur Messung des Blutsauerstoffs ist ein Ring, der von Asada et al. präsentiert wurde. Dieser enthält Sensorik um Puls und Blutsauerstoff zu messen und per Funkverbindung weiterzugeben [44].

Folgende Sensoren und Messmethoden werden außerdem im medizinischen und Personal-Trainer-Bereich verwendet, um Herzleiden zu diagnostizieren:

Die Herzfrequenzvariablilitätsmessung misst die Herzfrequenz und gibt Aufschluss über die Anpassungsfähigkeit des Herzens an Belastungssituationen. Im Vordergrund stehen der zeitliche Abstand der Ausschläge und die Variabilität der Frequenz [45].

Generalisierend gesagt haben gesunde Herzen ein weiteres Anpassungsspektrum, reagieren schneller auf Belastungssituationen und fallen auch schneller wieder in den Ruhezustand zurück. Durch Stress oder Herzleiden beeinträchtigte Herzen reagieren langsamer und bleiben tendenziell eher im Belastungsbereich mit höherer Herzfrequenz [46].

Zur Herzratenvariablitätsmessung kann beispielsweise ein HRV-Scanner von BioSign verwendet werden [47]. Dieser wird in der Kompaktversion für 1299 € gehandelt [48].

Eine bioelektrische Impedanzanalyse gibt Aufschluss über die Zusammensetzung des Körpers. Die Anteile an Körperwasser, Fettmasse und Muskelmasse können bestimmt werden. Daraus kann auf die Vitalität des Körpers geschlossen werden [49].

Zur Messung der Bioimpedanz eigenen sich einerseits separate medizinische Messgeräte mit Elektroden oder auch Mutlifunktionswagen wie beispielsweise die Tanita BF 522A [50].

Mithilfe einer Durchblutungsmessung kann eine Verengung der Blutgefäße festgestellt werden. Durchgeführt werden kann diese mithilfe einer Doppler- (auch Duplex-) Untersuchung und wird meistens an den Halsgefäßen eingesetzt, da dort große Arterien dicht unter der Hautoberfläche liegen. Bei einer schlechten Durchblutung der Blutgefäße ist das Herz stärker angestrengt und Herzkrankheiten wahrscheinlicher. Weiterhin muss dieses Grundleiden in der weiteren Auswertung der EKG- und Pulsdaten berücksichtigt werden [51].

Professionelle Sensoren sind einerseits zu teuer für den normalen Kunden und anderseits zu groß und aufwändig anzulegen für den alltäglichen Gebrauch. Hier stellt sich die Frage, wie diese Messungen in einfacherer und billigerer Form auch auf Smartphones und Wearables rekonstruiert werden können.

Die Herzfrequenz kann entweder aus einem EKG oder einer Pulsmessung rekonstruiert werden. Hierbei ist die Pulsmessung weniger genau, lässt sich aber einfacher realisieren. Dafür gibt es mehrere Möglichkeiten für Wearable-Devices. Brustgurte zur EKG-Messung finden bereits breiten Einsatz im Sport- und Fitness-Umfeld [51]. Alternativ kann diese Messung über Fingersensoren wie beispielsweise dem „Beurer PM 110 Handschuh" durchgeführt werden [52]. Der Nachteil dieser Lösungen ist, dass sie unbequem zu tragen und deshalb für den täglichen Gebrauch ungeeignet sind.

Eine weitere Lösung zur Messung der Pulsfrequenz ist, analog zu einem Fingersensor, die Messung über die Smartphone-Kamera. Das Pulsieren des Blutes unter der Haut resultiert in einer minimalen Färbungsänderung. Über das Kameramodul als optischen Sensor kann diese Änderung der Färbung verstärkt und gemessen und daraus auf die Pulsfrequenz geschlossen werden [53]. Die Messung über die Smartphone-Kamera kann allerdings nur zur kurzzeitigen Unterstützung der Messwerte verwendet werden, da sie nicht kontinuierlich durchgeführt werden kann, ohne den Tagesablauf zu stören.

Moderne Smartwatches wie beispielsweise die „Motorola Moto 360" [54], die „Apple Watch" [55] oder die auf Fitnessanwendungen spezialisierten Geräte „Fitbit Charge HR" [56] und „Mio Alpha" [57] haben ebenfalls optische Sensoren speziell zur Pulsmessung integriert. Darüber ist eine kontinuierliche Pulsfrequenzmessung möglich.

In einer Smartwatch, einem Fitnessarmband oder einem Smartphone sind außerdem meist Bewegungssensoren integriert. Um Bewegungsmuster und somit sportliche Aktivitäten erkennen und nachvollziehen zu können, werden die folgenden Sensoren in den vorhergenannten Geräten eingesetzt: Accelerometer (Bewegungssensor), Gyroskop (Lagesensor), Magnetometer (Magnetsensor, entspricht einem Kompass) und ein barometrischen Druck-Sensor (Luftdrucksensor), der auch als Altimeter (Höhensensor) verwendet werden kann, indem er Luftdruckänderungen erkennen und daraus auf eine Höhenänderung schließen kann.

Derartige Bewegungssensoren in Schuhe zu integrieren ist ein Ansatz, der besonders Vorteil bei Parkinson-Patienten bringt, um weiterhin zuverlässige Bewegungsdaten zu erhalten. Auch bei anderen Patienten können diese Daten mitverwendet werden, um genauere Bewegungsdaten zu erhalten [58].

Sehr vielversprechend ist eine neue Entwicklung im Bereich Wearable-Technology. Eine Gruppe von Forschern hat EKG-Sensoren entwickelt, die in Kleidung, vorzugsweise Unterwäsche, integriert werden kann. Die Integration in Unterwäsche gewährleistet, dass die Elektroden der Sensoren eng am Oberkörper anliegen und an den richtigen Stellen positioniert sind, vorausgesetzt, dass das Kleidungsstück in der passenden Größe gefertigt wurde. Die Elektroden werden durch ummantelte Metallfäden in dem Kleidungsstück vernetzt [59]. Alternativ hat eine andere Forschungsgruppe eine drahtlose Version derartiger EKG-Sensoren entwickelt [60]. Somit kann eine durchgehende Überwachung des EKG-Status gewährleistet werden, ohne dass dabei störende Geräte angelegt werden müssen. Außerdem hat dies den Vorteil, dass das Kleidungsstück trotzdem gewaschen werden kann [61, 62]. Die Sensoren in dem Kleidungsstück wiederum können die Daten drahtlos an ein Smartphone übermitteln. Eine weitere Studie zeigt auch die Möglichkeit, Bioimpedanzanalysen durch tragbare Textilelektroden (sogenannte Textroden) durchzuführen [63] (vgl. Abb. 12.4).

Kleidungsstücke mit integrierten Elektroden zur EKG-Messung bieten detaillierte, nicht invasive Möglichkeiten zur kontinuierlichen Datenaufzeichnung. Allerdings sind diese Technologien noch im Forschungsstatus und nicht für den Massenmarkt verfügbar.

Auswertung und Relation von Daten
Wenn es um die Auswertung und Relation von Daten geht, bietet sich das Smartphone als Schaltzentrale an. Durch die mobile und allgegenwärtige Konnektivität ist es möglich,

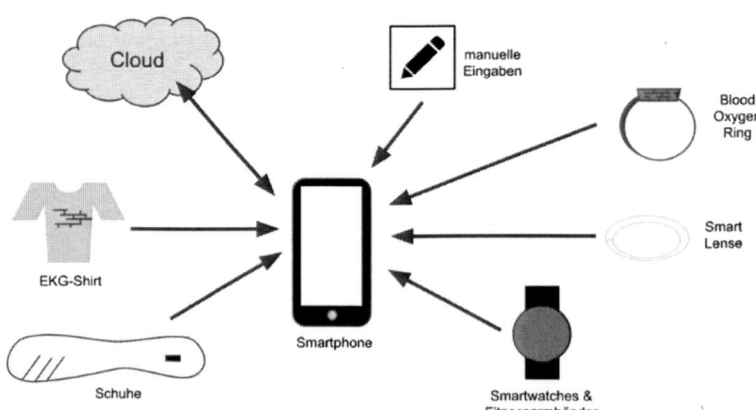

Abb. 12.4 Konzept für Sensorvernetzung zur Früherkennung von Herzkrankheiten

relevante Daten über Sensoren zu erfassen und diese auf einem Smartphone zu verarbeiten und für die Diagnose, Therapie und Überwachung zu nutzen [33]. Zur Datenzusammenführung und Verarbeitung ist eine App als zentrale Anwendung nötig.

Daten, die von einer Smartwatch, einem Fitnessarmband oder von anderer tragbarer Sensorik gesammelt werden, können direkt drahtlos auf das Smartphone übertragen werden. Daten von weiteren, nicht-kontinuierlich messenden Sensoren wie Fitnesswaagen können manuell mit Zeitstempel eingegeben oder bei Gelegenheit synchronisiert werden. Über APIs können zusätzliche Fitnessdaten von etablierten Fitnessanwendungen und Sport-Tracking-Apps integriert werden [64].

Alle Daten können anhand von Zeitstempeln miteinander korreliert werden. Besonders die Pulsmessungen von Smartwatches und Fitnessarmbändern können miteinander und mit EKG-Daten anhand der Spitzen und Frequenzen kombiniert und aggregiert werden, um aussagekräftigere Ergebnisse zu erhalten. Wenn zeitgleich Daten von mehreren Sensoren vorliegen, können Fehlmessungen leichter eliminiert werden.

Mithilfe von barometrischen Drucksensoren, Accelerometern, Gyroskopen und Ortungsdiensten wie GPS kann über die Erkennung charakteristischer Bewegungsmuster zwischen Aktivitäten wie Treppensteigen, Laufen, Joggen oder Fahrradfahren differenziert werden. Ruhephasen können dabei ebenfalls, durch wenig Aktivität, erkannt werden. Bei der Erkennung von Ruhephasen muss eine Solche allerdings vom kompletten Ablegen der Geräte unterschieden werden. Hierbei ist in einer Ruhephase trotzdem noch eine Grundbewegung zu erkennen die bei abgelegten Geräten nicht vorhanden ist.

Puls- und EKG-Daten können nun mit den Aktivitätsdaten korreliert werden [65]. EKG-Messungen über den gesamten Zeitraum können als Langzeit-EKG verwendet werden. Um ein Belastungs-EKG zu rekonstruieren, können EKG-Daten aus Phasen mit starker körperlicher Aktivität, wie während dem Fahrradfahren oder Joggen verwendet werden. Das Ruhe-EKG kann analog dazu aus Phasen mit wenig körperlicher Aktivität gemessen werden.

Erkannte Muster können anonymisiert mit Cloud-Anwendungen abgeglichen werden. Wenn ausreichend Referenzdaten von gesunden sowie kranken Patienten mit ähnlichen physischen Rahmenbedingungen zur Verfügung stehen, kann daraus wiederum eine Übereinstimmung und somit ein Risikofaktor ermittelt werden.

Besonders charakteristische Werte können als Referenzdaten auf den Smartphones im Offline-Cache bereitgestellt werden, um auch ohne Internetverbindung eine zwar rudimentäre, aber kontinuierliche Messung zu gewährleisten. Warnungen bei besonders kritischen Schwellenwerten von Herz- und Pulsdaten können auch direkt in der Smartphone-App implementiert werden, um den Benutzer rechtzeitig zu warnen.

12.2.5   Fazit

Besonders im Bereich der Gesundheit gilt weiterhin: Kein Verfahren ist perfekt, gemäß dem – zugegeben – ironischen Zitat von Mark Twain: „Seien Sie vorsichtig mit Gesundheitsbüchern – Sie könnten an einem Druckfehler sterben." Dennoch bietet beispielsweise die Auswertung von Sensordaten großes Potenzial, zukünftig tatsächlich signifikante gesundheitliche Probleme zu erkennen und maßgebend in der Prävention von Krankheiten unterstützend mitzuwirken

Hierbei ist anzumerken, dass die neuen Ansätze im Feld der medizinischen Informatik erst seit wenigen Jahren in den Fokus der Öffentlichkeit geraten sind. Doch diese haben sich zu einem Trend entwickelt. Durch das in der Mikro- und Informationstechnologie vorhandene Entwicklungspotenzial ist davon auszugehen, dass die Leistungsfähigkeit existierender Sensoren weiter steigt. Dies trifft auch auf die Erfassungsmöglichkeiten neuer Sensoren zu.

Laut dem Stand der derzeitigen Technik ist ein System zur Früherkennung von Herzkrankheiten mit Sensoren in Wearables bereits möglich. Die Einsatzmöglichkeiten sind derzeit am ehesten im Bereich der Risikobeurteilung mit Empfehlung zur ärztlichen Behandlung zu sehen. Der Ersatz der kompletten Diagnostik lässt sich im Moment noch nicht abbilden, im Sinne einer Unterstützungsfunktion wäre es jedoch möglicherweise in näherer Zukunft realisierbar. Hierfür sollten noch weitere wissenschaftlicher Analysen durchgeführt werden.

Neben diesen Faktoren trägt auch die Tatsache dazu bei, dass durch Verbesserungen der Analyseverfahren und durch die anwachsende Datenmenge künftige Auswertungen auf einer zunehmend solideren und folglich auch zuverlässigeren Datenbasis erfolgen werden. Dies wird nicht zuletzt dazu beitragen, dass die gesundheitliche Versorgung mittelfristig qualitativ verbessert werden kann.

12.3   eHealth in der Arbeitswelt – Prävention von stress- und bewegungsbedingten Berufskrankheiten

Maximilian Umann, Heiko Tuscher, Tim Buchmann, Jonas Bosch

Abstract
Der vorliegende Artikel beschäftigt sich mit dem Thema „eHealth in der Arbeitswelt", dessen Sinn, dem Potenzial und den Möglichkeiten. Es wird der Frage nachgegangen, inwiefern eHealth-Gadgets und eine passende Plattform helfen können, arbeitsbedingten und -typischen Krankheiten vorzubeugen bzw. diese zu verhindern. Das Ziel des Artikels ist, die Frage auf Grundlage aktueller Fachliteratur zu diskutieren und eine mögliche technische Lösung zu skizzieren.

Der Artikel führt zu der Erkenntnis, dass Bedarf an Prävention von arbeitsbedingten Krankheiten, ausgelöst durch Stress und Bewegungsmangel, besteht. eHealth-Gadgets sind in der Lage, viele verschiedene Körperfunktionen zu überwachen und zu messen. Gespeichert und ausgewertet auf einer sicheren Plattform können die Daten der Gadgets dem Nutzer Empfehlungen aussprechen, die zu einer Verbesserung des Stresslevels und einem Bewusstsein für gesundheitliche Probleme führen.

Beachtet man die besonderen Anforderungen an eine technische Lösung, kann eHealth ein wichtiger Bestandteil im Arbeitsalltag werden.

Keywords
eHealth, sensor network, Arbeitswelt, BGM, Stress

Einleitung
Für viele Firmen ist das Betriebliche Gesundheitsmanagement, auch BGM genannt, bereits ein fester Teil der Unternehmensstrategie. Dies macht Sinn, denn wir alle verbringen viel Zeit an unserem Arbeitsplatz. Aus diesem Grund liegt es nahe, für ein gesundheitsförderliches Arbeitsumfeld zu sorgen. Die Kampagne „Unternehmen unternehmen Gesundheit" des Bundesministeriums für Gesundheit zeigt, dass in allen Bundesländern bereits viele Projekte zur Förderung der Gesundheit umgesetzt werden (BMG, 2011).

Dieses Interesse der Unternehmen an gesunden Arbeitsplätzen führt auch dazu, dass eHealth im Arbeitsumfeld an Aufmerksamkeit gewinnt. Die Ziele des BGM sind unter anderem die Aufklärung der Arbeitnehmer, mehr Bewegung, sowie gesunde Ernährung und Abbau von Stress. eHealth bietet die Möglichkeit, genau an diesen Punkten anzuknüpfen und die Arbeitgeber und Arbeitnehmer zu unterstützen. eHealth in der Arbeitswelt, das ist der Einsatz von Gadgets, sowie die Einführung einer Plattform, die die Daten auswertet und Empfehlungen, etc. ausspricht. Bereits heute sind einige Gadgets auf dem Markt, die einen gesünderen und bewegungsreicheren Lebensstil zu unterstützen versprechen und es werden immer mehr, was auch Marktanalysen von Canalys zeigen (Canalys, 2014).

Der Bedarf an Lösungen ist groß, da Stress für viele Arbeitnehmer zum Alltag gehört. Dies lässt sich durch Studien belegen. Eine Zunahme der Arbeiterfehltage, durch psychische Erkrankungen wie z. B. Burnout, ist die Folge von steigendem Stress und Unzufriedenheit. Abbildung 12.5 zeigt den Anstieg an Arbeitsausfällen durch besagte Krankheiten.

Aufschluss über die Zufrieden.- bzw. Unzufriedenheit von Arbeitnehmern gibt auch die Studie von Volker P. Andelfinger. Befragte Personen nannten den Arbeitsdruck und

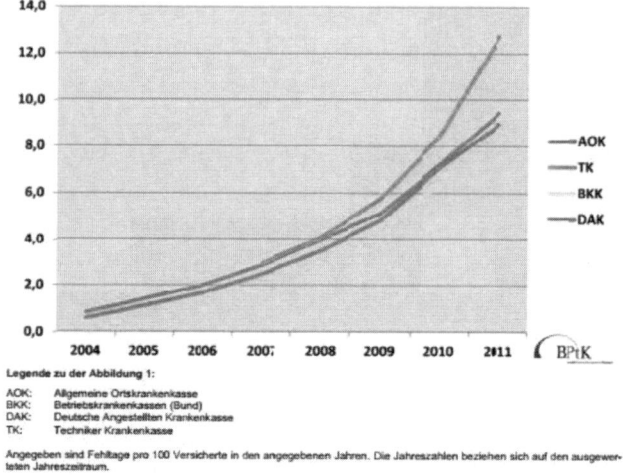

Abb. 12.5 Burnout: AU-Tage pro Versichertenjahre [BPtK, 2012]

die Menge (25 % der Befragten) und 17,6 % den Termindruck als Hauptursache der Un-zufriedenheit. Beide Gründe führen direkt zu Stress bei Mitarbeitern, der Unzufriedenheit auslöst. Hinzu kommt, dass knapp über 40 % der befragten Mitarbeiter ihre Situation nicht als positiv einstufen. Bei 16,5 % ist der „Leidensdruck" hoch, bei knapp über 5 % hat er schon gesundheitliche Auswirkungen (DVB, 2012)

Es wird klar, dass Arbeitgeber Interesse daran haben, ihren Mitarbeitern zu helfen und deren Motivation zu steigern.

Einzelne Firmen haben diese Chance erkannt und den Mitarbeitern bereits eHealth-Gadgets zur Verfügung gestellt, z. B. iic solutions in München. Sie wollen erreichen, dass die Mitarbeiter sensibilisiert werden und sich mehr bewegen. Hierfür wurden hauptsäch-lich sogenannte Fitbit-Tracker eingesetzt. Dieser Tracker zählt die Schritte der Nutzer, also die Bewegung, und ermöglicht es über ein Web-Interface die Nahrungsmittelaufnah-me einzutragen. Hinzu kommen weitere Funktionen. Dadurch erhält man einen Überblick über Kalorienverbrauch und -Zunahme. Problematisch dabei ist, dass andere wichtige Punkte wie z. B. der Abbau von Stress mit einer solchen Lösung nicht abgedeckt werden können.

Dies führt zu einem Bedarf an Gadgets, die in der Lage sind, alle wichtigen Körper-parameter zu messen. Ziel dieses Artikels soll es sein, einen Überblick über die Erfas-sungsmöglichkeiten zu geben, eine geeignete Plattform zu skizzieren, sowie die Rahmen-bedingungen des Themas zu diskutieren.

Erfassungsmöglichkeiten

Es gibt bereits Gadgets und Sensoren, mit denen es möglich ist, viele, für die Gesund-heit relevante, Parameter zu messen und auszuwerten. Diese wurden/werden im Artikel „Neue Sensortechnologien zur Prävention und Behandlung der 10 häufigsten Krankheiten in Deutschland" (ebenfalls in diesem Buch, Anm. d. Hrsg.) betrachtet. Im Folgenden wird die Lage speziell im betrieblichen Umfeld diskutiert.

Um an das Betriebliche Gesundheitsmanagement anzuknüpfen und stress- und bewe-gungsbedingten Krankheiten vorzubeugen, ist eine Reihe von Daten notwendig. Es gibt viele unterschiedliche physiologische Kenndaten, von der Bewegung und Körperhaltung, dem Herzschlag, EKG und der Atmung über den Blutdruck und Blutsauerstoff bis hin zu Parametern wie skeletaler Muskelaktivität und dem elektrischen Widerstand der Haut, die alle zusammen unseren Gesundheitszustand beschreiben (Mattern, F. 2007). Aus all die-sen Daten lässt sich ein Parameter errechnen, der ein Indikator für die Gesundheit darstellt und informieren könne, ob man mal wieder zum Hausarzt gehen soll, so Tröster (2007). Doch sind wirklich so viele Daten notwendig um bewegungs- und stressbedingten Krank-heiten vorzubeugen?

99,5 % Erfolgsrate beim bestimmen des Stresslevels mit nur zwei physiologischen Kennwerten

In dem Paper der 58. IEEE Transactions on Industrial Electronics wird eine Methode zur Bestimmung des Stresslevels anhand der Herzrate und der „Galvanic Skin Response (GSR)" gezeigt (IEEE, 2011). Dieser Wert drückt die elektrische Hautleitfähigkeit aus und lässt Rückschlüsse auf psychophysiologische Zusammenhänge ziehen, da er durch jede physiologische Erregung (wie Stress) verändert wird. Zusammen mit der Herzrate lässt sich dann eine adäquate Aussage über den jeweiligen Stresslevel einer Person treffen (IEEE, 2011). Würden diese physiologischen Daten in Echtzeit erhoben und analysiert, so könnten Personen direkt beim Auftreten von Stress, beispielsweise durch einen kurzen Alarm, darauf hingewiesen werden, um bewusster mit der Situation umgehen zu können. Langfristig könnten so stressige Situationen vermieden werden und so stressbedingten Krankheiten vorgebeugt werden.

Ein weiteres großes Thema berufsbedingter Krankheiten sind Rückenleiden. Laut der Berufsgenossenschaft für Gesundheitsdienst und Wohlfahrtspflege war 2013 mehr als jede fünfte Anzeige einer Berufskrankheit eine Wirbelsäulenerkrankung (BGW, 2014). Die Ursachen liegen unter anderem in einer falschen Haltung der Wirbelsäule, sei es im Sitzen oder bei körperlich anstrengenderem, wie z. B. hebende oder schiebende Tätigkeiten. Vier Studenten der Universität des Saarlandes haben ein Mikrosensorsystem entwickelt, das die Körperhaltung eines Menschen im Alltag überwacht und ihn bei einer Fehlstellung der Wirbelsäule warnt (Elektronik Praxis, 2013). Kombiniert mit der allgemeinen Steigerung der Bewegung (vgl. Beispiel Fitbit) könnten so Rückenleiden deutlich reduziert werden.

Akzeptanz des Tragens vieler Sensoren

Doch letztlich wird für den Erfolg von eHealth-Lösungen entscheidend sein, wie die Zielgruppe das Angebot annehmen wird. Bei all den technischen Entwicklungen hinsichtlich Sensoren und Gadgets stellt sich die Frage, wie eine ganzheitliche Lösung in der Praxis aussehen kann. Ein Pflaster welches den GSR misst, ein Schrittzähler am Arm, acht Sensoren an der Wirbelsäule, und Pulsmesser um die Brust. In der Arztpraxis zur Diagnose wäre die Akzeptanz vermutlich da, doch sich so zu „vernetzen" scheint von einer praktikablen Lösung für jeden Tag weit entfernt. Das zeigt den Bedarf nach praktikablen Gadgets auf, die nicht nur einen, sondern direkt mehrere oder alle relevanten Parameter messen. Ein Armband, welches zusätzlich zum Schrittzähler auch gleich noch Puls und GSR misst, wäre ein Anfang – und bei dem aktuellen Stand der Technik sicher keine Zukunftsmusik. Das Microsoft Band, das derzeit in Deutschland noch nicht auf dem Markt ist, in den USA jedoch schon, besitzt diese Sensorik, wobei die Daten des GSR noch nicht in der zugehörigen App genutzt werden. Dazu eine Art Unterhemd mit integrierten Sensoren für die Körperhaltung, welches ganz einfach unter der Arbeitskleidung getragen werden kann, und die beschriebenen Funktionen wären bereits abgedeckt.

Doch wer Pressemeldungen und Studien zum Thema eHealth verfolgt, dem wird schnell auffallen, dass beim Thema Nutzerakzeptanz solche Dinge kaum Aufmerksamkeit finden, sondern der Datenschutz deutlich im Mittelpunkt steht (Deutscher Bundestag, 2014, Heise, 2015). Dass dieses Thema (vor allem in Deutschland) eine große Rolle spielt und bei einer Lösung berücksichtigt werden muss, steht außer Frage und wird neben einigen anderen Aspekten im weiteren Verlauf betrachtet.

Datenschutz, Akzeptanz und mögliche Lösungen
Datenschutz, allgemeine Gesetze

Beim Thema eHealth in der Arbeitswelt gibt es einige gesetzliche Regelungen, die beachtet werden müssen. Spezieller sind dies Rechte und Pflichten des Arbeitgebers und des Arbeitnehmers, die sich mitunter aus dem rechtlichen Verhältnis zwischen beiden Parteien ergeben.

Der Arbeitgeber hat die Gesundheit des Arbeitnehmers im Arbeitsverhältnis durch Einrichtung geeigneter Bedingungen soweit wie möglich zu schützen (BGB, § 618). Eine Verbesserung des Gesundheitsschutzes des Arbeitnehmers ist anzustreben (ArbSchG, § 3). Zudem haben Arbeitgeber und der Betriebsrat die freie Entfaltung der Persönlichkeit zu schützen und zu fördern (BetrVG, § 75). Der Einsatz von eHealth-Gadgets, in Kombination mit einer dafür entwickelten Plattform, kann dazu beitragen, diese Ziele zu erreichen.

Hierbei müssen jedoch weitere grundlegende Gesetze beachtet werden. Die von eHealth-Gadgets erfassten Daten sind mitunter Daten über die Gesundheit des jeweiligen Mitarbeiters und daher eine besondere Art personenbezogener Daten (BDSG, § 3). Da diese Daten einem besonderen Schutzbedürfnis unterliegen, müssen weitere Vorschriften eingehalten und beachtet werden. Achtgegeben werden muss auch auf das informationelle Selbstbestimmungsrecht. Wenn ein Arbeitgeber eHealth-Gadgets einsetzen möchte, sollte er sich, falls durch bestimmte Gegebenheiten nicht schon eine gesetzliche Erlaubnis besteht, eine Einwilligung des Mitarbeiters hierfür einholen. Diese Einwilligung sollte möglichst genau auf den Zweck, die Art und den Umfang der erhobenen Daten, sowie den Weg der Erhebung und die automatisierte Verarbeitung eingehen (BDSG, §§ 4, 28).

Akzeptanz seitens der Mitarbeiter

Die folgende Betrachtung findet auf Grundlage des Technology Acceptance Models und einer angepassten Version von diesem statt. Die Anwendung des Technology Acceptance Models im Bereich eHealth wird teilweise auch kritisch gesehen, soll in dieser Untersuchung aber dennoch angewendet werden. Allgemein ist bei der Einführung von neuen Technologien von mehreren Faktoren auszugehen, welche Einfluss auf die Akzeptanz bei der Zielgruppe, also hier den Mitarbeitern, haben. Die Akzeptanz von eHealth lässt sich an der tatsächlichen Nutzung der Technologie erkennen. Einen Einfluss auf die tatsächliche Nutzung haben die Faktoren Nutzungsabsicht und Nutzungsvorkehrungen (Venkatesh, 2008).

Auf die Nutzungsabsicht haben sowohl die erwartete Benutzerfreundlichkeit, als auch der erwartete Wert und das Vertrauen in die Technologie einen Einfluss. Bei der erwarteten Benutzerfreundlichkeit sind vor allem initiale Aufwände und ein Verständnis der Technologie zu beachten. Die initialen Aufwände müssen daher minimiert werden, bei nicht vermeidbaren sind die Mitarbeiter und Führungskräfte zu unterstützen, beispielsweise durch Anleitungen oder zur Verfügung stehenden Support. Um ein Verständnis für eHealth und dessen potentiellen Nutzen zu schaffen, kann eine Informationskampagne gestaltet werden. Zum erwarteten Wert gehören die Erfüllung der Ziele, die durch eHealth erreicht werden können, sowie die Qualität der Technologie. Um die Mitarbeiterakzeptanz zu erhöhen, sind Anschauungsbeispiele ein geeignetes Mittel, etwa eine Präsentation von Erfolgen einer aus dem Unternehmen stammenden Pilotgruppe, die eHealth im Einsatz hat. Unter den Punkt Vertrauen fällt es, auf die Bedenken und Ängste der Mitarbeiter einzugehen. Neben dem Vertrauen in den Anbieter, die Verfügbarkeit und die Sicherheit der Technologie, können auch Themen wie der Schutz der Privatsphäre und eine mögliche Kontrolle durch den Arbeitgeber zu behandelnde Punkte sein. Den Mitarbeitern muss für eine gute Akzeptanz der gesundheitliche Nutzen klar erkennbar sein, ebenso wie der Fakt, dass die Kontrolle und Hoheit über die erhobenen Daten bei ihnen liegt. Auch hier kann eine Informationskampagne Mittel der Wahl sein.

Der Faktor Nutzungsvorkehrungen wird vom sozialen Einfluss und dem Konfigurationsaufwand bestimmt. Der soziale Einfluss, welcher sich auch auf die Nutzungsabsicht auswirkt, wird bestimmt durch die Meinung von Dritten, die dem jeweiligen Mitarbeiter gegenüber eine signifikante Bedeutung haben, also vorrangig seiner Peergroup. Im Unternehmensumfeld ist daher bei einer Einführung oder Errichtung einer eHealth-Lösung wichtig, dass man möglichst viele Mitarbeiter auf einmal für die Lösung gewinnt, um das Risiko des Scheiterns durch soziale Einflüsse zu reduzieren. Der Konfigurationsaufwand besteht aus dem einmaligen Erstkonfigurationsaufwand und den wiederholt auftretenden Aufwänden. Diese sind gering zu halten, um den Eindruck der Mitarbeiter zu verhindern, der Aufwand würde den Nutzen übersteigen (Högg, 2010).

Einbezug des Betriebsrats
Bei der Ausgestaltung einer möglichen Plattform für eine eHealth-Lösung in einem Unternehmen ist es nötig, auch den Betriebsrat zu beachten. Der Betriebsrat hat in Unternehmen großen Einfluss, weshalb er in diesem Unterpunkt genauer betrachtet wird. Gesetzliche Regelungen finden sich im Betriebsverfassungsgesetz unter Mitbestimmungsrechte (BetrVG, § 87).

Der Betriebsrat hat danach in bestimmten Angelegenheiten mitzubestimmen, wenn keine gesetzliche oder tarifliche Regelung besteht. Angelegenheiten, die für eHealth in der Arbeitswelt entscheidend sind, finden sich unter § 87 Abs. 1. Folgende Unterpunkte sind relevant:

- Fragen der Ordnung des Betriebs und des Verhaltens der Arbeitnehmer im Betrieb.
- Einführung und Anwendung von technischen Einrichtungen, die dazu bestimmt sind, das Verhalten oder die Leistung der Arbeitnehmer zu überwachen.
- Regelungen über die Verhütung von Arbeitsunfällen und Berufskrankheiten sowie über den Gesundheitsschutz im Rahmen der gesetzlichen Vorschriften oder der Unfallverhütungsvorschriften.

Alle drei aufgezählten Punkte sind vom Thema eHealth betroffen. Besonders die letzten beiden sind relevant. Durch die Einführung einer Plattform können den ganzen Tag die Aktivitäten der Mitarbeiter aufgezeichnet werden. Diese Daten können die Leistung der

Mitarbeiter überwachen, auch wenn dies nicht das primäre oder gewünschte Ziel ist. Der Betriebsrat kann gegen eine solche Einführung stimmen, sieht er das Risiko für eine Überwachung als zu hoch. Dem kann man mit einer verschlüsselten Datenspeicherung und höchstens aggregierten Übersichten für das Management entgegen wirken. Jeder Arbeitnehmer muss selbst die Hoheit über seine Daten besitzen. Außerdem darf der Betriebsrat mitbestimmen, wenn es um die Verhütung von Berufskrankheiten und den Gesundheitsschutz geht. Genau diese beiden Punkte sollen von der aufgezeigten Lösung positiv beeinflusst werden.

Diese Übersicht zeigt, dass beim Thema eHealth der Betriebsrat ein gesetzliches Recht zur Mitbestimmung hat. Deshalb muss er bei den Überlegungen zu einer Plattform auch mit einbezogen werden. Beim Skizzieren einer Lösung müssen also Datenhoheit, Verschlüsselung und Übersicht über die Daten beachtet werden. Außerdem muss der positive Zweck und der Mehrwert dem Betriebsrat deutlich gemacht werden, damit dieser einen Nutzen für den Arbeitnehmer sieht und dem Ganzen zustimmt.

Mögliche Lösung
Wie eine gute Lösung aussieht, ist von den spezifischen Anforderungen und Umständen des jeweiligen Unternehmens und dessen Mitarbeitern abhängig, weshalb es nicht möglich ist, eine solche auf detaillierter Ebene zu beschreiben. Daher wird hier eine Lösung auf abstrakter Ebene beschrieben, welche den meisten typischen eHealth-Lösungen zugrunde liegen kann (vgl. Abb. 12.6). Hierbei werden die weiter oben erarbeiteten, zu beachtenden Punkte adressiert.

Die Mitarbeiter haben ein zur Erfassung der benötigten Daten geeignetes eHealth-Gadget. Das Gadget wertet bereits die ersten Daten aus und kommuniziert die daraus gewonnenen Informationen über geeignete Sinneskanäle. Dies geschieht sowohl im beruflichen

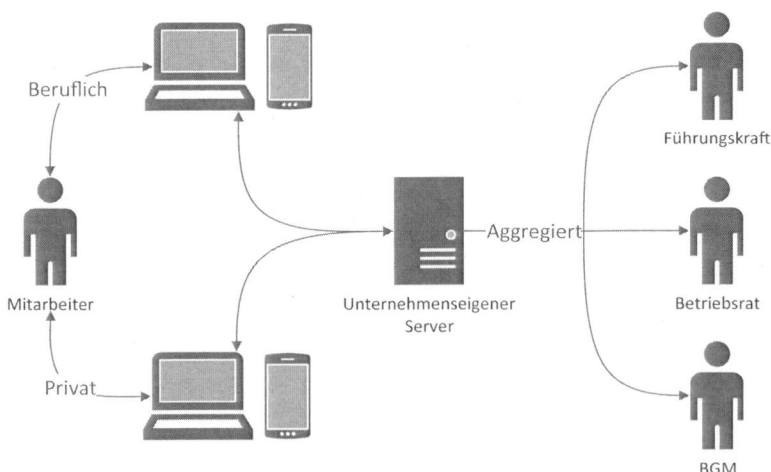

Abb. 12.6 Schematische Darstellung des Informationsflusses einer eHealth-Lösung

als auch im privaten Umfeld. Lösungen, die nur eines der beiden Umfelder einbeziehen, sind zwar möglich, jedoch reduziert sich der zu treibende Aufwand weniger stark als der Nutzen. Die Mitarbeiter können über ein beliebiges IT-Gerät, auf welchem eine zur Lösung gehörende Software genutzt werden kann, die Daten und Informationen mit einem Server synchronisieren. Mögliche Geräte zur Synchronisation sind PCs, Laptops, Smartphones etc., vorausgesetzt die benötigte Software steht dafür bereit. Diese Software ist das Bindeglied zwischen dem Gadget und dem Server, auf welchem die Plattform zur Auswertung, Aufbereitung und Anzeige der Daten und Informationen läuft. Der Server ist aus den erarbeiteten Gründen nicht von einem beliebigen Dienstleister bereitgestellt, sondern ist entweder ein unternehmenseigener des Arbeitgebers oder von einer vertrauenswürdigen dritten Partei – beispielsweise einer staatlichen Stelle – zur Verfügung gestellt. Die Serverbereitstellung ist je nach Firmengröße und den gegebenen Umständen eine Einzelfallentscheidung. Die komplette Kommunikation zwischen Gadget und dem Gerät mit der Synchronisationssoftware findet angemessen verschlüsselt statt, ebenso wie die zwischen dem Gerät und der Plattform auf dem Server. Auf der Plattform werden die Daten und Informationen so aufbereitet, dass sie entweder direkt über eine Web-Oberfläche oder ein Gerät der Mitarbeiter mit der Software angezeigt werden können. Die Plattform speichert die Daten und Informationen ausschließlich verschlüsselt, nur mithilfe eines vom jeweiligen Mitarbeiter vergebenen Passworts können diese im Klartext angezeigt und verwendet werden. Beim Speichern auf der Plattform wird jeweils ein anonymisierter, beziehungsweise aggregierter Satz der Daten und Informationen des Gadgets gespeichert. Dieser Datensatz wird den Führungskräften, dem Betriebsrat und dem betrieblichen Gesundheitsmanagement zur Verfügung gestellt. Dabei ist die Aggregation so durchzuführen, dass auf keinen Fall Rückschlüsse auf einzelne Mitarbeiter möglich sind. Diese können jedoch dadurch ihre Aufgaben und Funktionen besser wahrnehmen und die Mitarbeiter zusätzlich bei Gesundheitsthemen unterstützen.

Möglicher Anwendungsfall – eHealth im Arbeitsalltag
Im Folgenden wird ein möglicher Arbeitstag mit dem Einsatz von eHealth-Gadgets und entsprechender Sensorik aufgezeigt. Einige Funktionen sind heute mit aktuellen Gadgets bereits möglich, andere sind technisch bereits umsetzbar, aber noch nicht auf dem Markt erhältlich. Der Fokus liegt auf der Prävention von Stress und Bewegungslosigkeit im Arbeitsalltag.

Max Mustermann arbeitet als Einkäufer bei einer großen Einzelhandelskette. Er arbeitet vierzig Stunden in der Woche an seinem Büroarbeitsplatz. Seit er eHealth in seinen Alltag integriert hat, haben sich einige Gewohnheiten für ihn geändert. Max wird morgens durch seinen eHealth-Wecker geweckt. Sein Gadget am Handgelenk hat über einen Zeitraum seine Schlafphasen aufgezeichnet und erkennt durch sein Schlafverhalten und bestimmte Muster, wann sich Max in der Leichtschlafphase befindet. Er stellt seinen Wecker am Abend davor normal auf 07:00 Uhr ein. Das Gadget beginnt eine Stunde vor dem eigentlichen Weckertermin zu messen, ob sich Max in einer Leichtschlafphase befindet. Sobald dies zutrifft wird ein Signal an den Wecker gegeben, der ihn durch leicht anstei-

gende Lautstärke der Wecktöne sanft weckt. Somit wird Max nicht plötzlich aus der Tief-
schlafphase gerissen und einem angenehmen Arbeitstag steht nichts mehr im Wege. Nach
einem ausgewogenen Frühstück macht er sich dann auf den Weg ins Büro. Leider läuft
es heute auf dem Weg zur Arbeit nicht reibungslos. Ein Unfall blockiert die Bundesstraße
und Max steht im Stau. Da er direkt um 8 Uhr einen Termin mit einem wichtigen Lieferanten hat und diesen nicht einhalten kann, verzeichnet der Stresssensor durch steigenden
Puls, Blutdruck und Hautwiderstand bereits jetzt Stress (Mattern, F., 2007). Diese Daten
werden auf dem Gadget gespeichert. Nach einem Anruf beim Lieferanten geht der Stresslevel wieder zurück, da auch er im Stau steht. Im Büro angekommen, fällt ihm zunächst
sein neuer Bürostuhl auf. Er setzt sich in den Stuhl, aktiviert den Ergonomie-Modus und
legt die Hand auf den Schreibtisch. Das Gadget erkennt die Höhe des Schreibtisches. Anschließend muss noch die Position des oberen Bildschirmrandes angegeben werden. Mit
diesen Daten und seinen gespeicherten Körpermaßen berechnet das Gerät die optimale
Höhe und Winkel des Stuhls. Max stellt anhand von Symbolen am Gadget die richtige
Position des Bürostuhls ein. Ebenso wird die korrekte Körperhaltung durch Sensoren ermittelt und durch ein Vibrieren durch das Gadget bestätigt (TUD, 2011). Max verlässt den
Ergonomie-Modus nach Einstellen des Bürostuhls und beginnt mit seiner Arbeit. Da der
Lieferant erst gegen Nachmittag eintreffen wird, bereitet er morgens noch wichtige Doku-
mente für den nächsten Tag vor. Das Gerät zeichnet die Körperhaltung von ihm in dieser
Zeit auf. Bei längerer falscher Haltung signalisiert ihm das Gerät diese durch Vibration
und ein Symbol, in welchem Bereich der Haltungsfehler vorliegt und Max kann seine
Körperhaltung korrigieren.

Bewegungslosigkeit führt nicht nur zu körperlichen Beschwerden wie Nacken- und
Schulterschmerzen, auch der Stresslevel kann dadurch höher sein (Timm, 2014). Aus diesem Grund hat Max sein Gadget so konfiguriert, dass er nach 60 min Sitzen benachrichtigt
wird. Dies nimmt er dann immer als Anlass, um zum Beispiel Kaffee zu holen, etwas aus
dem Drucker zu holen, oder kurz aufzustehen und sich zu strecken und zu bewegen. Hier
macht er auch gerne immer wieder kurze Rückenübungen, Dehnübungen oder Entspan-
nungsübungen, welche vom Gadget zusätzlich angezeigt werden können. Rücken, Na-
cken, Augen aber auch die Psyche werden somit entlastet und bekannten Bürokrankheiten
vorgebeugt. Als zusätzliches Symbol lässt er sich hier immer eine Trinkflasche auf dem
Gadget anzeigen. Dadurch wird er an das Trinken erinnert und kann so den täglich benötigten Wasserbedarf decken. Diese nötigen Tätigkeiten sind bei ihm vorher immer gerne
untergegangen. Die Erinnerungsfunktion kann er für Meetings auch problemlos deakti-
vieren oder gezielt nutzen, denn durch eine Meeting-Funktion erkennt das Gadget durch
mehrere Geräte im Raum, dass derzeit eine Besprechung stattfindet und schlägt so danach
gezielt für den Benutzer Aktivitäten vor. Nach einer Pause widmet er sich mit neuer Kraft
und Energie der Arbeit. In der Mittagspause hat er sich heute mit Kollegen zum Essen ver-
abredet. Beim Essen versucht er immer auf eine ausgewogene Ernährung zu achten. Aus
diesem Grund trägt er seine Mahlzeiten auf seiner eHealth-Plattform ein. Dadurch kann
er Kalorienaufnahme und weitere Informationen überblicken, die ihm helfen, sich gesund
zu ernähren. Da er sich heute noch nicht genug bewegt hat, macht er in der Mittagspause

noch einen Spaziergang mit Kollegen an der frischen Luft. Durch die gelaufenen Schritte zeigt ihm sein Gadget nun an, dass er wieder im Soll ist.

Nach der Mittagspause trifft er sich mit dem Lieferanten und anschließend müssen noch dringende Bestellungen getätigt werden. Der Produktionsleiter ruft an und macht Druck, weil die angekündigte Bestellung noch immer nicht da ist. Zusätzlich kommt der Abteilungsleiter und will noch eine Auswertung für die Abteilungsbesprechung am nächsten Tag. Max kann sich vor neuen Aufgaben kaum noch konzentrieren und hat den Fokus auf das Wichtige verloren. Plötzlich vibriert sein Gadget an der Hand wieder und zeigt einen erhöhten Stresslevel an. Er steht auf und holt sich einen Kaffee, um kurz durchzuatmen. Zusätzlich zeigt sein Gadget das Symbol zur Konzentrationsübung an. Er hält kurz inne, konzentriert sich nur auf seinen Atem und versucht kurz alles um sich herum zu vergessen. Dann nimmt er einen Schluck von seinem Kaffee und setzt sich wieder an seinen Arbeitsplatz. Jetzt hat er wieder einen klaren Blick, kann seine Aufgaben priorisieren und das Wesentliche nacheinander abarbeiten. Der Stresslevel geht wieder nach unten und sein Chef lobt ihn für die schnelle und zielgerichtete Arbeit. Max ist glücklich. Nach getaner Arbeit fährt er nach Hause und lässt sich sein Tagesfazit anzeigen. Da er heute mehrere Stressmomente hatte, schlägt ihm sein Helfer noch eine Stunde Ausdauersport vor, um einen Ausgleich zum stressigen Tag im Büro zu erhalten.

Jede Woche setzt sich Max abends einmal an den Computer, um seine Daten vom Gadget auf den Computer zu laden. Hier erhält er dann ausführliche Statistiken und Informationen zu seiner Woche. Er bekommt einen Überblick, an welchem Tag er wann viel Stress hatte. Diese gleicht er dann mit seinem Kalender ab und kann so negative und positive Stressoren unterscheiden. Bei den negativen Stressoren frägt er sich dann, wie es dazu kam und wie er diese in Zukunft minimieren kann. Parallel kann er noch an Auswertungen ablesen, ob die Bewegung der Woche ausreichend war, oder ob er in der kommenden Woche mehr investieren sollte, um Krankheiten vorzubeugen.

Seit Max aktiv eHealth in seinen Alltag integriert hat, geht er viel lieber arbeiten. Er hat erkannt, was ihn immer wieder negativ belastet hat und konnte diese Einflüsse durch Gespräche und Offenheit mit seinem Abteilungsleiter beseitigen. Auch hat er erkannt, was bei ihm positiven Stress auslöst und was ihn zu besserer Arbeit motiviert. Diese Stressoren kann er nun gezielt nutzen, um öfters den bekannten Flow in der Arbeitswelt zu erreichen.

Ergebnis

Durch die Zunahme von Stress, Unzufriedenheit, Burnout und bewegungsbedingten Berufskrankheiten im Arbeitsumfeld ist der Bedarf in heutigen Zeiten sehr hoch, geeignete Präventionsmaßnahmen zur Verbesserung des Arbeitsalltags und der Gesundheit von Arbeitnehmern, aber auch von Arbeitgebern zu finden. Heutige eHealth-Gadgets sind bereits in der Lage, viele verschiedene Körperfunktionen zu überwachen und zu messen. Ebenso können diese technischen Helfer bereits Ratschläge zur Verbesserung der eigenen Fitness geben.

Verbesserungspotenzial gibt es aber durchaus noch in der Alltagstauglichkeit. Statt viele verschiedene Geräte/Pflaster/Brustgurte mit Sensoren zu tragen, wäre eine Vereinheitlichung der nötigen Sensoren in einem Gadget sinnvoll. Um eine hohe Akzeptanz bei den Mitarbeitern zu erreichen, müssten die Hersteller der Gadgets auf Benutzerfreundlichkeit und eine einfache Bedienung der Geräte setzen. Dies sollte bei der Nutzung von eHealth durch Anleitungen, Support, Schulungen und Informationskampagnen unterstützt werden.

Eine weitere Herausforderung bei eHealth in der Arbeitswelt ist eine angemessene Implementierung der Infrastruktur. Neben Verfügbarkeit spielen auch die Sicherheit und der Schutz der Privatsphäre eine maßgebende Rolle. Die Hoheit und Kontrolle der persönlichen Daten, die durch die Gadgets ausgewertet werden, müssen beim jeweiligen Mitarbeiter bleiben. Bevor Daten für Funktionsträger, Betriebsräte etc. sichtbar werden, müssen diese anonymisiert und aggregiert werden. Bei allen anderen personenbezogenen Daten ist sicherzustellen, dass diese verschlüsselt abgelegt und nur dem jeweiligen Mitarbeiter einsehbar sind.

Wenn diese Herausforderungen umgesetzt werden können und weiterhin im Bereich neuer Sensoren-Technik, Alltagstauglichkeit der Geräte und Sicherheit geforscht wird, kann eHealth schon bald zur Prävention von stress- und bewegungsbedingten Berufskrankheiten aktiv eingesetzt werden.

Zusätzlich sollten weiterhin Forschungen im Bereich der Entwicklung von neuen Sensoren getätigt werden. In diesem Artikel wurden ausschließlich Präventionsmaßnahmen durch eHealth bei stress- und bewegungsbedingten Erkrankungen untersucht. Darüber hinaus gibt es viele weitere Krankheiten in der Arbeitswelt, wie zum Beispiel Atemwegserkrankungen, Gehörprobleme, Hautkrankheiten etc., die oft zu spät erkannt werden oder zu großen Einschränkungen der Mitarbeiter führen. Hier wäre eine Früherkennung durch geeignete Sensor-Technik und die schnelle und zielgerichtete Einleitung von Gegenmaßnahmen ebenso sinnvoll und für die Gesundheit des jeweiligen Mitarbeiters mehr als positiv.

12.4 Plattformen für die elektronische Gesundheitsakte – Aktueller Stand und Empfehlung

Carolin Bißle, Florian Saumweber, Jessica Schmid

Abstract
Österreich, Schweden, Australien und einige weitere Länder haben bereits die vom Patienten kontrollierte und institutionsübergreifende elektronische Gesundheitsakte (eGA) eingeführt. Diese Arbeit zeigt den aktuellen Stand der eGA in Deutschland und gibt eine mögliche Empfehlung für ein weiteres Vorgehen. Zuerst wird die aktuelle Situation der eGA-Plattformen in anderen Ländern beschrieben und anschließend mit dem aktuellen Stand in Deutschland verglichen. In einer anschließenden Diskussion sollen die Implikationen und Beschränkungen aufgezeigt werden, um eine mögliche Anwendung auf Deutschland empfehlen zu können. Wir glauben, dass die Ergebnisse dieser Arbeit für weitere Projekte im Bereich eGA-Plattformen in anderen Ländern nützlich sein können.

Keywords
elektronische Gesundheitsakte, Plattformen

12.4.1   Einleitung

Österreich, Schweden, Australien und einige weitere Länder haben bereits eine flächendeckende elektronische Gesundheitsakte (eGA) eingeführt. Die eGA bietet dabei wichtige Vorteile, wie das Vermeiden von doppelten Untersuchungen, die Stärkung der Patientenautonomie und bessere Möglichkeiten zur Therapie und Diagnose für die Gesundheitsdienstleister. Diese Vorteile kann Deutschland bisher leider noch nicht genießen, da es momentan noch keine eGA, aber Pilotprojekte eingeführt hat.

Das Ziel dieser Arbeit ist es, den aktuellen Stand der eGA in Deutschland darzustellen und eine mögliche Empfehlung für ein weiteres Vorgehen zu geben. Anhand einer Literaturrecherche werden mögliche Probleme aufgezeigt, die bei der Einführung in Deutschland auftreten können. Diese könnten somit vorab verhindert und die sich positiv auswirkenden Maßnahmen verstärkt genutzt werden.

Zur Einführung in das Thema werden zuerst die Begriffe elektronische Krankenakte, elektronische Patientenakte und elektronische Gesundheitsakte differenziert und genauer erklärt. Anschließend werden durch die Ergebnisse der Literaturrecherche die verschiedenen Situationen in Österreich, Schweden und Australien beschrieben und anschließend mit dem aktuellen Stand in Deutschland verglichen, um eine mögliche Anwendung auf Deutschland empfehlen zu können.

12.4.2   Differenzierung der elektronischen Akten

Zuerst sollen die Begriffe elektronische Krankenakte, elektronische Patientenakte und elektronische Gesundheitsakte definiert und differenziert werden. Häufig werden diese Begrifflichkeiten nämlich gleichermaßen für die unterschiedlichen Konzepte verwendet. Dadurch entstehen bei Diskussionen und Abgrenzungen immer wieder Verwirrungen, da diese Begriffe eigentlich unterschiedliche Formen der elektronischen Akte (eAkte) beschreiben.

Elektronische Krankenakte
Die elektronische Krankenakte (eKA), im Englischen als „electronic medical record" (EMR) bezeichnet, ist eine Form der eAkte. Sie beinhaltet eine Sammlung aller medizinischen Daten eines Patienten und ermöglicht dadurch eine elektronische Dokumentation.

Das spezielle an der eKA ist, dass sie eine institutionsinterne eAkte ist, wodurch die medizinischen Patientendaten nur innerhalb eines Gesundheitsdienstleisters (z. B. Arztpraxis oder Krankenhaus) erhoben, ausgelesen und verwendet werden können. Die eKA kann deshalb als elektronischer Ersatz für die traditionelle in Papierform erstellte Krankenakte gesehen werden (Waegemann, 1999; HealthIT.gov 2015).

Elektronische Patientenakte

Die elektronische Patientenakte (ePA), im Englischen als „electronic health record" (EHR) bezeichnet, ist eine weitere spezielle Form der eAkte. Sie beinhaltet ebenfalls eine komplette Sammlung aller medizinischen Daten eines Patienten.

Das spezielle an der ePA ist, dass sie eine institutionsübergreifende eAkte ist, wodurch die medizinischen Patientendaten, über die Grenzen aller Gesundheitsdienstleister hinweg, erhoben und zusammengeführt werden. Sodass, wenn nötig, auch andere behandelnde Ärzte von anderen Gesundheitsdienstleister die Daten einsehen und bearbeiten können.

Bevor die ePA jedoch verwendet werden kann, muss jeder Patient der Nutzung der ePA zustimmen, da die gesetzlich vorgeschriebenen Datenschutzbestimmungen eingehalten werden müssen (Waegemann, 1999; HealthIT.gov 2015).

Elektronische Gesundheitsakte

Die elektronische Gesundheitsakte (eGA), im Englischen als „personal health record" (PHR) bezeichnet, ist eine weitere spezielle Form der eAkte. Sie beinhaltet ebenfalls eine komplette Sammlung aller medizinischen Daten eines Patienten.

Das spezielle an der eGA ist, dass es eine institutionsübergreifende eAkte ist, welche der Patient selbst kontrolliert. Zusätzlich kann dieser noch weitere Akteneinträge hinzufügen, wodurch die medizinischen Patientendaten durch weitere Gesundheitsinformationen ergänzt werden können.

Bevor die eGA jedoch verwendet werden kann, muss ein Sicherheitssystem eingeführt werden, welches dem Patienten die selbstständige Kontrolle der Zugriffsrechte ermöglicht. Sodass der Patient bestimmen kann, welcher Arzt die sensiblen Daten einsehen, speichern, ändern oder nutzen darf, da auch hier die gesetzlich vorgeschriebenen Datenschutzbestimmungen eingehalten werden müssen (Waegemann, 1999; HealthIT.gov 2015).

12.4.3 Plattformen

Elektronische Gesundheitsakte in Österreich

In Österreich gibt es bereits eine elektronische Gesundheitsakte (ELGA). ELGA ist ein Informationssystem in dem wichtige Gesundheitsdaten (Entlassungsbriefe, Labor, Radiologie und Medikamente) gespeichert werden. Die Patienten sowie die Gesundheitsdienstleister haben einen gesicherten, orts- und zeitunabhängigen Zugang auf ELGA. Zu den Gesundheitsdienstleistern gehören Krankenhäuser, niedergelassene Ärzte, Apotheken und Pflegeeinrichtungen (Bundesministerium für Gesundheit Österreich, 2010).

Mit ELGA sollen zukünftig alle Gesundheitsdienstleister flächendeckend in Österreich vernetzt werden. Dadurch können sie während der Behandlung auf Vorbefunde, Entlassungsberichte und Medikation des Patienten zugreifen und diese als Entscheidungsgrundlage für die Diagnostik und weitere Therapie verwenden [ELGA GmbH, 2014]. Ziel dabei ist es, die medizinische Behandlung und Betreuung durch den verbesserten Informationsfluss zwischen mehreren Gesundheitseinrichtungen zu verbessern und Kosten zu reduzieren durch Wegfall doppelter Untersuchungen und Behandlungen (Öffentliches Gesundheitsportal Österreichs, 2014).

ELGA erspart Patienten Mehrfachuntersuchungen, die durch andere Ärzte bereits vorgenommen und in ELGA gespeichert wurden. Außerdem können sie sich über den eigenen Gesundheitszustand informieren und darauf basierend Entscheidungen treffen. ELGA stärkt die Patientenautonomie und die Patientenrechte, vor allem das Informationsrecht. Aber auch für die Gesundheitsdienstleister eröffnet ELGA zusätzliche Möglichkeiten für Maßnahmen zur Diagnose und Therapie des Patienten, da manche Patienten ihre medizinische Geschichte nicht ausreichend beschreiben können (Öffentliches Gesundheitsportal Österreichs, 2014).

Für Patienten ist die Verwendung von ELGA freiwillig. Sie können durch einen Widerspruch die Teilnahme an ELGA komplett oder teilweise unterbinden. Das Gesetz zu ELGA legt für die Gesundheitsdienstleister ein „Verwendungsrecht" fest. Dabei müssen Entlassungsbriefe, Labor, Radiologie und Medikamente verpflichtend gespeichert werden [Bundesministerium für Gesundheit Österreich, 2010]. Die Patienten können ihren Widerspruch jederzeit rückgängig machen. Jedoch erfolgt dann keine rückwirkende Erfassung der in der Zwischenzeit entstandenen Gesundheitsdaten (Öffentliches Gesundheitsportal Österreichs, 2014).

Der Zugang zur persönlichen ELGA erfolgt über www.gesundheit.gv.at. Für das Anmelden wird eine gültige Bürgerkarte benötigt (ELGA GmbH, 2014). ELGA soll schrittweise in Echtbetrieb gehen. Ab Ende 2015 führen die Krankenhäuser der Bundesländer Kärnten, Steiermark, Oberösterreich, Tirol und Wien sowie die Unfallkrankenhäuser der AUVA (Allgemeine Unfallversicherungsanstalt) ELGA schrittweise ein. Bis Mitte 2016 arbeiten alle öffentlichen Krankenhäuser mit ELGA. Danach können niedergelassene Kassenärzte alle ELGA-Funktionen, die Apotheken nur die ELGA-Funktion e-Medikation verwenden. Anschließend können auch die privaten Krankenanstalten und Zahnärzte mit Kassenvertrag mit ELGA arbeiten ([Öffentliches Gesundheitsportal Österreichs, 2014).

Patienten dürfen ihre in ELGA gespeicherten Dokumente und Daten uneingeschränkt einsehen, drucken oder auf ihren Computer speichern (Öffentliches Gesundheitsportal Österreichs, 2014) Patienten dürfen die Protokolldaten jederzeit einsehen und kopieren. Die Protokolldaten stellen übersichtlich und einfach dar, wer wann in welchem Umfang und mit welchem Ergebnis die Gesundheitsdaten abgefragt oder es versucht hat (Öffentliches Gesundheitsportal Österreichs, 2014).

Die Teilnehmer von ELGA können vom Gesundheitsdienstleister verlangen, dass er die Medikationsdaten in ELGA aufnimmt und auf die Gesundheitsdaten (Dokumente) verweist. Der Gesundheitsdienstleister muss diesem Verlangen entsprechend der gesetzlichen Verpflichtungen nachkommen (Öffentliches Gesundheitsportal Österreichs, 2014)

Bürger können die gesetzlichen Zugriffsrechte der Gesundheitsdienstleister auf die Gesundheitsdaten selbst verändern. Dies kann sowohl alle Gesundheitsdaten oder aber nur bestimmte Daten betreffen. Außerdem können die Patienten die 28-tägige Frist zur Einsichtnahme in die Gesundheitsdaten für Gesundheitsdienstleister ihres Vertrauens (z. B.

Hausärzte) auf bis zu ein Jahr verlängern oder aber auch verkürzen. Der jeweilige Gesundheitsdienstleister kann nach Behandlungsbeginn für einen Zeitraum von 28 Tagen die ELGA-Gesundheitsdaten einsehen, für Apotheken sind dies 2 h. Individuell festgelegte Zugriffsrechte gehen den gesetzlichen vor (Öffentliches Gesundheitsportal Österreichs, 2014). Die Gesundheitsdienstleister haben nur Zugriff auf die ELGA-Daten eines Patienten, wenn dieser zum Zeitpunkt des Zugriffs bei ihnen in Behandlung ist (Öffentliches Gesundheitsportal Österreichs, 2014).

Der Datenschutz für Patienten wird verbessert. Denn durch ELGA können Patienten ihre eigenen Krankenprotokolle einsehen, Widerspruch einlegen und Verwendungsverbote für bestimmte Gesundheitsdaten definieren. Gesundheitsdaten müssen verschlüsselt übertragen werden (Bundesministerium für Gesundheit Österreich, 2010). Es wird der momentan höchste Sicherheitsstandard verwendet, wenn auf die Daten zugegriffen werden soll. Werden die Daten missbraucht, drohen hohe Strafen (Öffentliches Gesundheitsportal Österreichs, 2014).

Ab 2017 sollen auch Patientenverfügungen, Vorsorgevollmachten und medizinische Register über ELGA verfügbar sein (Öffentliches Gesundheitsportal Österreichs, 2014).

Der Widerspruch gegen die Aufnahme von Gesundheitsdaten in ELGA verhindert das Speichern und Verweisen von Gesundheitsdaten und das damit verbundene Auffinden in ELGA. Die Gesundheitsdienstleister müssen Patienten über dieses Recht gesondert informieren, vor allem bei der Behandlung von HIV-Infektionen, psychischen Erkrankungen, Schwangerschaftsabbrüchen und bestimmten genetischen Daten (Öffentliches Gesundheitsportal Österreichs, 2014).

Die Befunde und Entlassungsberichte werden dort gespeichert, wo sie auch erstellt wurden (z. B. beim Arzt, im Krankenhaus). Die Speicherung erfolgt also dezentral und die Daten werden durch ELGA nur für andere Gesundheitsdienstleister zugänglich gemacht (Öffentliches Gesundheitsportal Österreichs, 2014).

Abschließend betrachtet, ist Österreich Deutschland einen großen Schritt voraus. Österreich hat durch die Erlassung der Gesetze zur elektronischen Gesundheitsakte einen wichtigen Schritt für die Patienten und auch die Gesundheitsdienstleister getan. Durch ELGA kann die Patientenzufriedenheit gesteigert und die Gesundheitsdienstleister entlastet werden.

Elektronische Gesundheitsakte in Schweden

Schweden besitzt ein dezentrales, staatlich geführtes und größtenteils steuerfinanziertes Gesundheitssystem. Zwischen 2008 und 2012 wurde dieses digitalisiert. Seither existieren die Nationell Patientöversikt (NPÖ), sie sind ein Synonym für eGA. Im Zuge dessen werden nun auch private Gesundheitsdienstleistungen akzeptiert. Skandinavische Gesundheitssysteme, darunter auch das Schwedische, genießen ein weltweit hohes Ansehen (Projektgruppe Gesundheitsakte, 2013; ver.di, 2013).

Insgesamt soll der Patient durch die eGA mehr Einfluss erhalten. Zugleich wird die Qualität der Behandlungen verbessert, da alle notwendigen Informationen in der eGA enthalten sind. Aber auch Behandlungszeiten und -kosten werden reduziert, schließlich können Mehrfachuntersuchungen bei unterschiedlichen Gesundheitsdienstleitern durch Einsicht der eGA vermieden werden. Darüber hinaus wird das Gesundheitssystem flexibler, da die Gesundheitsdienstleiter besser planen und koordinieren können. Die Gesundheitsdienstleiter umfassen hierbei keine Apotheken oder Labore, jedoch Krankenhäuser, Psychiatrien und Primärversorger, also Hausärzte, Krankenschwestern, Hebammen, Pflegemitarbeiter, Physiotherapeuten, Psychologen und Gynäkologen. Folglich profitieren Patienten, Gesundheitsdienstleiter und diejenigen, die entscheiden müssen (Inera AB, 2015; Ministry of Health and Social Affairs, 2010, S. 7; Kirchberger, 2014, S. 8, 37; ver.di, 2013).

Mittels eGA sind die darin gespeicherten Informationen orts- und zeitunabhängig verfügbar. Somit kann institutionsübergreifend schnell und einfach darauf zugegriffen werden. Zusätzlich soll dies die institutionellen internen Workflows effektiver und effizienter gestalten. Dennoch wird das Schutzbedürfnis der eGA nicht verweichlicht, denn der Patient kann jederzeit beliebige medizinische Informationen ausblenden oder sich dem System komplett entsagen. Außerdem werden jegliche Zugriffe auf die eGA aufgezeichnet. Ob diese auch relevant waren, wird seitens der Gesundheitsdienstleiter regelmäßig kontrolliert (InterSystems Corporation, 2011; Örebro Läns Landsting, 2010, S. 2). Resultierend wird das Prinzip: so wenig wie möglich, aber so viel wie nötig umgesetzt.

Grundsätzlich sind zunächst alle Bürger Schwedens für die eGA registriert. Allerdings kann jeder Einzelne jederzeit widersprechen. Dies erfolgt über einen schriftlichen Antrag, welcher bei einem Gesundheitsdienstleiter eingereicht werden muss. Somit existiert zwar immer noch eine eGA, da sie gesetzlich verpflichtend ist, jedoch ohne Inhalt. Ferner hat das Ablehnen einer eGA keinerlei Auswirkung auf die bei den jeweiligen Gesundheitsdienstleitern gespeicherten Informationen. Durch das Ausschreiben obliegt den Patienten eine höhere Verantwortung, denn sie haben eine Informationspflicht. Grund hierfür ist, dass Gesundheitsdienstleiter keinerlei Informationen der eGA abrufen können. Die Teilnahme an der eGA ist jederzeit wieder möglich, hierzu wendet man sich an einen Gesundheitsdienstleiter. Aufgrund dessen, dass für die eGA keine separate Datenbank existiert, sind alle während der Ablehnung der eGA entstandenen Daten sofort verfügbar. Gleichwohl, muss der Bürger Zugriffe darauf gewähren (Örebro Läns Landsting, 2010, S. 2 f.; Kirchberger, 2014, S. III, 19).

Nur diejenigen Gesundheitsdienstleiter, die in die Behandlung oder Prävention eingebunden sind, können per Konsens des Patienten Zugriff auf die eGA erlangen. Um diesen Zugriff vorübergehend zu befähigen, muss sich anschließend das Personal des Gesundheitsdienstleiters mit der jeweiligen eService-Identitätskarte und dem dazugehöriger PIN autorisieren. Eine Änderung der Daten anderer Gesundheitsdienstleiter ist nicht möglich, nur der Eigenen. Die Zugriffe auf die Daten können vom Patienten eingesehen werden. Des Weiteren haben selbst Eltern keinen Zugriff auf die eGA ihrer Kinder. Die Kinder sind hierfür eigenverantwortlich. Solange ihnen kein verantwortungsbewusster Umgang mit den Daten unterstellt werden kann, übernimmt eine Aufsichtsperson die Obhut. Diese wird den Eltern bis zum zwölften Lebensjahr ihres Kindes gewährt. Danach wird die notwendige Reife des Kindes je Einzelfall beurteilt – zumeist wird sie ab dem 15. Lebensjahr bejaht. Ebenso kann jeder Einzelne die eGA ablehnen oder darin enthaltene Informationen nicht für andere freigeben. Zum Teil können bereits bei manchen Gesundheitsdienstleitern selbst Informationen hinzugefügt werden, wohingegen noch nicht alle Gesundheitsdienstleiter einen web-basierten Zugriff ermöglichen. Beide Prozesse sollen in nächster Zeit landesweit ausgedehnt werden (Örebro Läns Landsting, 2010, S. 2; Ministry of Health and Social Affairs, 2010, S. 11; Kirchberger, 2014, S. 23; Datainspektionen, 2014; Inera AB, 2015; unlimited communications marketing gmbh berlin, 2012, S. 2, 4).

Gespeicherte Informationen umfassen Verwaltungsdaten, Diagnosen, Begründungen für gewählte Behandlungen, besuchte Gesundheitsdienstleiter, Präventionsmaßnahmen, Überempfindlichkeiten, Medikamente und zum Teil eigene Aktivitäten. Laborergebnisse und elektronische Rezepte werden nicht in der eGA, sondern separat ohne direkte Verknüpfung zueinander gespeichert. All diese Informationen unterliegen dem Patientdatalagen (PDL). Dieses Patienten-Datenschutzgesetz besagt, dass eine eGA mindestens zehn Jahre nach letztmaligem Zugriff gespeichert werden muss und für fast jegliche Handlung die Zustimmung des Patienten erforderlich ist. Ebenso fließen in die eGA international anerkannte Standards, sowie nationale Gesetze mit ein (Örebro Läns Landsting, 2010, S. 2; Tieto, 2014; Waldo, 2013, S. 6; Ministry of Health and Social Affairs, 2010, S. 13, 36).

Zusammenfassend stellt man fest, dass das Schutzbedürfnis der eGA höchste Priorität hat, auch wenn Bürger explizit widersprechen müssen, falls sie die eGA verweigern. Angestrebt wird, in nächster Zeit die Patientenautonomie landesweit zu stärken. Dies erfolgt mit dem Kompromiss, dass Gesundheitsdienstleister bei Zugriff auf die eGA, ihre internen Prozesse sowie Qualität nochmals verbessern sollen.

Elektronische Gesundheitsakte in Australien

Im Juli 2012 wurde in Australien ein neues System eingeführt, bei dem sich alle interessierten Bürger und Gesundheitsdienstleister freiwillig für die Teilnahme an dem PCEHR (Personally Controlled Electronic Health Record), also der eGA registrieren können. Dies soll der erste Schritt für die Entwicklung eines elektronischen Gesundheitsystems sein, welches nach und nach aufgebaut werden soll. Die Patienten und die Gesundheitsdienstleister können dabei wann immer sie wollen und wo immer sie sind online direkt auf die eGA zugreifen. Diese beinhaltet hier Informationen wie Medikamente, Krankenhausentlassungsberichte, Allergien und Impfungen (Reeve et al., 2013; Australian Government Department of Health and Ageing).

Mit der eGA kann eine Behandlung wesentlich schneller, sicherer und einfacher durchgeführt werden. Schneller, da die Ärzte, Krankenschwestern oder weitere Gesundheitsdienstleister sofort auf bestehende oder vergangene Behandlungsinformationen zugreifen können. Sicherer, da die autorisierten Gesundheitsdienstleister wichtige Gesundheitsinformationen, wie Allergien oder bereits erhalten Behandlungen leicht einsehen können. Und einfacher, da sich die Patienten nicht mehr an die Ergebnisse eines Tests oder bereits verschriebenen Medikamente erinnern müssen (Australian Government Department of Health and Ageing).

Durch die eGA können alle Informationen schnell und einfach zwischen den zuständigen Gesundheitsdienstleistern geteilt und online gesammelt werden. Dadurch besteht dann auch die Möglichkeit, wenn es nötig ist, von überall aus auf die Gesundheitsakte zugreifen zu können. Die Patienten haben dabei auch die Möglichkeit zu sehen, wer auf die Daten zugegriffen oder diese aktualisiert hat (Australian Government Department of Health and Ageing).

Alle australischen Bürger können sich für die Verwendung einer eGA entscheiden, dafür müssen sie sich lediglich vorher registrieren. Es gibt fünf verschiedene Möglichkeiten sich für diese zu registrieren, telefonisch, schriftlich durch Ausfüllen eines Formulars, online unter http://www.ehealth.gov.au, persönlich in einem „Medicare Service Centre" oder mit Unterstützung eines Gesundheitsdienstleister (Reeve et al., 2013; Australian Government Department of Health and Ageing).

Da die eGA persönlich kontrolliert wird, ist es den Patienten überlassen, ob sie diese verwenden möchten oder nicht. Wenn diese nicht mehr aktiv sein soll, dann kann sie ganz einfach gekündigt werden. Es gibt drei verschiedene Möglichkeiten die eGA zu kündigen, telefonisch, online unter http://www.ehealth.gov.au oder persönlich in einem „Medicare Service Centre". Ist diese gekündigt worden, dann können keine Daten mehr hinzugefügt werden und sie ist auch für niemanden, einschließlich Patienten, mehr sichtbar (Australian Government Department of Health and Ageing).

Die PatientInnen können sich jedoch jederzeit erneut registrieren. Hierfür gibt es wieder drei verschiedene Möglichkeiten, telefonisch, online unter http://www.ehealth.gov.au oder persönlich in einem „Medicare Service Centre". Durch die erneute Aktivierung erhalten die bisherigen Gesundheitsdienstleister alle Zugriffberechtigungen, die sie vor der Kündigung hatten. Jedoch sind alle, während der Deaktivierung entstandenen, Dokumente nicht in der eGA enthalten (Australian Government Department of Health and Ageing).

Die Patienten dürfen auch selbst Informationen in ihre Gesundheitsübersicht eingeben oder persönliche Gesundheitsnotizen hinzufügen. Dabei können nur die Patienten auf die persönlichen Gesundheitsnotizen zugreifen und diese sehen, während die Gesundheitsdienstleister nur die Möglichkeit haben sich die Gesundheitsübersicht anzeigen zu lassen (Reeve et al., 2013; Australian Government Department of Health and Ageing).

Die Patienten kontrollieren was in der eGA gespeichert wird, es gibt auch die Möglichkeit, Dokumente und Informationen zu Medikamenten oder anderen Behandlungen zu entfernen. Er kann auch der Aufzeichnung von bestimmten, für ihn ausgestellten Rezepten widersprechen, dabei muss der Apotheker aber speziell darauf hingewiesen werden, bevor er das Medikament ausgibt. Auf Wunsch des Patienten können gelöschte Dokumente aber auch wieder hochgeladen werden. In den Zugriffseinstellungen gibt es für die Patienten zusätzlich die Möglichkeit einigen Gesundheitsdienstleister das Anzeigen der Informationen einzuschränken (Reeve et al., 2013; Australian Government Department of Health and Ageing).

Während der Einrichtung der eGA kann entschieden werden, ob die Daten über die Gesundheitsinformationen von dem „Department of Human Services – Medicare" oder dem „Department of Veterans' Affairs" gesammelt werden sollen. Gesundheitsinformationen können hierbei Informationen zur staatlichen Krankenkasse, zu pharmazeutischen Leistungen, Details zur Organspende oder der Impfpass sein (Reeve et al., 2013; Australian Government Department of Health and Ageing).

Es können auch klinische Dokumente über die Gesundheit gespeichert werden. Diese werden von den Gesundheitsdienstleistern erstellt und anschließend hochgeladen. Es können dabei eine gemeinsame Gesundheitsübersicht, eine Terminübersicht oder eine Zusammenfassung der Krankenhausentlassungen enthalten sein (Reeve et al., 2013; Australian Government Department of Health and Ageing).

Des Weiteren können auch persönliche Dokumente mit Gesundheitsinformationen, die von den Patienten selbst aufgenommen wurden, gespeichert werden. Es können dabei eine persönliche Gesundheitsübersicht und persönliche Notizen zur Gesundheit enthalten sein (Reeve et al., 2013; Australian Government Department of Health and Ageing).

Nachdem ein Patient verstorben ist, verbleiben die Dokumente noch 30 Jahre im System. Wenn jedoch der Zeitpunkt des Todes nicht bekannt ist, dann verbleiben die Dokumente 130 Jahre von dem Zeitpunkt ab, an dem diese hochgeladen wurden (Reeve et al., 2013; Australian Government Department of Health and Ageing).

Die eGA hat eine hohe Sicherheit und einen starken Schutz der Privatsphäre. Der Patient kann nur durch einen Benutzernamen und ein Passwort darauf zugreifen (Australian Government Department of Health and Ageing).

Zusammenfassend kann man feststellen, dass vor allem die Patientenautonomie im Vordergrund steht. Den Gesundheitsdienstleistern wird in der Hinsicht entgegengekommen, dass Informationen und somit auch Zugriffsprotokollierungen mindestens 30 Jahre verwahrt werden müssen.

Elektronische Gesundheitsakte in Deutschland
In Deutschland gibt es aktuell noch keine flächendeckende gesetzliche elektronische Gesundheitsakte, obwohl sie seit 2011 regional getestet wird. Aktuell gibt es noch keine Regelungen zum Datenschutz, daher ist die Nutzung freiwillig. Jedoch gibt es verschiedene Anbieter, die kommerziell elektronische Gesundheitsakten anbieten. Dabei variiert der Zugriff bei den einzelnen Anbietern, entweder geschieht er online oder über USB-Massenspeicher. Und auch die Leistungen der Anbieter variieren (Projektgruppe Gesundheitsakte, 2013).

Noch immer nutzen nicht alle deutschen Ärzte die elektronische Krankenakte, geschweige denn die elektronische Patientenakte (Henrich, A., 2013).

Doch ohne diese elektronischen Akten ist es unmöglich, die eGA einzuführen. Denn solange es noch Ärzte gibt, die die Krankenakte des Patienten in Schriftform haben, können andere Gesundheitsdienstleister nicht auf diese Daten zugreifen.

In Deutschland sind medizinische Daten sensibel und besonders schützenswert (§ 3 Absatz 9 Bundesdatenschutzgesetz). Die datenschutzrechtlichen Anforderungen an eine elektronische Gesundheitsakte sind u. a. die freiwillige Teilnahme, die Datenhoheit des Versicherten und das Erforderlichkeitsprinzip. Die Daten, die in der elektronischen Gesundheitsakte hinterlegt werden, müssen passwortgeschützt sein und benötigen eine verschlüsselte Übertragung. Der Datenzugriff wird ausschließlich durch den Patienten erfolgen, der festlegt, wer auf welche Daten zugreifen darf (Die Bundesbeauftragte für den Datenschutz und die Informationsfreiheit, 2009).

12.4.4 Diskussion

Implikation

Die angestrebten Ziele der eGA in den Ländern Australien, Österreich und Schweden sind sehr positiv und vielversprechend. Somit sollte auch für das deutsche Konzept der eGA gelten, dass die medizinische Behandlung und Betreuung schneller, sicherer und einfacher wird. Zugleich sollte der Patient starken Einfluss auf seine Behandlung besitzen. Positiver Nebeneffekt wäre, dass nicht nur der Patient, sondern auch die Gesundheitsdienstleister aufgrund besserer Workflows profitieren.

Aus den Zielen lassen sich erreichte bzw. zu erzielende Vorteile ableiten. Unter anderem, dass keine Mehrfachuntersuchungen anfallen und Zugriffe auf die eGA jederzeit durch den Patienten eingesehen werden können – zumeist online. Ferner, dass alle drei Länder der eGA einen sehr hohen Schutzcharakter zukommen lassen, unabhängig davon ob diese für andere freigegeben wird. Folglich rückt die Patientenautonomie deutlich in den Vordergrund. Diese Vorteile sollte Deutschland ebenfalls anvisieren.

Die Teilnahme der Bürger an der eGA unterscheidet sich zwischen den Ländern zum Teil deutlich. Deutschland sollte hierbei eine freiwillige Teilnahme favorisieren, sowie die jederzeitige, vollumfängliche Kündigung befähigen – keine teilweise –, um Übersicht und Rechtssicherheit für alle Beteiligten zu bewahren. Die Ein- und Ausschreibung aus der eGA sollte wie in Australien möglichst viele Kanäle umfassen, da dadurch der Bürger flexibler bleibt. Ebenso sollte die eGA dezentral angelegt sein, damit die Daten, die während der eGA-freien Zeit entstehen, bei deren Wiederaufnahme ebenfalls vorhanden sind. Sie können darauffolgend nach persönlichem Ermessen ein- und ausgeblendet werden. Aufgrund der dezentralen Speicherung besteht die Chance, dass Institutionen ihre Daten für andere bereitwilliger zur Verfügung stellen. Schließlich haben sie im Nachhinein noch immer Einfluss auf die Datenbereitstellung. Bei zentralen Verwaltungssystemen können einmal getroffene Entscheidungen nur schwer rückgängig gemacht werden. Dies ist zugleich im Einklang mit der ärztlichen Schweigepflicht, da die Daten weiterhin bei den Institutionen verbleiben.

Für Deutschland sollte durchaus erstrebenswert sein, dass nur die in die Behandlung eingebundenen Gesundheitsdienstleister Zugriff auf die eGA erlangen und sich das Personal zur Einsicht per Smartcard autorisieren muss. Weiterhin positiv anzumerken wäre, dass wie in allen drei Ländern Zugriffsrechte für die eGA vergeben werden können. Des Weiteren wäre hervorzuheben, dass Änderungen an dieser protokolliert werden und vom Bürger eingesehen werden können, damit nichts „hinter seinem Rücken" stattfinden kann. Diese Kontrolle sollte per web-basiertem Portal ermöglicht werden. Darüber hinaus bietet

Schweden einen guten Ansatz für die Obhut der Daten, sie obliegen nur dem Bürger. Ist dieser noch unmündig, so ist seine Aufsichtsperson dafür verantwortlich. Jedoch werden bereits in frühen Lebensjahren Reifebeurteilungen durchgeführt, um Aufsichtspersonen zu vermeiden.

Abschließend bleibt festzuhalten, dass Deutschland ebenfalls sehr hohe nationale, wie auch internationale Standards anwenden sollte. Dies umfasst dabei auch die verschlüsselte Übertragung der Daten. Eine Differenzierung der eGA in Sub-Bereiche ist eine sinnvolle Variante, um Zugriffe und Verantwortlichkeiten transparenter zu gestalten.

Beschränkung
Die Teilnahme an der eGA sollte für deutsche Bürger auf freiwilliger Basis erfolgen, um deren Autonomie zu wahren. Zusätzlich sollte der teilweise Widerspruch der eGA unterbunden werden. Nur so haben alle Beteiligten die Gewissheit, dass alle bereitgestellten Informationen vollständig und aktuell sind.

Ferner sollten beim deutschen Konzept stets alle verfügbaren Informationen in die eGA einfließen, um spätere Informationslücken bei zeitlich auseinanderliegenden Aus- und wieder Einschreibungen zu vermeiden.

Deutschland sollte bei den Zugriffsberechtigungen und -kontrollen das Hinzufügen patienteneigener Informationen vermeiden. Schließlich haben die meisten Bürger nicht das Know-How, um fundierte Daten in deren eGA einzufügen. Für diesen Zweck wurde die ePA – nicht Bestandteil dieser Ausarbeitung – konzipiert.

Ebenfalls ist aus deutscher Sicht bedenklich, dass höchstsensible Daten in Australien zum Teil mindestens 30 Jahre gespeichert werden. Diese Zeit sollte kürzer sein, zumal die Medizintechnik sehr schnelllebig ist. Denn wahrscheinlich können durch neue Verfahren bessere Diagnosen getroffen werden, als durch Einsicht 30 Jahre alter Daten. Abschließend sollten nicht jegliche zum Patienten angelegten Daten mit seiner eGA verknüpft werden. So wären unter anderem elektronische Rezepte überflüssig, da allein der Tatsache geschuldet, dass diese Rezepte freiwillige sind, keine essentiellen Informationen darstellen können.

12.4.5 Fazit

Durch die Einführung einer eGA in Deutschland könnten auch hier einige wichtige Vorteile genutzt werden. Doch um diese einführen zu können, muss zuerst flächendeckend und verpflichtend die elektronische Patientenakte eingesetzt werden.

Die Teilnahme sollte in Deutschland für jeden Bürger freiwillig sein, jedoch darf der Widerspruch nur für die gesamte Akte gelten. Der Zugang zu der eGA soll über das Internet möglich sein, damit jeder Patient orts- und zeitunabhängig auf seine Daten zugreifen kann.

Die Bundesregierung sollte per Gesetz die Zugriffskontrolle und -berechtigung festlegen. Diese gesetzlichen Vorgaben können dann vom Patienten angepasst werden, so dass der behandelnde Arzt nur auf die Daten zugreifen kann, die er für seine Behandlung benötigt. Auch die Zugriffsdauer sollte gesetzlich festgelegt werden, die dann der Patient bei Bedarf verlängern oder verkürzen kann – je nach Behandlungsart und -dauer.

Die Speicherung der Daten sollte dezentral erfolgen, d. h. sie werden auf den lokalen Rechnern, der erhebenden Institution gespeichert und dann für die eGA zugänglich gemacht. Dabei sollte auch die Dauer der Datenspeicherung festgelegt werden. Nur so ist die Akzeptanz der Institutionen einigermaßen gegeben, denn sie wollen aus Eigenschutz keine höchstsensiblen Daten publizieren, auch wenn ein geschlossenes System dahintersteckt. Zumal spiegelt dies den Grundgedanken der ärztlichen Schweigepflicht wieder.

Auch der Schutz der medizinischen Daten sollte in einem Gesetz niedergeschrieben werden. Dabei ist zu beachten, dass der Zugang passwortgeschützt sein muss und die Übertragung der Daten verschlüsselt stattfindet. Der Datenzugriff kann nur vom Patienten gesteuert werden, der dann bestimmt, wer auf welche Daten wie lange zugreifen darf.

Abschließend betrachtet wäre es ein sehr großer Vorteil für Deutschland, wenn die elektronische Gesundheitsakte eingeführt wird. Dadurch kann die Patientenzufriedenheit gesteigert werden und die Entlastung der behandelnden Institutionen erfolgen. Die momentanen Probleme können durch gesetzliche Anforderungen und Regelungen gelöst werden.

12.5   Marktanalyse – Analyse des deutschsprachigen eHealth-Marktes für Gesundheitsplattformen

Anna-Sophie Baumann, Felix Burkhard, Benedikt Feifel, Jasmin Kraushaar, Thomas Lukschnat, Fabian Senze

12.5.1   Definition des relevanten Marktes

Gesundheitsplattformen im Internet spielen eine große Rolle im Umfeld des eHealth-Marktes. Häufig entsteht der erste Kontakt zwischen einem Nutzer und dem Thema eHealth über eine Gesundheitsplattform. Dabei gibt es eine große Vielfalt an unterschiedlichen Plattformen. Es gibt Plattformen, die es ermöglichen, Gesundheitsdaten, wie zum Beispiel Arztberichte, Befunde, Röntgenbilder etc. für einen Patienten zu speichern und zentral zu verwalten. Andere Plattformen hingegen bieten ein Forum an, in welchem sich Patienten über Krankheiten, Symptome und auch Heilmittel und Heilmethoden unterhalten können. Eine dritte Art Plattform sammelt Daten direkt über einen vom Nutzer getragenen Tracker. Ein solcher Tracker wird am Körper befestigt und misst mittels eingebauter Sensoren zum Beispiel die am Tag zurückgelegten Schritte oder Ruhephasen des Anwenders. Zusätzliche Daten wie Gewicht, Informationen über die Nahrungsaufnahme, Herzfrequenz, Blutdruck etc. können über verbundene Messgeräte oder manuell eingetragen und gespeichert werden.

Trotz dieser zum Teil großen Unterschiede freuen sich all diese Plattformarten großer Beliebtheit. So sollen Ende 2014 bereits 45 % der Deutschen ihre privaten Endgeräte für digitale Gesundheitsangebote verwenden[2]. Zwei Entwicklungen begünstigen diese Beliebtheit[3]. Zum einen ist dies der gesellschaftliche Wandel. Für die Gesellschaft spielt die Gesundheit eine immer bedeutendere Rolle. Viele Personen kümmern sich intensiv um ihre eigene Gesundheit und achten auf deren Erhaltung.

Auch die Mediennutzung nimmt immer weiter zu. Vor allem mobile Geräte erfreuen sich immer größerer Verbreitung. Und so kommen wir auch schon zur zweiten begünstigenden Entwicklung, dem technologischen Fortschritt. Die Entwicklung mobiler Geräte und die Möglichkeit, (fast) immer mit dem Internet verbunden zu sein, ermöglicht es den Nutzern erst, ihre Daten auf einfache Weise zu speichern, verwalten und zu pflegen.

Letztendlich hängt der Erfolg davon ab, inwieweit die Wünsche der Kunden erfüllt werden. Die große Anzahl an Nutzern von Gesundheitsplattformen verdeutlicht die hervorragende Umsetzung der Kundenbedürfnisse.

Ein elementares Ziel für die Zukunft von eHealth ist die Generierung einer „Makro-Ebene"[4]. Diese Ebene soll einen Rahmen für alle Gesundheitsanwendungen schaffen. Die Plattformen, die sich so großer Beliebtheit freuen, sind zum jetzigen Zeitpunkt von allen anderen Angeboten isoliert. Sie sind sogenannte „Insel-Lösungen".

Es stellt sich nun die Frage, wie sich der Markt dieser Gesundheitsplattformen in Zukunft weiterentwickelt. Werden die Plattformen in Zukunft durch andere Angebote ersetzt? Werden die Plattformen in die Makroebene integriert oder bleiben sie in ihren Inseln bestehen? Diese Problematik wird in diesem Artikel anhand einer Marktanalyse behandelt. Der für diese Ausarbeitung relevante Markt ist auf die in den Ländern Deutschland, Österreich und Schweiz angebotenen Gesundheitsplattformen begrenzt.

12.5.2 Markteintrittsbarrieren

Markteintrittsbarrieren stellen Hindernisse da, die den Markteintritt eines Unternehmens wesentlich erschweren oder sogar verhindern können. Bei einer Marktanalyse ist es wichtig herauszufinden, wie hoch diese Markteintrittsbarrieren für mögliche neue Konkurrenten und auch für das eigene Vorhaben sind. Deswegen ist es empfehlenswert, im Vorfeld die Barrieren für einen Markteintritt aufzudecken und zu prüfen und gegebenenfalls Lösungen zu finden wie diese überwunden werden können. Die Marktbarrieren können in drei Bereiche eingegliedert werden (Abb. 12.7).

Unter technologie- und ressourcenabhängige Markteintrittsbarrieren kann der Vorsprung eines Unternehmens in Forschung und Entwicklung gemeint sein oder wie schwierig es ist geeignetes Personal zu finden. Unter den Bereich rechtliche und marktspezi-

---

[2] Vgl. (Deloitte, 2014) S. 4.

[3] Vgl. (Deloitte, 2014) S. 5 ff.

[4] Vgl. (Deloitte, 2014) S. 17.

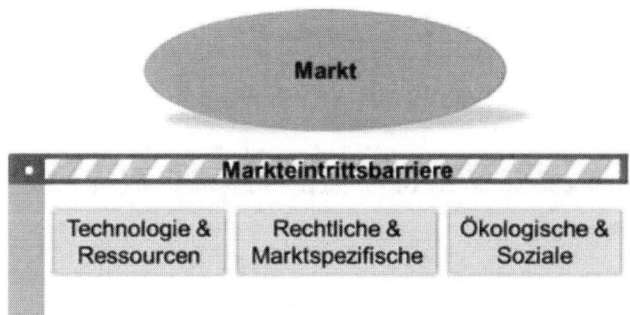

Abb. 12.7 Markteintrittsbarrieren. (Quelle: fuer-gruender.de, 2013)

fische Eintrittsbarrieren fallen rechtliche Restriktionen, Infrastrukturgegebenheiten oder z. B. die Marktposition des Konkurrenten. Spezielle Verhaltensmuster von Zielkunden und ökologische Standards sind in dem dritten Bereich enthalten.[5]

Nachfolgend werden die Markteintrittsbarrieren für Gesundheitsplattformanbieter in Deutschland in folgenden Bereichen untersucht.

Für ein Unternehmen, das eine Gesundheitsplattform anbieten möchte, ist es wichtig zu klären, wie hoch der Technologie- und Know-How Vorsprung der anderen Marktteilnehmer ist. Aus dem Branchenbericht der bvitg geht hervor, dass die deutsche IT-Branche im Gesundheitswesen sehr innovationsfreudig ist und sie überdurchschnittlich im Bereich Forschung & Entwicklung engagiert ist. Über die Hälfte der Unternehmen arbeiten mit wissenschaftlichen Einrichtungen zusammen.[6] Dieser große technologische Vorsprung kann zu einem erhöhten Wettbewerbsvorteil und hohen Marktbarrieren führen.[7]

Gestaltet sich die Findung von geeignetem und speziellem Personal für Anbieter von Gesundheitsplattformen als schwierig, so kann dies eine weitere Markteintrittsbarriere darstellen. Nach dem Branchenbericht der bvitg herrscht ein steigender Bedarf nach Fachkräften auf diesem IT-Gesundheitsmarkt. Dreiviertel dieser Unternehmen melden einen Fachkräftemangel, dies führt zu einem erhöhten Wettbewerb in der Personalbeschaffung. Diese Herausforderung geeignetes Personal zu finden, kann für viele Unternehmen in dieser Branche zu hohen Markteintrittsbarrieren führen.[8]

Des Weiteren ist zu klären, wie die Infrastruktur für Gesundheitsplattformen in DACH aussieht. Müssen neue Unternehmen viel Geld und Zeit für den Aufbau von Prozessen und Infrastruktur investieren, bevor sie ihre Gesundheitsplattform an dem Markt anbieten können?[9] Dies ist für Plattformanbieter für deutsche Kliniken oder welche Daten aus Kliniken benötigen, zu bejahen, denn die IT-Infrastruktur in deutschen Kliniken ist sehr rudimentär ausgebaut. Es existiert nur für sechs Prozent der Kliniken ein übergreifendes IT-Gesund-

---

[5] (Für-Gründer.de, 2013).

[6] Vgl. (bvitg, 2015) Branchenbericht 2014, S. 5.

[7] Vgl. (Für-Gründer.de, 2013).

[8] Vgl. (bvitg, 2015) Branchenbericht 2014, S. 5.

[9] Vgl. (Für-Gründer.de, 2013).

heitsnetzwerk. Zudem stehen die Chancen schlecht, dass deutsche Krankenhäuser in der Zukunft schnellere Fortschritte in der Digitalisierung machen. Laut der European Hospital Survey haben nur die Hälfte der Krankenhäuser eine IT-Strategie. Zudem verfügen nur 20 % der deutschen Kliniken ein redundantes Datensicherungssystem, das im Falle eines Datenverlusts die Wiederherstellung der Patientendaten gewährleistet.[10]

Im Allgemeinen gilt: Bevor Gesundheitsplattformen in Deutschland voll einsatzfähig sind, müssen Einführungsprobleme geklärt werden. Die größten Probleme sind fehlende Standards, Finanzierungs- und Investitionsprobleme der Patienten und Krankenkassen, sowie eine fehlende Vernetzung zwischen Arztpraxen und Krankenhäuser.[11]

Auch nach Meierhofer, Vorstandsvorsitzender des Bundesverbandes für Gesundheits-IT, kann Deutschland die vollen Potenziale der Gesundheits-IT erst ausschöpfen, wenn die Rahmenbedingungen einen vollständigen Einsatz von IT-Lösungen legitimieren.[12]

Der Widerstand von traditionellen Gesundheitsdienstleistern wird oft von Plattform- und App-Entwicklern als Markteintrittsbarriere gesehen. Nach der Studie von research2guidance „Mobile Health App Developer Economics" verlangsamen Ärzte, Krankenkassen oder Behörden die Verbreitung von mobile Gesundheitsangeboten aus Gründen wie Zeitmangel, fehlenden Erfolgsnachweisen und fehlenden Anreizen.[13]

Ein wichtiger Aspekt stellt auch der Datenschutz dar, da auf Gesundheitsplattformen eine Erhebung, Verarbeitung und Weitergabe von personenbezogenen Daten stattfindet. Denn nur eine Plattform, die einen schutzwürdigen Umgang mit diesen sensiblen Daten gewährleistet wird sich am Markt durchsetzen können.[14] Laut research2guidance sind für die Marktteilnehmer eine „fehlende Datensicherheit (34 %) und fehlende Standards (30 %)" die größten Hindernisse.[15]

Eine weitere Barriere stellt die Fragmentierung des Marktes und die fehlende Interoperabilität, also die fehlende Kompatibilität von Systemen, dar.[16] Es gibt viele Klein- und Mittelbetriebe, die eine Vielzahl von verschiedenen Lösungen anbieten, ihre Daten durch die fehlende Kompatibilität aber nicht miteinander austauschen können. Diese Hindernisse beim Datenaustausch und diese Schnittstellen-Problematik müssen gelöst werden um eine stabile Grundlage für Gesundheitsplattformen zu gewährleisten.[17]

Die Markteintrittsbarrieren für mobile eHealth-Angebote sind nicht sonderlich hoch, da vor allem im Mobility Segment eine hohe Verbreitung geeigneter Endgeräte und die Verfügbarkeit leistungsfähiger Netzinfrastrukturen vorhanden ist.[18] Zudem unterstützt der

---

[10] Vgl. European Hospital Survey, S. 2 (http://www.e-health-com.eu/).

[11] Vgl. (Baier, 2007) S. 21.

[12] Vgl. bvitg veröffentlicht Branchenbericht: 07.05.2014.

[13] Vgl. (research2guidance, 2014).

[14] (Ronny Dittmar, 2009) S. 22.

[15] Vgl. (research2guidance, 2014).

[16] (Stefan David, 2009) S. 7.

[17] (eHealth.com 2014a).

[18] Vgl. (Deloitte, 2014) S. 9.

eHealth Action Plan 2012 Start-up-Unternehmen, die im eHealth-Markt tätig werden wollen mit einer kostenlosen Rechtsberatung.[19]

Zusammenfassend ist zu sagen, dass jedes Unternehmen seine eigenen Markteintrittsbarrieren, die für das Unternehmen von Bedeutung sind, prüfen sollte. Es dürfen spezielle gesetzliche oder vertragliche Eintrittsbarrieren nicht außer Acht gelassen werden, ebenfalls ist zu prüfen, ob für das Unternehmensvorhaben schon Patente existieren. Ein Blick auf Marken- und Urheberschutz ist vor dem Markteintritt auch dringend zu anzuraten.[20] Die Gesundheitsbranche ist geprägt durch Reglementierungen und Reformen, die auf der einen Seite einem neuen Marktteilnehmer Möglichkeiten bieten sich am Markt zu etablieren. Auf der anderen Seite können gesetzliche Vorgaben anderem Markteilnehmer den Markteintritt erschweren.[21]

12.5.3   Marktpotenzial

Für die Ermittlung des Marktpotenzials ist es erforderlich, zu analysieren, wann ein Markt komplett gesättigt ist. Eine Sättigung liegt vor, wenn das Marktvolumen (Angebot) und das Marktpotenzial (mögliche Nachfrage) gleich groß sind.[22]

Die User innerhalb des Gesundheitssektors unterscheiden sich stark. Darunter zählen beispielsweise Ärzte, Krankenschwestern, Rettungssanitäter, Techniker und Fitnesstrainier.[23]

Im Folgenden wird untersucht, welche Rolle das Marktpotenzial in der Fitness- und Gesundheitsbranche spielt. In der Vergangenheit wurden primär Jugendliche als Zielgruppe gesehen, wobei sich das Zielgruppenspektrum in der heutigen Zeit erheblich erweitert hat. Senioren bemühen sich zunehmend um den Gesundheitserhalt, die dadurch in der Sportbranche als Wirtschaftsfaktor erkannt werden. Auch Frauen rücken im Hinblick auf die Fitnessbranche immer stärker in den Fokus. Gesundheit und Fitness wird auch für Unternehmen immer bedeutender. In Großunternehmen besteht häufig das Angebot, betriebseigene Fitnessanlagen zu verwenden. In Aktiengesellschaften in Deutschland hat jeder vierte Mitarbeiter die Möglichkeit, diesem Trend anzugehören und ein solches Angebot anzunehmen. Die Bevölkerung ist zunehmend bereit, vorbeugende Maßnahmen für die eigene Gesundheit selbstständig zu finanzieren. Daraus folgt, dass die Wellnessbranche als Gesundheitsvorsorge auf dem Markt auch zukünftig gefragt bleibt.[24]

Im Jahr 2004 wurden in Deutschland 234 Mrd. € für die Gesundheit ausgegeben, wobei das Marktpotenzial 2007 in Deutschland im Gesundheitsmarkt bereits auf 300 Mrd. € an-

---

[19] Vgl. (Actions Plan EU 2012).

[20] Vgl. (Für-Gründer.de, 2013).

[21] (Esslinger, 2009) Vgl. S. 24.

[22] Vgl. Marketing-Lexikon.

[23] Vgl. Hovenga, 2004, S. 120.

[24] Vgl. Fokus, 2005.

gestiegen ist.[25] Speziell in Baden-Württemberg stellt die Gesundheitsbranche eine der stärksten Wirtschaftssektoren dar, wobei jeder zehnte Arbeitsplatz im Gesundheitswesen angesiedelt ist.[26] Diese Entwicklung macht die Gesundheitswirtschaft zur beschäftigungsintensivsten Branche in Baden-Württemberg[27] und übertrifft damit den Fahrzeug- und Maschinenbau. In Österreich zeichnet sich im Bereich der Befundübermittlung bereits eine Marktsättigung ab und gilt bereits als etabliert.[28]

12.5.4 Markt-/Kundensegmentierung

Marktsegmentierung
Der Begriff der Marktsegmentierung umschreibt die Aufteilung eines heterogenen Gesamtmarktes in homogene Teilmärkte.[29] Sind diese Teilmärkte definiert, so werden die einzelnen Segmente mit den absatzpolitischen Mitteln des Marketing-Mixes bearbeitet, um möglichst viele Marktsegmente gleichzeitig ansprechen zu können.

Die Grundlage des Marketing-Mixes stellen die sogenannten 4Ps dar (vgl. Abb. 12.8). Diese sind:

- Produktpolitik (Product)
- Preispolitik (Price)

Abb. 12.8 Marketing-Mix.
(Für-Gründer.de, 2013)

---

[25] Vgl. Ärzteblatt, 2014.

[26] Vgl. Ärzteblatt, 2014.

[27] Vgl. Baier, 2007.

[28] Vgl. Zach, 2009.

[29] Vgl. (Hilbert, 2013).

- Distributionspolitik (Place)
- Kommunikationspolitik (Promotion)

Je nachdem, wie die „Ps" im jeweiligen Marktsegment gewichtet werden, so lassen sich die Kunden des Marktsegments entweder besser oder schlechter ansprechen

Mit dem Instrument der Marktsegmentierung wird also zusammenfassend der große Gesamtmarkt in mehrere kleinere Teilmärkte unterteilt.

In unserem Fall, der Einführung einer Gesundheitsplattform, bei welcher sämtliche Daten von verschiedenen Fitness-Trackern – ungeachtet des Datenformats – hochgeladen werden können, macht unserer Meinung nach eine Segmentierung des Gesamtmarktes in folgende Teilmärkte Sinn[30]:

a. Datensammlung für Krankenkassen
b. Unterstützung von Sporttreibenden
c. Unterstützung der Überwachung der Gesundheit von chronisch Kranken
d. Unterstützung der Überwachung der Gesundheit von älteren Menschen
e. Bereitstellung von Daten und Dokumenten für Ärzte

Ist die Marktsegmentierung erfolgreich durchgeführt, so ist es notwendig festzulegen, welche Teilmärkte man ansprechen will und wo die Prioritäten gesetzt werden sollen. Unserer Meinung nach werden im deutschsprachigen Gebiet (Deutschland, Österreich, Schweiz) vor allem die Teilsegmente a – d in den kommenden fünf Jahren immer mehr an Relevanz gewinnen. Die Bereitstellung von Daten für Ärzte (Punkt e) wird sich aus Gründen der Datensicherheit in der nächsten Zeit noch sehr schwierig gestalten. Dies liegt unserer Auffassung nach vor allem daran, dass die betroffenen Personen sehr oft keine sensiblen personenbezogenen Daten auf eine Plattform hochladen wollen, bei der sie nicht eindeutig wissen, wie sicher ihre Daten sind. Weiterhin wäre die Möglichkeit, Befunde hochzuladen gerade für Personen von Vorteil, welche ein- bis zweimal im Quartal zum Arzt gehen. Anteilsmäßig sind dies v. a. Personen ab 55 Jahren (Abb. 12.9), welche einem Hochladen von solchen sensiblen Daten von Grund auf eher skeptisch gegenüber stehen und oft auch nicht die technischen und persönlichen Möglichkeiten haben, um diese im benötigten Format hochzuladen. Daher wird dieses Teilsegment initial nicht bearbeitet.

Durch die ermittelten und ausgewählten Teilmarktsegmente ist es nun möglich, diese mit Hilfe einer Kundensegmentierung weiter zu präzisieren.

Kundensegmentierung

In den meisten Unternehmen liegt eine Vielzahl von verschiedenen Kundendaten vor. Anhand verschiedener Merkmale wird es möglich gemacht, die Kunden in diverse Segmente einzuteilen. Dabei ist das Ziel, dass die Kunden eines Segmentes (bzw. einer Kundengrup-

---

[30] Eine Definition mit Beschreibung der einzelnen Marktsegmente kann dem Glossar entnommen werden.

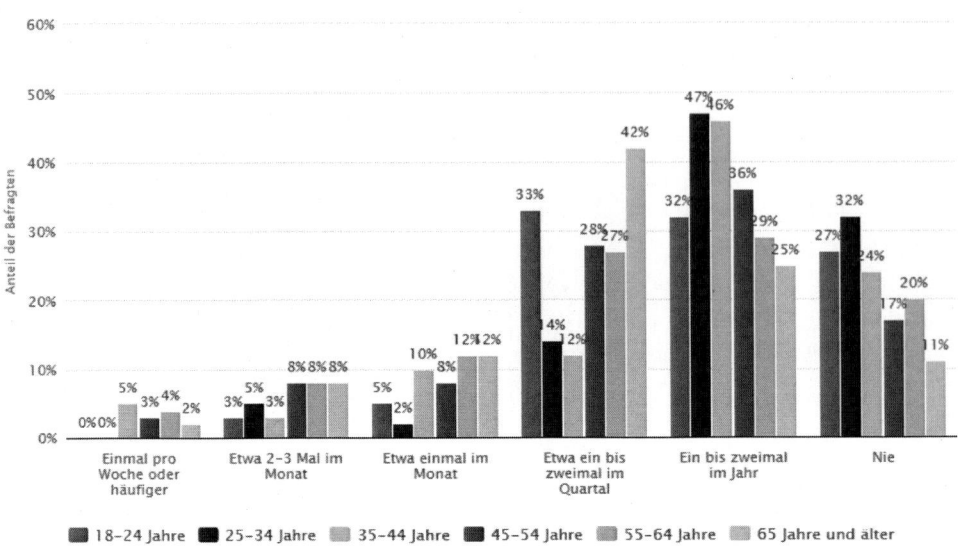

Abb. 12.9 Verteilung der Arztbesuche im Jahr 2014 nach Alter. (Vgl. Philips, 2010)

pe) sich so sehr ähneln wie möglich und daher auch möglichst gleich behandelt werden wollen.[31]

Ist die Kundensegmentierung durchgeführt, so muss, ähnlich der Marktsegmentierung, analysiert werden, auf welche Kundensegmente die größte Aufmerksamkeit gelegt werden soll. Hier gibt es hauptsächlich zwei unterschiedliche Ansatzpunkte, anhand welcher eine Entscheidung getroffen werden kann:

- Erwartete Entwicklung des Kundensegments in der Zukunft
- Kaufkraft/Möglicher erzielbarer Preis im Kundensegment

Nach unseren Überlegungen lassen sich die Kunden unseres Produkts grob in folgende Segmente einteilen[32]:

- Leistungssportler
- Ältere Menschen
- Hobbysportler
- Übergewichtige
- Personen, die Vorteile durch Krankenkasse nutzen wollen
- Krankenkassen
- Chronisch Kranke

---

[31] Vgl. (Cintellic GmbH, 2013).

[32] Eine Beschreibung der einzelnen Kundensegmente kann aus dem Glossar entnommen werden.

Tab. 12.2 Vergleich Kundensegmente

	Marktsegment	Erwartete Markt-entwickl. 5 Jahre	Umsatzchancen	Segmentgröße
Leistungssportler	b	O	++	–
Hobbysportler	b	+	O	+
Ältere Menschen	d, e	+	+	+
Übergewichtige	b	O	–	O
Personen, die Vorteile Krankenkasse nutzen	a	++	+	–
Krankenkassen	a	++	++	O
Chronisch Kranke	c, e	O	O	–

++ sehr gut, + überdurchschnittlich, O durchschnittlich, – unterdurchschnittlich, –– schlecht

Weiterhin wäre es an dieser Stelle möglich, einzelne ermittelte Kundensegmente mittels Unterteilung der jeweiligen Segmente in verschiedene Altersgruppen weiter zu präzisieren. Darauf wird hier aber bewusst verzichtet, da dies zu sehr ins Detail gehen würde.

Mittels Tab. 12.2 werden die verschiedenen Kundensegmente nach unserer Einschätzung hinsichtlich des Marktsegments, der erwarteten Marktentwicklung in den nächsten 5 Jahren, den Umsatzchancen, sowie der Segmentgröße unterschieden.

Einschätzung der weiteren Entwicklung des Marktes

Eine Erkennung und Ausnützung von Marktchancen ist notwendig, um eine dauerhafte Etablierung eines Unternehmens am Markt zu ermöglichen.[33] Um eine aussagekräftigen Marktanalyse zu erhalten, werden in erster Linie die drei Bereiche Marktgröße, Marktwachstum bzw. Marktdynamik und das Marktpotenzial betrachtet.[34]

Die Marktgröße ist der Ausgangspunkt der Marktanalyse und beschreibt den Umsatz und gegebenenfalls die verkauften Einheiten pro Jahr.

Das Marktwachstum bzw. die Marktdynamik zeigen die Wachstumsraten der letzten 3–5 Jahre auf (Abb. 12.10).

Für mögliche Kapitalgeber und eine fundierte Absatzplanung ist aber auch eine Prognose der letzten zwei und kommenden drei Jahre wichtig. Aufgrund der stetigen Zunahme und Entwicklung von Wearables, Smartwatches, Fitnessbänder und der Sensorik in Smartphones erregen digitale Gesundheitsangebote zu Recht immer mehr Aufsehen (Abb. 12.11).

Das Marktpotenzial beschäftigt sich mit der Frage, wann ein Markt komplett gesättigt ist, d. h. es geht um das langfristige Wachstumspotenzial auf dem Markt. Dieser Teil der Marktanalyse ist besonders für die strategische Planung relevant.[35] Da sich der Markt für

---

[33] Vgl. Seo Bremen.

[34] (fuer-gruender).

[35] (fuer-gruender).

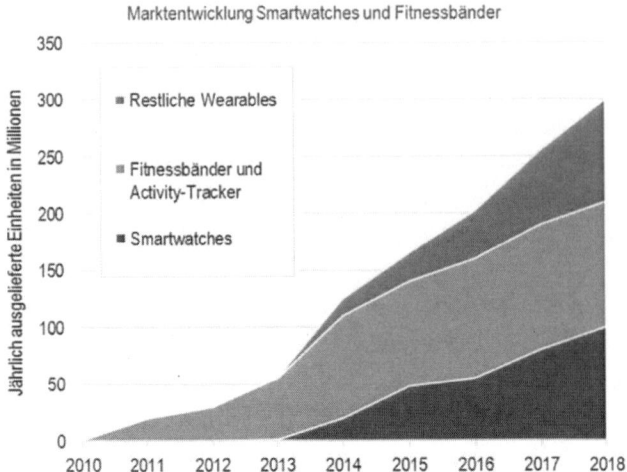

Abb. 12.10 BI Intelligence 2014: Global Wearable Devices Unit Shipments. (http://www.digitale-innovation.de/wp-content/uploads/2014/12/Smart-Watches-Entwicklung.jpg)

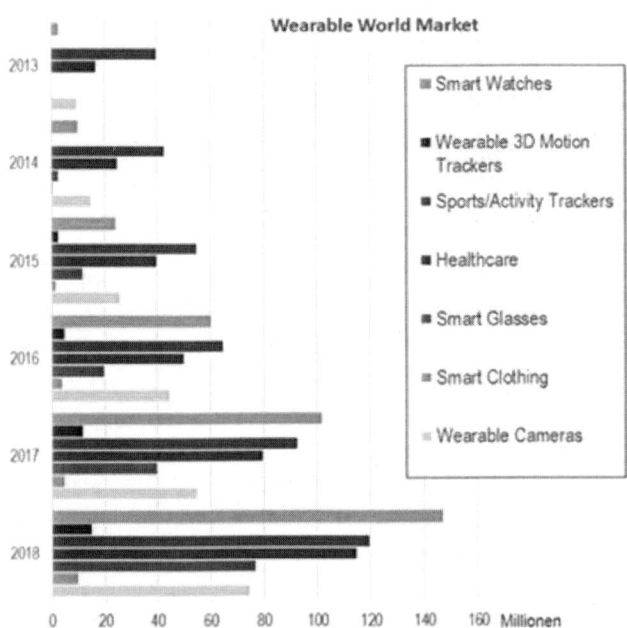

Abb. 12.11 ABI Reasearch 2014: Global Wearable Computing Device. (http://www.digitale-innovation.de/wp-content/uploads/2014/12/Wearables-Entwicklung.jpg)

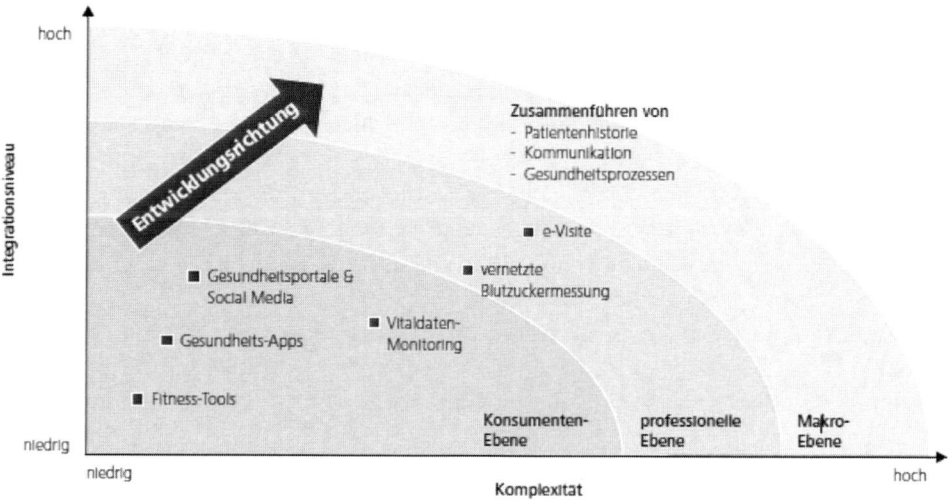

Abb. 12.12 Die drei Ebenen des eHealth-Marktes. (Gentner & Elbel, 2014)

eHealth-Plattformen derzeit noch in den Anfängen befindet, ist hierzu noch keine konkrete Prognose möglich.

12.5.5 Einschätzung des Marktes für eHealth-Plattformen allgemein

Derzeit gibt es über 100.000 verschiedene Apps die facettenreiche digitale Gesundheitsangebote anbieten. Darüber hinaus haben sich Gesundheitsportale als beliebte Quellen für Gesundheitsinformationen sowie deren Auswertungen und Darstellungen etabliert. Nach Schätzungen einer Studie nutzten bereits 45 % der Deutschen ihre privaten Endgeräte für digitale Gesundheitsangebote.[36]

Bislang bleibt der Aufbau einer Makro-Ebene jedoch deutlich hinter den früheren Ambitionen zurück. Datenschutzbedenken, ein fehlender Konsens hinsichtlich Anforderungen und Standards sowie offene Finanzierungsfragen verhinderten bislang die Schaffung eines übergreifenden Rahmens.

Neben der Makro-Ebene gibt es noch die professionelle Ebene und die Konsumenten-Ebene. Diese drei Ebenen werden die drei Ebenen der Gesundheitsangebote genannt vgl. Abb. 12.12).

Konsumenten-Ebene

Die Konsumenten-Ebene steht für alle eHealth-Angebote des zweiten Gesundheitsmarktes, beispielsweise web-basierte Gesundheitsportale, Apps, Mess- und Assistenzsysteme oder digitale Fitness-Tools.

---

[36] (Gentner & Elbel, 2014) S. 5.

Professionelle Ebene

Die professionelle Ebene umfasst digitale Gesundheitsangebote, die in der Regel von den traditionellen Akteuren des Gesundheitssektors initiiert und/oder finanziert werden. In diese Kategorie fallen insbesondere die unterschiedlichen telemedizinischen Dienste.

Makro-Ebene

Die Makro-Ebene soll künftig als übergreifender Rahmen die einzelnen digitalen Gesundheitsangebote vernetzen. Sie stellt Netzinfrastrukturen bereit, gewährleistet Schutz und Sicherheit von Patientendaten und regelt einen Sektor-übergreifenden Informationsfluss zwischen Patienten, Ärzten, Krankenhäusern und Kostenträgern.[37]

Die neusten Smartphones verfügen über immer mehrere Sensoren die unentwegt Daten sammeln. Mit geeigneten Apps können diese Sensordaten entsprechend ausgelesen und ausgewertet werden. Der Nutzer kann damit unzählige Informationen über seinen Tun und Handeln in Erfahrung bringen. Die neusten Technologien ermöglichen einem Smartphone mit entsprechenden Sensoren einen Teil der Sinnesorgane (sehen, hören und fühlen) zu imitieren.

> Smartphones stecken voller Sensoren, die unentwegt Daten sammeln. Entsprechende Programme können damit sehen, hören und fühlen, was in der Umgebung des Gerätes geschieht.[38]

Folgende Sensoren werden derzeit verwendet: Barometer, Beschleunigungssensor, Bluetooth, Elektromagnetischer Sensor, Fingerabdrucksensor, GPS, Gyroskop, Helligkeitssensor, Luftfeuchtigkeit, Magnetometer, Mikrofon, Mobilfunkantennen, Näherungssensor, NFC (Near Field Communciation), Pulsmesser, Rückwärtig beleuchteter Sensor, Thermometer, Touchscreen, Kamera, WLAN, Stimmerkennung, Chemisches Spektrometer, Elektrokardiogramm, Terahertz-Scanner.

Chancen und Risiken von eHealth-Plattformen

In Anbetracht der zunehmend alternden Gesellschaft, dem Mangel an Allgemein- sowie Fachärzten (v. a. in den ländlichen und strukturschwachen Regionen) und der Tatsache vermehrt chronisch kranker Menschen ist eine ausreichende und angemessene medizinische Versorgung mit gutem Gewissen nicht mehr zu gewährleisten. Der technische Fortschritt in der Medizin sowie im Hinblick auf Sensorik und IT-Technik wird im Rahmen von eHealth stetig wichtiger.[39]

Chancen

Auf menschlicher bzw. persönlicher Ebene zählen in erster Linie die Reduzierung des zeitlichen und finanziellen Aufwands durch eine weitreichende Vernetzung von medizini-

---

[37] (Gentner & Elbel, 2014) S. 6.

[38] (Biermann, 2014).

[39] (eHealth.com, 2011).

schen Einrichtungen sowohl für Patienten als auch für behandelnde Ärzte[40]; eine schnelle-re und effizientere Hilfe für Patienten unter anderem durch die Vermeidung von unnötigen Voruntersuchungen und Abklärung von bspw. Unverträglichkeiten und Allergien; aber auch ein schnellerer Austausch von Gesundheitsdaten zwischen Ärzten, Pflegepersonal, Physiotherapeuten und Patienten[41] sowie die Entwicklung der Telemedizin als Ergänzung zur medizinischen Versorgung und der damit verbundenen Überwachung von Vitalfunk-tionen von Patienten[42] zu den meist genannten Chancen.

Auch auf organisatorischer Ebene ist die Schaffung einer unabhängigen Institution und der damit verbundenen Schaffung von einer Vielzahl an Arbeitsplätzen ein durchaus zu berücksichtigender Aspekt.[43]

Auf technischer Ebene gibt es weitaus mehr Möglichkeiten und Chancen wie zum Bei-spiel die Miniaturisierung, d. h. die Entwicklung biokompatibler RFID-Chips; ein digi-taler Organspendeausweis; die Speicherung von Notfalldaten auf der Gesundheitskarte, bspw. die Blutgruppe für den Fall, dass am Unfallort eine Bluttransfusion vorgenommen werden muss oder auch die automatische Überprüfung von Wechselwirkungen bei ver-schriebenen Medikamenten.[44]

Einer der beiden wichtigsten Argumente ist einerseits die Elektronische Fallakte bzw. Patientenakte. Hierbei werden Informationen wie regelmäßige Medikamenteneinnahme, elektronische Ärztebriefe von möglichen Voruntersuchungen oder anstehender Untersu-chungen, bekannten Allergien oder auch Röntgen und Computertomografische (CT) bzw. Magnetresonanzbilder (MRT) gespeichert werden.

Andererseits können Patienten durch eine weltweite Vernetzung mit dem Besuch bei ihrem Hausarzt der Zugang zu oft weit entfernten Spezialisten ermöglicht werden. Des Weiteren können Röntgenbilder vor Ort aufgenommen und zur Bildbefundung an Ex-perten weitergeleitet werden – ohne eine sichere IT-Verbindung müsste der Patient lange Wege und Wartezeiten auf sich nehmen oder ganz auf die Meinung des Fachmannes ver-zichten.[45]

Darüber hinaus ermöglichen eHealth-Plattformen und auch Gesundheits-Apps eine schnellere Möglichkeit, Gesundheitsdaten zur Anamnese, Diagnose, Medikation und The-rapie austauschen.[46]

Risiken
Neben den zahlreichen Chancen für die eHealth-Plattformen gibt es selbstverständlich auch einige nennenswerte Risiken die beachtet und berücksichtig werden müssen.

---

[40] (eHealth.com, 2011).

[41] (Bierekoven, 2014).

[42] (BITKOM & Mentzinis, 2014).

[43] (BITKOM & Mentzinis, 2014).

[44] (BITKOM & Mentzinis, 2014).

[45] (eHealth.com, 2011).

[46] (Bierekoven, 2014).

Auf menschlicher Ebene ist die Vertrauensbasis zu nennen, da die Daten eben direkt elektronisch abgelegt werden und das Einfühlungsvermögen der Ärzte eingeschränkt wird, was zu einer Störung der Arzt-Patient-Beziehung führen kann.[47]

Bezüglich der organisatorischen Ebene wird die Entwicklung von Parallelstrukturen scharf kritisiert, da diese nicht nur teuer, sondern aufgrund einer nicht gewährleisteten hohen Sicherheit auch sehr riskant sind. Hierzu zählen bspw. die Entwicklung von sogenannten Teilnetzen wie zum Beispiel für die Abrechnung von Leistungen durch Kassen und Kassenärztlichen Vereinigungen.[48]

Im Hinblick auf die technische Ebene zählen die Speichermöglichkeiten; die Computergestützte Profilbildung[49] und die Datenintegrität[50] zu den meistgenannten Argumenten.

Viel wichtiger ist jedoch die Kompatibilität der bestehenden technischen Systeme im Gesundheitssektor im Hinblick auf fehlende Schnittstellen um einen reibungslosen Austausch zwischen ambulanter und stationärer Versorgung sicherzustellen, gleichgültig welche Software von den Ärzten genutzt wird.[51]

Der entscheidendste Kritikpunkt sind jedoch die hohen Anforderungen an Datensicherheit und Datenschutz. Hierbei ist auch die damit verbundenen rechtlichen Bestimmungen der ärztlichen Schweigepflicht und der Sensibilität der Daten zu nennen. Nicht auszudenken was mit diesen Daten im Sinne von Datenmissbrauch angestellt werden kann.[52]

Im Gegensatz zu telefonischen Anfragen von Ärzten an Krankenhäuser und Spezialisten, wie sie heute noch üblich sind, könnten Computer bei Anfragen nach sensiblen Informationen automatisch den Absender identifizieren. So würden die geforderten Unterlagen schnell, effizient und ressourcenschonend über ein verschlüsseltes System nur an berechtigte Antragsteller, in diesem Fall behandelnde Ärzte, weitergeleitet.[53]

Erkenntnisse

Ein Markt für Gesundheitsplattformen in Deutschland, Österreich und der Schweiz ist bereits etabliert. Fraglich ist, inwiefern sich eine neue Plattform in diesem Markt zurechtfinden kann. In Bezug zum Marktpotenzial ist ausreichend Raum für eine neue Gesundheitsplattform. Der Gesundheitsmarkt in Deutschland im Allgemeinen ist mit über 300 Mrd. € im Jahre 2007 ein bereits großer Markt mit vielen potentiellen Abnehmern und Anwendern von Gesundheitsplattformen. Der österreichische Markt hingegen gilt als gesättigt und somit wird diesem Markt kein großes Kundeninteresse beziehungsweise Marktpotenzial zugesprochen. (vgl. Kap. 3)

---

[47] (eHealth.com, 2011).

[48] (BITKOM & Mentzinis, 2014).

[49] (eHealth.com, 2011).

[50] (Bierekoven, 2014).

[51] (BITKOM & Mentzinis, 2014).

[52] (eHealth.com, 2011).

[53] (eHealth.com, 2011).

Größere Probleme hingegen können in Bezug auf Markteintrittsbarrieren erwartet werden. Die Anwender und Kunden sind in Bezug auf Datenschutz sehr vorsichtig und zurückhaltend. Es ist fraglich, ob die Nutzer der Plattform bereit sind, persönliche Daten auf die Plattform hochzuladen. Ein Vertrauen zum Plattformanbieter muss gegeben sein, dass die Daten nicht missbraucht, verkauft oder anderweitig als angegeben verwendet werden. Das Datenschutzproblem muss zu Beginn in Verbindung mit anderen Einführungsproblemen geklärt werden. Beispielhaft sind hier fehlende Standards, Fragen der Finanzierung und fehlende Vernetzung von bereits vorhandenen Systemen und Plattformen zu nennen.[54] Abgesehen solcher Einführungsprobleme sind keine beträchtlichen negativen Auswirkungen für den Markt für Gesundheitsplattformen zu nennen. Es ist sogar vorteilhaft, dass mobile Endgeräte, mit denen auf die Plattform zugegriffen werden kann, in Deutschland, Österreich und der Schweiz bereits weit verbreitet sind. Dadurch kann auf eine große Nutzung und Akzeptanz einer Plattform geschlossen werden. Die Verfügbarkeit der Plattform auch von unterwegs ist somit gegeben.[55] Verschiedene Aktionen, wie beispielsweise der eHealth Action Plan 2012, ist eine Erleichterung für Start-up-Unternehmen, die sich zum Beispiel mit einer neuen Gesundheitsplattform in Markt etablieren wollen.[56]

Neben Smartwatches und Fitnessarmbändern (sogenannte Wearables) gibt es bereits unzählige Sensoren in Smartphones, die Daten für das Gesundheits- und Fitnessbild eines Menschen sammeln. Der Trend zu diesen Sensoren und Wearables steigt enorm. Die Nachfrage nach einer entsprechenden Plattform, die all diese Messdaten darstellen, zentralisieren und auswerten kann wächst zunehmend.

Ein Problem bei den bereits bestehenden Gesundheitsplattformen ist die fehlende Kompatibilität von Systemen. Die Plattformen decken nur einen kleinen Teil an Funktionalitäten ab und ermöglichen keinen einfachen Austausch von Gesundheitsdaten untereinander. Um sich am Gesundheitsmarkt mit einer neuen Gesundheitsplattform zu etablieren, muss diese Plattform ein breites Spektrum an Funktionalitäten abdecken und auch eine breite Masse an Anwendern aus verschiedenen Berufsfeldern berücksichtigen. Ärzte aus privaten Praxen und auch aus Krankenhäusern müssen auf die Gesundheitsdaten bei Bedarf ebenso zugreifen können, wie Apotheker oder aber der Nutzer der Plattform selbst. Die bisherigen sogenannten Silos (getrennte Datenhaltung) müssen überwunden werden und eine einheitliche Plattform für alle Bereiche ist notwendig, um sich am Gesundheitsmarkt in Deutschland, Österreich und der Schweiz zu etablieren. Wichtig ist dabei auch, dass alle Personengruppen die Plattform nutzen können. Ebenso müssen Messdaten von unterschiedlichen Wearables und Sensoren integriert werden. Eine Vielzahl an Schnittstellen ist somit unumgänglich Da die Entwicklung des Gesundheitsmarktes für fast alle Kundensegmente in den nächsten fünf Jahren positiv eingeschätzt wird, kann eine positive Entwicklung für die Gesundheitsplattform für diese Kundensegmente erwartet werden.

---

[54] Vgl. Baier (2007) S. 21.

[55] Vgl. (Deloitte, 2014) S. 9.

[56] Vgl. Action Plan EU.

12.6   Ableitung eines Anforderungsprofils für eine eHealth-Plattform auf der Basis eines Wettbewerbsvergleiches

Andreas Schwarz, Daniel Ebert, Fabian Brodbeil, Vera Wagner, Veronika Mader, Yuliya Kapustina

12.6.1   Einleitung und Vorgehensweise

Die Verwendung von elektronischen Medien und Geräten durchdringt zunehmend den Alltag der Menschen. Getrieben vom Drang eines aktiven und gesundheitsbewussten Lebensstils hat dieser Trend auch den Gesundheitsbereich erreicht. Der Begriff eHealth beschreibt die Verwendung elektronischer Medien im Gesundheitswesen. Diese neue Entwicklung zieht sich durch alle Schichten der Gesellschaft und ist altersunabhängig.

Die Zeiten einer Puls Uhr mit zusätzlichem Brustgurt für die Überwachung des Pulses beim Training sind vorbei. Moderne Geräte in Form von verschiedenen Modellen von Fitnessuhren und Fitnessarmbändern überwachen nicht nur die eigentliche sportliche Aktivität sondern jede Bewegung des kompletten Tagesablaufs. Die Integration von verschiedenen Sensoren in einem Gerät ermöglicht so die Messung vieler verschiedener Dinge wie beispielsweise des Schlafes.

Die gemessenen Daten werden zum Zwecke der Auswertung an eine Plattform übermittelt. Die Plattform liest die gesammelten Daten der Fitnessuhr bzw. des Fitnessarmbandes aus, verarbeitet diese und stellt sie in Form von visualisierten Auswertungen dar. Die Auswertungen reichen soweit, dass anhand der gesammelten Daten eine Beratung, oftmals in Form eines Coachings, erfolgt. Beispielsweise können anhand der gemessenen Pulsdaten während des Schlafes die optimalen Schlafzeiten, d. h. der beste Zeitpunkt. um ins Bett zu gehen, ermittelt werden.

Aufgrund der Vielzahl der verschiedenen Anbieter von Fitnessgeräten als auch Plattformen sowie Kompatibilitätsproblemen verschiedener Hersteller untereinander ist es für Kunden schwer, eine für sich geeignete Lösung zu finden.

Das Integrationsseminar der DHBW Heidenheim im Studiengang Wirtschaftsinformatik setzt sich das Ziel ein allgemeines Anforderungsprofil für eine solche eHealth-Plattform zu definieren, um sich erfolgreich am Markt positionieren zu können.

Vorab werden der Begriff eHealth-Plattform definiert, die Unterschiede zwischen den einzelnen eHealth-Plattformen aufgezeigt sowie diese kategorisiert. Es werden für die jeweilige Kategorie eHealth-Plattformen ausgewählt die stellvertretend beim Vergleich herangezogen werden. Es werden verschiedene Kriterien definiert anhand derer die stellvertretenden Plattformen bewertet werden. Nach der Durchführung des Vergleichs werden die Stärken und Schwächen der einzelnen Gruppierungen verglichen. Anhand dieser Ableitung erfolgt eine Empfehlung der Anforderungen für eine neu zu entwickelnde eHealth-Plattform.

12.6.2   Definiton eHealth-Plattform

eHealth-Plattform

Bei dem Begriff eHealth handelt es sich um das sogenannte „Electronic Health" (Definitions of eHealth, 2014, S. 16), kurz: eHealth. eHealth beschreibt die Interaktion des Gesundheitswesens mit Computer basierten Kommunikationstechnologien (vergleiche Definitions of eHealth, 2014, S. 16). Unter diesen Bereich fällt alles im Zusammenhang von vernetzten Applikationen oder elektronischer, computerbasierter Technologie innerhalb des Gesundheitssektors (vergleiche Definitions of eHealth, 2014, S. 16). Der Vertrieb von Dienstleistungen des Gesundheitssektors über digitale Strukturen wie das Internet, wie beispielsweise im Zusammenhang mit Plattformen, fällt ebenfalls in diesen Bereich (vergleiche Quality of Life through Quality of Information, 2012, S. 883).

Plattformen sind Websites deren Ziel es ist bestimmte Inhalte eines speziellen Anbieters im Internet darzustellen (vergleiche Erfolgsfaktoren des Website-Projektmanagements, 2000, S. 13).

Bei eHealth-Plattformen handelt es sich um die Produkte bzw. Websites von eHealth-Anbietern. Eine Plattform ist oftmals nur ein kleiner Bereich im Portfolio eines Anbieters. Das Produktportfolio eines Anbieters erstreckt sich oft über verschiedene Modelle von Aktivitätstrackern, zusätzlichen Gadgets zu diesen Aktivitätstrackern als auch einer eHealth-Plattform für die Auswertung der von den Trackern gesammelten Daten.

Gruppierungen innerhalb eHealth-Plattformen und deren Abgrenzungen

Auf Basis einer Internetrecherche der größten Anbieter von eHealth-Plattformen konnten drei verschiedene Ausprägungen klassifiziert werden: Geschlossene Plattformen, App-basierte Plattformen und offene Plattformen.

Geschlossene Plattformen sind dadurch gekennzeichnet, dass sie nur mit Hardwaregeräten der eigenen Marke kompatibel sind. Hierbei liegt der Schwerpunkt auf dem Verkauf der Hardwaregeräte wie beispielsweise eines Aktivitätsträckers oder eines Schlaftrackers. Die Plattform zur Auswertung und Visualisierung der Daten wird meist als kostenloser Service mitangeboten.

App-basierte Plattformen unterscheiden sich nur in einem Punkt von einer geschlossenen Plattform. Die Informationen können nur mithilfe einer Smartphone App ausgewertet und betrachtet werden. Es wird keine eHealth-Plattform über einen Web-Zugang angeboten.

Offene Plattformen bieten die Möglichkeit Hardwaregeräte unabhängig vom Hersteller anzubinden. Die Plattform dient dabei als zentrale Informationsdatenbank und bietet Funktionalitäten, um Daten auszuwerten zu visualisieren. Der Anbieter einer offenen Plattform vertreibt im Regelfall kein eigenes Hardwaregerät.

12.6.3 Überblick über vorhandene eHealth-Plattformen

Auswahlverfahren der Plattformen

Um eine fundierte Entscheidungsgrundlage im Hinblick auf die empfohlenen Anforderungen einer zu entwickelnden Plattform gewährleisten zu können, werden für jede der 3 verschiedenen Gruppen an Plattformen 2 stellvertretende Plattformanbieter ausgewählt. Da es sehr viele Anbieter in allen 3 Gruppen gibt, wurde die Auswahl der stellvertretenden, Plattformanbieter nach gewissen Auswahlverfahren durchgeführt. Dies soll gewährleisten, dass die ausgewählten Stellvertreter die jeweilige Gruppe adäquat repräsentieren und somit eine hohe Qualität für die Entscheidungsgrundlage sicherstellen.

Die Auswahl der stellvertretenden Plattformanbieter für offene und geschlossene Plattformen erfolgt mittels eines Vergleichs der Funktionalitäten der größten Anbieter des Marktes. Des Weiteren sind nationale und internationale Auszeichnungen wichtige Anhaltspunkte.

Die App-gestützten Plattformen unterscheiden sich in mehreren Punkten von den webbasierten Plattformen und werden daher auf eine andere Weise ausgewählt. Bei der Auswahl der App-basierten Plattformen werden die gesammelten Daten des Google Playstore herangezogen. Insbesondere sind die Anzahl der Downloads ein wesentliches Entscheidungskriterium. Die Anzahl der Downloads spiegelt die Bekanntheit der App wider. Ebenso wird ein Augenmerk auf die Bewertung der einzelnen App-Anbieter geachtet. Dieses Merkmal gibt die Kundenzufriedenheit an. Google analysiert die Trends in den verschiedenen App-Kategorien und stellt diese in absteigender Reihenfolge dar. Durch dieses Ranking erkennt man die zukünftige Entwicklung der Apps.

Charakterisierung der ausgewählten eHealth-Plattformen

Bei den App-gestützten Plattformen sind die Runtastic App von der Firma Runtastic, sowie die Nike + Running App von Nike in der Kategorie Gesundheit und Fitness im Playstore am häufigsten heruntergeladen worden. Die Runtastic App wurde 355.177-mal bewertet mit einem durchschnittlichen Wert von 4.5 von 5 maximalen Sternen. Nike+ Running App wurde 295.942 bewertet mit einem durchschnittlichen Wert von 4.4. In der Trendanalyse des Playstores ist die Runtastic App höher eingestuft als die App von Nike.

Die geschlossene Plattform von der Firma Fitbit Inc. besitzt im Vergleich zu den gleichartigen konkurrierenden Anbieter die meisten Funktionalitäten. Fitbit hat diverse Preise gewonnen, darunter eine Innovationsauszeichnung der CES im Jahr 2009. Der zweite größte Anbieter im Bereich der geschlossenen Plattformen stellt die Firma Polar dar. Polar ist der Gewinner des ISPO Gold Awards des Jahres 2015.

Die Dacadoo Plattform ist eine offene eHealth-Plattform der Schweizer Firma Dacadoo AG. Sie besitzt im Vergleich zu ihren Konkurrenten mehr Funktionalitäten und wurde mit vielen Preisen ausgestattet wie beispielsweise dem deutschen Health Media Award im Jahr 2013. Die Private Krankenkasse AOK unterstützt die Benutzung der Dacadoo Plattform. Neben der Dacadoo Plattform ist die HealthVault Plattform eine wichtige Plattform im Bereich der offenen eHealth-Plattformen. Dies Plattform wird von Microsoft angeboten und bietet ebenfalls einen sehr großes Angebot an Funktionalität.

12.6.4 Definition der Vergleichskriterien für einen Wettbewerbsvergleich

Um die Plattformen miteinander vergleichen zu können, brauchen wir zunächst einige Merkmale anhand derer man diese abwägen kann. Diese Merkmale können aus den Charakteristiken der unterschiedlichen Wettbewerber (siehe Abschn. 12.6.3) herausgearbeitet werden.

Zunächst sollte jede Plattform eine Erfassung und Darstellung bestimmter Daten ermöglichen. Zu diesen gehört unter anderem eine Gegenüberstellung des Kalorienverbrauches durch die tägliche Bewegung mit der Kalorienzufuhr der Mahlzeiten. Dafür ist eine Erfassung der Mahlzeiten mit ihrem Kaloriengehalt und eventuellen Zusatzinformationen wie Eiweiß, Fett und Kohlenhydraten nötig. Der Kalorienverbrauch kann durch sämtliche sportliche Aktivitäten wie Fahrradfahren, Schwimmen und Laufen aufgenommen und verarbeitet werden. Dazu wird auch die Gesamtanzahl der gelaufenen Schritte mithilfe von Sensoren erfasst und so die zurückgelegte Strecke pro Tag grafisch aufgezeigt. Zusätzlich kann die gelaufene Route auf einer Karte dargestellt werden, sodass der Benutzer den Verlauf der Strecke nachvollziehen kann. Mithilfe von Höhenmessern, oder alternativ manuell, sollen Daten zu den gelaufenen Stockwerken gesammelt und anschaulich aufbereitet werden. Des Weiteren können Herzschlag und Blutdruck mit entsprechenden Geräten oder nach Eingabe in der Plattform eingetragen und in einer Grafik dargestellt werden. Zur eigenen Motivation kann der Benutzer individuelle Ziele bezüglich seiner Leistungen (Schritte, Strecke, Gewicht) festlegen und über einen gesetzten Zeitraum beobachten. Das Gewicht kann mithilfe von Geräten wie digitalen Waagen bestimmt und in die Plattform übertragen werden, sodass Gewichtsänderungen über einen längeren Zeitraum aufgezeichnet werden können. Darüber hinaus kann die Qualität des Schlafes anhand von bestimmten Schlafmustern und häufigem Aufwachen gemessen und dargestellt werden.

Neben sämtlichen, genannten Funktionen gibt es bestimmte Eigenschaften, die eine Plattform erfüllen sollte. Hierzu zählt eine detaillierte Anwenderverwaltung, die mindestens die grundlegenden Informationen wie Alter, Gewicht, Größe und Geschlecht zu den Nutzern enthält. Da es sich um persönliche Daten handelte, sollte eine Authentifizierung vorhanden sein. Ebenfalls sollte Datensicherheit gewährleistet werden und sichergestellt sein, dass Daten nicht an unberechtigte Dritte gelangen können. Auch sollte die Plattform gegenüber dem Benutzer selbsterklärend sein, sodass eine gewisse Benutzerfreundlichkeit garantiert ist. Dazu zählt unter anderem, dass eine Synchronisation mit den entsprechenden Geräten (beispielsweise Fitness-Tracker, Blutdruckmessgerät) automatisch geschieht und der Benutzer die Daten nicht manuell eingeben muss. Dafür ist die Kompatibilität der Plattform mit anderen Endgeräten enorm wichtig. Die Möglichkeit eine Freundesliste anzulegen, kann den Benutzer zudem motivieren seine Ziele und Erfolge in kürzerer Zeit zu erreichen.

Ebenso kann eine App den Benutzer bei der Erreichung der Ziele unterstützen und personalisierte Hilfestellung geben. Bei Fragen und Problemen kann sich der Nutzer an eine Community wenden. Ebenfalls ist dabei eine umfassende Hilfefunktion seitens des Anbieters der Plattform förderlich. Sollten die Grundfunktionalitäten nicht die Bedürfnisse des Nutzers ausreichend erfüllen können, sollte eine erweiterte Premium Version zur Verfügung stehen. Ein weiteres wichtiges Entscheidungskriterium ist der Einstiegpreis, sofern es sich dabei nicht um eine kostenlose Version handelt oder die Plattform bereits bei einem Gerät enthalten ist.

12.6.5 Wettbewerbsvergleich vorhandener eHealth-Plattformen auf Gruppenebene

Im Folgenden wird ein Wettbewerbsvergleich vorhandener eHealth-Plattformen durchgeführt. Die Basis für diesen Vergleich bilden die in 12.6.4 definierten Kriterien. Als Vergleichsplattformen werden die in Abschn. 12.6.3 ausgewählten Plattformen verwendet, da diese stellvertretend für ihre Gruppierung stehen. Zusätzlich wurde zur besseren Klassifizierung eine weitere Plattform pro Gruppierung, welche auch eine entscheidende Rolle im eHealth-Markt spielt, herangezogen.

Für diesen Vergleich wurde eine Ampelmatrix verwendet. Jedes definierte Kriterium wird pro Plattformgruppierung analysiert. Ein grüner Punkt sagt aus, dass dieses Kriterium zu 100 % erfüllt wird, wohingegen ein roter Punkt für 0 % steht. Ein gelber Punkt bedeutet, dass das Kriterium nur teilweiße erfüllt ist. Beispielsweise kann bei der Runtastic App das Gewicht nur einmalig bei der Anmeldung angegeben werden. Ein anderes Beispiel hierbei ist die Authentifizierung bei Fitbit und Dacadoo. Die Authentifizierung findet hierbei nur durch ein Passwort statt und nicht durch eine E-Mail-Adresse und ein Passwort.

Es wird auf einen Blick ersichtlich, welche Kriterien von welchen Gruppierungen erfüllt werden. Daraus können Muss-Kriterien abgeleitet werden, um erfolgreich eine eHealth-Plattform an den Markt zu bringen. Diese Kriterien sind dabei fundiert und begründet, da jeweils die zwei erfolgreichsten Vertreter einzelner Gruppierungen diese Kriterien erfüllen.

Zusätzlich können aus dieser Matrix mögliche Zukunftspotenziale abgeleitet werden. Wird ein Kriterium nicht erfüllt, kann dies eine Chance für den Markeintritt darstellen. Es könnten Bedürfnisse bedient werden, die bislang durch die Marktführer nicht erfüllt werden (vgl. Abb. 12.13).

Erfassung		App Runtastic Nike+	Offene Plattform Dacadoo Health Vault	Geschlossene Plattform Fitbit Polar
	Ernährung	0	2	2
	Schritte	2	2	2
	Route	2	2	2
	Aktivität	1	2	2
	Höhe	0	2	2
	Herzfrequenz	0	2	2
	Blutdruck	1	2	2
	Ziele	2	2	2
	Schlaf	2	2	2
	Gewicht	1	2	2
Darstellung				
	Kalorien und Verbrauch	1	2	2
	Ernährung	0	2	2
	Schritte	2	2	2
	Route	2	2	2
	Aktivität	1	2	2
	Höhe	0	2	2
	Herzfrequenz	0	2	2
	Blutdruck	1	2	2
	Ziele	2	2	2
	Schlaf	2	2	2
	Gewicht	1	2	2
Plattformeigenschaften				
	Anwenderverwaltung	2	2	2
	Komplexe Authentifizierung	2	1	1
	Umfassende Hilfefunktionen	2	1	2
	Premium Version	0	0	2
	Freundesliste	0	2	2
	Community	2	2	2
	Datensicherheit	0	2	1
	Kompatibilität	0	2	2
	Benutzerfreundlichkeit	2	2	2
	Synchronisation	1	2	2
	Coaching	1	2	0
	Preis	1	2	1

Abb. 12.13 Wettbewerbsvergleich

12.6.6   Diskussion auf Basis des Wettbewerbsvergleichs mit Hilfe einer SWOT-Analyse

Stärken und Schwächen der verglichenen Plattformen

Im folgenden Abschnitt werden die größten Stärken, aber auch die bedeutendsten Schwächen der jeweiligen Plattformart diskutiert.

Geschlossene Plattform

Eine geschlossene Plattform ermöglicht die Synchronisation nur mit den Geräten des jeweiligen Plattformherstellers. Auf diese Weise können Dienste und Funktionen optimal an das Gerät angepasst werden und somit eine höhere Qualität gewährleisten. Jedoch kann dieser geschlossene Kreislauf mittlerweile mit anderen Apps umgangen werden, sodass die Daten auch an andere Anbieter weitergegeben werden können. Ein weiter Vorteil ist die bessere Ausarbeitung zusätzlicher Dienste wie Coaching oder Hilfebereich. Da diese ebenfalls auf die Geräte des Plattformherstellers ausgelegt sind, kann dem Benutzer bei Problemen schneller und fachlich besser geholfen werden. Die geschlossene Plattform ist kostenlos, jedoch muss sich der Kunde ein Gerät des Plattformherstellers kaufen.

Ein entscheidender Nachteil für manche Benutzer ist die Gegebenheit, dass er auf das Gerät des Plattformherstellers angewiesen ist und nicht Geräte anderer Hersteller verwenden kann – auch wenn ihm diese möglicherweise optisch, funktional oder preislich mehr gefallen. Entscheidet sich der Benutzer ein weiteres Gerät eines anderen Herstellers anzuschaffen, so besteht die Notwendigkeit für ihn, sich an einer weiteren Plattform zu registrieren und je nach Bedarf zwischen den Plattformen zu wechseln. Des Weiteren sind Angaben über die Datensicherheit der gesammelten Daten nur in geringem Ausmaß vorhanden, da keine Angaben zur Verschlüsselung, Sicherung der Server oder Datenübertragung gemacht werden. Die Lokalisierung der Server teilweise in China (vgl. Vidonn, 2015) oder Finnland (vgl. Polar, 2015) lässt zwar Rückschlüsse auf mögliche Datensicherheit zu, jedoch sind mögliche Konsequenzen nur Spekulationen. China hat im Jahre 2013 zwar eine Datenschutzrechtlinie eingeführt, jedoch ist diese immer noch nicht bindend. Dies führt zu einem hohen Handel mit den Daten der Benutzer auch bei Bestrafung (vgl. Datenschutz China, 2013).

App
Eine Fitness-App wird auf einem Smartphone oder Tablett installiert. Dadurch entfällt bei einigen Apps die Notwendigkeit ein zusätzliches Gerät anzuschaffen. Die App selbst zeichnet zum Beispiel die Anzahl der Schritte, die Strecke und weitere Werte auf. Da die App selbst Werte aufzeichnet und auswertet, ist eine regelmäßige Synchronisation mit einem Gerät (z. B. Tracker) nicht notwendig. Ebenfalls muss sich der Benutzer keine Gedanken darüber machen, den Akku des Gerätes regelmäßig aufzuladen. Da die App auf einem Smartphone installiert wird und der Benutzer sein Smartphone meist bei sich trägt, ist eine hohe Verfügbarkeit der Daten und Auswertungen gewährleistet. So kann der Benutzer jederzeit nicht nur die aktuell aufgezeichneten Daten anschauen, sondern auch die Auswertungen der vergangenen Perioden.

Jedoch können die Daten nur auf einem Smartphone oder Tablett angezeigt werden. Durch die intensive und häufige Nutzung eines Smartphones oder Tabletts wird der Akku stark belastet und muss deutlich häufiger aufgeladen werden. Es kann also passieren, dass sich ein Akku im Laufe des Tages komplett entlädt und die Fitnessaktivitäten nicht mehr aufgezeichnet werden, bis der Akku wieder aufgeladen ist. Des Weiteren bieten die meisten Apps nicht die Möglichkeit die Daten manuell zu erfassen. Wie bei einer geschlossenen Plattform handelt es bei einer App um einen geschlossenen Kreis. Eine Synchronisation mit weiteren Apps ist entweder nicht möglich oder sehr beschränkt und ist fehleranfällig.

Offene Plattform
Eine offene Plattform ermöglicht die Synchronisation mit Geräten unterschiedlicher Hersteller. Dadurch ist der Benutzer nicht eingeschränkt beim Kauf und kann sich ein Gerät nach seinen Vorlieben aussuchen und es mit der offenen Plattform synchronisieren. Ein entscheidender Punkt ist die Datensicherheit, die eine offene Plattform gewährleistet. Die Freigabe der Daten an Apps oder Personen erfolgt durch den Benutzer und nicht durch den Hersteller. Außerdem ist beim Nutzen mehrerer Geräte von unterschiedlichen Herstellern eine Anmeldung an mehreren geschlossenen Plattformen oder das Anschaffen einer zusätzlichen App nicht notwendig.

Durch die Möglichkeit der Synchronisation mit Geräten unterschiedlicher Hersteller kann die Qualität einzelner Dienste oder Funktionen geringer sein, denn es ist schwierig, diese an Geräte unterschiedlicher Hersteller optimal anzupassen. Ein weiterer Nachteil ist, dass je nach Plattform ein einmaliger oder dauerhafter Preis für die Nutzung der Plattform anfallen kann. Fernerhin enthalten offene Plattformen keine Premiumversion. Dies kann sowohl als ein großer Vorteil gesehen werden, da der Benutzer alle Funktionen nutzen kann, als auch ein Nachteil, wenn die Funktionen, die der Benutzer aktuell nutzt, ihm nicht ausreichen und er bereit wäre, einen bestimmten Preis für weitere Funktionen zu zahlen.

Charakterisierung entscheidender Merkmale für eine eHealth-Plattform

Der Wettbewerbsvergleich hat jedoch nicht nur Stärken und Schwächen der verschiedenen Gruppen von Plattformen ans Licht gebracht, er zeigte auch die entscheidenden Merkmale für eine eHealth-Plattform auf. Diese „Must-Have" Funktionalitäten benötigt eine Plattform, um im momentanen Wettbewerb bestehen zu können.

Dazu gehört eine gute Visualisierung der eingegebenen oder synchronisierten Daten, sodass sich der Nutzer leicht auf der Plattform zurechtfindet. Es sollte selbsterklärend sein, um eine hohe Akzeptanz der Anwender für die Plattform zu erreichen. Auch muss das System eine hohe Verfügbarkeit aufweisen, damit die Nutzer jederzeit auf ihre Daten zugreifen können und so ihre Fortschritte verfolgen können.

Des Weiteren muss die Plattform mit vielen Apps, Plattformen und Endgeräten kompatibel sein, sodass möglichst viele Daten automatisch synchronisiert und mit einmaliger Anmeldung vom Anwender eingesehen werden können.

Zu den grundlegenden Daten, die mit der Plattform erfasst und graphisch aufbereitet werden sollten, gehören die Schritte pro Tag mit der daraus resultierenden, zurückgelegten Strecke, sonstige sportliche Aktivitäten, die Herzfrequenz, der Puls, der Blutdruck und -zucker, sowie das Gewicht und die konsumierten Lebensmittel während des Tages. Daraus muss dann die Plattform den Kalorienverbrauch und -zufuhr berechnen können, um dem Nutzer zu zeigen, wie er bei seinen selbst gesetzten Zielen Fortschritte macht.

Ein weiteres entscheidendes Merkmal einer konkurrenzfähigen Plattform ist eine Anwenderverwaltung. Diese dient zur eindeutigen Identifizierung an der Plattform und soll die Vertraulichkeit der Daten gewährleisten. Dies kann einerseits durch den Anwender mit seiner Authentifizierung stattfinden, indem er ein sicheres Passwort wählt oder Sicherheitsfragen einstellt, die nur er beantworten kann. Andererseits muss die Plattform diese Funktionalitäten auch bereitstellen und die Daten sicher übertragen und abspeichern.

Darüber hinaus muss die Plattform eine Hilfefunktion anbieten, die beispielsweise allgemeine Fragen und Antworten, ein Forum oder ein Kontaktformular enthalten könnte. Das Entscheidende dabei muss sein, dass dem Anwender in jedem dieser Fälle bei seinen Problemen geholfen wird, damit er sich wohlfühlt und nicht zur Konkurrenz wechselt. Dieses behagliche Gefühl kann auch eine Community vermitteln, indem sie den Kontakt zwischen verschiedenen Anwendern fördert und so den Nutzeraustausch ermöglicht.

Im Großen und Ganzen gibt es einige Funktionen, die eine Plattform anbieten muss, um im momentanen Wettbewerb mithalten zu können. Dies waren die grundlegendsten Merkmale und um einen Wettbewerbsvorteil zu erlangen, muss eine Plattform diese Funktionen anbieten und zusätzlich einige „Nice to Have"-Features bieten oder manche „Must-Have" Funktionalitäten wesentlich besser umsetzen als die Konkurrenz.

Charakterisierung optionaler Merkmale für eine eHealth-Plattform
Nach der Darstellung von entscheidenden Funktionen für jede eHealth-Plattform, die durch den vorangegangen Wettbewerbsvergleich herausgefunden wurden, werden im Nachfolgenden Anforderungen an eine eHealth-Plattform charakterisiert, die „Nice to Have" wären, aber nicht entscheidend für den Erfolg einer Plattform sind.

Als erstes ist hier die Erfassung und Darstellung von Höhenmetern zu nennen. Dies ist vor allem im Alltag das Zählen von erklommenen Treppenstufen, aber auch Höhenmeter beim Bergsteigen und Wandern. Diese werden nicht von jeder untersuchten Plattform dargestellt, trotzdem ist diese Funktion in einigen Anforderungskatalogen von eHealth-Anbietern enthalten.

Dies gilt auch für die nächste Anforderung: Die Erfassung und Darstellung des Schlafes und der Schlafqualität. eHealth-Plattformen stellen die Stunden ausgiebigen Schlafes und Erholung in Diagrammen dar und wecken den Benutzer nach einer gewissen Zeit selbst auf, damit er nur so viel schläft wie notwendig für den Körper ist.

Die Erfassung und Darstellung von Routen auf Karten, die vom Benutzer der Plattform und des Trackers zurückgelegt wurde, ist auch eine der Anforderungen, die zwar schön wäre zu haben, aber nicht essentiell für einen Anwender ist.

Vorangegangen wurde eine Community als eine notwendige Funktion für eine erfolgreiche Plattform definiert. Sollte nun zusätzlich die Möglichkeit bestehen andere Anwender in seine Freundesliste hinzuzufügen, erfüllt die Plattform eine weitere Anforderung an dieses Medium. Dazu sollten man mit den Anwendern von seiner Liste kommunizieren können und Aktivitäten von ihnen sollten beim Einstieg in die Plattform aufleuchten. Eine weitere Anforderung ist die Synchronisation der Daten vom Tracker auf die Plattform und auf andere Plattformen, die nicht vom Hersteller kommen, damit ich immer und überall auf meine neuesten Daten zugreifen kann.

Gibt es einen Bereich vom Hersteller, in dem er die Benutzer seiner Plattform coacht, und sei es nur allgemein mit etwaigen Tipps und Tricks oder sogar personalisiert auf jeden Benutzer einzeln abgestimmt, ist dies eine weitere „Nice-to-Have" Anforderung dieser Plattform und so besteht die Plattform durch den persönlichen Bezug zu den Nutzern eventuell besser auf dem Markt. In diesem Zusammenhang und abschließend ist auch das Senden von Erfolgsnachrichten an den Benutzer oder sogar das Auszeichnen dieser mit Erfolgen zu nennen. Dies spornt den Nutzer noch einmal zusätzlich an, sich zu verbessern und macht eine Plattform noch attraktiver.

Zusammenfassend lässt sich also sagen, dass eine Plattform noch ein oder zwei zusätzliche Funktionen aus den oben dargestellten Anforderungen besitzen sollte. Dadurch kann sie ihr Bestehen auf dem Markt mehr sichern, als wenn sie nur alle „Must-Have"-Funktionen erfüllt hat.

12.6.7   Ableitung einer Empfehlung für die Entwicklung einer offenen eHealth-Plattform

Aus den Stärken und Schwächen, sowie den „Must-Have"-Funktionen und den „Nice to Have"-Features soll nun eine Empfehlung für die Entwicklung einer eHealth-Plattform entwickelt werden.

In den verschiedenen Kategorien schnitten die geschlossene und offene Plattform am besten ab, da diese die meisten Kriterien erfüllen. Wenn zwischen diesen beiden Formen der Plattform eine Entscheidung getroffen werden soll, müssen die Plattformeigenschaften nochmals gesondert gewichtet werden. Die geschlossene Plattform schneidet zwar in den Bereichen der Hilfefunktion und Premium Version besser ab, dafür hat die offene Plattform in den Bereichen des Coaching, des Preises und der Datensicherheit mehr zu bieten. Bedingt durch die lokale Gebundenheit an „DACH" (Abkürzung für Deutschland „D", Österreich „A" und die Schweiz „CH") liegt der Schwerpunkt im Bereich der Datensicherheit (vergleiche Statista, 2015a; Statista 2015b; Handelszeitung, 2015; A1, 2015). Da die offene Plattform hierin das Kriterium am besten erfüllt hat, ist die Empfehlung die Entwicklung einer offenen eHealth-Plattform.

Es wurden verschiedene „Must-Have"-Funktionen festgestellt, die eine Plattform mitbringen muss, um überhaupt wettbewerbsfähig zu sein. Da dies grundlegende Anforderungen an eine Plattform beinhaltet, ist es empfehlenswert, dass alle „Must-Have"-Merkmale in der offenen Plattform umgesetzt werden.

Weitere Anforderungen wurden den „Nice to Have"-Features aufgelistet. Diese zählen nicht mehr zu der Grundfunktionalität, jedoch werden die meisten Benutzer diese als Selbstverständlichkeit ansehen. Daher ist es ratsam diese ebenfalls in einem Konzept für eine eHealth-Plattform umzusetzen.

Darüber hinaus empfiehlt es sich, noch einige optionale Funktionen anzubieten, um die Bedürfnisse der Kunden auch in Zukunft bestmöglich zu befriedigen. Zu diesen gehört eine stärkere Personalisierung nach dem Kastenbauprinzip, damit der Benutzer die Plattform an seine Bedürfnisse und Vorlieben anpassen kann und beispielsweise auf der Startseite alle für ihn besonders relevanten Informationen erhält. Zudem wäre in diesem Bereich ein personalisiertes Produktangebot möglich.

Des Weiteren wird an neueren Analysemethoden für Blutzucker und Nährstoffe geforscht. Momentan muss oft noch Blut in ein Analysegerät gegeben werden, was aufwändig für den Benutzer ist. Daher wird versucht, gewisse Werte aus Schweiß auszulesen und noch mehr Tests als nur den Schweißtest, mit dem die Krankheit Mukoviszidose erkannt werden kann (vergleiche Muko.info, 2015), zu entwickeln. Ein anderes Forschungsgebiet ist die Erkennung der Gemütslage des Benutzers mittels Stimmerkennung (vergleiche Androidpit, 2015). Sobald diese Analysen mit Geräten messbar und auswertbar sind, ist es ratsam die Plattform so anzupassen, dass zusätzlich noch weitere Informationen gespeichert werden können.

Ein weiterer zukünftiger Wettbewerbsvorteil ist die Möglichkeit der Freigabe bestimmter Daten an den behandelnden Arzt zur schnellen und möglichst genauen Diagnose. Die

Kooperation mit den Ärzten ist entscheidend, wobei die technischen Mittel auf beiden Seiten zur Verfügung stehen müssen, um eine Übertragung sicherzustellen. Deshalb ist es empfehlenswert ein Konzept für die Übertragung, Datensicherung und Zugriffsberechtigungen in solchen Szenarien zu erstellen.

Zusammenfassend ist dies die Empfehlung für eine eHealth-Plattform-Entwicklung, da mit diesen Voraussetzungen die Plattform in der derzeitigen Marktsituation konkurrenzfähig wäre.

12.6.8 Zusammenfassung und Ausblick

Ziel dieser Arbeit ist es, ein Anforderungsprofil für eine eHealth-Plattform auf Basis eines Wettbewerbervergleichs abzuleiten. Es wurden verschiedene eHealth-Plattformen charakterisiert und gruppiert. Darauf aufbauend wurden Vergleichskriterien definiert sowie entscheidenden Marktvertreter pro Gruppierung ausgewählt. Mit diesen Informationen wurde der Wettbewerbsvergleich durchgeführt. Das Ergebnis des Wettbewerbsvergleichs zeigt, dass der Markteintritt mit einer offenen eHealth-Plattform die meisten Chancen verspricht. Um sich von der derzeitigen Konkurrenz abzuheben müssen allerdings innovative Funktionalitäten implementiert werden, da die bestehenden Anbieter einen Großteil der definierten Funktionalitäten bieten.

Um sich in diesem stark umkämpften Markt behaupten zu können, ist es essenziell, dass die offene eHealth-Plattform die definierten „Must-Have"-Anforderungen erfüllt. Um sich darüber hinaus abheben zu können, sind die in Abschn. 12.6.7 beschriebenen optionalen Features von entscheidender Bedeutung.

Der eHealth-Markt ist ein extrem zukunftsträchtiger Markt welcher in nächster Zeit enorm an Bedeutung gewinnen wird. Nur wenn bereits jetzt Zukunftsansätze aufgegriffen werden, kann in diesem Markt erfolgreich aufgetreten werden.

12.7 Entwicklung eines Vertriebsmodells einer eHealth-Plattform

Sandra Ertl, Armin Löschel, Rosalie Seibold, Marcel Weinrich

12.7.1 Einleitung

Bei der Einführung eines Produktes muss zunächst ein Einführungsgebiet und eine Strategie für die Einführung definiert werden[57]. Die eHealth-Plattform soll zunächst im DACH-Bereich (Deutschland, Österreich und Schweiz) eingeführt werden.

Um den DACH-weiten Vertrieb zu gewährleisten, muss ein geeignetes Vertriebsmodell gefunden werden. Hierzu bietet es sich an, zunächst ähnliche Produkte und deren Erfolg zu vergleichen.

---

[57] Vgl. Ferya, G. (2008): Anleitung mit Strategie und Konzept.

Es gab bereits mehrere Anläufe, eHealth-Plattformen und Gadgets auf den Markt zu bringen. Diese konnten sich jedoch nicht etablieren. Ein Hauptgrund hierfür könnte die fehlende Akzeptanz der Nutzer sein. Als Beispiel kann hier die elektronische Gesundheitskarte genannt werden. Nach Vorstellen des Modells zur elektronischen Gesundheitskarte gab es viele Bürgerinitiativen welche sich gegen dieses aussprachen. Viele sehen nur die Kosten die durch die Neuerung entstehen und sehen keinen Nutzen.[58]

Bei Betrachtung des FitBits erkennt man, dass dieser erhebliche Probleme hat, seinen Marktstand zu halten. Neuste Entwicklungen führten dazu, dass sich die Kooperation mit Apple aufgelöst hat. Es dürfte ohne eine Neuplanung der Strategie schwierig werden, dass sich der FitBit am Markt halten kann, da ebenfalls die Kooperation mit HealthKit, einer eHealth-Plattform, aufgelöst wurde.[59]

Damit die eHealth-Plattform nicht ebenso scheitert, wird auf den folgenden Seiten ein Vertriebsmodell konstruiert. Dieses Vertriebsmodell soll für den Vertrieb verwendet und in Deutschland etabliert werden.

12.7.2 Vorstellung Vertriebsmodelle

Ein wichtiger Bestandteil des Marketing-Mix ist der Vertrieb. Hierbei gibt ein Vertriebsmodell an, wie das Produkt bzw. die Leistungen die Kunden erreichen sollen. Dabei ist es wichtig, zwischen materiellen und immateriellen, also informationsbasierten Gütern zu unterscheiden[60]. Physische Güter benötigen Zustelldienste um ausgeliefert zu werden, informationsbasierte Güter können online vertrieben werden[61]. Hierbei kann auf unterschiedliche Strategien und Konzepte zurückgegriffen werden[62]. Es existieren gewisse Abhängigkeiten vom Markt und anderen Punkten, welche die Modellwahl beeinflussen[63].

Folgend findet eine kurze Auflistung der wichtigsten Formen statt:[64]

- *Direktvertrieb*
  Das Produkt gelangt hier direkt vom Hersteller zum Kunden. Dies kann auf unterschiedlichen Wegen umgesetzt werden: Außendienstmitarbeiter, E-Commerce, eigene Verkaufsstellen, Call-Center oder Katalogverkäufe. Dabei sind die Vorteile der direkte Kontakt zum Kunden sowie die Messbarkeit einzelner wichtiger Kennzahlen in einem Zeitraum, wie z. B. erstellte Angebote, Abschlussquote, usw. Dadurch kann eine bes-

---

[58] Vgl. Lüder, S. (2015): Aktion: Stoppt die eCard!

[59] Vgl. Lipka, A. (2014): Apple will zukünftig keine Fitbit-Geräte mehr in den eigenen Retail Stores verkaufen.

[60] Vgl. Wirtz, B. (2001): S. 214 f.

[61] Vgl. Läuchli, R. (2008): Unternehmerische Entscheidungen Treffen.

[62] Vgl. Ferya, G. (2008): Anleitung mit Strategie und Konzept.

[63] Vgl. Peters, U. (2008): Vertriebsmodelle.

[64] Vgl. Ferya, G. (2008): Anleitung mit Strategie und Konzept.

sere Planung stattfinden. Ein Nachtteil des direkten Vertriebes sind oft die höheren Kosten sowie ein großes Risiko.[65]

- *Indirekter Vertrieb*
  Dieses Modell verkauft seine Produkte über einen Vermittler, der zum Beispiel ein Groß- und Einzelhändler sein kann. Hier hat das Unternehmen keinen direkten Kundenkontakt. Die Vorteile sind neben den geringen Kosten sowie dem schnellen Aufbau der Vertriebsstruktur auch für den Hersteller geringerer administrativer Aufwand sowie größere Absatzmengen. Die Nachteile sind neben der erhöhten Abhängigkeit von Handelspartnern, der möglichen Konflikte aufgrund differenzierter Interessen und Strategien auch die indirekte Steuerung des Vertriebes, da hierbei kein direkter Kundenkontakt stattfindet.[66]

- *Strukturvertrieb (Multilevel-Vertrieb)*
  Dieses Modell ist hierarchisch strukturiert und gliedert sich in mehrere Ebenen. Die unterste Ebene sind meist nebenberuflich tätige Personen, welche als Zwischenhändler fungieren und die Produkte an andere Kunden aus ihrem Umfeld verkaufen. Die nächste Ebene besteht aus regional tätigen Führungskräften, denen weitere Führungskräfte übergeordnet sind. Hierbei sind die oberen Führungskräfte meist vom Unternehmen angestellt. Die Vorteile sind geringe Fixkosten aufgrund weniger Angestellte, kleinerer Aufwand in Organisation und Administration, wenig Investitionen und dadurch kaum Risiko sowie die Möglichkeit einer Massendistribution. Die Nachteile sind die geringere Kontrolle über das Absatzgeschehen, zu viele Verkäufer und wenige Käufer sowie die Abhängigkeit des Mittlers.[67]

- *Online-Vertrieb (E-Commerce)*
  Im Online-Vertrieb wird das Internet als Vertriebskanal genutzt. Die Vorteile sind, dass neue Kundengruppen erreicht sowie die Möglichkeit die Vertriebsfläche sowohl zeitlich als auch räumlich flexibel zu erweitern. Des Weiteren können personalisierte und individuelle Angebote erstellt werden aufgrund dessen, dass im Käuferverhalten Transparenz geschaffen wird. dadurch. Ein Nachteil ist, dass Kunden ihre Identität fälschen können, welches negative Auswirkungen für das Unternehmen haben können.[68]

- *Virales Marketing (Empfängervertrieb, Freundschaftswerbung)*
  Meist findet das virale Marketing nur im Privatkundengeschäft statt. Die Kunden werden hierbei durch Prämien oder Rabatte ermutigt weitere Kunden zu werben, das heißt, sie werden aktiv in den Vertrieb eingebunden. Die Vorteile sind, dass das Unternehmen dadurch neue Kunden gewinnt sowie ihre bereits vorhandenen Kunden binden. Zudem entstehen so geringe Kosten und eine sehr schnelle Verbreitung kann so erreicht werden. Die Nachteile sind negatives Mund-zu-Mund Propaganda sowie schlechte Erfolgskontrolle.[69]

---

[65] Vgl. Bürli R. et. al. (2012): Distribution, S. 10.

[66] Vgl. Bürli R. et. al. (2012): Distribution, S. 78.

[67] Vgl. Bürli, R.; et al. (2012): Distribution, S. 134 f.

[68] Vgl. Winkelmann, P. (2010): Marketing und Vertrieb, S. 371 f.

[69] Vgl. Wolber, H. (2012), Die 11 Irrtümer über Social Media, S. 169 ff.

- *Vertrieb über Multiplikatoren*
  Sonderform des indirekten Vertriebs ist der Vertrieb über Multiplikatoren. Hierfür sind Verbände, Systemhäuser, Beratungsunternehmen oder auch Prominente Beispiele und fungieren als „Türöffner". Der Vorteil ist, dass dadurch die Kaufentscheidung des Kunden beeinflusst werden kann. Als Gegenleistung können Multiplikatoren die Produkte und Leistungen oder das Image des Unternehmens für eigene Zwecke nutzen, z. B. auch Provision. Der Nachteil eines falsch ausgewählten Multiplikator z. B. aufgrund der fehlenden Vertrauenswürdigkeit ist, dass dadurch Kunden verloren gehen können, da sich diese nicht mit dem Multiplikator oder Unternehmen identifizieren können.[70]

Es existieren noch viele weitere Formen eines Vertriebsmodells, welche jedoch einerseits sehr ähnlich wie die bereits genannten Beispiele sind bzw. andererseits einen Mix aus diesen bilden. Jedoch werden im weiteren Verlauf dieser Arbeit nur die bereits aufgelisteten Formen der Vertriebsmodelle betrachtet.

Die Auswahl eines geeigneten Vertriebsmodells ist in der Regel nicht endgültig. Dies ist auf die derzeitige Instabilität unserer Welt zurückzuführen. Die Instabilität lässt sich mit verschiedenen Einflüssen in Zusammenhang bringen, wie zum Beispiel die sich ständig veränderten Märkte sowie die differenzierten Vertriebserfolge. Aufgrund dessen sollte die Vertriebsstruktur regelmäßig überprüft sowie analysiert werden. Nur durch eine regelmäßige Überprüfung und Analyse kann die Vertriebsstruktur kontinuierlich verbessert sowie die Auswirkungen möglichst gering gehalten werden.[71]

Zudem stellt sich des Öfteren heraus, dass es nicht nur eine optimal geeignete Vertriebsstruktur gibt, sondern oft eignen sich mehrere Vertriebsstrukturen. Hierbei ist es durchaus von Bedeutung unterschiedliche Faktoren sowie Einflüsse, welche die Wahl beeinflussen, zu betrachten. Dadurch kann eine Entscheidung folglich richtig getroffen werden. Hierbei besteht die Möglichkeit Vertriebsmodelle parallel zu nutzen, da sich manche Formen nicht ausschließen.[72]

Jedoch besteht bei einer Kombination mehrerer Vertriebsmodelle und –wege die Gefahr, dass Probleme zwischen den Beteiligten entstehen. Dies ist darauf zurückzuführen, dass jeder Vertriebsweg in direkter Konkurrenz zu einem anderen Vertriebsweg steht. Dadurch kann zwar die Menge des Absatzes erhöht und somit auch der Umsatz gesteigert werden, aber hierbei spielen vor allem die Konkurrenten sowie die Preisstrategie dieser Konkurrenten eine wichtige Rolle.[73]

Die Auswahl der geeigneten Vertriebsstruktur wird immer komplexer, da die Verkaufsprozesse selbst immer komplexer werden. Heutzutage führen veraltete Vertriebsmodelle schnell in eine Sackgasse, die nur durch die Kombination mehrerer Vertriebsstrukturen überwunden werden kann. Aufgrund der Komplexität der Systeme wird der geschäftliche

---

[70] Vgl. Ferya, G. (2008): Anleitung mit Strategie und Konzept.

[71] Vgl. Peters, U. (2008): Vertriebsmodelle.

[72] Vgl. Ferya, G. (2008): Anleitung mit Strategie und Konzept.

[73] Vgl. Bayer, W. (2011): Vertriebsmodelle und Vertriebswege.

Erfolg stark von Fehlentscheidungen beeinflusst. Daher ist die Auswahl geeigneter Vertriebsstrukturen von Bedeutung. Um hierbei eine Entscheidung besser zu unterstützen und eine gute Entscheidung treffen zu können, müssen Zielkunden und ihr Einkaufsverhalten sowie mögliche Kooperationspartner aufgelistet werden.[74]

12.7.3 Kooperation als Vertriebsmodell

Wie in Abschn. 12.7.1 bereits beschrieben, ist die Bevölkerung aktuell noch nicht aufgeschlossen genug für eine Erweiterung der eHealth-Struktur in Deutschland. Umso wichtiger ist es, einflussreiche Kooperationspartner zu finden um dies zu verändern. Durch einflussreiche Kooperationspartner kann auch in Deutschland eHealth etabliert werden und vorteilhaft genutzt werden.

Die Kooperation verschiedener Institutionen bzw. Partner die unmittelbar von der eHealth-Plattform profitieren können, sollen folgend kurz skizziert werden. Hierbei gibt es mehrere mögliche Teilnehmer einer eHealth-Kooperation (vgl. Abb. 12.14).

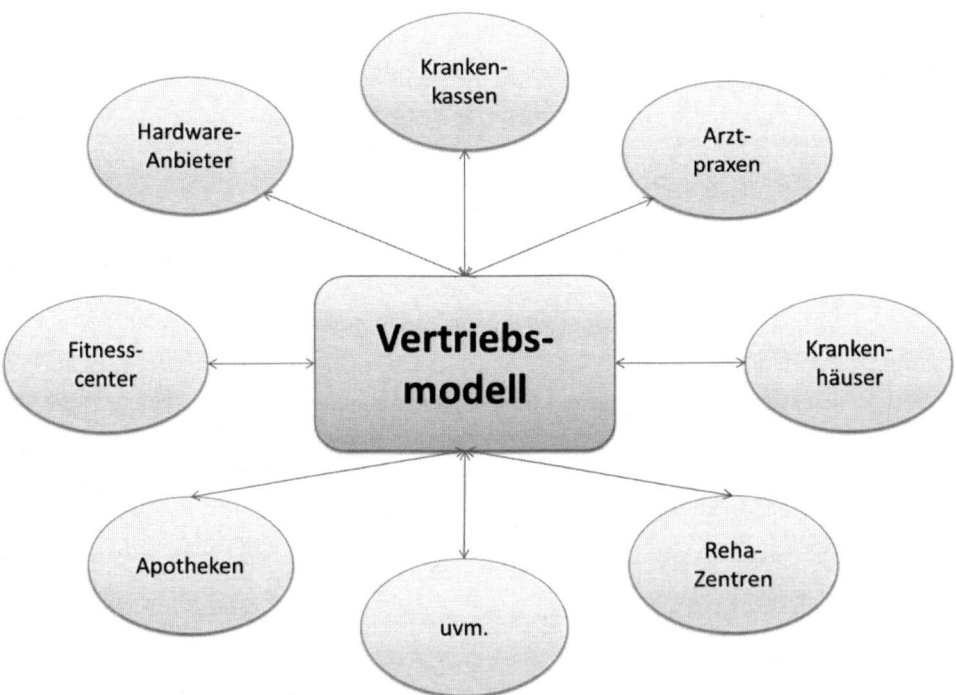

Abb. 12.14 Mögliche Kooperationspartner. (Eigene Darstellung)

---

[74] Vgl. Riba, R. (2014): One-tier/two-tier Vertriebsmodelle (Multichannelsales).

In den folgenden Abschnitten wird eine Auswahl an Kooperationspartnern vorgestellt und auf Gründe für eine Kooperation, sowie mögliche Vor- und Nachteile für beider Parteien eingegangen. Des Weiteren folgt für jeden Kooperationspartner ein Vorschlag für eine mögliche Vorgehensweise zur Einbindung der einzelnen Kooperationspartner in unser Vertriebsmodell.

Krankenkassen

Eine Kooperation in Verbindung mit Krankenkassen bietet sich aufgrund dessen an, da deutschlandweit über 80 Mio. Menschen krankenversichert sind. Das sind nahezu alle Einwohner in Deutschland. Im Jahr 2015 gibt es deutschlandweit insgesamt 169 Krankenkassen. Davon sind 124 gesetzliche Krankenkassen und 45 private Krankenkassen.[75,76] Alle Krankenkassen können über ihre Verbände möglichst schnell und nahezu gleichzeitig erreicht werden. Der verantwortliche Verband wäre bei den gesetzlichen Krankenkassen der GKV-Spitzenverband sowie bei den privaten Krankenkassen der PKV-Verband. Beide Verbände besitzen eine genaue Auflistung aller Krankenkassen in Deutschland.

Die Krankenkassen erweisen sich als sehr guter Kooperationspartner, da diese die Daten des End-Nutzers und somit ihrer Versicherten vorteilhaft nutzen können. Zudem stehen die Krankenkassen bei allen Fragen und Beratungen im direkten Kontakt zu dem Nutzer, insbesondere da alle Krankenkassen eine Filiale im regionalen Umfeld des Nutzers haben sowie über eine Service-Hotline verfügen. Dadurch können Sie nicht nur ihre Versicherten effizient unterstützen sondern auch den Plattformbetreiber. Hierbei können die Krankenkassen nahezu alle Daten verwenden, zum Beispiel alle Fitnessdaten, eventuell Anzahl der Arztbesuche sowie alle Gesundheitsdaten rund um den Patienten. Zu beachten ist hierbei, dass die Krankenkassen ausschließlich die Daten erhalten, die der Patient seiner Krankenkasse übermitteln möchte.

Vorteile Kooperationspartner

- Krankenkassen können durch die vom Versicherten zur Verfügung gestellten Daten Auswertungen machen
- Krankenkassen können durch Daten und Auswertungen Krankheitstrends erkennen
- Krankenkassen können durch die Daten ein differenziertes Kundenangebot gestalten, z. B. Prämienprogramme bei besonders wenig kranken und Sporttreibenden Versicherten

Nachteile Kooperationspartner

- Versicherte geben eventuell nicht alle Daten preis, da sie befürchten, ein schlechteres Angebot von der Krankenkasse zu erhalten
- Versicherte können zur Konkurrenz wechseln, wenn diese ein besseres Angebot besitzen

---

[75] GKV-Spitzenverband (2014): Krankenkassenlisten.
[76] PKV (2014): Zahlen und Fakten.

Vorteile Plattformbetreiber

- Krankenkassen betreiben ständige Werbung und sprechen Empfehlungen bei Nutzer aus
- Plattformbetreiber können viel Geld einsparen
- Plattformbetreiber weiß bei welcher Krankenkasse der Nutzer ist

Nachteile Plattformbetreiber

- Plattformbetreiber muss Daten individuell anpassbar machen und nur gewünschte Daten übermitteln
- Plattformbetreiber muss den Krankenkassen ihre Vorteile möglichst gut darstellen und ihr Interesse wecken

Arztpraxen, Krankenhäuser und Reha-Zentren

Die Kooperationspartner Arztpraxen, Krankenhäuser und Reha-Zentren wurden zusammengefasst, da sich in Krankenhäusern und Reha-Zentren ebenfalls Ärzte befinden. Laut Statistiken der Bundesärztekammer befinden sich allein in Deutschland über 350.000 berufstätige Ärzte[77]. Von diesen sind 50,7 % in Krankenhäusern und Reha-Zentren tätig[78]. Um diese zu erreichen müsste man sich an eine Organisation wenden, welche alle Ärzte aufgelistet hat, also die Bundesärztekammer. Die Ärzte, innerhalb oben genannter Institutionen dienen als guter Kooperationspartner, da diese nicht nur (regelmäßigen) direkten Kontakt zum End-Nutzer der Plattform haben, sondern auch unter Umständen auch selbst als Nutzer auftreten. Folgende Daten können hierbei genutzt werden: Zuckerwerte, Blutdruckwerte, Fitness-Daten, Krankenhausberichte, Laborwerte, Krankenhausaufenthalte, usw.. Also alle Daten rund um Patient/Krankenhaus-Aufenthalte/Reha-Aufenthalte und Arztbesuche.

Vorteile Kooperationspartner:

- Möglichkeit die elektronische Gesundheitsakte einzuführen und Daten aus dem alltäglichen Leben ihrer Patienten zu gewinnen.
- Krankenhäuser können aus den Daten der Patienten zuverlässigere Statistiken anfertigen, beispielsweise in welcher Häufigkeit tritt bei Diabetikern Überzucker/Unterzucker auf?
- Ärzte können sich untereinander austauschen für die Patientenbehandlung

Nachteile Kooperationspartner:

- Implementierung in den Alltag unter Umständen sehr kosten- und zeitaufwändig

---

[77] Bundesärztekammer (2014a): Berufstätige Ärzte.

[78] Bundesärztekammer (2014b): Im Krankenhaus tätige Ärzte.

• Daten der eigenen Praxis/des Krankenhauses/Reha-Zentrums werden anderen verfügbar gemacht

Vorteile Plattformbetreiber:

• Welcher Patient ist bei welchem Arzt und umgekehrt
• Ärzte machen bei Patienten Werbung für Plattform

Nachteile Plattformbetreiber:

• Interesse wecken bei den Ärzten und Krankenhäusern
• Anpassung der Plattform an viele bestehende Systeme im Krankenhaus so gestalten, dass leichte Anbindung möglich

Fitnesscenter
Da viele fitnessbewusste Menschen gerne Apps die Kalorien-Verbrauch, Trainingseinheiten oder Fitness-Ratgebern entsprechen nutzen, bieten sich Fitnesscenter ebenfalls als Kooperationspartner an. Um diese zu erreichen müsste zwischen privaten Unternehmen und Fitnesscenter-Ketten differenziert werden. Kleinere private Center sind vermutlich schwieriger zu erfassen als die größeren.

Ebenso wie die anderen Kooperationspartner hätten die Fitnesscenter den regelmäßigen Kontakt zum End-Nutzer und könnten durch Einbindung ihrer Fitness-Geräte wie beispielsweise dem eGym-Zirkel[79] Anreize schaffen, dass sich die Kunden für die Plattform interessieren. Dadurch dass durch diese Gerätegruppe individuelle Daten des Kunden gespeichert werden und er diese selbständig auswerten könnte, sind Anreize zur Nutzung gegeben.

Insbesondere die großen Fitness-Center-Ketten könnten Kunden-Daten wie Fitnessgrad, Herzfrequenz beim Training, Anzahl der Trainingseinheiten oder Essverhalten nutzen, um das Training individueller an die Bedürfnisse des einzelnen anzupassen. Hätten Fitnesscenter dann auch noch die Möglichkeit Krankheiten der Nutzer sowie deren diagnostische Aufnahmen zu erhalten könnte beispielsweise der physiotherapeutische Sektor mit dem Fitnesscenter-Sektor vereint werden.

Vorteile Kooperationspartner:

• Anfertigung spezieller Trainingspläne die auf den Kunden so abgestimmt sind, dass sich sein Gesundheitszustand nicht verschlechtert sondern verbessert
• Möglichkeit Statistiken anzufertigen über einzelne Kunden

---

[79] eGym GmbH (2015): eGym-Zirkel.

Nachteile Kooperationspartner:

- Daten des einzelnen Fitnesscenters werden anderen verfügbar gemacht
- Falls noch kein eGym-Zirkel vorhanden ist, sehr kosten- und zeitaufwändige Implementierung

Vorteile Plattformbetreiber:

- Fitnesscenter machen bei Kunden Werbung für Plattform
- Welcher Nutzer ist in welchem Fitnesscenter und wie ist sein Fitnessgrad?

Nachteile Plattformbetreiber:

- Interesse wecken bei den Fitnesscentern
- Kleinere, private Fitnesscenter schwer zu erreichen

Apotheken

Die Kooperation mit Apotheken bietet sich besonders an, da es allein in Deutschland über 20.000 offene Apotheken gibt.[80] Durch diese Verteilung gibt es auch immer im direkten Umfeld der Kunden eine Apotheke. Eine Funktion könnte sein, dass man über eHealth-Tracker die verschiedensten Werte stetig mit den Daten des Kunden verglichen werden, um frühzeitig zu erkennen, ob er Medikamente zu sich nehmen sollte und ggf. den Weg zur nächsten Apotheke aufzuzeigen. Durch diese Daten können die Apotheken im Gegensatz zu ihrer Konkurrenz einen effektiven Service sowie eine individuellen Beratung für seine Kunden anbieten.

Voraussetzung hierfür ist eine passende Hardware, die Daten des Kunden in Echtzeit misst oder erfassen kann und ebenso eine Datenbank der Kunden auf der personenbezogenen Daten wie zum Beispiel Vorerkrankungen, Allergien, Medikamente, die eingenommen werden müssen oder andere gesundheitsbedingten Daten der Kunden enthalten sind.

Vorteile Kooperationspartner:

- Höherer Absatz von Medikamenten, da Kunden diese in Fällen öfters kaufen würden, in denen sie früher keine gekauft hätten
- Zeitersparnis, da durch die gesammelten Daten evtl. bereits Empfehlungen ausgesprochen werden können
- Neue Kundengewinnung durch Publizierung der Apotheke
- Keine spürbare Veränderung durch neue Software etc.

Nachteile Kooperationspartner:

- „Stamm"-Apotheken Mentalität geht verloren

---

[80] Statista GmbH (2014): Statistiken und Studien zu Apotheken in Deutschland.

Vorteile Plattformbetreiber:

- Kooperation mit Pharmaindustrie möglich → Sehr hoher Geldfaktor
- Größeres Interessengebiet für Kunden vorhanden
- ständige Werbung durch Apotheken

Nachteile Plattformbetreiber:

- großer Aufwand Plattform zu erhalten
- Zeitaufwändig jede Apotheke einzeln als Kooperationspartner zu gewinnen

Hardware-Anbieter

Auch Hardware-Anbieter für Fitness-Tracker oder Gesundheitssensoren bieten sich als Kooperationspartner an. Voraussetzung hierfür ist eine gemeinsame Schnittstelle aller Kooperationspartner zur eHealth-Plattform. Dadurch können Daten von Trackern unterschiedlichster Hersteller zusammengeführt werden und so den größten Mehrwert für den Kunden bieten. Zudem wird dadurch die Absatzmenge der Hardware-Anbieter deutlich erhöht, da diese problemlos mit einer unabhängigen Plattform verbunden werden können. Daraufhin muss sich der Hardware-Anbieter nicht mehr um die Datenaufbereitung kümmern, sondern kann sich auf allein auf die Weiterentwicklung sowie Innovation seiner Hardware konzentrieren.

Mögliche Kooperationspartner sind zum Beispiel Hersteller von Fitnesstrackern wie Fitbit, aber auch Anbieter von WiFi-Waagen, intelligenten Blutdruckmessgeräten oder Blutzuckermessgeräten, sowie von Smartwatches und Smartphones. In allen Bereichen müssen möglichst viele Partner gewonnen werden, um der Plattform zu einer großen Reichweite zu verhelfen.

Vorteile Kooperationspartner:

- Zugriff auf standardisierte Schnittstellen zur Plattform
- Durch die offene Plattform wird der Nutzen von Fitnesstrackern größer und mehr Kunden werden angesprochen

Nachteile Kooperationspartner:

- Kunden können nicht dauerhaft fest an eine eigene Plattform gebunden werden Wettbewerb mit Konkurrenz wird größer
- Aufwand bei Umstellung von eigener Plattform auf die offene Lösung
- Mögliche Kompromisse bei den Anforderungen an die Plattform

Vorteile Plattformbetreiber:

- Größere Verbreitung der eigenen Plattform
- Schnellere Verbreitung als vordefinierte Standardlösung auf Geräten

Nachteile Plattformbetreiber:

- großer Aufwand eine Plattform zu erschaffen, die den Anforderungen aller Partner genügt
- Abhängigkeit von Kooperationspartnern

12.7.4 Empfehlung eines Vertriebsmodells

Es existieren viele verschiedene Vertriebsmodelle die bereits in den vorherigen Abschnitten genauer beleuchtet wurden. Folgend soll nun ein geeignetes Vertriebsmodell empfohlen werden. Um dieses festzulegen, müssen sowohl externe als auch interne Faktoren betrachtet werden, welche ein Unternehmen beeinflussen. Hierbei definieren diese Faktoren die Rahmenbedingungen für eine Vertriebsstruktur. Dabei müssen sowohl Zuständigkeiten festgelegt sowie die Vertriebsstruktur effizient organisiert werden.

Der *direkte Vertrieb* eignet sich als Haupt-Vertriebsmodell weniger, da es, wie bereits beschrieben, schwierig ist, die einzelnen Kunden zu gewinnen. Daher wäre es ratsam den *indirekten Vertrieb* mit der Sonderform *Multiplikatoren-Vertrieb* auszuwählen, da hier die Kooperationspartner sehr viele eigene Vorteile hätten, wenn ihre Kunden/Patienten den Plattformzugang nutzen würden. Auch könnten so Kunden aus allen denkbaren Sektoren gewonnen werden. Des Weiteren wäre ein *virales Marketing* durch Prämien für die Kunden denkbar, welches nur wenige Werbekosten verursachen würde.

Alle Vertriebsmodelle sollten, da es sich um eine Online-Plattform handelt, auch online betrieben werden. Daher handelt es sich auch zeitgleich um *E-Commerce*. Das angestrebte Vertriebsmodell ist also eine Mischform aus fast allen Vertriebsformen, jedoch in unterschiedlicher Intensität.

Um die Kooperationspartner ins Boot zu holen muss ein allumfassender Anreiz geschaffen werden. Ziel ist es, so viele Kooperationspartner wie möglich zu gewinnen, um ein Modell zu erhalten.

Auf langfristige Sicht ist es erfolgreicher, alle Kooperationspartner zu kombinieren und in eine Gemeinschaft zu integrieren als einzelne Silos, wie in Abb. 12.15 dargestellt, zu erschaffen.

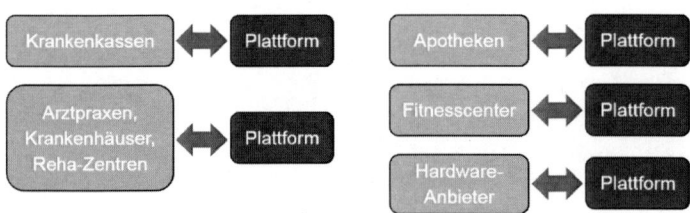

Abb. 12.15 Einzelnen Silos der Institutionen. (Eigene Darstellung)

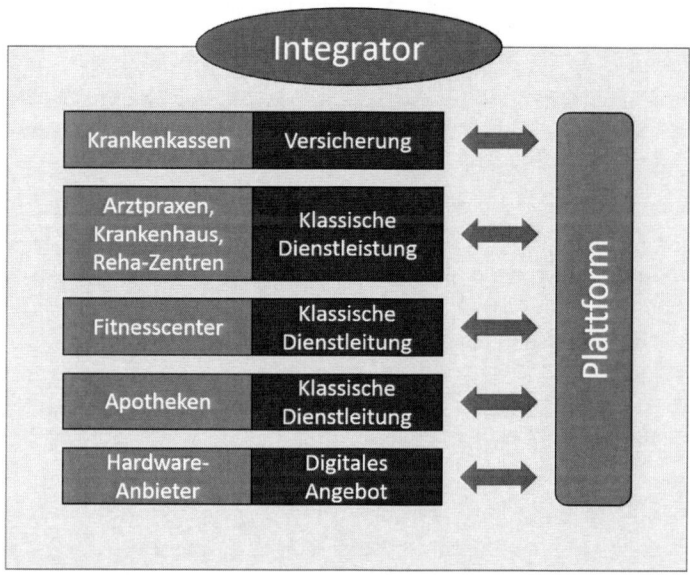

Abb. 12.16 Integrationsmodell. (Eigene Darstellung)

Es gab bereits mehrere Anläufe wie beispielsweise die elektronische Gesundheitskarte (siehe Abschn. 12.7.1), an welchem man erkennen kann, das dies einzeln schwer umzusetzen ist. Sind jedoch alle wichtigen, vertrauenswürdigen und einflussreichen Institutionen wie Krankenkassen, Apotheken oder aber auch Fitnesscenter integriert, weckt dies beim Kunden Vertrauen. Hierbei ist zu beachten, dass die Institutionen nicht als einzelne Silos betrachtet werden, da getrennte Silos einen durchgängigen Zugang zu Informationen verhindern. Somit sollen alle Silos eine Einheit bilden und über die Plattform miteinander kommunizieren sowie Daten austauschen.

In Abb. 12.16 ist das geplante Integrationsmodell erkennbar.

Das in Abb. 12.16 dargestellte Integrationsmodell beinhaltet alle wichtigen, vertrauenswürdigen und einflussreichen Institutionen, welche bereits in Abschn. 12.7.3 behandelt wurden. Der Integrator ist hierbei die Firma, welche das Integrationsmodell in Zusammenhang mit der Plattform entwickelt hat, also in diesem Fall ist dies der Plattformbetreiber. Die Plattform soll gewährleisten, dass alle Silos in das Integrationsmodell integriert werden und über die Plattform Informationen und Daten austauschen. Ziel ist es die Silos aufzuheben und die Grenzen der Silos zu überwinden, welches durch eine offene unabhängige Plattform unterstützt werden soll. Dadurch soll für die Kooperationspartner ein Nutzen generiert werden.

Das Problem einer offenen Plattform ist die Akzeptanz aller Partner untereinander. Um die Plattform offen zu halten sind keine exklusiven Kooperationen mit einzelnen Partner (z. B. Krankenkassen) möglich. Der große Vorteil dieser Offenheit ist die Vielzahl an Daten, die in der Plattform unabhängig gesammelt werden können und dann wiederrum jedem Partner zur Optimierung der eigenen Dienstleistungen zur Verfügung stehen. Aufgrund dessen wird das Integrationsmodell als Gesamtpaket angeboten. Jedoch kann der Kunde darüber entscheiden, welche Kooperationspartner er selektiert sowie welche Daten er preisgeben möchte. Der Preis für das Gesamtpaket ist unabhängig von der Anzahl der ausgewählten Silos bzw. Kooperationspartnern. Somit wird das Gesamtpaket auf dem Markt mit einem Festpreis angeboten.

Zu beachten ist jedoch, dass je Gesamtpaket für einen Kunden nur ein Anbieter der Kooperationspartner ausgewählt werden kann, d. h. der Kunde kauft das Gesamtpaket und kann in Verbindung mit seiner Krankenkasse, seinem Krankenhaus oder Hausarzt in der Region, seiner gewünschten Apotheke, seinem Fitness-Center in der Region sowie den ausgewählten Hardware-Anbieter sich sein Paket zusammenstellen.

Durch das Integrationsmodell profitieren alle Kooperationspartner voneinander. Ein Beispiel hierfür ist, dass durch die Plattform alle Kooperationspartner profitieren können, da diese beispielsweise für Ihre Kooperationspartner Werbung betreiben kann. Die Kooperationspartner können aufgrunddessen Geld für Werbung einsparen und sind zusätzlich bei ihren End-Nutzern immer präsent.

Die Krankenkasse können durch die Daten der Arztpraxen, Krankenhäuser sowie Reha-Zentren eventuell Trends von Krankheiten sowie immer aktuelle Krankheitswerte seiner Kunden erhalten. Umgekehrt können die Arztpraxen, Krankenhäuser und Reha-Zentren von den Krankenkassen profitieren, da diese beispielsweise vertraglich festlegen mit welchen Krankenkassen sie kooperieren möchten.

Die Krankenkasse als auch das Fitnesscenter können sich gegenseitig bereichern, in dem z. B. die Krankenkasse ihre Gesundheitsprogramme wie die Rückenschule outsourct oder der End-Nutzer z. B. aufgrund seiner Krankenkasse eine Sonderleistung im Fitnesscenter erhält. Dadurch kann das Fitnesscenter neue Kunden werben die später evtl. einen eigenen Fitnessvertrag abschließen. Des Weiteren können die Krankenkassen durch ein gutes Angebot ihre Kundenzufriedenheit steigern sowie Kunden binden.

Die Apotheken können von der Kooperation mit Ärzten, Krankenhäusern und Reha-Zentren profitieren, da sie dadurch alle Rezepte digital in Echtzeit erhalten. Somit können die Apotheken schneller planen und evtl. Medikamente vorbestellen oder vorbereiten bis der Kunde diese abholt. Ein weiterer Vorteil wäre, dass sich der Kunde ebenso die Medikamente in sein Haus liefern lassen kann, in dem er sein Rezept an die gewünschte Apotheke überträgt. Dies ist vor allem von Vorteil, wenn der Kunde bereits älter oder schwer krank ist.

Die Kooperation zwischen Apotheke und den Hardware-Anbietern kann durch die Daten, welche von dem Kunden mit dem Einverständnis übermittelt wurden Medikamente effizienter empfehlen sowie die Dosierungsmengen speziell auf das Gewicht, Größe sowie Gesundheitszustand des Kunden anpassen.

Zudem können die Krankenkassen von den Hardware-Anbietern profitieren, da sie personenbezogene Daten von ihrem Versicherten erhalten und somit ein differenziertes Kundenangebot erstellen können. Der Hardware-Anbieter hingegen profitiert von der Krankenkasse, da diese mit dem Hardware-Anbieter einen Vertrag abschließen können und dem End-Nutzer z. B. Empfehlungen ausspricht, welche Hardware er auswählen muss und diese von der Krankenkasse bezahlt wird. Zudem kann der Hardware-Anbieter der Krankenkasse bei vielen Verkäufen einen Mengenrabatt geben.

Es zeigt sich also, dass die Kooperationen nicht nur Vorteile für die Plattform bringen sondern die Kooperationspartner können ebenso voneinander profitieren. Dadurch kann dem Kunden ein einzigartiges Paket angeboten werden, welche das Vertrauen der Kunden in die einzelnen Kooperationspartner verstärken soll.

Die Datenübertragung findet innerhalb des Integrationsmodells zwischen allen Kooperationspartnern statt. Jedoch verläuft die Datenübertragung immer über die Plattform, d. h. die Daten werden von den jeweiligen Silos an die Plattform übertragen und können anschließend von den weiteren Kooperationspartnern abgerufen werden. Einer der wichtigsten Punkte des Integrationsmodells ist, dass die Datensicherheit sowie die Privatsphäre des End-Nutzers geschützt werden. Der Plattformbetreiber muss dies gewährleisten bzw. richtig umsetzen. Des Weiteren sollen die übertragenen Daten zu den jeweiligen Kooperationspartner ebenso sicher sowie privat behandelt werden. Zu beachten ist also, dass die Plattform und die Anwendungen sicher und zuverlässig sein müssen. Ansonsten kann es dazu führen, dass der End-Nutzer sein Vertrauen verliert und das Integrationsmodell nicht akzeptiert wird. Dies hat zur Folge, dass das Integrationsmodell am Ende scheitert. Der Datenschutz ist vor allem in Deutschland sehr wichtig, jedoch darf dieser die Entwicklung nicht aufhalten.

Aufgrund dessen sollen ausschließlich nur die Daten in der Plattform weiterverarbeitet werden, die der End-Nutzer selbstständig freigibt. Der Kunde soll darüber entscheiden, welche Daten er welchem Kooperationspartner weitergeben möchte. Dies soll gewährleisten, dass die Kooperationspartner ohne die Zustimmung des Kunden keine personenbezogenen Daten auswerten können.

Wird den Kooperationspartnern sowie den Kunden der Nutzen des Integrationsmodells bewusst, können Annahmen getroffen werden, dass das Integrationsmodell durch eine gute Einführung am Markt und Marketing erfolgreich sein wird. Zudem kann es sowohl für den End-Nutzer als auch für die Kooperationspartner viele Vorteile haben.

Sobald das Integrationsmodell in Deutschland erfolgreich integriert sowie von der Bevölkerung akzeptiert wird, kann dieses Integrationsmodell ebenso in anderen Ländern erfolgreich eingeführt sowie akzeptiert werden. Dafür muss die Plattform jedoch länderspezifisch angepasst werden, da in jedem Land eine andere Sprache gesprochen, andere Gesetze verabschiedet sowie Kulturen existieren.

Um auch kurz auf den direkten Vertrieb bzw. die zu erwerbenden Modifikationen der Plattform einzugehen, wird nachfolgend eine Angebotsdifferenzierung nach Kundengruppen beschrieben.

12.7.5 Angebotsdifferenzierung nach Kundengruppen

Die Angebotsdifferenzierung nach Kundengruppen soll dazu beitragen für jeden Kunden ein speziell für ihn passendes Angebot bereitzustellen. Im Folgenden wird aufgezeigt wie eine solche Differenzierung im Falle der vorliegenden eHealth-Plattform aussehen kann.

Studenten

Um junge Menschen für Fitnesstracker und speziell für die offene eHealth-Plattform zu begeistern, kann eine Grundversion der Plattform kostenlos zur Verfügung gestellt werden. Obwohl zunächst noch keine Bereitschaft da ist Geld für eine solche Plattform auszugeben, können so die Vorzüge der Plattform aufgezeigt werden. Wenn sich beim Kunde ein Gewöhnungseffekt einstellt und sich an das Tracking wichtiger Gesundheitsdaten gewöhnt hat, kann in einem weiteren Schritt die Möglichkeit zum Kauf einer Premiumversion angeboten werden, die weitere interessante Features freischaltet. Hier besteht die Möglichkeit einen Kaufpreis festzulegen, oder aber ein Abo mit einem monatlichen Grundpreis abzuschließen. Diese Kundengruppe kann am besten mit Kooperationen mit Hardwareherstellern und Fitnesscentern erreicht werden.

Fitnessbewusste Erwachsene

In dieser Zielgruppe sind Kunden zusammengefasst, die die Plattform vor allem zur Verbesserung der eigenen Gesundheit nutzen wollen, jedoch keine Vorerkrankung oder chronische Krankheit haben. Zur Erhaltung und Verbesserung der eigenen Gesundheit ist diese Zielgruppe bereit Geld für eine solche Plattform auszugeben. Ohne (oder mit nur kurzem) Probeabo kann hier bereits schnell eine Kaufoption angeboten werden. Wenn das Angebot für den Kunden zufriedenstellend funktioniert, kann so schnell auch langfristig eine Kundenbeziehung entstehen. Durch das fortlaufende Tracking der Bewegungsdaten, des Nutzerverhaltens und des Kalorienverbrauchs kann z. B. durch Rezeptvorschläge die Gesundheit des Kunden verbessert und der persönliche Fortschritt durch Zahlen (z. B. Gewicht, zurückgelegte Strecke…) belegt werden. Für diese Zielgruppe sind vor allem Kooperationen mit Hardwareherstellern, Fitnesscentern, aber auch Ärzten und Apotheken am wichtigsten.

Chronisch Kranke

Bei chronisch Kranken müssen besondere Anforderungen beachtet werden. Die genaue Beobachtung und Auswertung der Daten steht hier im Vordergrund. Anders als bei den zuvor behandelten Zielgruppen erfolgt die Benutzung der Plattform nicht auf eigenen Wunsch, sondern ist nötig, um den Zustand des Patienten zu überwachen. Besonderes Augenmerk muss für diese Zielgruppe auf die Bereitstellung einer sicheren und zuverlässigen Plattform gelegt werden. Daten wie die heute zurückgelegte Strecke oder der Kalorienverbrauch sind für z. B. einen Diabetiker keine vorrangige Information. Wichtiger ist hier die Überwachung der Blutzuckerwerte, Empfehlung einer Mahlzeit bei zu stark abfallendem Wert oder sogar die automatische Kontaktierung des Arztes oder Angehörigen bei kritischen Signalen. Entsprechende Funktionen und Möglichkeiten zum Customizing müssen in der Plattform abgebildet sein. Im Vordergrund steht bei dieser Kundengruppe der Vertrieb über Kooperationen mit Ärzten, Krankenhäusern und Krankenkassen.

Senioren

Die Anforderungen von Senioren entsprechen in vielen Punkten denen der chronisch Kranken. Zusätzlich muss hier besonders auf eine einfache Bedienung und Oberfläche geachtet werden. Oft ist diese Kundengruppe nicht mit modernen technischen Geräten wie Smartphones oder Computern vertraut. Grundvoraussetzung für eine Nutzung dieser Personengruppe ist eine klar strukturierte und logisch aufgebaute Oberfläche. Zusätzlich muss eine leicht verständliche Dokumentation der Software bereitliegen, in der alle Funktionen verständlich erklärt werden. Besonders wichtig in diesem Zusammenhang ist die Zusammenarbeit mit Krankenkassen, Apotheken und Ärzten.

12.7.6 Fazit

Folgend sollen die wichtigsten Erkenntnisse nochmal kurz zusammengefasst werden. Durch die Untersuchung der differenzierten Vertriebsmodelle wurde ersichtlich, dass ein Unternehmen nur durch die Auswahl eines perfekt geeigneten sowie unternehmensspezifischen Vertriebsmodells langfristig Erfolg verzeichnen kann. Dies soll für den Plattformbetreiber durch das Vertriebsmodell gewährleistet werden. Dabei wird deutlich, dass Kunden ein Produkt, wie in unserem Fall die unabhängige offene Plattform, besser annehmen, wenn mehrere Kooperationspartner in die Plattform integriert sind. Dabei sollen nur Kooperationen mit vertrauenswürdigen Kooperationspartnern geschlossen werden, um auch bei den End-Nutzern selbst Vertrauen zu übermitteln. Dies ist vor allem für den Erfolg des Vertriebsmodells von Bedeutung, da vorherige Modelle meist an diesem Punkt gescheitert sind. Die Kunden hatten dabei kein Vertrauen an die Anbieter bezüglich Datensicherheit, Privatsphäre und vieles mehr.

Das Vertriebsmodell bietet dem Kunden die Möglichkeiten unterschiedliche Angebote wahrzunehmen. Diese sind hierbei immer abhängig von der Situation sowie dem Stand des Kunden. Dadurch können durch das Vertriebsmodell dem Kunden personenspezifische Angebote gemacht werden, welche den Kunden gesundheitlich im Alltag möglichst effizient unterstützen sollen. Wird den Kooperationspartner, den Plattformbetreiber sowie den Kunden bewusst, welchen Mehrwert das Vertriebsmodell generiert, kann es erfolgreich eingeführt und akzeptiert werden.

12.8 Werbung und Öffentlichkeitsarbeit – Konzeption der Markteinführung für eine offene eHealth-Plattform

Andreas Frisch, Dennis Lomprich, Dustin Krämer, Fabian Regler, Kristina Helfer

12.8.1 Heranführung

Laut dem Google-Jahresrückblick 2014, in Sachen Trends, befindet sich der Suchbegriff „Wearable Computing" unter den am häufigsten gesuchten Begriffen in der Kategorie Mobiltechnologie. Zusätzlich steigerte sich der Suchbegriff, im Vergleich zum Vorjahr, um das Dreifache (Google Inc. [Online], 2015a). Doch was genau ist unter dem Begriff „Wearable Computing" zu verstehen?

Wearable Computing sind Endgeräte, die von Nutzern getragen werden können. Durch ihre Technologie sind sie in der Lage sämtliche Körperaktivitäten, verschiedene Standorte, Herzfrequenzen und ähnliche Daten zu erfassen (Google Inc. [Online], 2015b). Zu diesen Endgeräten zählen beispielsweise Smartwatches, Sport-/Activity-Tracker, Smart Glasses oder Smart Clothing.

Problemstellung

Simultan zum wachsenden Interesse bieten immer mehr Unternehmen „Wearable Computing"-Endgeräte an. Um Daten, welche von diesen Endgeräten aufgezeichnet werden zu sammeln, zu speichern und anschließend in eine Struktur zusammenfassen zu können, wird eine entsprechende Plattform benötigt. Diese Plattformen werden meist in Form einer mobilen App oder als Web-Applikation angeboten.

Bisher werden die jeweiligen Plattformen jedoch nur von den Anbietern zur Verfügung gestellt, die auch die Endgeräte auf den Markt bringen. Entscheide ich mich als Kunde also beispielsweise für einen FitBit-Tracker, so steht mir nur die jeweilige FitBit-Plattform zur Verfügung, um meine Daten zu sammeln und sie in Relation zueinander zu bringen. Daraus folgt, dass Kunden auf die Plattformen der Anbieter, deren Funktionalitäten und auf deren Endgerät angewiesen sind.

Eine offene Plattform, welche in dieser Arbeit behandelt wird, existiert in dieser Form noch nicht auf dem Markt. Deshalb wurden die entsprechenden Hürden, welche im Zuge des Markteintritts auftauchen, noch nicht überwunden.

Es ist zu definieren, welche Methode am effizientesten wäre, um eine neue, offene Plattform in den Markt zu integrieren. Geeignete Werbeinstrumente sind für diesen speziellen Fall ebenfalls unbekannt.

Ausgangssituation

Im Rahmen dieser Arbeit wird eine eHealth-Plattform betrachtet, welche die Funktion beinhaltet, dass alle Daten von sämtlichen Endgeräten mit Trackingfunktion empfangen werden können.

Darüber hinaus wurde von **Gruppe 3 – Vertrieb** definiert, dass die zu behandelnde Plattform zusätzliche Funktionen wie die Umsetzung einer Gesundheitskrankenakte enthält. Laut **Gruppe 1 – Marktanalyse**, umfasst die Kundensegmentierung Ärzte, Hardwarehersteller, Krankenkassen, Krankenhäuser, Apotheken, Reha-Zentren sowie Fitnesscenter. Der Absatzmarkt bezieht sich vorerst auf DACH (Deutschland, Österreich, Schweiz).

Zielsetzung

Ziel dieser Arbeit ist es eine Strategie zu entwickeln, mit deren Hilfe die eHealth-Plattform geeignet in den internationalen Markt integriert werden kann. Für das definierte Vorgehen gilt es geeignete Werbeinstrumente zu finden und diese, der Problemstellung entsprechend, anzupassen und einzusetzen.

12.8.2 Grundlagen des Markteintritts

Laut Kollmann, 2007; Kutschker und Schmid, 2011 wird unter einem Markteintritt der Zeitpunkt verstanden, zu welchem ein Unternehmen das zu verkaufende Produkt zum ersten Mal für Kunden anbietet. Die Gestaltung des Markteintritts erfordert eine Strategie, wie der angestrebte Markt bedient werden soll. Diese wird in den folgenden Unterkapiteln erläutert und anschließend auf die zu behandelnde Plattform angewandt.

Markteintrittsstrategie
Die Markteintrittsstrategie dient der Überwindung von Markteintrittsbarrieren des angestrebten Zielmarktes. Laut Zentes, 2012; Gutberlet, 2011; Dehnen, 2012 umfasst sie die geplante Positionierung eines Unternehmens am Markt, die zu verwendenden Mittel, den Zutrittszeitpunkt mit zugehöriger Reihenfolge, sowie die gewählte Form der Institution.

Zielmärkte
Zielmärkte werden durch die Identifizierung attraktiver Länder definiert und sind ausschlaggebend für den zukünftigen Unternehmenserfolg.

Entscheidend, für die Auswahl geeigneter Länder, ist die Strategie des Unternehmens, sowie Marktpotenzial, Risiken, Handels- und Investitionsbarrieren, die Konkurrenzsituation und die Verfügbarkeit benötigter Ressourcen (Sternad et. al., 2013; Dehnen, 2012).

Eintrittszeitpunkt und Reihenfolge
Unternehmen müssen entscheiden ob und wann sie an einem neuen Markt partizipieren möchten (Fischer et. al., 2007). Der Eintrittszeitpunkt legt fest, wann ein Unternehmen in dem jeweiligen Markt aktiv partizipieren möchte. Insbesondere für internationale Markteintritte ist der Zeitpunkt des Eintritts ein strategisches Mittel. Beispielsweise kann ein zeitgleicher Eintritt in mehrere Länder erfolgen (Sprinkler-Strategie) oder ein zeitlich aufeinander folgender Eintritt (Wasserfall-Strategie) (Lymbersky, 2008).

Diese Methoden bieten verschiedene Vor- und Nachteile (vgl. Tab. 12.3).

Tab. 12.3 Eigenschaften der Sprinkler- und Wasserfallstrategie. (In Anlehnung an Lymbersky, 2008)

Sprinkler-Strategie	Wasserfall-Strategie
Vorteile	*Vorteile*
Schnelles, zeitgleiches Ausbreiten in mehreren Märkten	Fokussierte Planung und Umsetzung pro Land
Nachteile	Wissenstransfer aus entstandenen Problematiken
Verstärkte Planung von Nöten	*Nachteile*
evtl. Scheitern in allen Märkten	Durch erhöhten Zeitaufwand kann der optimale Eintrittszeitpunkt verpasst werden → Konkurrenz kann schneller reagieren

Die Eintrittsreihenfolge definiert, ob das Unternehmen nach Eintritt die Rolle eines Pioniers (auch *first-mover* genannt) einnimmt, oder die des Folgenden.

Während der Pionier den Markt als erster kommerzialisierender Anbieter ergründet, ist der Nachfolger zugleich ein Nachahmer oder Revolutionär eines bestehenden Produktes, oder einer Dienstleistung (Gutberlet, 2011).

Formen des Markteintritts

Die Form des internationalen Markteintritts bezieht sich auf strategische und institutionelle Entscheidungen, mit welchen Mitteln ein Unternehmen den angestrebten Markt erschließt. Hierzu können verschiedene Optionen in Betracht gezogen werden (Meffert et. al., 1994).

Diese Formen können wie folgt kategorisiert werden:

Kategorien der Markteintrittsformen (vgl. Meissner und Gerber, 1980; Zentes, 2012)

Kategorien der Markteintrittsformen		
Export	Kooperationen	Investitionen
Direkt	Lizensvergabe	Auslandsniederlassungen
Indirekt	Franchising	Produktionsbetrieb
	Joint Venture	Tochtergesellschaft

Nachfolgend werden die Vor- und Nachteile der jeweiligen Kategorien dargestellt:

Vor- und Nachteile des Exports (in Anlehnung an Dehnen, 2012; Zahra et. al., 2000)

Vor- und Nachteile des Exports	
Export Der Export bezeichnet den Absatz eigener Produkte oder Dienstleistungen in internationalen Märkten. Er ist insbesondere für kleine und mittlere Unternehmen in frühen Phasen der Internationalisierung geeignet	
Vorteile Ausländische Märkte ohne große Ressourcenbindung und Investition erschließen	*Nachteile* Geringe Gewinnerzielung und Kontrollmöglichkeit durch Distanzabsatz samt erhöhter Transaktionskosten

Vor- und Nachteile einer Kooperation (in Anlehnung an Dehnen, 2012; Zahra et. al., 2000)

Vor- und Nachteile einer Kooperation	
Kooperation Kooperationen stehen für strategische Allianzen mit Partnern und eignen sich für Unternehmen mit wenig Know-How über den zu erschließenden Markt und mit geringem Kapital/Ressourcen	
Vorteile Geteiltes Risiko mit Kooperationspartnern und Profit durch deren Marktwissen und Image am Markt	*Nachteile* Kapitaltransfer und Kontrollverlust mit evtl. Interessenkonflikten

Vor- und Nachteile einer Investition (in Anlehnung an Dehnen, 2012; Zahra et. al., 2000)

Vor- und Nachteile einer Investition	
Investition	
Investitionen stellen einen unternehmensinternen Aufwand in Form von Ressourcen und Kapital dar und sprechen gefestigte Unternehmen am Markt an	
Vorteile	*Nachteile*
Hohes Maß an Kontrolle unter Wegfall der Trans-aktionskosten (siehe Export) mit Fokus auf einen speziellen Markt	Sehr hoher Ressourcen-, Kosten-, Zeitaufwand im Zusammenhang mit auftretenden Risiken

Umsetzung des Markteintritts

Für unser Unternehmen wird der Markteintritt wie folgt geplant:

Die Markteintrittsstrategie dient der Überwindung der bereits definierten Markteintrittsbarrieren der Gruppe Marktanalyse. Hierbei stehen die bisher schlecht ausgebaute Infrastruktur der Gesundheitsinstitutionen, sowie das Misstrauen der Endkunden gegenüber der Angabe persönlicher Daten im Vordergrund. Die Zielkunden lokalisieren sich in DACH (Deutschland, Österreich, Schweiz). Diese Länder bilden somit den Zielmarkt. Der Eintrittszeitpunkt sollte schnellstmöglich stattfinden, da bereits mehrere Kontrahenten den Markt dominieren und ein deutlicher Trend in eHealth abzusehen ist. Hierfür wird die Wasserfall-Strategie präferiert, bei welchem die Länder und deren Märkte aufeinander folgend betreten werden. Somit liegt der Fokus auf dem aktuellen Land und weitere Märkte können durch gewonnene Erkenntnisse besser beschritten werden. Die Eintrittsreihenfolge legt das zu behandelnde Unternehmen somit als Nachfolger fest, da bereits mehrere Marktteilnehmer ihre Produkte kommerzialisiert haben.

Die institutionelle Form des Markteintritts wird über Joint Ventures mit Länderspezifischen Kooperationspartnern realisiert. Hierfür werden die von Gruppe Vertrieb definierten Kooperationspartner herangezogen und beworben.

Nachfolgend werden die Eigenschaften von Joint Ventures aufgelistet:

Vor- und Nachteile von Joint Ventures (in Anlehnung an George und Diller, 1993)

Vor- und Nachteile von Joint Ventures	
Joint Ventures	
Joint Venture stellen Kooperationen mit ausgewählten Markpartnern dar und können strategischer Art sein	
Vorteile	*Nachteile*
Teilung von Kosten und Risiko	Konfliktäre Interessen der Partner
Marktkenntnisse lokaler Partner	Änderung der Unternehmenspolitik
Informationsaustausch	Erschwerte Kontrolle
Erzielung gemeinsamer Wettbewerbsvorteile	Verlust von Wettbewerbsvorteilen durch Teilung von Ressourcen
Schneller Markteintritt	

Bestehende Markteintrittsbarrieren werden somit durch das Image lokaler Unternehmen überwunden und automatisch deren Kundenstamm adoptiert. Durch das Marktwissen der Kooperationspartner kann das Unternehmen für den Markteintritt und Produktverkauf von deren Kenntnissen profitieren.

12.8.3 Werbekonzept

Nachdem Marketing- und Kommunikationsziele sowie die zu gewinnende Zielgruppe definiert wurden, folgen die eigentlichen konzeptionellen Arbeitsschritte. Während der Produktentwicklung müssen sich die Anbieter folglich mit der *werbeinhaltlichen Grundkonzeption der Werbemaßnahmen* befassen. Diese umfasst unter anderem den werblichen Nutzen, den Beweis für das Produktversprechen, sowie das Image des Artikels. Um alle Punkte optimal zu bearbeiten, wird oftmals die sogenannte „Copy-Strategie" angewandt (Mahrdt, 2009; Runia et al., 2012).

Grundlagen der Copy-Strategie
Die Copy-Strategie beinhaltet Vorüberlegungen und Aufgabenstellungen für eine visualisierte und verbalisierte Umsetzung der Werbebotschaft in den entsprechenden Werbemitteln. Sie setzt sich aus den 3 wesentlichen Punkten „Consumer Benefit", „Reason Why" und „Tonality" zusammen (Diez, 2006; Runia et al., 2012; Tropp, 2014; Weis [Online], 2014), (vgl. Abb. 12.17).
Nachfolgend werden die einzelnen Punkte erläutert:

Consumer Benefit – Kundennutzen
Der Consumer Benefit beschreibt das Nutzenversprechen, das bewusst auf Wünsche und Bedürfnisse der Konsumenten abzielt, z. B. „Shampoo XY verleiht Ihrem Haar Glanz und Geschmeidigkeit". Damit hebt es ein Produkt bzw. eine Dienstleistung aus der Masse gleichartiger Angebote im Wettbewerb hervor (Positionierung). Man unterscheidet zwischen dem Leistungsnutzen (Leistungsfähigkeit der Produktes steht im Vordergrund), dem Trendnutzen (Weckt den Wunsch nach Zugehörigkeit), dem Kennernutzen (demonstriert das Wissen über die Überlegenheit des Produkts) und dem Geltungsnutzen (Profilierungs-

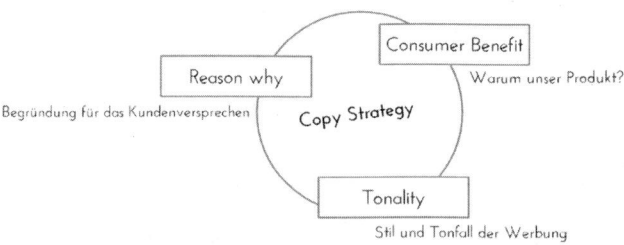

Abb. 12.17 Copy-Strategie. (Eigene Darstellung)

und Prestigebedürfnis einer Gruppe). Zudem kann der Consumer Benefit um den Zusatz-nutzen oder den USP bzw. UAP erweitert werden (Diez, 2006; Weis [Online], 2014).

Da jedes Produkt einen bestimmten Grundnutzen aufweist, braucht es mehr als den Consumer Benefit, um die Aufmerksamkeit des Konsumenten gewinnen. Zusätzlich kommt es auf den Zusatznutzen an, der die Besonderheiten des Produktes hervorhebt (Prestige, Jugendlichkeit, Modernität etc.). Dieser kann sowohl durch die Produkteigen-schaften selbst, als auch durch die Produktästhetik, wie dem Design oder der Verpackung hergestellt werden (Diez, 2006; Weis [Online], 2014).

Weiterhin bietet der USP (Unique Selling Proposition) – die Eigenschaft des Produktes, die es Mitbewerbern überlegen und dem Alleinstellungsmerkmal entspricht – die nächste Abgrenzungsmöglichkeit. Durch den USP wird ein einzigartiger Verkaufsvorteil hervor-gehoben. Der USP kann nochmals unterteilt werden in „natürlichen USP" (Besonder-heit ist im Produkt selbst begründet) und in „künstlichen USP" (die außerordentlichen Produktmerkmale müssen erst erschaffen werden → der verkaufte Nutzen existiert nicht real, sondern nur in der Vorstellungskraft der Zielgruppe). Der künstliche, faktisch nicht nachweisbare und emotional ansprechende USP wird auch UAP (Unique Advertising Pro-position) genannt. Häufig wird dieser für Genussartikel, wie Schokolade, Alkohol oder Zigaretten eingesetzt (Wölki, 2013).

Reason Why – Begründung
„Werbebotschaften haben meist den Ruf, kaum Informationen, dafür aber umso mehr ma-nipulativer Aussagen zu enthalten. Das Produktversprechen ‚Shampoo XY verleiht Ihrem Haar Geschmeidigkeit und Glanz', reicht dem Konsumenten zur Überzeugung schon lan-ge nicht mehr aus. Um sich von leeren Versprechungen zu distanzieren und den Kunden in seinem Kauf zu bestärken, muss die Werbung den Beweis für die Aussage mit anhängen." (Weis [Online], 2014) Hier kommt das zweite Element der Copy-Strategie zum Einsatz – der Reason Why. Reason Why ist der Beweis für die Existenz des versprochenen Pro-duktnutzens, also die Begründung für das Produktversprechen. Um bei dem Beispiel vom Shampoo XY zu bleiben also die Begründung für Glanz und Geschmeidigkeit: „Dank patentierter Vitaminformel".

Der Reason Why lässt sich in sogenannte Hard und Soft Facts unterteilen. Da er in Ab-hängigkeit zum Consumer Benefit steht, gibt es dementsprechend Hard Facts für objektive Nutzenversprechen (USP), wie Vergleichstests, Härtetests (Wasch- und Putzmitteln), Gü-tesigel sowie Testberichte und Zeugnisse. Soft Facts setzen sich demgegenüber aus Fotos und Bildern, fiktiven Zeugen sowie zufriedenen Kunden zusammen und unterstützen so die eher subjektiven Benefits (UAP). Mithilfe des Reason Why kann eine Werbung oft-mals glaubhafter gemacht werden. Dem Konsumenten wird der Eindruck vermittelt, sich für das einzig richtige Produkt entschieden zu haben (Weis [Online], 2014; Wölki, 2013).

Tonality – Stil und Tonfall der Werbung
Tonality – auch Tone of Voice, spiegelt den so genannten Grundton bzw. die Atmosphäre der Werbung und den Stil der Kommunikation wieder. Hier kommt zum Ausdruck, wie

die Werbebotschaft verpackt werden soll. Mithilfe der Tonality wird festgelegt, wie der Produktnutzen am besten präsentiert und wie die Zielgruppe emotional – möglichst über Gefühlsreize – angesprochen werden soll. Daher werden an dieser Stelle besonders gerne Adjektive, wie dynamisch, jugendlich, männlich, sportlich, traditionell etc. verwendet. Die spätere visuelle und verbale Umsetzung orientiert sich an der Tonality und erschafft so eine zum Image passende Verpackung (Weis [Online], 2014; Wölki, 2013).

Umsetzung der Copy-Strategie

Um die Copy-Strategie auf unser Produkt – eine offene Plattform für Fitnesstracker – übertragen zu können, muss zunächst das Hauptversprechen festgelegt werden. In unserem Fall wäre der sogenannte Consumer Benefit die Tatsache, dass unser Dashboard für jeden zugänglich ist und alle Daten auswerten kann, unabhängig davon, aus welchem Fitnesstracker sie stammen. Die unterstützende Beweisführung für das oben genannte Versprechen – den Reason Why – liefert unsere spezifisch programmierte, offene sowie unabhängige Plattform. Die Tatsache, dass wir ein freies Unternehmen sind, ermöglicht es uns unabhängig von verschiedenen Endgeräten zu sein.

Weiterhin muss der Stil und Tonfall unserer Werbung festgelegt werden. Diese sollte nämlich, passend zur Thematik *eHealth* sportlich, dynamisch, innovativ sowie auf Fitness und Gesundheit ausgelegt sein.

Sie soll zudem eine breite Zielgruppe erreichen, welche zunächst genau determiniert werden muss. Um unsere offene Plattform geeignet an den Markt zu bringen, sollten die Werbemaßnahmen so gewählt werden, dass sie diese breite Zielgruppe auch ansprechen. Zum einen sollten sowohl junge Menschen, die ihren Körper zunächst kennenlernen wollen und die mittlere Altersklasse, die bereits mit Fitness begonnen hat oder erst anfangen will inspiriert werden. Zum anderen dürfen Sportler, Fitnessbegeisterte und Gesundheitsfanatiker nicht außen vor gelassen werden. Zuletzt sollte auch die ältere Generation erreicht werden, die Fitness zur Prävention oder zur Genesung betreibt.

Im Anschluss an die Copy-Strategie folgt die Werbeträgerauswahl, das sogenannte Mediakonzept (Mediaplan). Auf der Basis der zuvor beschlossenen Schritte muss festgelegt werden, mit welchem Medium die Glaubwürdigkeit des Produktes am besten an die jeweilige Zielgruppe getragen werden kann.

12.8.4 Mediaplan

Ein Mediaplan ist eine Übersicht über den zeitlichen Einsatz und Nutzung der vorgegebenen oder empfohlenen Massenmedien zum Zwecke der Werbung. Der Mediaplan ist ein Kernstück in der gesamten Konzeption einer Werbekampagne (Meffert et. al., 2008).

Der Zweck des Mediaplans ist, dass die festgelegten Werbemittel zu einem bestimmten Zeitpunkt die ausgewählte Zielgruppe ansprechen. Es wird ein optimaler Einsatz des zur Verfügung stehenden Budgets angestrebt um die bereits definierten Werbeziele zu erreichen. Mit dem Einsatz eines Mediaplans kann z. B. die Bekanntheit des Unternehmens oder des Produkts gesteigert werden. Im Falle der Bekanntheitssteigerung spielt die Reichweite der Mediaplanung eine zentrale Rolle. Durch den Einsatz von Massenmedien wie z. B. Radio oder Fernsehen kann eine große Reichweite erreicht werden.

Im Gegensatz zu den quantitativen Zielen geht es jedoch auch mit dem Einsatz eines Mediaplans darum, möglichst genau seine Zielgruppe anzusprechen. Mit dem Radio oder dem Fernsehen hat man zwar eine große Streuung und auch eine große Reichweite, jedoch kann es sein, dass es zu einem Streuverlust kommt, da die Zielgruppe nicht genau eingegrenzt wurde. So erhalten Menschen die geschaltete Werbung, obwohl sie für das Unternehmen nicht als potenzielle Käufer gesehen werden.

Bevor es zu einem Medieneinsatz kommt, muss deshalb das zu verwendende Medium auf die Tauglichkeit geprüft werden. Zum einen muss sichergestellt werden, dass mit dem Medium eine gewisse Reichweite erreicht werden kann. Des Weiteren sollte das Medium glaubwürdig sein und in der Gesellschaft oder bei der angestrebten Zielgruppe einen guten Ruf und ein entsprechendes Image haben. Außerdem sollte die Verfügbarkeit des Mediums überprüft werden.

Ein weiterer Kontrollpunkt ist das Kosten/Nutzenverhältnis. Der Einsatz des Mediums muss in das Werbebudget passen (Meffert et. al., 2008). Auch muss in der Medienauswahl geprüft werden, ob die Werbeziele auch erreicht werden können, oder ob das eine Werbeziel ein anderes blockiert.

Anwendungsmöglichkeiten
Ein Unternehmen, welches ein digitales Produkt vertreiben möchte, oder vor allem auch junge potenzielle Käufer hat, wird um Social Media Werbung und Social Media Marketing nicht herum kommen. Denn mit Radiowerbung, Zeitungswerbung, Plakatwerbung oder auch Werbung im Fernsehen kann man den Nutzen und die Wirkung der Anzeige nicht genau feststellen. Durch Werbung auf Plattformen wie Facebook, Twitter oder YouTube kann man potenzielle Käufer individueller und gezielter ansprechen.

Zudem ist der große Vorteil einer Werbeanzeige über ein soziales Netzwerk wie z. B. Facebook, dass Unternehmen Ihre Werbeanzeige sehr genau auf Ihren Nutzen analysieren können. Zudem ist es möglich sich über die geschaltete Werbeanzeige einen Bericht oder eine Auswertung erstellen zu lassen (Facebook [Online], 2015).

Soziale Netzwerke haben über Ihre Nutzer sehr viele Informationen, wie z. B. Interessen, Vorlieben und auch Ablehnungen. Besitzen nun Unternehmen diese Informationen kombiniert mit allgemeinen Informationen über den Nutzer wie z. B. die Herkunft, das Alter oder das Geschlecht des Nutzers, so können sie eine Werbeanzeige mit gezielten Informationen für eine sehr genau definierte Zielgruppe schalten.

Wir konzentrieren uns nun auf die sozialen Netzwerke Facebook und Twitter da diese die meistgenutzten Netzwerke in Deutschland sind. Außerdem betrachten wir die Werbemöglichkeiten des Videoportals YouTube.

Facebook

Als größtes soziales Netzwerk bietet Facebook eine große Vielfalt von Möglichkeiten Werbung zu schalten. Die gängigsten Varianten sind „cost per click" (CPC) und „cost per mille" (CPM). Bei der Auswahl der Werbevariante spielen die Werbeziele eine große Rolle.

Bei der Variante CPC wird festgelegt, wie viel das Unternehmen durchschnittlich bereit ist zu zahlen wenn jemand auf die geschaltete Werbeanzeige klickt. Je mehr das Unternehmen bereit ist zu zahlen, desto mehr behauptet sich die Werbeanzeige gegenüber anderen Anzeigen mit einer ähnlichen Zielgruppe, und desto häufiger wird sie bei der Zielgruppe angezeigt (Facebook [Online], 2015).

Bei der Variante CPM wird hingegen wird für 1000 Anzeigen durchschnittlich ein bestimmter Betrag gezahlt. Diese Variante garantiert, dass die Werbeanzeige häufig angezeigt wird, jedoch ist nicht genau festzustellen ob und wie häufig potenzielle Kunden die Werbung auch angeklickt haben (Facebook [Online], 2015).

Bei jeder Variante ist es möglich sich über die geschaltete Werbeanzeige einen Bericht oder eine Auswertung erstellen zu lassen (vgl. Abb. 12.18).

Twitter

Wie auch bei Facebook ermöglicht es Twitter den Kunden Werbekampagnen zu starten, um somit eine spezielle Zielgruppe anzusprechen. Die Werbeanzeige bei Twitter stellt sich in Form eines Tweets dar. Ein Tweet ist eine Nachricht, welche auf 140 Unicode-Zeichen limitiert ist.

Beim Schalten von Werbung auf Twitter wird auch je nach Werbeziel unterschieden. Somit gibt es die Möglichkeit, mit der Werbung gezielt Klicks auf die eigene Webseite zu erreichen. Bei dieser Variante wird nur dann etwas berechnet, wenn auf die Webseite

Abb. 12.18 Facebook-Auswertung einer Werbekampagne. (Zoerb [Online], 2015)

geklickt wird. Alle anderen Interaktionen sind kostenlos. Bei anderen Varianten wird z. B. für Interaktionen oder gewonnene Followers gezahlt.

Wenn Werbekunden für einen Tweet zahlen, so wird dieser als „Promoted Tweet" bezeichnet. Bezahlte Tweets werden hervorgehoben um eine große Anzahl von Nutzern zu erreichen. Promoted Tweets sind mit „gesponsert" gekennzeichnet, jedoch besitzen sie die gleichen Eigenschaften wie normale Tweets. Die bedeutet, dass auch promoted Tweets favorisiert, retweetet und beantwortet werden können (Twitter [Online], 2015).

Die geschalteten Tweets können auch bei Twitter gemessen und analysiert werden. Dazu steht das Tweet-Aktivität-Dashboard zur Verfügung. Hier kann man erfahren, wie viele Impressionen ein Tweet hatte oder welcher der geschalteten Tweets die größte Resonanz bei der Zielgruppe erreicht hat (Twitter [Online], 2015).

YouTube
Bei YouTube gibt es natürlich auch die Möglichkeit Werbung zu schalten und somit eine bestimmte Zielgruppe zu erreichen.

Es kann zwischen den Varianten Fan Finder und AdWords unterschieden werden. Mit der Variante Fan Finder, werden erstellte Videoanzeigen kostenlos vor anderen Videos auf YouTube eingeblendet. Mithilfe von bestimmten Aktivitäten findet YouTube potenzielle Fans, bei denen dann die geschaltete Werbung eingeblendet wird. Mit AdWords gibt es die Möglichkeit Videos oder Kanäle mit TrueView-Anzeigeformaten zu bewerben. Hierbei wird zwischen TrueView InStream und TrueView InDisplay unterschieden. Eine InStream-Anzeige wird vor anderen YouTube-Videos eingeblendet, jedoch kann diese nach 5 s weggeklickt werden. Nur wenn ein Nutzer die Anzeige mindestens 30 s lang anschaut werden Kosten fällig.

Bei InDisplay-Anzeigen eignen sich besonders, um für Videos Werbung zu machen. Die Anzeigen werden auf den Wiedergabeseiten von YouTube dargestellt. Sie befinden sich bei den vorgeschlagenen und empfohlenen Videos. Kosten fallen nur an, wenn auf die Anzeige geklickt wird und das Video wiedergegeben wird.

Umsetzung des Mediaplans für unser Produkt
Bei der Anwendung auf das Produkt ergibt sich die Möglichkeit mehrere Mediapläne zu entwerfen, da wir unterschiedliche Zielgruppen herausgearbeitet haben. Für jede Zielgruppe sollte deshalb ein spezieller Mediaplan ausgearbeitet werden. Wir unterscheiden hierbei zwischen Kooperationspartnern sowie End- und Privatkunden.

Die End- und Privatkunden lassen sich noch in die älteren und jüngeren Menschen unterteilen.

Mediaplan für Kooperationspartner
Ein Ziel des Mediaplans ist es, Kooperationspartner zu werben und zu finden, mit denen wir unsere Produkte vertreiben können.

Für unsere Kooperationspartner, welche unter anderem Ärzte, Krankenhäuser, Apotheken, Rehakliniken, aber auch andere Unternehmen darstellen, möchten wir auf eine Kombination aus verschiedenen Medien und Methoden setzen. Mit speziellen Veranstaltungen für Firmen, in welchen wir Präsentationen und Informationen über unser Produkt geben, möchten wir von möglichen Kooperationspartnern wahrgenommen werden. Außerdem betrachten wir einen Messestand bei z. B. Gesundheitsmessen als sinnvoll, da wir dort entsprechende Kontakte mit potenziellen Kooperationspartnern knüpfen können. Wir möchten zudem in digitalen Medien wie z. B. dem Fernsehen auf uns aufmerksam machen, zum anderen aber auch auf klassische Werbemittel wie z. B. die Zeitung oder Plakate setzen. Eine Präsenz im Fernsehen spricht für ein bestimmtes Niveau und die Plakat- und Zeitungswerbung sind vertraute Werbemittel.

Wenn Kooperationspartner gefunden wurden, ist es ein weiteres Ziel mit ihnen gemeinsam Werbung zu schalten. So können wir von der Präsenz und der schon bestehenden Akzeptanz der Kooperationspartner profitieren. Ein weiterer Aspekt hierbei ist die Aufteilung der Werbekosten.

Mediaplan für End- und Privatkunden (Unter 30 Jahre)

Da wir von einem digitalen Produkt, in diesem Fall dem Dashboard, ausgehen, konzentrieren wir uns für die jüngeren End- und Privatkunden auf digitale Werbung.

Um die unter 30-Jährigen erreichen zu können, müssen wir dort präsent sein, wo sich die Zielgruppe auch befindet. Da soziale Medien von den Jüngeren sehr genutzt werden, bilden sie eine geeignete Plattform auf welcher wir uns präsentieren möchten und unser Produkt anbieten wollen. Wir möchten zum einen den jungen potenziellen Käufern unsere Modernität zeigen und zum anderen können wir mit der digitalen Werbung eine sehr genau definierte Zielgruppe ansprechen. Dadurch vermeiden wir, dass ein großer Streuverlust der Werbekampagne entsteht. Diese Vorteile sehen wir mit den altbekannten Medien, wie z. B. der Zeitung oder dem Radio bei dieser Zielgruppe nicht. Deshalb erachten wir es nicht für sinnvoll diese junge Zielgruppe mit diesen Werbemedien anzusprechen. Aus diesen Gründen haben wir uns entschieden, für die Zielgruppe mit den jungen Endkunden auf die digitale Werbung zu setzen. Wir können uns vorstellen eine Werbekampagne für unser Produkt über Facebook oder einem anderem sozialen Netzwerk zu starten.

Eine weitere Strategie von uns ist eine Kombination von klassischen und neuen Werbemitteln. Deshalb wollen wir zusätzlich zu der digitalen Werbung, auch auf klassische Werbemittel zu setzen. So können wir uns gut vorstellen, bei Partnerunternehmen wie z. B. Fitnessstudios, mit Flyern oder Visitenkarten auf uns aufmerksam zu machen. Flyer oder Visitenkarten können auf Grund ihrer Größe z. B. an der Theke des Fitnessstudios ausgelegt und von Kunden leicht mitgenommen werden.

Um trotzdem für die jüngeren modern und aktuell zu wirken, haben wir vor, die klassischen Werbemittel mit Barcodes oder Verweisen auf die Homepage oder Seiten in sozialen Netzwerken, zu versehen.

Mediaplan für End- und Privatkunden (Über 30 Jahre)

Um auch die etwas ältere und nicht ganz technologisch affine Generation anzusprechen, müssen wir unsere Werbekampagne entsprechend ändern.

Da nur ein sehr geringer Anteil der älteren potenziellen Käufer soziale Netzwerke nutzt, könnten wir durch Werbung über die sozialen Netzwerke nur eine sehr kleine Zielgruppe definieren und ansprechen. Deshalb müssen wir auch hier wieder sehen, wie wir unsere Zielgruppe am besten erreichen und ansprechen können. Ältere und bekannte Werbemittel wie z. B. die Zeitung, Anzeigen, Plakate oder das Radio haben gegenüber den sozialen Medien ein schon länger bestehendes Image. Zudem sind für ältere Menschen, die Vertraulichkeit und die Bekanntheit der älteren Werbemittel höher. Um die gewünschte Zielgruppe zu erreichen, muss jedoch auch der Einsatz der älteren Werbemittel genau geplant werden. Bei der Radiowerbung kann z. B. ein Radiosender als Werbeinstrument genutzt werden, welcher vorrangig ältere Menschen anspricht. Somit können wir auch hier einen unnötigen Streuverlust verhindert werden.

12.8.5   Kritische Betrachtung der einzelnen Strategien

Die Gestaltung des Markteintritts via Joint Ventures bringt nicht nur Vorteile mit sich. So werden bei der Umsetzung einer solchen Kooperation neben Risiko und Aufwand ebenfalls das Kapital, sowie die Entscheidungsmacht anteilsmäßig übertragen. Durch die geplante Vermarktung in mehreren Ländern, müssten landesabhängige Abstimmungen getroffen werden, welche zu Interessenskonflikten führen können. Hieraus resultiert zudem ein erhöhter, länderspezifischer Verwaltungsaufwand in Form von Informationen, Kommunikation und Absprachen, sowie Vereinbarungen. Hauptaugenmerk ist hierbei die Auswahl der Kooperationspartner, da diese unterschiedliche Interessen beziehungsweise Ziele verfolgen könnten. Aus diesem Szenario könnte sich ein Interessenskonflikt entwickeln und die Zukunft der Unternehmung negativ beeinflusst werden. Diese Problematik muss bei jeder Markterschließung beachtet werden. Zudem könnten auch Kooperationen eingegangen werden, welche länderübergreifend fungieren, was zu komplexeren Abstimmungen und Entscheidungsfindungen führen könnte. Die Reihenfolge des Markteintritts ist mit der Wasserfallstrategie hinsichtlich des Markteintritts in Österreich und Schweiz kritisch zu betrachten. Durch einen verspäteten Eintritt entsteht die Gefahr, dass Wettbewerber oder Nachahmer den Markt mit einer Kopie des Produktes vor uns betreten.

Auch die **Copy-Strategie** erfordert eine kritische Betrachtung. Zwar werden hier werbliche Aussagen, Versprechen, Motivationen, Beweise usw. in eine einheitliche Gestaltungspolitik festgelegt. Das Ergebnis der Werbe-Experten, die auf der Basis der ihnen vorgelegten Copy-Strategie kreativ werden, ist jedoch nicht eindeutig, da immer auf Spielräume geachtet wird, um die Kreativität nicht einzuschränken. Zudem müssen klare Vorgaben gemacht werden, um die Strategie geeignet umzusetzen. Dies bringt dementsprechend viel Zeitaufwand mit sich, da zunächst analysiert werden muss, was genau durch das Werbekonzept erreicht werden und vor allem, wen dieses ansprechen soll.

Auf den ersten Blick bietet der sozial **Mediaplan** sowie die Werbung über soziale Netzwerke sehr viele positive Eigenschaften und Vorteile, jedoch gibt es auch hier kritische Aspekte. Eine social Media Werbestrategie muss sehr genau aufgebaut werden und erfordert daher einen großen Zeitaufwand. Zudem kann es sein, wenn man mit dem Gebiet noch nicht vertraut ist, dass man sich erst einlesen muss oder sich von einem Experten beraten lassen muss. Dies kostet zusätzliche Zeit und Geld. Ein weiteres Risiko kann entstehen, wenn die Social Media Werbung nicht richtig kontrolliert wird und außer Kontrolle gerät. Besonders in sozialen Netzwerken können sich Trends sehr schnell entwickeln. Dies bedeutet jedoch auch, dass bei einer Werbepanne oder einer falsch interpretierten Werbung schnell negative Beiträge oder negative Kommentare entstehen können. Dadurch kann für ein Unternehmen im schlimmsten Fall ein erheblicher Imageschaden entstehen. Auch der Erfolg der Social Media Werbung ist kritisch zu betrachten. Zwar kann man bei den sozialen Netzwerken ausführliche Grafiken und Analysen über die geschaltete Werbung erlangen, jedoch erfährt man dadurch nicht wie viele potenzielle Kunden nun wirklich das Produkt auch gekauft haben. Zu wissen, wie viele Kunden auf die Webseite geklickt haben oder die Unternehmensseite mit „gefällt mir" markiert haben, sagt nichts über die Kaufkraft des Kunden aus.

12.8.6   Fazit und Ausblick

Unter Beachtung der Markteintrittsstrategie und zugehöriger kritischer Betrachtung, ist ein erfolgreicher Eintritt in den eHealth-Markt theoretisch zu realisieren. Hierbei werden die besprochenen Märkte (DACH) nacheinander schnellstmöglich betreten und jeweils durch ein Joint Venture mit lokalen Marktpartnern bearbeitet. Wie bereits kritisch betrachtet, müssen die Kooperationspartner sorgfältig ausgewählt werden. Bezüglich des Markteintritts muss das Joint Venture zukünftig, nach erfolgreichem Beitritt in den Markt, aufgelöst werden. Sobald sich das Unternehmen auf den Märkten etabliert hat, wäre eine Exportstrategie möglich, um die Märkte zukünftig zu bearbeiten bzw. in weitere Länder zu expandieren.

Für eine erfolgreiche Vermarktung des Produktes ist die Werbebotschaft von großer Bedeutung, welche sich durch das Kundenversprechen, die Begründung für dieses Versprechen, sowie den jeweiligen Stil und Tonfall der Werbung definiert. Diese müssen zukünftig stetig kontrolliert und auf die aktuelle Zielgruppe, sowie deren Wünsche angepasst werden.

Zudem müssen geeignete Werbeträger ausgewählt werden, die die jeweilige Zielgruppe erreichen. Hierfür bieten sich beispielsweise Fernsehen, Radio, Printmedien oder das Internet an. Entscheidend ist hierbei die Nutzungsdauer des jeweiligen Trägers. Hier sollte im Voraus festgelegt werden, wie lange der jeweilige Werbeträger genutzt werden soll, da die Zielgruppen sich oft an den aktuellen Trendmedien (z. B. soziale Netzwerke) orientieren.

Literatur

Zu 12.1 Neue Sensortechnologien zur Prävention und Behandlung der 10 häufigsten Krankheiten in Deutschland

Amazon, 20.02.2015, Amazon Best Sellers in Fitness Trackers, http://www.amazon.com/Best-Sellers-Sports-Outdoors-Fitness-Trackers/zgbs/sporting-goods/5393958011

Anne-Laure de Noblet, 2015, Die große Fitness-Tracker Übersicht: Was sie können und worauf beim Kauf zu achten ist, http://www.idealo.de/presse/21Einfluss der Ernährung auf die Gesundheit93-die-grosse-fitness-tracker-uebersicht-was-sie-koennen-und-worauf-beim-kauf-zu-achten-ist.html

Apotheken Umschau, 2014a, Krampfadern (Varikose, Varikosis, Varizen), http://www.apotheken-umschau.de/Krampfadern

Apotheken Umschau, 2014b, Rückenschmerzen, http://www.apotheken-umschau.de/Rueckenschmerzen/Rueckenschmerzen-unspezifisch-oder-spezifisch-12812_3.html

CHIP 04/2015, S.34 ff, Doctor Selftrack & Mister Hype

Deutsche Gesellschaft für Phlebologie, 2012, Leitlinie zur venösen Diagnostik mit der Photoplethysmographie, http://www.phlebology.de/leitlinien-der-dgp-mainmenu/92-leitlinie-zur-venoesen-diagnostik-mit-der-licht-reflexions-rheographie-photoplethysmographie

Deutsche Leberstiftung, 2010, Häufige Lebererkrankungen, http://www.deutsche-leberstiftung.de/aktuelles/presseportal/pressemappe/lebererkrankungen

DocMedicus-Verlag, 2013, Photoplethysmographie (PPG), http://www.gesundheits-lexikon.com/Vorsorge-Diagnostik/Herz-Kreislauf-Gefaesse/Photoplethysmographie-PPG-.html

e-health-com Fachmagazin, 2015, Glucolight-Sensor zur Messung von Blutzucker durch Hautkontakt, http://www.e-health-com.eu/details-news/smarter-sensor-glucolight-misst-blutzucker-durch-hautkontakt/6b52a9c5a651497945ddea0a1555404f/

Fitbit, 2015, Fitbit Flex Spezifikationen, https://www.fitbit.com/de/flex/specs#i.c6f2tg180ofae1

Fitness Tracker Test, 2015, Fitness Tracker Test – Die neusten Fitness Tracker im Test, http://www.fitness-tracker-test.de/

Frost & Sullivan, 2014, Quantified-Self-Technologien vermessen in Zukunft die persönliche Gesundheit, http://ww2.frost.com/news/press-releases/frost-sullivan-quantified-self-technologien-vermessen-zukunft-die-personliche-gesundheit/

Garmin, 2015, Vivofit 2, https://buy.garmin.com/de-DE/DE/sport-training/fitness/vivofit-2/prod504038.html

Grote Caspar, 2013, Rücken gerade!, http://www.medizin-und-elektronik.de/mobile-medizintechnik/article/97765/0/Ruecken_gerade/

Heise Medien, 2009, Technology Review über elektronisches Messpflaster http://www.heise-medien.de/presse/Pflaster-kontrolliert-Kalorienverbrauch-1609518.html

Herzner S. 2014, Wie Bewegungsmangel krank macht, Apotheken Umschau, 2013, https://ich-beweg-mich.apotheken-umschau.de/article/Sport/Wie-Bewegungsmangel-krank-macht-325039.html

Hoffmann Maren, 2014, Gesundheit, Manager Magazin, 2014, http://www.manager-magazin.de/lifestyle/fitness/valedo-von-hocoma-sensorengestuetzte-uebungen-fuer-den-ruecken-a-992220.html

Inpunktmed – Patienteninformationen, 2014, http://www.inpunktmed.de/fileadmin/user_upload/pdfs/Varikose.pdf

Jawbone, 2015, Up 24 – Essen, schlafen und bewegen. Aber gesund. https://jawbone.com/store/buy/up24

Johannsen Jan, 2015, Medizin-Wearable: Smarter Rückentrainer Valedo im Test, Curved 2015, https://curved.de/reviews/medizin-wearable-smarter-rueckentrainer-valedo-im-test-204002

Kruschke Andreas Dr. med. 2014, Der Venen-Stern und seine Bedeutung, http://www.rheinruhrmed. de/interview/krampfadern_behandlung_dr_kruschke.php

Lohmeier Patrick, 2015, Der smarte Kampf gegen den Winterspeck: Fitness-Tracker zehn Mal gefragter als im Vorjahr, http://www.idealo.de/presse/2059-der-smarte-kampf-gegen-den-winterspeck-fitness-tracker-zehn-mal-gefragter-als-im-vorjahr.html

Lumo, 2014, Lumo Back. Quantify the invisible, http://www.lumobodytech.com/lumoback/

Medizin Info, 2015, Was ist Übergewicht? http://www.medizinfo.de/ernaehrung/essstoerungen/uebergewicht/definition.shtml

Melzer M. Dr. 2015, Schilddrüse: Was ist ein Kropf?, Apotheken Umschau 2013, http://www.apotheken-umschau.de/Schilddruese/Schilddruese-Was-ist-ein-Kropf-208455.html

Spiegel Online, 2012, Studie zu Bewegungsmangel: Todesursache Faulheit, http://www.spiegel. de/gesundheit/ernaehrung/fitness-mangelnde-bewegung-toetet-jaehrlich-fuenf-millionen-menschen-a-845012.html

Toplak Hermann Prof. Dr. 2015, Diabetes Mellitus, http://www.netdoktor.at/krankheit/diabetes-mellitus-7447

Welt N24 GmbH, 2015, Deutschland sitzt sich krank, http://www.welt.de/gesundheit/article118525174/Deutschland-sitzt-sich-krank.html

Wolf Martin Prof. Dr. 2015, Blutzuckermessung ganz ohne Blutentnahme, http://www.empa.ch/plugin/template/empa/1389/154970

Zu 12.2 Informationsgewinnung aus Datenvernetzung – Koronare Herzkrankheiten über die Strukturierung von Daten frühzeitig erkennen

1. Statistisches Bundesamt (2009) Anzahl der Todesfälle in Deutschland 2008 nach häufigster Todesursache und Geschlecht. http://de.statista.com/statistik/daten/studie/37396/umfrage/todesursachen-in-deutschland-2008/. Accessed 12 Mar 2015

2. Statistisches Bundesamt (2013) Anzahl der Todesfälle nach Todesursachen in Deutschland in den Jahren 2011 bis 2013. http://de.statista.com/statistik/daten/studie/158441/umfrage/anzahl-der-todesfaelle-nach-todesursachen/. Accessed 12 Mar 2015

3. YouGov (2012) Bei welchen Krankheiten sehen Sie in der Zukunft doe größten medizinischen Herausforderungen?

4. Schulte H, Eckardstein A von, Cullen P et al. (2001) Übergewicht und kardiovaskuläres Risiko. Herz 26(3): 170–177. doi: 10.1007/s00059-001-2281-3

5. Carbone J (2013) Expect Sensor Prices to Fall: Sensor tags will drop, but the sensor market will post robust growth through 2017 because of rising demand. http://www.digikey.com/en/articles/techzone/2013/dec/expect-sensor-prices-to-fall. Accessed 12 Mar 2015

6. Jannsen J (2015) Computer zum Kuscheln: Die Wearables-Welle: Aktivitätstracker, Smartwatches, Datenbrillen und elektronische Kleidung. c't(3/15): 96

7. Lane ND, Miluzzo E, Peebles D et al. (2010) Ad Hoc and Sensor Networks: A Survey of Mobile Phone Sensing. IEEE Communications Magazine: 140–150

8. Denzler J, Hornegger J, Kittler J et al. (2007) 06311 Executive Summary – Sensor Data and Information Fusion in Computer Vision and Medicine. In: Denzler J, Hornegger J, Kittler J et al. (eds) Sensor Data and Information Fusion in Computer Vision and Medicine, Dagstuhl

9. Apple Inc. iPhone 6 – Technische Daten. https://www.apple.com/iphone-6/specs/. Accessed 12 Mar 2015

10. Paddock C, PhD (2013) How self-monitoring is transforming health. http://www.medicalnewstoday.com/articles/264784.php. Accessed 12 Mar 2015

11. exporttojapan.co.uk (2014) Anzahl der Smartphone-Nutzer in Deutschland in den Jahren 2009 bis 2014 (in Millionen)

12. comScore (2015) Anzahl der Smartphone-Nutzer in USA in den Jahren 2010 bis 2014 (in Millionen)

13. Schwan B (2015) Krankenversicherung trackt Nutzer per Smartphone-App. http://heise.de/-2559094. Accessed 12 Mar 2015

14. Chung K, Yoo J, Kim KJ (2013) Recent trends on mobile computing and future networks, vol 18
15. Ganti R, Ye F, Lei H (2011) Mobile crowdsensing: current state and future challenges. IEEE Communications Magazine 49(11): 32–39. doi: 10.1109/MCOM.2011.6069707
16. Ermes M, Pärkka J, Mantyjarvi J et al. (2008) Detection of daily activities and sports with wearable sensors in controlled and uncontrolled conditions. IEEE Trans Inf Technol Biomed 12(1): 20–26. doi: 10.1109/TITB.2007.899496
17. Dr. Störing M (2015) Spion am Handgelenk: Kommerzieller Wearables-Einsatz und Datenschutz. c't(3/15): 132
18. eco (2014) eco-Report: Internetwirtschaft 2014: Zustimmung zu der Aussage: „Der NSA-Skandal hat das Vertrauen in Cloud-Dienste beschädigt." http://de.statista.com/statistik/daten/studie/316667/umfrage/vertrauensverlust-bei-cloud-diensten-durch-nsa-skandal-in-deutschland/. Accessed 12 Mar 2015
19. Auel K (2014) Medizinische Daten sicher in der Cloud auswerten. http://heise.de/-2432132. Accessed 12 Mar 2015
20. Fortino G, Pathan M (2014) Integration of Cloud computing and body sensor networks. Future Generation Computer Systems 35: 57–61. doi: 10.1016/j.future.2014.02.001
21. Otto C, Milenković A, Sanders C et al. (2006) System Architecture of a Wireless Body Area Sensor Network for Ubiquitous Health Monitoring, Huntsville, AL
22. Martin T, Jovanov E, Raskovic D (2000) Issues in Wearable Computing for Medical Monitoring Applications: A Case Study of a Wearable ECG Monitoring Device, Huntsville, AL
23. Fortino G, Pathan M, Di Fatta G BodyCloud: Integration of Cloud Computing and body sensor networks. In: IEEE (ed) 2012 IEEE 4th International Conference on Cloud Computing Technology and Science (CloudCom), pp 851–856
24. Fortino G, Parisi D, Pirrone V et al. (2014) BodyCloud: A SaaS approach for community Body Sensor Networks. Future Generation Computer Systems 35: 62–79. doi: 10.1016/j.future.2013.12.015
25. Hagel J, III, Keith J, Brown JS et al. (2014) A consumer-driven culture of health: The path to sustainability and growth
26. Primate Labs Inc. iPhone, iPad, and iPod Benchmarks. http://browser.primatelabs.com/ios-benchmarks. Accessed 12 Mar 2015
27. Lohr S (2011) Software Progress Beats Moore's Law. http://bits.blogs.nytimes.com/2011/03/07/software-progress-beats-moores-law/?_r=0. Accessed 12 Mar 2015
28. Nagy B, Farmer JD, Bui QM et al. (2013) Statistical basis for predicting technological progress. PLoS ONE 8(2): e52669. doi: 10.1371/journal.pone.0052669
29. Metz R (2015) Deep Learning Squeezed Onto a Phone: Artificial-intelligence software can make phones better at tracking your workouts and emotions. http://www.technologyreview.com/news/534736/deep-learning-squeezed-onto-a-phone/. Accessed 12 Mar 2015
30. Smith JM, Smith DCP (1977) Database abstractions: aggregation and generalization. ACM Trans. Database Syst. 2(2): 105–133. doi: 10.1145/320544.320546
31. Dr. med. Figura, Torsten (2015) Schlaganfallvorbeugung: Vorhofflimmern als Risikofaktor erkennen. Verbesserte Chancen in der Prävention. http://www.kardiologie-rinteln.de/schlaganfallvorbeugung.html. Accessed 12 Mar 2015
32. Achner SM (2009) Kollege Computer: moderne Medizin durch Telematik. Zukunft Gesundheitswirtschaft, vol 2. Economica, Heidelberg, München, Landsberg, Frechen, Hamburg
33. Krohn R, Metcalf D (eds) (2012) mHealth: From smartphones to smart systems. Healthcare Information and Management Systems Society, Chicago, IL
34. Memmi G, Blanke U Mobile computing, applications, and services: 5th International Conference, MobiCase 2013, Paris, France, November 7–8 2013, revised selected papers. Lecture notes of the Institute for Computer Sciences, Social Informatics and Telecommunications Engineering

35. Draxinger A (2007) Zur Epidemiologie und Versorgungssituation von Herz- Kreislauferkrankungen. GRIN Verlag GmbH, München

36. Deutsche Herzstiftung (2015) Anzahl vollstationärer Fälle von Herzerkrankungen in Deutschland nach Bundesländern und Diagnosegruppe im Jahr 2012. In: Deutscher Herzbericht 2014, p 35

37. Rost R, Bjarnason-Wehrens B (2005) Sport- und Bewegungstherapie bei inneren Krankheiten: Lehrbuch für Sportlehrer, Übungsleiter, Physiotherapeuten und Sportmediziner, 3. Aufl. Dt. Ärzte-Verl., Köln

38. Bundesärztekammer, Kassenärztliche Bundesvereinigung, Arbeitsgemeinschaft der Wissenschaftlichen Medizinischen Fachgesellschaften (2014) Nationale VersorgungsLeitlinie Chronische KHK. http://www.leitlinien.de/mdb/downloads/nvl/khk/khk-3aufl-vers1-lang.pdf. Accessed 12 Mar 2015

39. custo med custo cardio 100. https://www.customed.de/custo-cardio-100,11. Accessed 12 Mar 2015

40. diagnose shop 12-Kanal EKG-System custo cardio 110. http://www.diagnose-shop.de/customed/EKG/Ruhe-Belastungs-EKG/cardio-100-130-Systeme/12-Kanal-EKG-System-br-custo-cardio-110.html. Accessed 12 Mar 2015

41. Kuri J (2014) Novartis will Googles „smarte Kontaktlinse" mitentwickeln. http://heise.de/-2261154. Accessed 12 Mar 2015

42. Schüßler J (2014) Koreanisches Forscherteam entwickelt Diabetiker-Kontaktlinse. http://heise.de/-2268762. Accessed 12 Mar 2015

43. Wilkens A (2014) Google entwickelt smarte Kontaktlinse für Diabetiker. http://heise.de/-2087974. Accessed 12 Mar 2015

44. Asada HH, Shaltis P, Reisner A et al. (2003) Mobile monitoring with wearable photoplethysmographic biosensors. IEEE Eng. Med. Biol. Mag. 22(3): 28–40. doi: 10.1109/MEMB.2003.1213624

45. SAYKRS B (1973) Analysis of Heart Rate Variability. Ergonomics 16(1): 17–32. doi: 10.1080/00140137308924479

46. Spachtholz B (2009) Risiko Herz: Die Leistungskraft erneuern, Abwehrkräfte stärken; Mit Bewegung und Entspannung, 1. Aufl. Walhalla Fachverlag, Regensburg

47. BioSign HRV-Scanner. http://www.biosign.de/hrv-scanner/. Accessed 12 Mar 2015

48. BioSign HRV-Scanner Compact. https://www.secure.biosign.de/pi1/pd3.html. Accessed 12 Mar 2015

49. Honerkamp J (2013) Was können wir wissen?: Mit Physik bis zur Grenze verlässlicher Erkenntnis. Springer Spektrum, Berlin, Heidelberg

50. Tanita BF 522 W Professionelle Körperfett-Analysewaage. http://www.tanita.eu/de/produkte/catagory/detail/professionelle-koerperanalysegeraete/727-bf-522-w-professionelle-koerperfett-analysewaage.html. Accessed 12 Mar 2015

51. Kraft M, Morgenstern U (2014) Faszination, Einführung, Überblick. Biomedizinische Technik. De Gruyter, Berlin

52. Joggen Online Beurer PM 110. http://www.joggen-online.de/ausruestung/pulsuhr/breuer/beurer-pm-110.html. Accessed 12 Mar 2015

53. Weigert M (2012) Cardiio misst die Herzfrequenz – mit der iPhone-Kamera. http://netzwertig.com/2012/08/09/ehealth-cardiio-misst-die-herzfrequenz-mit-der-iphone-kamera/. Accessed 12 Mar 2015

54. MotorolaMoto360–Spezifikationen.https://www.motorola.de/motomaker?pid=FLEXR3#specs-moto-360. Accessed 12 Mar 2015

55. Apple Inc. Apple Watch – Techologie. https://www.apple.com/de/watch/technology/. Accessed 12 Mar 2015

56. fitbit ChargeHR. https://www.fitbit.com/de/chargehr. Accessed 12 Mar 2015

57. Mio Mio Produktinfo. http://www.mioglobal.com/de-de/mio-produktinfo.htm. Accessed 12 Mar 2015

58. Patel S, Park H, Bonato P et al. (2012) A review of wearable sensors and systems with application in rehabilitation. J Neuroeng Rehabil 9. doi: 10.1186/1743–0003-9–21

59. Weder M, Hegemann D, Amberg M et al. (2015) Embroidered Electrode with Silver/Titanium Coating for Long-Term ECG Monitoring. Sensors 15(1): 1750–1759. doi: 10.3390/s150101750

60. Chi YM, Cauwenberghs G Wireless Non-contact EEG/ECG Electrodes for Body Sensor Networks. Accessed 12 Mar 2015

61. Alzaidi A, Prof. Bajawa H Smart Textiles Based Wireless ECG System. https://repository.bridgeport.edu/xmlui/bitstream/handle/123456789/320/86-G.Alzaidi.pdf. Accessed 12 Mar 2015

62. Shyamkumar P, Rai P, Oh S et al. (2014) Wearable Wireless Cardiovascular Monitoring Using Textile-Based Nanosensor and Nanomaterial Systems. Electronics 3(3): 504–520. doi: 10.3390/electronics3030504

63. Márquez Ruiz JC, Rempfler M, Seoane F et al. (2013) Textrode-enabled transthoracic electrical bioimpedance measurements – towards wearable applications of impedance cardiography. J Electr Bioimp 4(1). doi: 10.5617/jeb.542

64. Verclas S, Linnhoff-Popien C (2011) Smart Mobile Apps. Xpert.press. Springer, Dordrecht

65. Lee Y, Chung W (2009) Wireless sensor network based wearable smart shirt for ubiquitous health and activity monitoring. Sensors and Actuators B: Chemical 140(2): 390–395. doi: 10.1016/j.snb.2009.04.040

Zu 12.3 eHealth in der Arbeitswelt – Prävention von stress- und bewegungsbedingten Berufskrankheiten

ArbSchG: Arbeitsschutzgesetz, abgerufen am 27.2.2015 von: https://dejure.org/gesetze/ArbSchG

BDSG: Bundesdatenschutzgesetz, abgerufen am 28.2.2015 von: https://dejure.org/gesetze/BDSG

BetrVG: Betriebsverfassungsgesetz, abgerufen am 1.3.2015 von: https://dejure.org/gesetze/BetrVG

BGB: Bürgerliches Gesetzbuch, abgerufen am 1.3.2015 von: https://dejure.org/gesetze/BGB

BGW, 2014. Zahlen Daten Fakten 2014, BGW Jahresbericht, https://www.bgw-online.de/SharedDocs/Downloads/DE/Medientypen/bgw-grundlagen/SX-JBL13-Jahresbericht-Lepo-2013_Download.pdf?__blob=publicationFile

BMG, 2011. http://www.bmg.bund.de/fileadmin/dateien/Publikationen/Praevention/Broschueren/Broschuere_Unternehmen_unternehmen_Gesundheit_-_Betriebliche_Gesundheitsfoerderung_in_kleinen_und_mittleren_Unternehmen.pdf

Canalys, 2014: http://www.canalys.com/static/press_release/2014/canalys-press-release-20140821-wearable-band-shipments-rocket-684.pdf

Deutscher Bundestag, 2014. E-Health-Akzeptanz nur mit Datensicherheit, http://www.bundestag.de/dokumente/textarchiv/2014/kw46_pa_digitale_agenda/339300

DVB, 2012. Umfrage „Zufriedenheit am Arbeitsplatz in der Assekuranz 2009", Deutsche-Versicherungsbörse.de

Elektronik Praxis, 2013. Sensoren warnen bei Fehlhaltung der Wirbelsäule, Studentenprojekt [http://www.elektronikpraxis.vogel.de/messen-und-testen/articles/409111/]

heise, 2015. Breite Kritik am Referentenentwurf zum eHealth-Gesetz, Pressemeldung, http://www.heise.de/newsticker/meldung/Breite-Kritik-am-Referentenentwurf-zum-eHealth-Gesetz-2518862.html

Högg, R. 2010. Erweiterung und Evaluation des Technologieakzeptanzmodells zur Anwendung bei mobilen Datendiensten, http://www1.unisg.ch/www/edis.nsf/SysLkpByIdentifier/3747/$FILE/dis3747.pdf

IEEE, 2011. A Stress-Detection System Based on Physiological Signals and Fuzzy Logic. Paper IEEE

Mattern, F., 2007. Die Informatisierung des Alltags, Leben in smarten Umgebungen, 2007, Springer-Verlag Berlin Heidelberg

Timm, L., 2014. http://www.faz.net/aktuell/stil/leib-seele/sport-im-buero-soll-den-stress-level-der-mitarbeiter-senken-13152001.html?printPagedArticle=true#pageIndex_2

Tröster, G 2007. Kleidsamer Gesundheitsassistent — Computer am Körper, im Körper. Artikel in: Die Informatisierung des Alltags, Leben in smarten Umgebungen, 2007, Springer-Verlag Berlin Heidelberg

TU Darmstadt, 2011: http://www.tu-darmstadt.de/media/illustrationen/referat_kommunikation/ pressemeldungen/2011_3/05-2011-Rueckensensor.pdf

Venkatesh V. et al. 2008. Technology Acceptance Model 3 and a Research Agenda on Interventions. Decision Sciences Volume 39 Number 2

Zu 12.4 Plattformen für die elektronische Gesundheitsakte – Aktueller Stand und Empfehlung

Australian Government Department of Health and Ageing: General Individuals FAQs. Online verfügbar unter http://www.ehealth.gov.au/internet/ehealth/publishing.nsf/Content/faqs-individuals-gen, zuletzt geprüft am 28.02.2015.

Bundesministerium für Gesundheit Österreich (2010): Wozu ELGA? Online verfügbar unter http:// www.bmg.gv.at/home/Schwerpunkte/E_Health_Elga/ELGA_Die_Elektronische_Gesundheitsakte/Wozu_ELGA, zuletzt geprüft am 25.02.2015

Datainspektionen (Hrsg.) (2014): Finns det någon åldersgräns för samtycke? – Datainspektionen. Online verfügbar unter http://www.datainspektionen.se/fragor-och-svar/personuppgiftslagen/ finns-det-nagon-aldersgrans-for-samtycke1/, zuletzt geprüft am 22.02.2015.

Die Bundesbeauftragte für den Datenschutz und die Informationsfreiheit (2009): Patientendaten im Internet. Online verfügbar unter http://www.bfdi.bund.de/DE/Datenschutz/Themen/Gesundheit_ Soziales/KrankenkassenArtikel/PatientendatenImInternet.html, zuletzt geprüft am 25.02.2015

ELGA GmbH (2014): ELGA – eine moderne und sichere Infrastruktur im Gesundheitswesen. Online verfügbar unter http://www.elga.gv.at/, zuletzt geprüft am 25.02.2015

HealthIT.gov (2015): What are the differences between electronic medical records, electronic health records, and personal health records? Online verfügbar unter http://www.healthit.gov/providers-professionals/faqs/what-are-differences-between-electronic-medical-records-electronic, zuletzt aktualisiert am 28.02.2015, zuletzt geprüft am 28.02.2015.

Henrich, A. (2013): Deutsche Ärzte vernetzen sich nur ungern mit Kollegen. Online verfügbar unter http://www.wiwo.de/politik/deutschland/elektronische-gesundheitsakte-deutsche-aerzte-vernetzen-sich-nur-ungern-mit-kollegen/8497716.html, zuletzt geprüft am 25.02.2015

Inera AB (Hrsg.) (2015): Nationell patientöversikt | Inera. Online verfügbar unter https://translate. google.de/translate?hl=de&sl=sv&tl=en&u=http%3A%2F%2Fwww.inera.se%2FTJANSTER--PROJEKT%2FNPO%2F, zuletzt geprüft am 22.02.2015.

InterSystems Corporation (Hrsg.) (2011): Sweden Uses HealthShare To Create And Deploy A National EHR. Online verfügbar unter http://www.intersystems.com/library/library-item/sweden-uses-healthshare-to-create-and-deploy-a-national-electronic-health-record-in-record-time/, zuletzt geprüft am 23.02.2015.

Kirchberger, C. (2014): Overview of the national laws on electronic health records in the EU Member States and their interaction with the provision of crossborder eHealth. Online verfügbar unter http://ec.europa.eu/health/ehealth/docs/laws_sweden_en.pdf, zuletzt geprüft am 22.02.2015.

Ministry of Health and Social Affairs (2010): National eHealth – the strategy for accessible and secure information in health and social care. Online verfügbar unter http://www.regeringen.se/ content/1/c6/16/79/85/8d4e6161.pdf, zuletzt geprüft am 22.02.2015.

Öffentliches Gesundheitsportal Österreichs (2014): Datenschutz und Patientenrechte. Online verfügbar unter https://www.gesundheit.gv.at/Portal.Node/ghp/public/content/ELGA/elga-datenschutz-patientenrechte.html, zuletzt geprüft am 25.02.2015

Örebro Läns Landsting (Hrsg.) (2010): NPÖ – a new way of handling patient information. Online verfügbar unter http://www.regionorebrolan.se/files-sv/%C3%96rebro%20l%C3%A4ns%20

landsting/om%20landstinget/informationsmaterial/trycksaker/broschyr_npo_engelsk_version.
pdf, zuletzt geprüft am 22.02.2015.

Projektgruppe Gesundheitsakte (Hrsg.) (2013): Vergleich mit anderen Ländern. Online verfügbar
unter http://www.informatik.uni-oldenburg.de/~iug13/pa/index.php/vergleich-mit-anderen-laen-
dern.html, zuletzt Geprüft am 23.02.2015.

Reeve, James; Hosking, Robert; Allinson, Yvonne (2013): Personal electronic health records: the
start of a journey. Online verfügbar unter http://www.australianprescriber.com/magazine/36/3/
issue/196.pdf#page=2, zuletzt geprüft am 16.03.2015.

Tieto (Hrsg.) (2014): Sweden's National Patient Summary goes mobile. Online verfügbar unter
http://www.tieto.com/top-stories/swedens-national-patient-summary-goes-mobile, zuletzt ger-
püft am 23.02.2015.

unlimited communications marketing gmbh berlin (Hrsg.) (2012): Landesweiter Austausch von
Patientendaten in Schweden. Online verfügbar unter http://www.ucm.de/wp-content/up-
loads/2013/09/InterSystems-Artikel-Nationale-Patientenakte-Schweden-Text-fuer-KTM.pdf,
zuletzt geprüft am 22.02.2015.

ver.di – Vereinte Dienstleistungsgewerkschaft (Hrsg.) (2013): ver.di | Gesundheitspolitik – Schwe-
dens Gesundheitssystem. Online verfügbar unter https://gesundheitspolitik.verdi.de/themen/
bundestagswahl-2013/++co++6627f58a-1a02-11e3-bcb5-525400438ccf, zuletzt geprüft am
23.02.2015.

Waegemann, C.P. (1999): Current Status of EPR Development in the US. In: Toward An Electronic
Health Record Europe, London, S. 116–118.

Waldo, A. (2013): InterSystems – Sweden National Patient Overview, NPO Denmark National Patient Index, NPI. Online verfügbar unter http://www.conhit.de/media/global/global_image/glo-
bal_apps/global_edb/global_edb_upload_2013/global_edb_events_conhit_1/edb_268367.pdf,
zuletzt geprüft am 22.02.2015.

Zu 12.5 Marktanalyse – Analyse des deutschsprachigen eHealth-Marktes für Gesundheitsplattformen

Ärzteblatt (2014). Deutsche Telekom setzt auf E-Health und gründet Gesundheits GmbH. Abgerufen am 27.02.2015. http://www.aerzteblatt.de/nachrichten/58536/Deutsche-Telekom-setzt-auf-
E-Health-und-gruendet-Gesundheits-GmbH

Actions Plan EU 2012 (2012). Abgerufen am 25.02.2015. http://medizin-und-neue-medien.de/tag/
ehealth-action-plan-2012-2020/

Baier, E. (2007). Marktpotenziale IT-basierter Gesundheitsdienstleistungen – Eine Studie am Beispiel Baden-Württembergs. Karlsruhe.

Bierekoven, D. C. (2014). E-Health – Chancen für die Gesundheit, Risiken für Datenschutz- und
Verschwiegenheitsverpflichtung. Ärztebrief – Gemeinsam praktizieren (Rödl & Partner), S. 6.

Biermann, K. (2014). Smartphone – Mächtige Sensoren. Zeit Online | Mobil.

BITKOM, & Mentzinis, D. (2014). Presseinformation. BITKOM fordert konkrete Anwendungen
im E-Health-Gesetz.

bvitg (2014). Branchenbericht IT-Lösungen im Gesundheitswesen 2014. Abgerufen am 21.02.2015.
http://e-health-com.eu/fileadmin/user_upload/dateien/Downloads/bvitg-Branchenbericht_2014.
pdf

Cintellic GmbH (2013). 10 Tipps zur erfolgreichen Kundensegmentierung. Abgerufen am
30.01.2015. http://cintellic.com/Tipps-Kundensegmentierung/

Deloitte (2014). Studie Perspektive E-Health. Abgerufen am 06.02.2015. https://www2.deloitte.
com/content/dam/Deloitte/de/Documents/technology-media-telecommunications/TMT-Studie-
Perspektive-EHealth-2014.pdf

eHealth.com (2014a). Der Europeah Hospital Survey bescheinigt Deutschland Nachholbedarf in
Sachen eHealth. Abgerufen am 11.02.2015. http://www.e-health-com.eu/details-news/der-
european-hospital-survey-bescheinigt-deutschland-nachholbedarf-in-sachen-ehealth/cbd4ee0cd
fca34ae33e537c42d33d2b9/

eHealth.com (2011). E-Health – Potenziale, Chancen, Risiken und Ängste. Abgerufen am 06.03.2015. http://e-health-com.eu/service/details-veranstaltungsbericht/e-health-potenziale-chancen-risiken-und-aengste-br-30112011/6ff3cc21aaa8f3fdbfe00a5999ea41b4/

Esslinger, A. S. (2009). Neues Denken in der Gesundheitsversorgung Hochbetagter. Nürnberg: Gabler.

fuer-gruender.de (2013). Abgerufen am 06.03.2015. http://www.fuer-gruender.de/wissen/existenz-gruendung-planen/markt/

fuer-gruender.de (2013). Der optimale Marketing-Mix: Mit den 4Ps Kunden gewinnen! Abgerufen am 01.02.2015. http://www.fuer-gruender.de/wissen/existenzgruendung-planen/marketingmix/

Gentner, D. A., & Elbel, D. (2014). Perspektive E-Health: Consumer-Lösungen als Schlüssel zum Erfolg? Deloitte Studienreihe „Intelligente Netze".

Hilbert, A. (2013). Customer Relationship Management und Marktsegmentierung. Abgerufen am 01.02.2015. http://www.enzyklopaedie-der-wirtschaftsinformatik.de/wi-enzyklopaedie/lexikon/informationssysteme/crm-scm-und-electronic-business/Customer-Relationship-Management/Analytisches-CRM/Marktsegmentierung

Hovenga, E. J. S. (2004): Global Health Informatics Education. IOS Press, Amsterdam.

Philips (2010). Arztbesuch: Häufigkeit in den letzten 12 Monaten nach Alter. Abgerufen am 31.01.2015. http://de.statista.com/statistik/daten/studie/167383/umfrage/arztbesuch-haeufigkeit-in-den-letzten-12-monaten-nach-alter/

research2guidance (2014). mHealth App Developer Economics 2014. Abgerufen am 24.02.2015. http://mhealtheconomics.com/mhealth-developer-economics-report/

Ronny Dittmar, W. A. (2009). Potenziale und Barrieren der Telemedizin.

Stefan David, K. N. (2009). E-HEALTH. Wachstumsperspektiven für die Telekommunikationsbranche. Abgerufen am 25.02.2015. https://www.wko.at/Content.Node/Plattform-Gesundheitswirtschaft/Studien---Publikationen/Studien/studie_e-health_roland-berger.pdf

Zu 12.6 Ableitung eines Anforderungsprofils für eine eHealth-Plattform auf der Basis eines Wettbewerbsvergleiches

Androidpit, 2015. 2015: Smartphones erkennen Emoitionen. http://www.androidpit.de/smartphones-erkennen-emotionen; Abfrage am 04.03.2015.

A1, 2015. 2015: Social Impact Studie 2013; Datenschutz in aller Munde, aber auch in allen Kopfen. http://www.a1.net/newsroom/2013/08/social-impact-studie-2013-datenschutz-in-aller-munde-aber-auch-in-allen-kopfen/; Abfrage am 04.03.2015.

Clavin, Malte (2000): Erfolgsfaktoren des Website-Projektmanagements; diplom.de; https://books.google.de/books?hl=de&lr=&id=vmB4AQAAQBAJ&oi=fnd&pg=PA9&dq=Definition+Website&ots=SZLHkBu2Cb&sig=WBx9GzFsxRw0m2BCnRE3RDPcarU#v=onepage&q=Definition%20Website&f=false; Abfrage am 10.02.2015.

Datenschutz China, 2013: China führt Datenschutzregeln für Unternehmen ein; http://www.zdnet.de/88142549/china-fuhrt-datenschutzregeln-fur-unternehmen-ein/; Abfrage am 09.03.2015.

Handelszeitung, 2015. 2015: Datenschutz für die Bevölkerung wichtig. http://www.handelszeitung.ch/unternehmen/chdatenschutz-fuer-bevoelkerung-wichtig-umfrage-af; Abfrage am 04.03.2015.

Muko.info, 2015. 2015: Über Mukoviszidose; Diagnoseverfahren. http://muko.info/mukoviszidose/ueber-mukoviszidose/diagnoseverfahren/schweisstest.html; Abfrage am 04.03.2015.

Nohr, Christian; Showell, Chris (2012): Quality of Life through Quality of Information: How should we define eHealth and does the Definition matter? Amsterdam: European Federation for Medical Informatics and IOS Press http://www.researchgate.net/publication/230637518_How_Should_We_Define_eHealth_and_Does_the_Definition_Matter, Abfrage am 10.02.2015.

Polar, 2015: Plattform-Beispiel Finnland; http://www.polar.com/de; Abfrage am 09.03.2015.

Statista; 2015a. 2015: Von statista: http://de.statista.com/statistik/daten/studie/17622/umfrage/meinung-zur-wichtigkeit-von-datenschutz/ Abfrage am 04.03.2015.

Statista; 2015b. 2015: Von b: http://www.a1.net/newsroom/2013/08/social-impact-studie-2013-datenschutz-in-aller-munde-aber-auch-in-allen-kopfen/ Abfrage am 04.03.2015.

Vidonn, 2015: Plattfrom-Beispiel China; http://www.vidonn.com/en/about.html; Abfrage am 09.03.2015.

Zu 12.7 Entwicklung eines Vertriebsmodells einer eHealth-Plattform

Bayer, W. (2011): Vertriebsmodelle und Vertriebswege: Existenzgründung Online im Internet: http://www.fly-higher.com/vertriebsmodelle-und-vertriebswege/; letzte Abfrage am 24.02.2015.

Bundesärztekammer (2014a): Berufstätige Ärzte Online im Internet: http://www.bundesaerztekammer.de/page.asp?his=0.3.12002.12005; letzte Abfrage am 26.02.2015.

Bundesärztekammer (2014b): Im Krankenhaus tätige Ärzte Online im Internet: http://www.bundesaerztekammer.de/page.asp?his=0.3.12002.12006; letzte Abfrage am 26.02.2015.

Bürli, R.; Friebe, P.; Pifko, C. (2012): Distribution: Grundlagen mit zahlreichen Beispielen, Repetitionsfragen und Glossar. 3. Auflage, Zürich: Compendio Bildungsmedien.

eGym GmbH (2015): eGym-Zirkel Online im Internet: https://www.egym.de/zirkel; letzte Abfrage am 04.03.2015.

Ferya, G. (2008): Anleitung mit Strategie und Konzept: Professioneller Vertrieb von A-Z, mit Vorlagen und Checklisten für Einsteiger und Vertriebsprofis Online im Internet: http://www.vertriebstrategie.de/vertriebsstrategien/vertriebsstruktur/; letzte Abfrage am 23.02.2015.

GKV-Spitzenverband (2014): Krankenkassenlisten Online im Internet: http://www.gkv-spitzenverband.de/service/versicherten_service/krankenkassenliste/krankenkassen.jsp; letzte Abfrage am 02.03.2015.

Läuchli, R. (2008): Unternehmerische Entscheidungen Treffen: Electronic Business Online im Internet: http://www.retolaeuchli.ch/Dokumente/BWL3/E-Business/E-Business_Models.pdf; letzte Abfrage am 23.02.2015.

Lipka, A. (2014): Apple will zukünftig keine Fitbit-Geräte mehr in den eigenen Retail Stores verkaufen Online im Internet: http://www.macerkopf.de/2014/10/15/apple-will-zukuenftig-keine-fitbit-geraete-mehr-in-den-eigenen-retail-stores-verkaufen/; letzte Abfrage am 25.02.2015.

Lüder, S. (2015): Aktion: Stoppt die eCard! Online im Internet: http://www.stoppt-die-e-card.de/index.php?/archives/275-E-Health-Gesetz-Wer-hilft-wem-und-warum.html; letzte Abfrage am 25.02.2015.

Peters, U. (2008): Vertriebsmodelle Online im Internet: http://www.uwe-peters.eu/index.php/cat/c14_Vertriebsmodelle.html; letzte Abfrage am 24.02.2015.

PKV (2014): Zahlen und Fakten Online im Internet: https://www.pkv.de/service/zahlen-und-fakten/; letzte Abfrage am 02.03.2015.

Riba, R. (2014): One-tier/two-tier Vertriebsmodelle (Multichannelsales) Online im Internet: http://www.riba.eu/one-tier-two-tier-vertriebsmodelle-multichannelsales/; letzte Abfrage am 26.02.2015.

Statista GmbH (2014): Statistiken und Studien zu Apotheken in Deutschland Online im Internet: http://de.statista.com/themen/650/apotheken/; letzte Abfrage am 02.03.2015.

Winkelmann, P. (2010): Marketing und Vertrieb: Fundamente für die marktorientierte Unternehmensführung. 7. Auflage. München: Oldenbourg Verlag.

Wirtz, B. (2001): Electronic Business. 2. Auflage. Wiesbaden: Gabler Verlag

Wolber, H. (2012): Die 11 Irrtümer über Social Media, Was Sie über Marketing und Reputationsmanagement in sozialen Netzwerken wissen sollten. 1. Auflage. Wiesbaden: Gabler Verlag.

Zu 12.8 Werbung und Öffentlichkeitsarbeit – Konzeption der Markteinführung für eine offene eHealth-Plattform

Dehnen, Hermann Sebastian. 2012. *Markteintritt in Emerging Market Economies*. Wiesbaden (Springer Gabler Verlag).

Diez, Willi. 2006. *Automobil-Marketing: Navigationssystem für neue Absatzstrategien*. 5. Auflage, Landberg am Lech (MI Wirtschaftbuch).

Fischer, Marc von; Himme, Alexander; Albers, Sönke. 2007. *Pionier, Früher Folger oder Später Folger: Welche Strategie verspricht den größten Erfolg?* Wiesbaden (Gabler Verlag).

George, Gert; Diller, Hermann. 1993. *Internationalisierung als Wachstumsstrategie des Einzelhandels.* Wiesbaden (Trommsdorff Verlag).

Google Inc. 2015a. *Jahresrückblick 2014.* [Online] 2015. [Zitat vom: 17.02.2015] http://www.google.de/trends/2014/

Google Inc. 2015b. *Mobiles Leben.* [Online] 2015. [Zitat vom: 1.02.2015] http://www.google.de/intl/de_ALL/trends/2014/story/mobile-life.html

Gutberlet, Stefan. 2011. *Determinanten der Markteintrittsreihenfolge von imitativen Internet Startups.* Oldenburg (Gabler Verlag).

Kollmann, Tobias. 2007. *Online-Marketing: Grundlagen der Absatzpolitik in der Net Economy.* Stuttgart (W. Kohlhammer Verlag).

Kutschker, Michael; Schmid, Stefan. 2011. *Internationales Management.* München (Walter de Gruyter Verlag).

Lymbersky, Christoph. 2008. *Market Entry Strategies.* Hamburg (Management Laboratory Press).

Mahrdt. 2009. Crossmedia: Werbekampagnen erfolgreich planen und umsetzen, Gabler.

Meffert et al. 1994. Marketing-Management: Analyse Strategie Implementierung, Gabler 1994.

Meffert, Heribert; Bolz, Joachim. 2001. *Internationales Marketing-Management.* Stuttgart (W. Kohlhammer Verlag).

Meffert et al. 2008. Grundlagen marktorientierter Unternehmensführung, Gabler, 2008

Meissner, Hans Günther; Gerber, Stephan. 1980. *Die Auslandsinvestition als Entscheidungsproblem.* Soest (Betriebswirtschaftliche Forschung und Praxis).

Runia, Peter, et al. 2012. *Marketing: eine prozess- und praxisorientierte Einführung.* 3. Auflage, München (Oldenbourg Wissenschaftsverlag).

Sternad, Dietmar; Höfferer, Meinrad; Haber, Gottfried. 2013. *Grundlagen Export und Internationalisierung.* Wiesbaden (Springer Gabler Verlag).

Tropp, Jörg. 2014. *Moderne Marketing-Kommunikation: System – Prozess – Management.* 2. Auflage, Wiesbaden (Springer Fachmedien).

Weis, Christian. 2014. *Die Copy-Strategie — der Klassiker der Werbeagenturen, in Business-on.de – Das regionale Wirtschaftsportal.* [Online] 2014. [Zitat vom: 1.03.2015] http://www.business-on.de/koeln-bonn/die-copy-strategie-der-klassiker-der-werbeagenturen_id11356.html

Wölki, Philip. 2013. *Briefing gut – Werbung gut: Marketing-Wissen für Werber, Kreative & Co.* Landberg am Lech (MI Wirtschaftsbuch).

Zahra, A. Shaker; Ireland, R. Duane; Hitt, A. Michael. 2000. *International Expansion by New Venture Firms: International Diversity, Mode of Market Entry, Technological Learning, and Performance.* New York (Academy of Management Journal).

Zentes, Joachim. 2012. *Markteintrittsstrategien.* Wiesbaden (Gabler Verlag).

Zoerb – Internetdienste. 2015. *Online Marketing Competition Teil 2: Facebook Werbeanzeigen.* [Online] 2015. [Zitat vom: 05.03.2015] http://www.zoerb.net/2015/01/04/online-marketing-competition-teil-2-facebook-werbeanzeigen/

Volker P. Andelfinger arbeitet seit Anfang 2009 als Unternehmensberater. Er befasst sich seit einigen Jahren mit Trend- und Zukunftsforschung, modernen Technologien, vorrangig Internet der Dinge und Innovation. Er arbeitet außerdem als Keynote-Speaker, als freier Fachjournalist und Buchautor. Als Dozent unterrichtet er an der Dualen Hochschule Baden-Württemberg in Heidenheim und Karlsruhe, der FH Zweibrücken/BA des Saarlandes und der ZHAW, Zürcher Hochschule für angewandte Wissenschaften.

Weitere Informationen finden Sie unter: www.palatinus-consulting.eu.

Prof. Till Hänisch ist von Haus aus Physiker und lehrt an der DHBW Heidenheim im Studiengang Wirtschaftsinformatik. Seine Schwerpunkte in Forschung und Lehre sind das Internet der Dinge, Big Data und flexible Datenmodelle.

Weitere Informationen finden Sie unter: http://www.tillh.de.

Geschäftsmodelle – das magische Dreieck aus Machbarkeit, Erwünschtheit und wirtschaftlicher Tragfähigkeit und die Schieflage in aktuellen eHealth- und AAL-Projekten

13

Volker P. Andelfinger

eHealth und Ambient Assisted Living (AAL) werden seit vielen Jahren enorm mit Förder-geldern gepusht. Es geht um Milliardenbeträge, die von EU und den einzelnen Staaten Europas ausgegeben werden. Die Politik tut dies im Wissen, dass unsere Sozialsysteme auf Dauer nicht tragfähig sind, wenn sie nicht schleunigst der demografischen Entwick-lung angepasst und grundlegend modernisiert werden. Das ist grundsätzlich erst einmal richtig und gut.

Die Förderprogramme lassen jedoch einen wesentlichen Aspekt außen vor, was sich zunehmend rächt und zu Ungeduld führt. Ungeduld bei den Geldgebern. Denn auch wenn Milliarden in die Projekte geflossen sind, der Return on Invest bleibt noch immer weitest-gehend aus und die Akzeptanz der Projektergebnisse bei der Bevölkerung ist bisher eben-falls nicht wie erhofft ausgefallen.

Was also wurde übersehen? Es wurde übersehen, dass Innovationen – und bei den So-zialsystemen muss schon sehr innovativ vorgegangen werden, kleine Korrekturen reichen nicht – nur dann erfolgreich umzusetzen sind, wenn sie drei wesentliche Elemente be-inhalten und berücksichtigen. Es geht um das, was man als magisches Dreieck aus Mach-barkeit, Erwünschtheit und wirtschaftlicher Tragfähigkeit bezeichnen könnte.

Die geförderten Projekte, sowohl in eHealth als auch AAL, sind bei genauer Betrachtung mit einem großen wissenschaftlichen Schwerpunkt entstanden und durchgeführt worden. Der Schwerpunkt bei den Projekten lag auf der Machbarkeit. Was kann moderne Technik leisten, um bestimmte Probleme zu lösen? Das war die wesentliche und durchaus faszinie-rende Fragestellung. So entstanden e-Stockings und Rollatoren mit iPad-Halterung. Für sich betrachtet sind das tolle Lösungen, rein von der Machbarkeit her. E-Stockings zum

V. P. Andelfinger (✉)
Annweiler, Deutschland
E-Mail: vpa@palatinus-consulting.eu

© Springer Fachmedien Wiesbaden 2016
V. P. Andelfinger, T. Hänisch (Hrsg.), *eHealth,* DOI 10.1007/978-3-658-12239-3_13

Beispiel. Wer herkömmliche Stützstrümpfe kennt und weiß, wie schwer sie anzuziehen sind, der weiß auch, dass alte Menschen diese nicht alleine anziehen können. Sie brauchen Hilfe. Die kostet Personalressourcen und Geld. Also haben sich Forscher daran gemacht, das Problem zu lösen. E-Stockings bestehen aus einem inneren Strumpf, einem äußeren Strumpf mit Kapillaren und einer elektronischen Einheit mit Luftpumpe. Der Patient zieht ohne körperliche Mühen zunächst den inneren, dann den äußeren Strumpf an, befestigt die elektronische Einheit am Bein und diese sorgt im Zusammenspiel mit der Pumpe für den richtigen Druck des Stützstrumpfes, der e-Stockings, an den richtigen Stellen. Das gibt es dann auch noch in tollen Farben, nicht mehr in den unschönen Farbtönen der herkömmlichen Stützstrümpfe. Klingt gut.

Sogar die Wirtschaftlichkeit wurde errechnet und ab wann die e-Stockings billiger sind, als immer wieder neue herkömmliche Stützstrümpfe. Das müsste sich in der Praxis noch bewähren, man müsste noch herausfinden, ob die e-Stockings so lange wie theoretisch berechnet halten.

Jetzt müsste man also denken, die Patienten haben nur darauf gewartet und ordern wie verrückt. Tun sie aber nicht. Denn sie wurden erstens nicht gefragt, ob sie die Lösung so haben wollten, zweitens wissen sie nicht, dass man sowas bauen könnte und drittens hat niemand ein Geschäftsmodell entwickelt. Zwei Elemente des magischen Dreiecks wurden sträflich außer Acht gelassen.

Der erwähnte Rollator mit iPad-Halterung ist ein weiteres interessantes Beispiel, bei dem dieses Dreieck nicht betrachtet wurde. Trotzdem hat er bei einem Kongress, dem AAL-Forum, einen Preis gewonnen. Der Rollator ist groß, recht sperrig gar, schwer und die heute Alten sind nicht gerade die Poweruser bei elektronischen Geräten wie iPads. In zwanzig Jahren könnte man vermutlich meine Generation eher damit begeistern. Aber ich wurde auch noch nicht gefragt, obwohl sich die Verantwortlichen des AAL-Forums mittlerweile mit ihrem Thema auf Menschen 50 Plus konzentrieren.

Sowohl eHealth, als auch AAL, können ihren Nutzen nur dann entfalten, wenn dabei nicht nur die Machbarkeit geprüft und erforscht wird. Sie können nur Nutzen stiften, wenn dieser auf konkrete Problemstellungen der Anwender abzielt und wenn die Problemstellung so bewältigt wird, wie es derjenige gelöst bekommen möchte, der das Problem selbst konkret hat.

Und es wird auch nur funktionieren, wenn ein tragfähiges Geschäftsmodell dahintersteht. Der reine soziale Aspekt – wir leben in einer kapitalistischen Gesellschaft – reicht hier jedenfalls nicht. Am Ende muss die Lösung jeglichen Problems, das mit eHealth und AAL angegangen wird, allen Beteiligten „Spaß" machen. Zufriedene Forscher, die ihren kreativen Drang in nützliche Ergebnisse ummünzen dürfen und dafür Fördergelder bekommen sollen, Menschen, die ihre Probleme bezahlbar und nach ihren Vorstellungen gelöst bekommen und Firmen, die die Lösungen bauen und vertreiben, um damit Geld zu verdienen.

Wie das gelingen kann, zeigen wir in den folgenden Kapiteln. Julia Richter und Irene Bosku beschreiben moderne Methoden zur Geschäftsmodellentwicklung und erklären, was Customer Experience bedeutet.

Volker P. Andelfinger arbeitet seit Anfang 2009 als Unternehmensberater. Er befasst sich seit einigen Jahren mit Trend- und Zukunftsforschung, modernen Technologien, vorrangig Internet der Dinge und Innovation. Er arbeitet außerdem als Keynote-Speaker, als freier Fachjournalist und Buchautor. Als Dozent unterrichtet er an der Dualen Hochschule Baden-Württemberg in Heidenheim und Karlsruhe, der FH Zweibrücken/BA des Saarlandes und der ZHAW, Zürcher Hochschule für angewandte Wissenschaften.

Weitere Informationen finden Sie unter: www.palatinus-consulting.eu.

Mehr Kundenorientierung durch Design

Julia Richter

Durch die zunehmende Globalisierung ist der Markt wesentlich schnelllebiger geworden. Neue Geschäftsmodelle und Startups bringen etablierte Key Player und ganze Branchen ins Wanken, sogar die klaren Grenzen zwischen Branchen verschwimmen. So brachte Amazon den klassischen Einzelhandel online. Heutzutage ist dieser Online-Shop nicht mehr aus dem Alltag wegzudenken. Airbnb kann als weiteres Beispiel genannt werden. Durch Airbnb kann jede Person zum Gastgeber werden und eigenen, ungenutzten Wohnraum als Unterkunft vermieten. Die Nutzer sparen nicht nur Geld, sondern lernen das Land und die Kultur in den Schuhen (Wohnung) der Einheimischen kennen. Auch die existierende Hotelindustrie hat das Potenzial dieses Geschäftsmodells erkannt und fühlt sich bedroht, weshalb sie bestehende Restriktionen nutzt, um das Wachstum des Unternehmens einzudämmen.

Parallel zu dieser vom Wandel geprägten Marktsituation hat sich eine weitere Herausforderung entwickelt: die starke Position des Kunden. Die neuen Informations- und Kommunikationstechnologien (I&K-Technologien) ermöglichen es Konsumenten sich über Produkte und Dienstleistungen zu informieren und schaffen bedingungslose Transparenz. Dementsprechend hoch ist die Erwartungshaltung. Zeitgemäß geben sich Kunden nicht mehr mit qualitativ minderwertigen und reaktionären Angeboten zufrieden, ohne ihren Unmut über Web-2.0-Plattformen kundzutun. Dienstleistungen müssen durch ihren tatsächlichen Nutzen und ihre Qualität überzeugen, da klassische Marketingaktivitäten nur unzureichend das Vertrauen des Kunden wecken.

Um kundenzentrierte Innovationen und ganzheitliche Angebote zu entwickeln, benötigt es im Management und Unternehmertum eines neuen Denkansatzes. Zu lang lag die

J. Richter (✉)
München, Deutschland
E-Mail: eHealth-Autoren@dhbw-heidenheim.de

© Springer Fachmedien Wiesbaden 2016
V. P. Andelfinger, T. Hänisch (Hrsg.), *eHealth,* DOI 10.1007/978-3-658-12239-3_14

Aufgabe der Manager darin Effektivität, Kosteneinsparung und Stabilität voranzutreiben. Nun zeichnet sich langsam ein Wandel in der Vorgehensweise ab. Mit dem kreativen und integrativen Ansatz des Service Design werden kundenzentrierte Innovationen erkannt, gestaltet und realisiert. Service Design leitet sich von dem Design Thinking-Ansatz ab, fokussiert sich jedoch auf die Verbesserung und Neuentwicklung von Dienstleistungen.

Die Annahme, einen Service zu designen, klingt zunächst etwas ungewohnt, weil man mit *designen* die Gestaltung eines haptischen Gutes verbindet. Was ist Service Design und wie kann es Unternehmen dabei helfen kundenzentriert und ganzheitliche Angebote oder Innovationen zu entwickeln?

Gegenwärtig ist es ganz alltäglich, dass man Produkte designt. Um später hohe Fehler-kosten zu vermeiden, werden zunächst Informationen über die Marktsituation und Kun-denpräferenzen gesammelt. Wenn ein Markt für die Ware besteht, dann beginnt man mit dem Produktdesign. Bei der Ideenkreation stützen sich die Designer auf bereitgestellte Marktforschungen. Die ausgewählten Ideen werden skizziert, evaluiert und erneut skiz-ziert bevor sie zu ersten 3D-visualiserten, greifbaren Prototypen entwickelt werden. Nach dem Testen der technischen Komponenten werden die Prototypen neu modelliert und ver-bessert, bevor sie auf technische Umsetzbarkeit, Funktionsfähigkeit, Benutzerfreundlich-keit, Kosten und Ertrag sowie auf Marktreaktion und vieles mehr geprüft werden. Dieser aufwendige Prozess ist notwendig, da unbemerkte Fehler später nicht nur hohe Kosten verursachen, sondern die Reputation des Unternehmens nachhaltig schädigen. Design bildet eine der wichtigsten Disziplinen im Unternehmen, um einen strategischen Vorteil gegenüber seiner Mitbewerber zu erzielen. Unternehmen wie BBC und Virgin Atlantic wenden den nutzerzentrierten Design-Prozess an, um heraus zu finden welche Produkte und Services ihre Kunden wirklich brauchen und wie die Interaktionen mit Kunden über die verschiedenen Kanäle (Callcenter, Webseite, App, Servicepersonal etc.) zu definieren sind.

14.1 Der Design-Prozess für kundenorientierte Angebote und Geschäftsmodelle

Jeder Designer hat einen seinen Anforderungen entsprechenden Design-Prozess herausge-arbeitet, jedoch verfolgen sie alle eine ähnliche Vorgehensweise: Die Entwicklung von der Problemdefinition hin zur Implementierung. Designer wenden dabei die Herangehens-weise des Double Diamonds an. Dieser kreative Prozess zeichnet sich dadurch aus, dass zunächst viele Fragen gestellt und gesammelt werden (divergentes Arbeiten, erstes Viertel des Double Diamonds, Abb. 14.1) bevor diese dann solange neudefiniert, verfeinert und zusammengeführt werden bis das tatsächliche Problem vorliegt (konvergentes Arbeiten, 2. Viertel des Double Diamond). Dann erst geht der Designer zur Problemlösung über. Er sammelt viele Ideen, die er weiterentwickelt, bis die beste Idee vorliegt.

Im Unternehmenskontext muss dieser Design-Prozess jedoch angepasst werden. So muss das Unternehmen evaluieren welche unternehmensseitigen Anforderungen bestehen

Abb. 14.1 Double Diamond –
Kreativprozess entwickelt von
Design Council UK

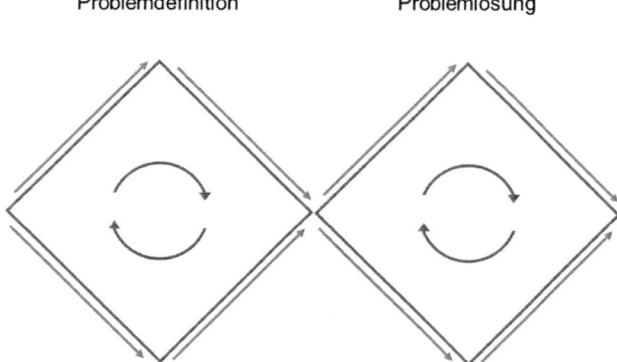

Problemdefinition   Problemlösung

Abb. 14.2 Design Prozess
im Unternehmenskontext,
in Anlehnung an Stickdorn/
Schneider (2010)

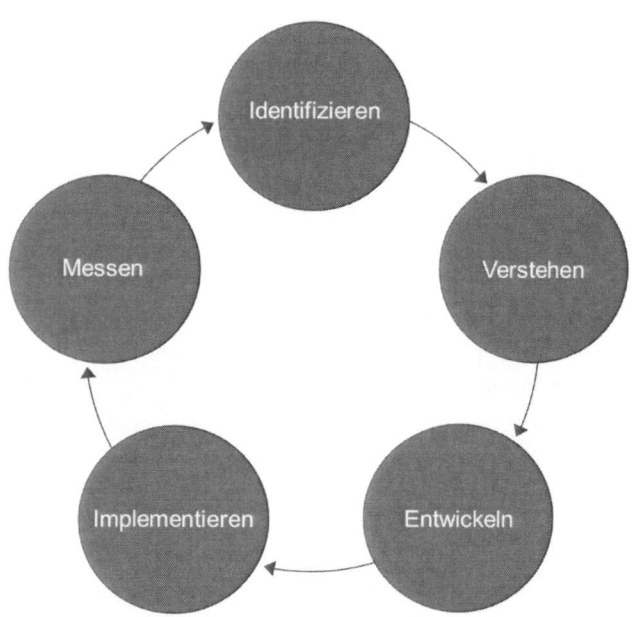

(Phase Identifizieren) und nach den Phasen Verstehen, Entwickeln, Umsetzen den Erfolg einer jeden Veränderung oder Innovation messen (Abb. 14.2).

Der Design-Prozess ist iterativ. So besteht teilweise die Notwendigkeit, einen Schritt zurück zu treten und das erarbeitete Ergebnis in den einzelnen Schritten zu analysieren und zu reflektieren. Bei der Gestaltung eines Dienstleistungssystems ist es notwendig, die einzelnen Details zu betrachten, gleichzeitig aber den Blick für das Ganze zu behalten. So ist es wichtig, dass man nach der Implementierung und Erfolgsmessung der Dienstleistung, die Weiterentwicklung der Dienstleistung vorantreibt. Je nach Dienstleistung und Produkt kann zwischen den Phasen gesprungen werden und in der Anwendung merkt man schnell, dass sich die Phasen überschneiden und nicht trennscharf voneinander abgrenzbar sind.

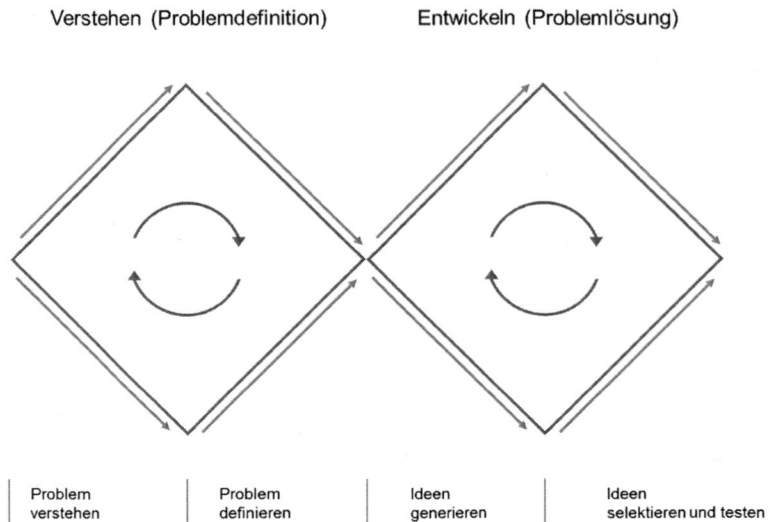

Verstehen (Problemdefinition)   Entwickeln (Problemlösung)

| Problem verstehen | Problem definieren | Ideen generieren | Ideen selektieren und testen |

Abb. 14.3 Designansatz des Double Diamonds

Phase Identifizieren

Zunächst muss ein Tiefenverständnis für das Problem vorhanden sein, d. h. man muss sich intensiv mit dem eigenen Unternehmen auseinandersetzen. Nur so kann man identifizieren, ob sich die Idee bzw. das verbesserte Angebot mit der Unternehmenskultur samt Zielen, Werten, Mission und Vision sowie seinen Stakeholder, vereinbaren lässt. Das gilt für bestehende Unternehmen gleichermaßen wie für Start-ups.

Phase Verstehen und Entwickeln

Insbesondere bei diesen beiden Phasen wird der Designansatz des Double Diamonds verfolgt. Der erste Diamant hilft bei der Definition des eigentlichen Problems (Phase Verstehen). Der zweiter Diamant hilft dem Anwender das Problem zu lösen (Phase Entwickeln) (vgl. Abb. 14.3).

Phase *Verstehen* – Problem Verstehen

Hierfür werden vorwiegend Methoden aus den Sozialwissenschaften, wie tiefenmorphologische Interviews, teilnehmende und nicht-teilnehmende Beobachtung, Cultural Probes, aber auch Service Safaris oder kontextuelle Interviews herangezogen[1]. Am Ende hat man eine sehr breite und offene Sicht auf das Problem.

---

[1] Service Design Methoden können unter www.servicedesigntools.org aufgerufen werden. Das Buch „This is Service Design Thinking" (Stickdorn/Schneider 2010) gibt einen detaillierten Überblock über Methoden und Fallbeispiele.

Phase *Verstehen* – Problem definieren

Im nächsten Schritt werden mittels Personas oder Customer Journey Maps die Erkenntnisse visualisiert, um komplexe Strukturen und unsichtbare Abläufe verständlich zu machen. Meist entstehen neue Erkenntnisse und Muster, die zu Insights zusammengefasst werden. In dieser Analysephase kommt es oft vor, dass das ursprüngliche Problem neu definiert werden muss, da die neugewonnenen Insights ergeben haben, dass ein ganz anderes, tieferliegendes Problem gelöst werden muss. So startete beispielsweise der Verantwortliche für internationales Markenmanagement bei Holiday Inn, InterContinental Hotel Group, mit dem Ziel, den Umsatz der Hotelrestaurants zu erhöhen. Nachdem sie herausfanden, dass der Besuch im Restaurant nur einen Teil des kundengewünschten Erlebnisses ausmachte, erweiterten sie ihr Projekt und bezogen das Erlebnis rund um die Lobby auch mit ein.

Phase *Entwickeln* – Ideen generieren

In der nächsten Phase gestaltet man aktiv und kreativ. Für die konkreten Probleme werden abstrakte Ideen generiert. Ziel ist es, möglichst viele Ideenfelder aufzudecken, da die erste Idee selten die richtige ist. Um eine Ideenvielfalt zu erhalten, ist es in der Phase der Ideengenerierung erfolgskritisch, dass je nach gewünschtem Ergebnis möglichst unterschiedlichster Personengruppen wie Nutzer, Kunden, Mitarbeiter unterschiedlicher Bereiche, Geschäftspartner etc. mit einbezogen werden. Die Ideengeber machen sich frei von möglichen Restriktionen, technischen Hindernissen oder wirtschaftlichen Machbarkeiten, weil es wesentlich einfacher ist viele Ideen zu generieren und diese dann im Nachgang auf ihre Umsetzbarkeit zu untersuchen.

Phase *Entwickeln* – Ideen selektieren und testen

Die anschließende Phase dient dazu, Ideen auf kritische Momente in der Nutzung gemeinsam mit Nutzern zu testen und zu verbessern, bevor die vielversprechendste Idee dann tatsächlich umgesetzt wird. Hierzu werden die abstrakten Ideen in konkrete Prototypen verwandelt. Durch die Prototypen macht man es den Testnutzern leicht, den Nutzen des Produkts oder der Dienstleistung zu erkennen und zu bewerten. Gerade bei Dienstleistungen besteht die Herausforderung darin, den Konsumenten die Dienstleistung so zu verdeutlichen, dass sie sich emotional in das Service-Konzept einfühlen können. Prototypen haben verschiedenste Formen. So können erste Eindrücke einer App durch einfache Papierskizzen vermittelt werden. Auch Artefakte wie Storyboards, Comics, 3D-Modelle, Film- und Fotosequenzen oder einfache Rollenspiele machen das Konzept nicht nur sichtbar, sondern auch erlebbar und helfen den Service besser kennenzulernen und auf unerkannte Fehler zu stoßen. Neben diesen schnellen und kostengünstigen Prototypen gibt es auch aufwendige Varianten. So baute die Design- und Innovationsberatung Continuum für das Re-Design-Projekt der Holiday Inn-Lobby, die komplette Lobby aus Leichtstoffplatten in einer alten Fabrikhalle nach.

Phase Implementieren

Einhergehend mit der Implementierung des entwickelten und getesteten Konzepts findet ein kultureller Wandel innerhalb der Organisation statt. Daher bedarf es einer sorgfältigen Planung, Umsetzung und Überprüfung der zuvor entwickelten Dienstleistung. Damit das Service-Konzept mit der Unternehmenskultur übereinstimmt, müssen die Änderungen kommuniziert werden. Mitarbeiter sollten an dem Design-Prozess von Anbeginn teilhaben, da sich ihre Befürwortung, Motivation und Einstellung gegenüber dem neuen Service-Konzept schnell in der Kundenzufriedenheit widerspiegelt. Umso stärker relevante Stakeholder von Anfang an miteinbezogen werden, umso größer ist die Identifikation mit dem neuen Service-Angebot.

Phase *Messen*

Abschließend muss man den Überblick über die verbesserte Dienstleistung bewahren und deren Entwicklung messen. Dabei bedarf es nicht nur einer internen Erfolgs-/Misserfolgsmessung, sondern des quantitativen und qualitativen Feedbacks von Kunden. Das Kundenerlebnis spiegelt sich nicht alleine über die Zufriedenheit mit einem Unternehmen oder seinen Produkten und Dienstleitungen wieder, auch die einzelnen Kontaktpunkte isoliert und Erlebnis-Abschnitte müssen gemessen werden. Nur so kann sichergestellt werden, dass der designte Service und die damit einhergehende, gewünschte Erfahrung auch tatsächlich erlebbar sind und so auch vom Kunden wahrgenommen werden.

14.2 Kundenzentrierte Innovation bedeutet Services aus dem gesamten Nutzenkontext des Kunden heraus zu entwickeln

Derzeit werden viele Dienstleistungen und Produkte aus dem Unternehmen heraus entwickelt und nur die Wertschöpfungskette bis zum Verkaufspunkt und dem anschließenden Kundenservice betrachtet. Nehmen wir beispielsweise einen Kühlschrank: Die Wertschöpfungskette eines Kühlschranks gliedert sich in Identifikation von technischen Verbesserungen eines Kühlschranks, dem Einbau dieser Komponenten und dem Verkauf des Kühlschranks über die Händler. Aus der herkömmlichen Sicht bildet der Verkauf den entscheidenden Moment. Bei dieser Herangehensweise wird das Bedürfnis des Kunden, Lebensmittel länger haltbar zu machen, nicht in den Mittelpunkt gestellt. In wirtschaftlich starken Ländern, wie Nordamerika oder Europa, wo jeder Haushalt einen Kühlschrank besitzt, ist es schwer, sich eine Alternative zu einem Kühlschrank vorzustellen. Jedoch kann man sich sehr gut vorstellen, dass in weniger entwickelten Ländern Alternativangebote auf großes Interesse stoßen. So fand Electrolux heraus, dass in ärmeren Gemeinden der südlichen Hemisphäre Dienstleister Kühlraum an einzelne Gemeindemitglieder vermieten.

Dieses Beispiel soll verdeutlichen, dass man bei der Angebotsentwicklung nicht mehr länger den Verkaufspunkt fokussieren darf. Vielmehr sollte die Aufgabe, die der Kunde erledigt haben möchte (Job-to-be-done), im Mittelpunkt der Entwicklung stehen.

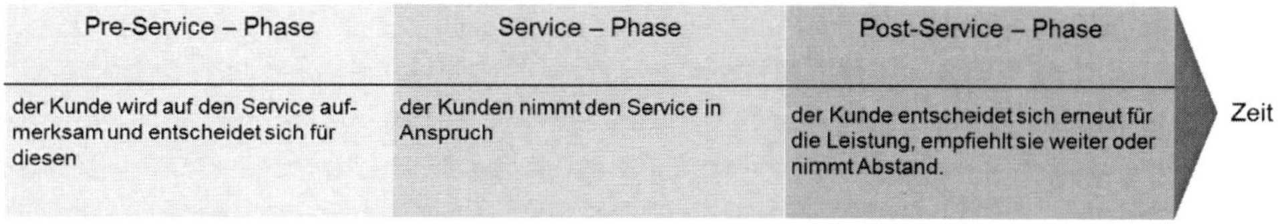

Pre-Service – Phase	Service – Phase	Post-Service – Phase	
der Kunde wird auf den Service aufmerksam und entscheidet sich für diesen	der Kunden nimmt den Service in Anspruch	der Kunde entscheidet sich erneut für die Leistung, empfiehlt sie weiter oder nimmt Abstand.	Zeit

Abb. 14.4 Die drei Dienstleistungs-Phasen

Neben dem Grundprinzip den Kunden in den Mittelpunkt zu stellen, bildet das integrative, disziplinübergreifende und kreative Arbeiten einen weiteren Grundsatz des Service Designs. Design ist ein partizipatorischer Prozess – der Designer entwickelt und entscheidet nicht allein. Nachvollziehbar wird diese Aussage, wenn man sich bewusst macht, dass der Wert einer Leistung oder einer Ware vom Nutzenempfinden des Leistungsempfängers abhängig ist. Da der Kunde die Dienstleistung in Anspruch nimmt, ist es wichtig, ihn nach seinen Bedürfnissen zu fragen und seine Meinung in verschiedenen Phasen der Entwicklung einzubeziehen. Neben Kunden sollten alle Akteure, die das Erlebnis einer Kundenerfahrung beeinflussen – das sogenannte „Customer Experience"-Ökosystem – aktiv bei der Dienstleistungsgestaltung involviert werden. Je nach Bedeutung und Aufgabe werden Mitarbeiter und Partner während des Designprozesses kontinuierlich oder punktuell eingebunden. Das co-kreative Vorgehen verspricht drei Vorteile: erhöhter Kreativgehalt eines Projekts, erhöhte Kongruenz zwischen Angebot und Kundennutzen und somit erhöhte Kundenloyalität und hingebungsvolle sowie enthusiastischere unternehmensinterne Vorgehensweise bei der Innovationsentwicklung.

Neben den bereits genannten Prinzipien des Service Designs ist das Identifizieren von Touchpoints (Kontaktpunkte zwischen Unternehmen und Kunde) und deren richtige Kombination entscheidend für das Serviceerlebnis und die Kundenzufriedenheit. Zunächst muss man sich vor Augen halten, dass sich eine Dienstleistung über eine Zeitspanne erstreckt und sich in drei Phasen gliedert (vgl. Abb. 14.4).

Damit das Interesse und die Aufmerksamkeit des Konsumenten über die gesamte Zeitspanne erhalten bleibt, müssen Touchpoints gut aufeinander abgestimmt sein. Direkte Interaktionen, wie z. B. zwischen Menschen, Mensch und Maschine sowie zwischen Maschine und Maschine, aber auch indirekte Interaktionen über Dritte, wie z. B. über Online-Bewertungsplattformen, sind dabei zu beachten. Ein Unternehmen muss identifizieren, wo sich beispielsweise ein versteckter Begeisterungsmoment befindet und ob er dort richtig platziert ist, um einen guten Spannungsbogen zu erzielen. Ein guter Spannungsbogen lässt sich anhand eines Actionfilms verdeutlichen: Ein James Bond-Streifen beginnt mit einem spannenden Auftakt, die Zuschauer werden in ein kurzes Abenteuer gezogen und ihr Herz schlägt schneller, die Sequenz endet mit einem „boom" und der Zuschauer ist gefesselt. Die nächsten 60 min baut sich die Geschichte auf: 007 erhält den Auftrag, besucht Q im Labor, die weibliche Hauptrolle betritt das Bild – eine Sequenz von aufregenden „wow... Wow... WOW"-Momenten wird abgespielt. Dann stößt James Bond auf den Bösewicht und der dramatische Höhepunkt, das explosive „BOOM" ist erreicht. Der Regisseur lässt sein Publikum jedoch nicht atemlos nach Hause gehen. Durch einen menschlichen Moment, denn James bekommt nicht sofort das Mädchen, hinterlässt er beim Zuschauer ein wohliges „Ahhhh"-Gefühl der Zufriedenheit[2].

Dieser Vergleich zeigt, dass man einerseits Höhepunkte gezielt einsetzen kann, andererseits verdeutlicht es auch, dass nicht eine Szene das Filmerlebnis ausmacht, sondern das Gesamtbild. Unternehmen müssen ihre „Booms" und „Wows" identifizieren und richtig platzieren und darauf achten, dass sie sich nicht auf einzelne Touchpoints beschränken, sondern das Servicesystem mit seinen gesamten Stakeholdern betrachten.

Service Design möchte Dienstleistungen sichtbar machen. Dieser Grundsatz des Service Design ist darauf zurückzuführen, dass gerade Dienstleistungen oftmals im Hintergrund und vom Kunden unbeachtet ablaufen. Diese unauffälligen Leistungen, wie beispielsweise eines Energieversorgers, erscheinen jedoch spätestens auf der Rechnung des Kunden. Um zu vermeiden, dass der Kunde zum Beispiel mit einer hohen Nachzahlung konfrontiert wird, müssen Dienstleistungen transparent und sichtbar gemacht werden. Ein Energieversorger hat erkannt, dass eine beträchtliche Anzahl ihrer Kunden Angst vor hohen Nachzahlungen haben und mit dem Angebot eines Abschlagschecks reagiert. Die Kunden werden durch ein Schreiben informiert, dass sie über verschiedene Kanäle ihren Zählerstand einreichen können und sie so ihren Beitrag gegebenenfalls korrigieren können. Am Ende des Jahres brauchen die Kunden keine hohe Nachzahlung befürchten und der Energieversorger profitiert von zufriedenen Kunden und verringerten administrativen Prozessen.

Jedoch müssen Anbieter aufpassen, dass sie Touchpoints und den Einsatz von digitalen oder physischen Artefakten wie Eingabebestätigung, Paketverfolgung oder Gästebefragung richtig dosieren. Je nach Branche und Kundensegment sollte ein Unternehmen kritisch reflektieren, ob ein Kunde diese Interaktion mit dem Unternehmen durch Anrufe, E-Mail-Kampagnen, Werbegeschenk, Hinweisschild oder ähnliches bestätigt haben möchte.

Die interdisziplinären Arbeitsmethoden des Service Designs bilden ein Fundament, um Dienstleitungen zu verbessern bzw. innovative Lösungen zu erschließen. Die Phasen des Service-Design-Prozesses, die Methoden, das co-kreative Entwickeln und die Visualisierungstechniken tragen dazu bei, den Prozess einerseits transparent zu gestalten und andererseits den Kunden und Nutzern ein optimales Service-Erlebnis zu bieten. Durch das iterative Vorgehen, der Erstellung und das Testen der Prototypen sowie durch das Messen der Miss-/Erfolge werden neben Nutzbarkeit auch Machbarkeit und Wirtschaftlichkeit neuer/verbesserter Leistungen oder Geschäftsmodelle erprobt.

---

[2] Einführung der Boom-Wow-Wow-Wow-Boom-Kurve durch Adam St. Lawrence von WorkPlayExperience, während eines Innovationsworkshops.

Literatur

Amersdorffer, D.; Bauhuber, F. & Oellrich, J. (2010): Das Social Web Internet, Gesellschaft, Tourismus, Zukunft. In: Amersdorffer, D.; Bauhuber, F.; Egger, R. & Oellrich, J. [Hrsg.]: Social Web im Tourismus. Heidelberg [u.a.]. Springer, S. 5–16

Christensen, C.; Cook, S. & Hall, T. (2006): What Customers Want from Your Products. Harvard Business School Press. [Online]. Available: http://hbswk.hbs.edu/item/5170.html, Abfragedatum: 10.08.2015

Travel + Leisure (2011): Holiday Inn's Image Makeover. [Online]. Available: http://www.travelandleisure.com/articles/holiday-inns-image-makeover, Abfragedatum: 14.08.2015

Design Council (2015): The Design Process: What is the Double Diamond? [Online]. Available: www.designcouncil.org.uk/news-opinion/design-process-what-double-diamond, Abfragedatum: 10.08.2015

Kimbell, L. (2014): The Service Innovation Handbook. Amsterdam. BIS Publisher

Lovelock, C.H. & Gummesson, E. (2004): Whither Services Marketing? In Search of a New Paradigm and Fresh Perspectives. Journal of Service Research, Vol. 6 (5), S. 20–41

Manning, H. & Bodine, K. (2012): Out side in – The Power of Putting Customers at the Center of Your Business. Las Vegas. Forrester Research/Amazon Publishing

Ostrom, A. L.; Bitner, M. J.; Brown, S. W.; Burkhard, K. A.; Goul, M.; Smith-Daniels, V.; Demirkan, H. & Rabinovich, E. (2010): Moving Forward and Making a Difference: Research Priorities for Science of Service. Journal of Service Research, Vol. 13 (4), S. 3.36

Stickdorn, M. & Schneider, J. (2010): This is Service Design Thinking. Amsterdam. BIS Publisher

Tassi, R. (2009): Testing and Prototyping. [Online]. Available: www.servicedesigntools.org/taxonomy/term/3, Abfragedatum: 10.08.2015

Vargo, S. L. & Lusch, R. F. (2004): Evolving to a New Dominant Logic for Marketin. Journal of Marketing, Vol. 68 (Jan.), S. 1–17

Julia Richter studierte zunächst Geographie und Tourismus mit einem Master-Abschluss an der Katholischen Universität Eichstätt-Ingolstadt und anschließend Entrepreneurship und Tourismus am MCI Management Center Innsbruck mit einem Abschluss als Master of Arts. Sie arbeitet heute als Consultant bei iic solutions in München. Ihre Schwerpunkte sind unter anderem Service Design, Design Thinking, Innovation und das Internet der Dinge.

Customer Experience Management für mehr Kundenzufriedenheit und Loyalität

Irene Wyrwa

Kunden stehen heutzutage vor der Qual der Wahl, aber auch vor der Wahl der Qual: Sie haben unerschöpfliche Auswahlmöglichkeiten als Konsumenten. Gleichzeitig haben Sie auch entsprechende Erwartungen an ein Produkt oder an eine Dienstleistung. Der Grad der Übereinstimmung der Erwartungen mit den Erfahrungen wird klassischerweise über qualitative und quantitative Marktforschungsdaten erhoben. Um aber zielgerichtet Verbesserungen an der Erfahrung vorzunehmen, muss die Kundensicht (Outside-In) mit der Unternehmenssicht (Inside-Out) verknüpft werden. Gleichzeitig kann der Umgang von Unternehmen mit schlechten Kundenerfahrungen eine Möglichkeit sein, sich vom Wettbewerb positiv abzuheben und loyalere Kunden zu gewinnen.

Sam Walton, der Gründer der Supermarktkette Wal-Mart, drückte die Position des Kunden wie folgt aus: *Es gibt nur einen Boss. Den Kunden. Er kann jeden im Unternehmen feuern, vom Vorstandschef abwärts. Indem er sein Geld einfach woanders hinträgt.*

Heutzutage trifft dieses Zitat wahrscheinlich mehr zu denn je, denn die Macht des Kunden ist heute größer ist als je zuvor. Einerseits verdankt der Kunde dem Internet die bedingungslose Transparenz über Preis und Leistung und kann sich über sämtliche Meinungen anderer Kunden und Nutzer informieren, bevor er überhaupt eine Kaufentscheidung trifft. Andererseits gibt es mittlerweile alle Produkte und Dienstleistungen an jeder Ecke von unterschiedlichen Anbietern, sodass die Auswahl für den Kunden schier unbegrenzt und alles jederzeit austauschbar ist. Es ist also mehr denn je der Kunde, der über den Erfolg

---

Die Originalversion dieses Kapitels wurde revidiert. Für detaillierte Angaben ist ein Erratum verfügbar unter DOI 10.1007/978-3-658-12239-3_18

I. Wyrwa (✉)
München, Deutschland
E-Mail: eHealth-Autoren@dhbw-heidenheim.de

© Springer Fachmedien Wiesbaden 2016
V. P. Andelfinger, T. Hänisch (Hrsg.), *eHealth,* DOI 10.1007/978-3-658-12239-3_15

oder Misserfolg entscheidet, indem er sein Geld dort lässt, wo seine Erwartungen an das Produkt beziehungsweise die Dienstleistungen getroffen werden.

Wieso sonst wäre der Kunde bereit, für ein Kilo Kaffee bei Nespresso 80 € zu bezahlen, wenn er wo anders für ein Kilo Röstkaffee nur 8 € bezahlen müsste? Sicherlich sind Marketing- und Branding-Maßnahmen mit Prominenten wie George Clooney nicht von der Hand zu weisen, allerdings ist den Kunden spätestens beim Kauf klar, dass sie hierfür mehr bezahlen als vielleicht anderswo. Wieso sollten sie das also machen?

Erfahrungen ≥ Erwartungen

Indem der Kunde für etwas bezahlt, verbindet er damit auch eine gewisse Erwartung. Bei einem Kaffee, bei dem das Kilo nur 8 € kostet, erwartet der Kunde, dass es nach Kaffee schmeckt. Die Zubereitung ist die altbekannte: der Kaffee wird im Supermarkt gekauft, er wird in der entsprechenden Menge in den Kaffee-Filter gefüllt und die Kaffeemaschine produziert den Kaffee. Bei einem Nespresso-Kaffee beginnt das Erlebnis, für das der Kunde gerne bereit ist das Zehnfache zu bezahlen, bereits beim Kauf: Das Betreten des eleganten Ladens, die moderne Nespresso-Bar, wo der Kaffee, der zum Kauf angeboten wird, probiert werden kann, die adrett gekleideten Verkäufer und die Wände voller Kaffee-Stangen. Die verschiedenen Sorten werden wie Schmuckstücke auf den Verkaufsflächen drapiert und die schwarze Nespresso-Karte, die nur Nespresso-Kaffeemaschinenbesitzer erhalten, suggeriert dem Kunden überdies die Zugehörigkeit zu dieser exklusiven Kaffee-Welt. Auch daheim geht das elegante, simple Erlebnis weiter. Die Zubereitung des Kaffees ist so einfach, dass sie selbst für Kleinkinder kein Problem darstellen sollte: Anschalten, Kapsel rein, Tasse unterstellen und Knopf drücken – Kaffee fertig. Das Nespresso-Erlebnis ist exklusiv, elegant, einfach und high-class. Hierfür ist der Kunde auch bereit, high-class zu bezahlen. Damit er dazu bereit ist, dies auch künftig zu tun, müssen Erfahrungen also mindestens gleich Erwartungen [1] sein – im Idealfall sogar die Erwartungen übertreffen.

Customer Experience Zyklus

Damit Erfahrungen größer gleich Erwartungen bleiben und somit eine positive Customer Experience durchgängig erlebt werden kann, muss zunächst designt werden, wie die Erfahrungen und das Erlebnis mit der Dienstleistung oder dem Produkt sind. Hierzu bietet sich der Service-Design-Prozess an, der methodisch das Erlebnis und die Erfahrungen kunden- und marktgerecht entwickelt. Anschließend kommt das sogenannte Customer Experience Management zum Tragen, das sich mit der kontinuierlichen Verbesserung aller (bestehenden) Kundeninteraktionen und -erfahrungen beschäftigt. Hierbei wird ein einfacher Zyklus verfolgt, der aus den Phasen Zuhören, Priorisieren, Beheben und Messen besteht.

Mittels qualitativer und quantitativer Marktforschung erfahren Unternehmen über die Anliegen und Erlebnisse ihrer Kunden. So werden Kundenzufriedenheit, Loyalität und andere Kundenkennzahlen erfasst. Bekannteste Methodik zur Messung von Kundenloyalität stellt der Net Promoter Score (NPS) von Reichheld, Bain & Company und Satmetrix [2] dar. Die Berechnung des NPS erfolgt mit Auswertung der Frage „Wie wahrscheinlich ist es, dass Sie Produkt/Unternehmen/Dienstleistung XYZ weiterempfehlen?", wobei die

Abb. 15.1 Der Net Promoter
Score (NPS)

Net Promoter Score

= %Promotoren − %Kritiker

Wie wahrscheinlich ist es, dass Sie Produkt/
Unternehmen/Dienstleistung XYZ
weiterempfehlen?

0	1	2	3	4	5	6	7	8	9	10

Kritiker   Passive Promotoren

Kunden auf einer Skala von 0 bis 10 antworten und 0 ‚sehr unwahrscheinlich' und 10 ‚sehr wahrscheinlich' bedeutet. Hier wird der Anteil der Kritiker (Personen, die ihre Bewertung zwischen 0 und 6 abgeben) vom Anteil der Promotoren (Personen, die eine 9 oder 10 angeben) abgezogen (vgl. Abb. 15.1). Somit hat der NPS einen Wertebereich zwischen − 100 und + 100.

Mit solchen Kennzahlen lassen sich Probleme entlang des Kundenlebenszyklus identifizieren und Verbesserungspotenziale aufzeigen. Da so meist gleich eine Vielzahl schlechter Kundenerfahrungen sichtbar wird, muss schließlich priorisiert werden. Hier sollten Kosten und Nutzen abgewogen werden, vor allem aber eventuelle Synergien mit anderen Verbesserungsprojekten gehoben werden. Anschließend werden die Verbesserungen vorgenommen und etwaige Probleme behoben. Der Customer Experience Zyklus beginnt dann wieder mit dem Messen der Kundenerfahrung und läuft die einzelnen Phasen stetig durch. In diesem wiederholenden Zyklus wird kontinuierlich und sukzessive verbessert, um die erwartete Erfahrung des Kunden permanent gewährleisten und übertreffen zu können.

Customer Experience Measurement

Um den Effekt von Verbesserungsmaßnahmen mit den Ursachen schlechter Kundenerfahrungen verbinden zu können, darf es mit der Messung von Kundenzufriedenheit über Marktforschungsdaten nicht aufhören. Viele Unternehmen machen den Fehler, darauf zu vertrauen, kleinste Verbesserungen in ihren Systemen und Prozessen direkt in verbesserter Kundenzufriedenheit wiederzufinden. Allerdings lassen sich Kundenkennzahlen nur eingeschränkt auf interne Prozesse übersetzen und transferieren. So kann beispielsweise die Kundenwahrnehmung des Customer Service aus einer Befragung nicht der Performance einer Abteilung/eines Bereiches oder gar eines Prozesses zugeordnet werden. Der Kunde bewertet das, was er direkt miterlebt. Er weiß nicht, wie es dazu kommt, dass er das erlebt, was er erlebt und welche Prozesse diese Interaktion regeln.

Für die effiziente operative Steuerung bedarf es eines Mediums, das die Bedürfnisse und Erfahrungen der Kunden aus interner Prozesssicht abbildet und neben der prozess- und finanzorientierten Betrachtungsweise auch die Ende-zu-Ende Kundensicht aufzeigt. So können Schwachstellen im Prozess rechtzeitig identifiziert werden. Ein solches Medium, dass sowohl die Kundenerfahrung mit der Prozessperformance verbindet, als auch die Effekte von Verbesserungen und Verschlechterung aufzeigen kann, setzt sich aus drei Arten von Kennzahlen [3] zusammen (vgl. Abb. 15.2):

Deskriptive Kennzahlen	Wahrnehmungs-Kennzahlen	Ergebnis-Kennzahlen
Was passiert während der Interaktion mit dem Kunden?	Was denkt der Kunde über das, was passiert?	Was wird der Kunde als Resultat dessen, was passiert ist, tun?
Anzahl der Anrufe	Allgemeine Zufriedenheit	Wahrscheinlichkeit der Weiterempfehlung
Durchschnittliche Anrufdauer	Zufriedenheit mit dem Kontakt	Kaufwahrscheinlichkeit
Anzahl Besuche auf der Webseite	Image des Unternehmens	Churn-Rate
Anzahl der Anrufe bis zur Problemlösung	Freundlichkeit des Agenten	Cross- / Up-Sell

Abb. 15.2 Übersicht Kennzahlenarten

- *Deskriptive Kennzahlen: Was passiert während der Interaktion mit dem Kunden?*
  Deskriptive Kennzahlen gehen der Frage nach, was im Unternehmen während der Interaktion mit dem Kunden passiert. Es handelt sich dabei um operative Daten aus Prozessen. Dazu zählt beispielsweise die Wartezeit an der Hotline, die Dauer des Gesprächs oder beim Bestellprozess die Dauer bis zum Erhalt eines Produkts. Es gilt zu beachten, dass intern zwar eventuell einzeln die Zeiten vom Eingang der Bestellung bis zum Eingang des Auftrags im Lager, die Bearbeitungszeit im Lager und die Zustellungsdauer der Post erfasst werden. Für die Kundensicht muss diese Betrachtung allerdings noch umformuliert werden. Der Kunde kennt den Bestellzeitpunkt und interessiert sich für den Zustellzeitpunkt. Im vorliegenden Beispiel müssen dazu die einzelnen Kennzahlen summiert werden. Die Quellen für diese Kennzahlen lassen sich aus den Analysesystemen der Unternehmen darstellen.
- *Wahrnehmungs-Kennzahlen: Was denkt der Kunde über das, was passiert?*
  Im Gegensatz zu den deskriptiven Kennzahlen befassen sich Wahrnehmungs-Kennzahlen mit der Frage: Was denkt der Kunde darüber, was passiert ist? Bei einem Kunden, der beispielsweise das Call Center anruft, um sich darüber zu beschweren, dass sein bestelltes Produkt noch nicht bei ihm eingetroffen ist, wird die Wartezeit an der Hotline sicherlich einen Einfluss auf die Zufriedenheit haben, allerdings liegt sein Fokus eher auf der der Freundlichkeit und Empathie des Agenten, aber vor allem ob und wie gut sein Problem für ihn gelöst wird. Kundenzufriedenheit, Loyalität und andere (qualitative und quantitative) Meinungsforschungsdaten wie der NPS bilden dabei die Quellen für Wahrnehmungs-Kennzahlen. Zentral ist hier die subjektive Wahrnehmung der Kunden, die eine völlig andere sein kann als das, was im Unternehmen passiert.
- *Ergebnis-Kennzahlen: Was wird der Kunde als Resultat dessen, was passiert ist, tun?*
  Ein Kunde, der nicht zu lange an der Hotline warten musste und dessen Anliegen freundlich gelöst wurde, sollte zufrieden sein. Ebenso dürfte ein zufriedener Kunde eigentlich keine durchgängig schlechte Erfahrung gemacht haben, sonst wäre er ja nicht zufrieden. Ergebnis-Kennzahlen erlauben es daher, die Wahrnehmung des Kunden zu einer Interaktion mit dem Unternehmen (beispielsweise. den zufriedenstellenden Bestellprozess) mit Geschäftszahlen, wie einer erneuten Bestellung durch denselben Kunden, zu

verbinden. Ergebnis-Kennzahlen gehen dabei folgenden Frage nach: Wenn sich die Kundenerfahrung verbessert, womit wird der Kunde aufhören, was das Unternehmen Geld kostet und womit wird er anfangen, was dem Unternehmen Geld einbringt? So sollten bei einfachen und guten Kundenerfahrungen beispielsweise die Anzahl der Anrufe an der Hotline zurückgehen, was dem Unternehmen Geld einspart und der Kunde wird weitere und teurere Produkte basierend auf seiner hohen Zufriedenheit kaufen. Diese Kennzahlen umfassen einerseits intendiertes Verhalten (Wahrscheinlichkeit Weiterempfehlung/erneuter Kauf), andererseits spiegeln sie auch tatsächliches Verhalten (empfohlene Kunden, Anzahlen Cross- & Up-Sell) wider.

Indem man Kennzahlen aus der Innensicht des Unternehmen mit der Kundenerfahrung verbindet, kann man Ursache- und Wirkungszusammenhänge aufdecken und gezielter Optimierungen an den Stellen vornehmen, die den größten Hebel auf die Kundenerfahrung haben. Solche Verbesserungen sind notwendig, um die Kundenbedürfnisse zielgerichtet und kosteneffizient adressieren zu können.

Neben der Verbindung von Outside-In und Inside-Out Perspektive, ist es erforderlich, Zielwerte, Reportingzyklen, Empfänger und das Inlife-Management der Kennzahlen zu definieren. Wie weit ein Kennzahlenpaar sinken darf, bevor eingegriffen werden muss, regeln die Schwellwerte, hinter denen konkrete Maßnahmen stehen. Sowohl die Kennzahlen mit ihren Zielwerten, als auch Gegensteuerungsmaßnahmen müssen Personen innerhalb des Unternehmens verantworten, die nicht für die Erhebung der Zahlen zuständig sind. So wird sichergestellt, dass möglichst viele Personen und Bereiche/Abteilungen für eine positive Kundenerfahrung verantwortlich sind.

Schlechte Kundenerfahrung als Differenzierungsmöglichkeit
Eine gute Kundenerfahrung ist leider noch lange keine Garantie für loyale und treue Kunden. Überall passieren Fehler, welche dem einen Kunden eher Anlass geben würden, ein Produkt oder eine Dienstleistung künftig bei einem anderen Anbieter zu beziehen, während das für einen anderen Kunden noch kein Grund für gestiegene Wechselbereitschaft darstellt. Als Unternehmen Fehler zu machen, ist dabei nicht das Problem. Fehler stellen – richtig gehandhabt – sogar ein großes Potenzial für Unternehmen dar. Vor allem große Unternehmen zeigen dem Kunden meinst kein ‚Gesicht'. Das Einzige, was der Kunde von dem Unternehmen wahrnimmt, ist die Marke und die damit verbundenen Versprechen und Botschaften, die über Werbung und die Medien an sie transportiert werden. Menschliche Eigenschaften wie Fehler und Unvollkommenheiten werden ihnen dadurch nicht zuteil.

Werden Fehler und Probleme nicht anerkannt oder nicht der Versuch unternommen, im Sinne des Kunden zu agieren, kann es hingehen richtig unangenehm für Unternehmen werden. So auch der Ende 2011 aufgekommene Shitstorm Richtung O_2. Viele Kunden hatten sich angesichts schlechten Netzempfangs bei der Kundenbetreuung gemeldet und die Antwort bekommen, dass es sich bei den jeweiligen Fällen um Einzelfälle oder kurze lokale Störungen handelt. Nach einem Aufruf des Bloggers Moeffju in den verschiedenen sozialen Medien (vgl. Abb. 15.3) haben bereits am selben Abend 300 Kunden ihre Netz-

Abb. 15.3 Screenshot
der Internetseite www.wir-
sind-einzelfall.de

probleme auf der Internetseite www.wir-sind-einzelfall.de gemeldet. Nach drei Wochen hatte die Seite bereits mehr als 10.000 Einträge zu Empfangsproblemen.

Mit dieser Masse an Einzelfällen und der medialen Aufmerksamkeit beispielsweise über SPIEGEL Online, FAZ und Handelsblatt wurde der Handlungsdruck bei O_2 so groß, dass mehrere Maßnahmen implementiert wurden: Das Social Media Team wurde personell verstärkt, ebenso wie das O_2 Forum. Gleichzeitig wurden ein Netzbericht und eine Weathermap ins Leben gerufen. Auch wurden verbesserte Tools und Schulungen für die Kundensupport-Callcenter bereitgestellt. Die Kunden reagierten ebenfalls darauf und posteten Kommentare wie: „Das Handynetz scheint tatsächlich erste Lebenszeichen zu zeigen. Enttäuschend ist die Tatsache, dass die Informationen durch das Callcenter nicht an den Kunden weiteregegeben werden! Die (meisten) Kunden hätten Verständnis dafür." oder „[…] aber wenigstens IHR seid ehrlich und gebt Fehler zu:-)" [4].

Man merkt, Fehler zu machen – auch als Unternehmen – stellt aus Kundensicht keinen Weltuntergang dar. In der IT wird sich schließlich auch nicht die Frage gestellt, *ob* etwas kaputt geht, sondern *wann*. Besonders bei Problemen, die einen Einfluss auf die Kundenerfahrung haben, ist der offene, rechtzeitige und proaktive Umgang damit wichtig. Ein Kunde, der keine Probleme hat und zufrieden ist, mag loyal sein. Ein Kunde, der ein Problem hat, kann abhängig davon, wie das Problem gehandhabt wurde, zu einem Kunden werden, der direkt das Unternehmen verlässt und im schlimmsten Fall noch etliche andere Kunden überzeugt, weil sein Anliegen nicht oder nicht zufriedenstellend gelöst wurde. Oder aber, das Problem wurde proaktiv kommuniziert und es wurde direkt nach einer Lösung gesucht. Dann kann diese Person von einem Kritiker zu einem Kunden werden, dessen Loyalität besonders stark ist und der gerade aufgrund dieses Problems zu einem Promotor oder gar Fan des Unternehmens wird. In einem Zeitalter, in welchem eine gute Customer Experience fast schon vorausgesetzt wird und in welchem es jedes Produkt an jeder Ecke gibt, kann ein zentrales Differenzierungsmerkmal der Umgang von Unternehmen mit schwierigen Situationen und Fehlern sein. In brenzligen und unangenehmen Kundensituationen zeigt sich, wie gut die Krisenkompetenz des Unternehmens ausgeprägt ist. Denn Fehler passieren.

Literatur

1. Oliver, R. (1980): A Cognitive Model of the Antecedents and Consequences of Satisfaction Decisions. In: Journal of Marketing Research, 17(4), S. 460–469.
2. Reichheld, F. (2006): The Ultimate Question: Driving Good Profits and True Growth.

3. Manning, H. & Bodine, K, (2012): Outside In. The Power of Putting Customers at the Center of your Business.
4. Wir sind/waren Einzelfall. Corporate Communications in Zeiten von Social Media. Abrufbar unter: https://speakerdeck.com/moeffju/nur wir sind Einzelfall (27.08.2015)

Irene Wyrwa   ist Diplom Soziologin und studierte an der LMU München. Nach Stationen bei der LMU, der TU München und Telefonica O2 arbeitet sie heute als Consultant bei iic solutions in München. Ihre Fachgebiete sind unter anderem Customer Experience, Customer Insights, Customer Satisfaction und Internet der Dinge, sowie eHealth.

Ambient Assisted Living – mit modernen Technologien die Herausforderungen der alternden Gesellschaft meistern

16

Volker P. Andelfinger

Vorbemerkung der Herausgeber:
Exkurs: eHealth als Brücke zu Ambient Assisted Living

Das vorliegende Buch hat sich mit den Grundlagen von eHealth und mit Gesundheitsakten im Besonderen befasst. Ambient Assisted Living (AAL) soll nun das Themenspektrum abrunden. Denn die Bedürfnisse der Menschen ändern sich mit den Lebensabschnitten. So verhält es sich auch mit eHealth-Ansätzen. Ältere Menschen sind von Krankheiten besonders betroffen. Oft haben sie mehrere Erkrankungen zur selben Zeit, sind chronisch krank, leiden zum Beispiel an Diabetes, Herzerkrankungen und Mobilitätseinschränkungen gleichermaßen. Der Fachbegriff dafür lautet: Multi-Morbidität. Der Unterstützungsbedarf geht oft über den reinen Gesundheitsschutz und die Krankheitsbehandlung hinaus. Zu AAL gab es seit vielen Jahren enormen Forschungsaufwand. Dennoch zeigt sich AAL in der Praxis bei den Menschen noch wenig. Der Begriff ist „verbrannt", weil zu euphorisch geforscht, zu wenig über Geschäftsmodelle nachgedacht wurde, zu wenig darüber nachgedacht wurde, was die Menschen wollen und was sie bezahlen können. Gleichzeitig denkt kaum jemand gerne über das Älterwerden nach. Das wird gerne verdrängt. Dabei wird das Problem, das mit AAL gelöst werden kann, immer größer. Über AAL muss neu nachgedacht werden.

Die Originalversion dieses Kapitels wurde revidiert. Für detaillierte Angaben ist ein Erratum verfügbar unter DOI 10.1007/978-3-658-12239-3_18

V. P. Andelfinger (✉)
Annweiler, Deutschland
E-Mail: vpa@palatinus-consulting.eu

239

16.1   Ambient Assisted Living – mit modernen Technologien die Herausforderungen der alternden Gesellschaft meistern

Volker P. Andelfinger

Abstract

Unsere Gesellschaft altert dramatisch. Die Sozialsysteme werden immer mehr zur finanziellen Last der Kostenträger, des Staates, aber auch der Beitragszahler. Immer mehr Pflegebedürftige verursachen Kosten, die durch vorhandene Absicherungssysteme nur teilweise gedeckt sind. Auf die Familien kommen enorme Lasten zu, denn hier haften Kinder für ihre Eltern. Nämlich für die Kosten, die diese selbst nicht tragen können, zum Beispiel wenn eine Unterbringung im Pflegeheim nötig wird. Ältere Menschen wollen andererseits – und sollen auch – möglichst lange in den eigenen vier Wänden leben. Moderne Technologien können dabei helfen. Sie unterstützen die Menschen im täglichen Leben. Ambient Assisted Living (AAL) – ein oft falsch verstandener und mit negativen Attributen belasteter Begriff – ist das Schlagwort und ein wesentlicher Teil der Lösung. AAL ist letztlich eine Kombination aus eHealth, mHealth und Smart Home, also einer an die Anforderungen Älterer und Unterstützungsbedürftiger angepasster medizinischer Leistung von Prävention bis Behandlung, gepaart mit smarten Technologien in Haus und Wohnung.

Die demografische Entwicklung in Deutschland, aber auch den meisten anderen Ländern insbesondere der westlichen Welt, hat einen auf lange Sicht unumkehrbaren Trend angenommen. Die Jahre der Baby-Boomer liegen lange hinter uns. Die Geburtenraten sind seit Jahren enorm gesunken und stabil auf niedrigem Niveau. Die Bevölkerungszahlen in Deutschland sinken, gleichzeitig steigt der prozentuale Anteil der Älteren. 2060 wird etwa jeder dritte Deutsche älter als 65 sein. Nur noch 16 % der Bevölkerung wird unter 20 sein. Die Zahl der Pflegebedürftigen wird nach den vorliegenden Prognosen von heute etwas über zwei Millionen auf über vier Millionen in 2050 steigen.

Die Sozialsysteme sind auf Dauer nicht mehr bezahlbar – auch und gerade in der Pflege

Die Sozialsysteme sind darauf nur schlecht vorbereitet. Weniger Beitragszahler müssen steigende Lasten stemmen. Für den Einzelnen bedeutet das höhere Beiträge von der Kranken- über die Pflege- bis hin zur Rentenversicherung. Der Beitragsanstieg resultiert also aus zwei Entwicklungen: mehr notwendige Ausgaben für die Pflege und gleichzeitig weniger Beitragszahler.

Hinzu kommt eine weitere Herausforderung. Es gibt nicht genug Pflegepersonal. In den nächsten Jahren werden zigtausende Arbeitsplätze im Gesundheitssektor zu besetzen sein. In 20 Jahren, so die Vereinigung der Bayerischen Wirtschaft, werden über eine halbe Million Pflegekräfte fehlen. Doch es fehlt an einer attraktiven Gestaltung dieser Arbeitsplätze, es fehlt an finanziellen Mitteln und es fehlt an engagierten Menschen, die diese Arbeitsplätze ausfüllen wollen.

Der Versuch, die Lücken zu schließen

Was setzen wir diesen Entwicklungen in Deutschland heute entgegen? Wir haben die Pflege-Pflichtversicherung, zusätzlich den staatlich geförderten Pflege-Bahr und als Ergänzungsmöglichkeit private Pflege-Versicherungen und ähnliche Finanzprodukte. Die Pflichtversicherung bildet das Fundament, jedoch mit deutlichen Lücken besonders bei schwerer Pflegebedürftigkeit. Durch den Pflege-Bahr wird ein Teil der Lücke geschlossen, zumindest theoretisch. Denn die Verbreitung des Pflege-Bahr hat sich zuletzt zwar verbessert, aber die meisten Menschen verzichten nach wie vor auf diesen Schutz. Der GDV meldet im statistischen Jahrbuch für 2012 knapp 2,2 Mio. Versicherte mit einer Pflege-Zusatzversicherung. Im März 2014 meldet Focus Online, der Pflege-Bahr sei ein Verkaufsschlager. Bei gerade einmal 400.000 abgeschlossenen Verträgen zu diesem Zeitpunkt.

Finanzielle Vorsorge für das Alter ist neben den Pflegerisiken auch im Rahmen der Lebensversicherung und Rentenversicherung üblich, aber auch Wohnriester ist eine Option, die darüber hinaus für altersgerechte Umbaumaßnahmen in den Wohnungen und Häusern der Menschen genutzt werden kann.

Ambient Assisted Living

Doch diese Angebote reichen nicht, um das Problem zu lösen. Zumal nicht nur in vielen Fällen die Einsicht der Menschen in die Notwendigkeit der Absicherung und damit der konkrete Abschluss der Vorsorge fehlt, sondern je später die Einsicht reift auch die gesundheitlichen Voraussetzungen für den Abschluss fehlen. Und auch die beste Absicherung ersetzt nicht das fehlende Pflegepersonal. Zur Problemlösung beitragen kann jedoch Ambient Assisted Living. Oder besser zu verstehen: die beiden wesentlichen Komponenten, aus denen AAL besteht, nämlich eHealth- und Smart-Home-Technologien.

AAL ist im Grunde keine neue Erfindung, kein wirklich neuer Begriff. Es handelt sich um umgebungsunterstütztes Leben, um Technologien und damit verbundene Dienstleistungen, die das tägliche Leben unterstützen, für Komfort sorgen, aber auch den Menschen in Situationen unterstützen, die er alleine nicht mehr vollständig meistern kann. Im Alter geht es um Technologien, die helfen, möglichst lange ohne fremde Hilfe in der gewohnten Umgebung leben und bleiben zu können. Nicht zuletzt werden auch das Pflegepersonal oder die pflegenden Angehörigen entlastet, je nach Technologie sowohl zeitlich, als auch körperlich.

Exemplarisch umfasst AAL Gesundheitsmonitoring und Ferntherapie, Fallsensoren, Mobilitätsdienste, intelligente Medikamentenspender, Sensoren, die die Aktivität oder Inaktivität der Bewohner überwachen und Notfallhilfe ebenso, wie etwa häusliche Assistenzsysteme, die Koordination von Haushaltshilfen oder breite Angebote rund um Kommunikation und Entertainment.

Oft wurde der Fokus in der Betrachtung von AAL jedoch auf Situationen gelegt, in denen es dem Menschen schlecht geht, in denen er gebrechlich wirkt und auf Hilfe angewiesen ist. Diese Sichtweise führt zu wenig Attraktivität des Angebotes, eher zur

Ablehnung. Niemand beschäftigt sich gerne mit dem Älterwerden, schon gar nicht mit den Gebrechen, die damit in Verbindung gebracht werden und die die meisten Menschen in den letzten Lebensjahren begleiten.

Zudem teilt auch AAL das Schicksal der zu früh geborenen Idee. Euphorisch angekündigt, konnten die ersten Ansätze nur wenig dessen halten, was versprochen wurde. Enttäuschung machte sich breit.

Sehr viel breiter und positiver diskutiert wird indessen über die Bestandteile des AAL, eHealth und Smart Home. Zwar können die Technologien und Konzepte auch hier insbesondere wegen der sich noch entwickelnden Geschäftsmodelle noch nicht ihr volles Potenzial entfalten, aber die benötigten Technologien sind vorhanden und nutzbar und durchlaufen eine rasante Weiterentwicklung. Die Technik wird smarter, vernetzter, kostengünstiger und besser anwendbar.

Mit weniger personellem Aufwand mehr Menschen besser versorgen
Im Themenfeld des eHealth diskutieren die Experten die komplette Bandbreite von Fitness und Wellness über die IT bei Gesundheitsberufen und Ärzten bis zum Einsatz in Krankenhäusern, mit elektronischen Gesundheitsakten, Gesundheitsportalen und damit der durchgehenden medizinischen Versorgung bei gleichzeitiger Zusammenführung aller relevanter Daten eines Patienten. Die Ziele: Mit weniger medizinischem Personal mehr Patienten mit besserer Qualität versorgen, den Patienten in die Prozesse, die Prävention von Krankheiten und die Behandlung von chronischen Erkrankungen einzubeziehen und damit schlussendlich die Kosten in den Griff zu bekommen.

Smart Home steuert die Technologien bei, die unser Umfeld automatisieren und uns damit entlasten, die uns schützen oder Hilfe holen, die unseren Energieverbrauch optimieren, oder eben das Leben einfach angenehmer machen und Komfort bereitstellen. Dazu gehört die Gebäudeautomation von der Steuerung der Rollläden und der Heizung bis zu Licht und Alarmanlage. Oder zukünftig etwa die intelligente Steuerung von Energienutzung, -erzeugung und -speicherung, etwa durch die Vernetzung des Stromnetzes mit der Solaranlage und dem Elektroauto, das gleichzeitig als temporärer Zwischenspeicher der selbst erzeugten Strommengen dient.

Es fehlt die Kundensicht
Nicht alles, was aktuell an Technologien angeboten wird, ist ausgereift oder erfüllt alle Anforderungen. Sensormatten können kaum flächendeckend in Wohnungen eingesetzt werden und sie sind teuer. Die Zuverlässigkeit der Technologien ist ein wesentliches Thema. Was nützt ein Notruf-Gerät, wenn es der Patient beim Sturz verliert, oder nach dem Sturz nicht mehr bedienen kann. Die Ergonomie ist oft nicht ausgereift. Oder das Design leidet derart unter dem Versuch, die Usability zu erhöhen, dass die Geräte als zu unattraktiv gelten und daher nicht genutzt werden. In manchen Fällen darf auch sicherlich die Frage gestellt werden, ob die potenziellen Anwender befragt wurden, was sie denn benötigen oder sich wünschen, oder ob nicht einfach hergestellt wurde, was machbar erschien, um danach Märkte zu suchen.

Die fehlende Kundensicht zeigt sich auch – wie auf einer internationalen AAL-Konferenz in Bukarest im Herbst 2014 diskutiert wurde – in den zahlreichen Projekten, die in den letzten Jahren durch erhebliche Fördergelder der EU gepusht wurden. Denn die kosteten zwar viele Millionen Euro, funktionierende Geschäftsmodelle fehlen aber in den allermeisten Fällen. Der Schwerpunkt lag auf der Forschung und Forschung bedeutet nicht vorrangig die Entwicklung von Geschäftsmodellen. Die Finanzierer werden spürbar ungeduldig. Und fördern nun – zumindest ansatzweise – die methodische Aufrüstung in Sachen Geschäftsmodellentwicklung.

Hinzu kommt, dass nicht alle bereits entwickelten Dienstleistungen flächendeckend zur Verfügung stehen. Ziel muss es jedoch sein, dass landesweit in urbanen und ländlichen Gegenden gleichermaßen derselbe Qualitätsstandard gilt und erfüllt wird, sodass für alle Menschen alle relevanten Dienstleistungen erreichbar sind.

DRK mit erfolgreichen AAL-Diensten
Die Versorgung der älteren Menschen, gerade der Pflegebedürftigen, geschieht über eine Vielzahl von privatwirtschaftlichen Firmen und sozialen Pflegediensten, wie zum Beispiel den Sozialstationen oder Einrichtungen wie Samariter und Deutsches Rotes Kreuz (DRK). Insbesondere das DRK bietet bereits heute ausgereifte Dienstleistungen über unterschiedliche Notrufsysteme, sowohl stationär, als auch als mobile Lösungen, wie etwa tragbare Geräte, die als Armbanduhr gestaltet sind und in deren Krone sich der Notrufknopf befindet. Dabei laufen die Notrufe in den Notrufzentralen des DRK ein und werden umgehend beantwortet.

Telemedizin wird bereits genutzt, beispielsweise in der Betreuung chronisch Kranker. Die Möglichkeiten sind jedoch noch lange nicht ausgeschöpft. Dabei wäre es mit heutigen Technologien bereits möglich, sehr viele Vitalparameter automatisiert zu erfassen und zu verarbeiten und auch dabei gezielte Interventionen von medizinischem Personal einzuleiten.

Das Zusammenspiel von Technologie und Dienstleistung
Bei der genaueren Betrachtung der vielfältigen Möglichkeiten und vor dem Hintergrund der vielen Beteiligten und Disziplinen wird schnell deutlich, dass es auf ein reibungsloses Zusammenspiel zwischen Versorgern, Technologien und Dienstleistungen ankommt. Die Interoperabilität ist ein kritischer Erfolgsfaktor. Können die Daten zwischen Geräten und Systemen oder Plattformen nicht reibungslos ausgetauscht werden, kann das volle Potenzial weder bei den Kosten, noch bei der Qualität und der Entlastung der medizinischen Versorger ausgeschöpft werden.

Experten arbeiten in verschiedenen Kreisen daran, diese Interoperabilität herzustellen. Der VDE beispielsweise hat bereits die zweite Version einer AAL-Roadmap veröffentlicht. Darin wird festgestellt, dass es bereits zahlreiche Normen gibt, die für AAL-Komponenten Anwendung finden können. Es kommt nun darauf an, die richtigen zu identifizieren und die fehlenden zu ergänzen. Ohne Normierung wird es nicht gehen, die Beteiligten müssen sich auf eine einheitliche Sprache verständigen. Das gilt nicht nur national, sondern gleichermaßen auf europäischer und internationaler Ebene. Im eHealth-Umfeld hat sich eine weitere Organisation mit dem Ziel der Interoperabilität gebildet. Die Continua Health Alliance mit mehr als 200 Partnerunternehmen weltweit, die die Entwicklungen tragen.

Bereits in wenigen Jahren werden auf der Basis von modernen Technologien, deren rasanter Weiterentwicklung und den Bemühungen der beteiligten Anbieter leistungsfähige AAL-Angebote entstehen. Ihre konsequente Umsetzung in der Praxis wird das benötigte Potenzial haben, um den älteren Menschen und Familien den Nutzen zu stiften, den sich alle erhoffen. Mit der Gestaltung müssen wir jedoch heute beginnen. Im Sinne der Menschen, die die Leistungen erhalten sollen, aber auch um die Chancen zu nutzen, die sich in diesem dynamischen Umfeld für neue Geschäftsmodelle ergeben.

Eco-Systeme führen zu erfolgreichem AAL

Ein typisches Merkmal entstehender Geschäftsmodelle ist die Verschmelzung unterschiedlicher Geschäftsmodelle zu neuen. Es entstehen Eco-Systeme und mit ihnen entstehen attraktive Chancen für innovative Firmen oder Konzerne, die erkennen, dass durch diese Eco-Systeme eine Win-Situation für alle Beteiligten entstehen kann – einschließlich des Kunden, denn der muss im Zentrum der Überlegungen und Lösungen stehen. Von ihm und seinen Bedürfnissen, von dem, was er bereit ist zu konsumieren und letztlich auch zu bezahlen, gehen die Ideen für das neue Geschäftsmodell aus.

Ambient Assisted Living ist für Versicherer, Finanzdienstleister oder auch eine Bausparkasse die Chance, ein solches Eco-System aufzubauen und zu führen. Ergänzt um Produkte und Dienstleistungen von Sozialen Dienstanbietern, Handwerkern und Herstellern der benötigten Technologien, lassen sich Angebote rund um Finanzdienstleistungsprodukte für Zielgruppen – um ein Beispiel zu nennen – 65+ generieren, die zunächst den Komfort bieten, den sich viele im Alter wünschen, die aber den fließenden Übergang zu jeglicher Unterstützung im täglichen Leben zulassen, die im Alter benötigt wird.

Bereits mit heute vorhandenen Technologien und Angeboten ist der Einstieg in AAL machbar (vgl. Abb. 16.1).

Ein Beispiel für bereits heute leistbare professionelle Unterstützung sind die Angebote des Deutschen Roten Kreuzes. In den Notrufzentralen werden nicht nur telefonische Notrufe entgegen genommen, sondern auch automatisierte oder teilautomatisierte in Verbindung mit mobilen oder stationären Geräten. Das kann auch ein Feuermelder sein, der über WLAN seinen Alarm an die Notrufzentrale weitergibt. Die eingesetzten Softwarelösungen in den Notrufzentralen lassen den Ausbau um weitere Lösungen, Geräte und Sensoren, aber zum Beispiel auch Handwerkerdiensten zu.

Die DRK Assistance bietet aktuell Assistance-Dienstleistungen rund um Haus- und Wohnung, Recht, Reise, Mobilität, Pflege und Medizin. Das Unternehmen erreicht jeden Quadratmeter in Deutschland und liefert damit anerkannt seriöse Hilfe an jedem Ort.

Integriert in ein Eco-System gemeinsam mit einem Versicherer führt dies zu einem attraktiven AAL-Angebot mit hohem Mehrwert. Das in diesem Eco-System entstehende digitale Angebot ergibt ein Leistungsangebot bestehend aus den Bausteinen klassische

Produkt	Status	Mobilität	Komfort	Sicherheit	Gesundheit	I&K*	Entertainment	Kernfunktion
Hausnotruf DRK	Angebot	○	○	●	○	○	○	• Manueller Notruf • Schlüsselhinterlegung
PAUL-Cibek	Angebot	○	●	◕	◔	◕	●	• Dienstleistungsportal • Gebäude-/Gerätesteuerung • Notruffunktion • Community-/News-Funktion
Casenio	Angebot	○	○	◕	◔	○	○	• autom. Benachrichtigung von Angehörigen/Pflegenden • Beobachtung von Bewegungsmustern in der Whg. • Erinnerungshilfen
Medido Connected -Inno-spense	Angebot	○	○	◐	●	○	○	• Beobachtung der Medikamenteneinnahme & richtige Dosierung • Erinnerungsfunktion ggf. Benachrichtigung der verantwortlichen Personen
cook. Guard LS	Angebot	○	◐	●	○	○	○	• Alarm (Herd & Wasser) • autom. Herdabschaltsystem
my. connect-LS	Angebot	○	◐	◕	○	◐	○	• Lokalisierung v. Personen u. Gegenständen im Haus-/umfeld • Transponderschlüssel für barrierefreie Zutrittskontrolle
moveas	Forschungsprojekt	●	○	●	◔	◐	○	• Mobilitätsassistent • Notruf (bidirektional) • Heimnavigation/Taxi-Ruf

*Informations- & Kommunikationstechnologien

Abb. 16.1 Übersicht bereits vorhandener AAL-Lösungen. (Quelle: iic solutions GmbH)

Dienstleistung, digitale Zusatzdienste, eine Plattform für die Entwicklung, Integration und den Betrieb, sowie Bereitstellung von Querschnittsfunktionalität, die Geräte- und Infrastrukturdienste und schließlich die Produktkonfiguration.

Eine stetige Ergänzung des AAL-Angebotes steigert auf Dauer Nutzen und Attraktivität und damit die Akzeptanz der Kunden. Die weitere technologische Entwicklung wird außerdem stetig dazu beitragen, zusätzliche Nutzenpotenziale zu erschließen.

Die Integratoren

Warum sind Finanzdienstleister, warum sind Versicherer mögliche Treiber dieser Entwicklungen und Angebote? Versicherer haben grundsätzlich eine herausragende Rolle und soziale Verantwortung in unserer Gesellschaft. Sie sind es, die eine entscheidende Rolle in der Altersvorsorge spielen. Sie sind es, die ihr Image durch eine neu verstandene Rolle als Lebensbegleiter neu definieren können und die dem Kunden durch gänzlich neu definierte und koordinierte Dienstleistungen zum Problemlöser werden können. Die führende Rolle in entstehenden Eco-Systemen ist die des Integrators. Finanzdienstleister und Versicherer, die letztlich die Produkte anbieten, die der Finanzierung der benötigten Produkte und Dienstleistungen dienen, sind dabei in der bestmöglichen Ausgangslage um auf Basis der eigenen bestehenden Produktlandschaft die weiteren Services und Technologiebausteine zu ergänzen. Versicherer sind nun gefragt, ihre zukünftige Rolle in einem solchen Eco-System zu definieren.

Geschäftsmodelle des AAL, die ohne die Beteiligung der Versicherer entstehen, können indes deren Kerngeschäft sogar bedrohen. Geld, das ein potenzieller Kunde in den Erwerb eines Wohnrechts in einem AAL-Wohnpark investiert, steht für die konventionelle Vorsorge nicht noch einmal zur Verfügung.

Als Fazit lässt sich zusammenfassen Die Sozialsysteme sind durch ständig höhere Beiträge nicht zu retten, sie sind auf Dauer kaum bezahlbar. Es braucht strukturelle Änderungen und neue Ansätze der Problemlösung. Die Problemlösung kann zu einem wesentlichen Teil darin bestehen, es den Menschen durch neue Technologien und Dienstleistungen zu ermöglichen, lange und mit wenig Kostenaufwand eigenständig zu leben und dabei auch die Familien zu entlasten, die neben der Eigenverantwortung des direkt Betroffenen die größte Last – Zeit, Kosten, psychische und physische Kraftanstrengung – tragen müssen. AAL ist ein vielversprechender Weg, Kosten zu begrenzen und die Versorgung der alternden Gesellschaft sicherzustellen. Eco-Systeme unter der Führung von Versicherern und Finanzdienstleistern können unterschiedliche Technologien, Produkte und Dienstleistungen integrieren und damit den Nutzen maximieren.

Volker P. Andelfinger arbeitet seit Anfang 2009 als Unternehmensberater. Er befasst sich seit einigen Jahren mit Trend- und Zukunftsforschung, modernen Technologien, vorrangig Internet der Dinge und Innovation. Er arbeitet außerdem als Keynote-Speaker, als freier Fachjournalist und Buchautor. Als Dozent unterrichtet er an der Dualen Hochschule Baden-Württemberg in Heidenheim und Karlsruhe, der FH Zweibrücken/BA des Saarlandes und der ZHAW, Zürcher Hochschule für angewandte Wissenschaften.

Weitere Informationen finden Sie unter: www.palatinus-consulting.eu.

Volker P. Andelfinger und Till Hänisch

Gehen wir zukünftig zum Internet-Arzt?

Nein, warum auch. eHealth ist mehr als die Abwicklung medizinischer Prozesse mit technischen Mitteln. Wo steht eHealth heute, wo geht es hin? Die HIMSS – Healthcare Information and Systems Society – wurde bereits 1961 als Non-Profit-Organisation gegründet. Sie veranstaltet unter anderem jährlich Kongresse wie die eHealth Week, die 2015 im Mai in Riga, Litauen, stattfand. mHealth – eine „Teildisziplin" von eHealth – sei vor fünf Jahren zu früh gewesen und in fünf Jahren zu spät, heute sei der richtige Zeitpunkt. So wurde es in Riga gesehen.

Mobile Geräte und Lösungen boomen. Das Internet der Dinge bringt täglich neue Gadgets zu Tage, die im Zusammenhang mit der Erreichung eines besseren Lebensstils, verbesserter Fitness und Ernährung, Prävention und Behandlung chronischer Erkrankungen einsetzbar sind. Die Entwicklung von Gesundheits-Apps im weitesten Sinne hat schon heute unüberschaubare Ausmaße angenommen. Zumeist im Lifestyle-Bereich angesiedelt, steht hier der Sprung in die medizinische Praxis noch aus. Aber vielleicht sind das ja auch gerade die Anzeichen, dass sich die gesellschaftliche Haltung zur Gesundheit verändert: Weg vom Reparaturbetrieb hin zur Unterstützung eines gesunden Lebensstils. Hier wird bereits jetzt deutlich, wie die Zukunft aussehen wird, Apple Watch & Co bahnen den Weg zur ständigen Kontrolle unseres Lebens. Der Nutzen dieser Daten ist weitgehend unbestritten, wie der dafür unbedingt nötige Schutz aussehen soll, ist weitgehend unklar.

V. P. Andelfinger (✉)
Annweiler, Deutschland
E-Mail: vpa@palatinus-consulting.eu

T. Hänisch
Heidenheim, Deutschland
E-Mail: haenisch@dhbw-heidenheim.de

© Springer Fachmedien Wiesbaden 2016   247
V. P. Andelfinger, T. Hänisch (Hrsg.), *eHealth,* DOI 10.1007/978-3-658-12239-3_17

Hier muss entweder noch viel Entwicklungsarbeit geleistet werden, um in Ländern wie Deutschland solche Systeme in der Breite nutzen zu können. Oder die Einstellung zur Privacy ändert sich. In anderen Ländern, etwa den USA oder Skandinavien wird der Schutz der eigenen Daten längst nicht so hoch bewertet, wie bei uns. Letztlich wird sich dies im Lauf der Zeit zeigen, wenn ausgehend von Nischen solche Anwendungen ausgerollt werden.

Grade bei Plattformen wie elektronischen Patientenakten, die Informationen über eine große Zahl von Patienten, vielleicht sogar irgendwann alle, zusammen tragen, hätte eine Verletzung der Privacy gravierende Folgen. Werden diese Informationen öffentlich, ob durch Ausnutzen einer Sicherheitslücke oder Verletzung einer Vorschrift, lässt sich der Schaden nicht mehr beheben. Die Folgen könnten zwar durch entsprechende rechtliche Regelungen, die etwa die Auswertung solcher Daten hart bestrafen, gemindert werden, aber letztlich gibt es keine Möglichkeit, die Daten wieder zurückzuholen, wenn sie einmal öffentlich sind. Wenn die Büchse einmal auf ist …

Und solche Sicherheitslücken lassen sich nach dem derzeitigen Stand der Technik nicht ausschließen, es gibt keine absolute Sicherheit. Insofern ist abzuwägen, welche Daten gespeichert und wie sie wem zur Verfügung gestellt werden. Die EU ist mit ihrer Forderung nach „Privacy by design" hier auf dem richtigen Weg, um zu verhindern, dass (kommerzielle) Anbieter Systeme auf den Markt bringen, um die nur ein kleines Schutz-Mäntelchen gelegt wird. Zukünftig müssen Systeme von Anfang an so entwickelt werden, dass die Daten auch bei technischen Problemen nicht komplett öffentlich werden. Wie das dann aber in der Realität genau aussehen soll, ist noch unklar.

Der Eindruck, dass neben dem Quantified Self gerade Prävention und Behandlung chronischer Krankheiten in einem besonderen Fokus stehen, drängt sich auf. Hier sehen offenbar so viele Firmen und Startups eine Chance, dass ein Blick auf die Qualität dringend anzuraten ist. Es fällt auf, dass zwischen reinen Wellness- und Fitnessanwendungen und -gadgets einerseits und den „echten" medizinischen Anwendungen auf der anderen Seite eine riesige Grauzone entsteht, schon entstanden ist. Die Hürden einer medizinischen Zertifizierung sind enorm hoch. Also bleiben viele lieber in der Grauzone, oder gleich auf der Fitness-Seite.

Ambient Assisted Living und eHealth werden immer stärker zusammenwachsen, denn letztlich geht es bei AAL zu ganz großen Teilen ebenfalls um Gesundheit. Schließlich überwiegt auch bei alten Menschen der Wunsch, gesund alt zu werden. Dieser Wunsch rangiert weit vor Komfort und Sicherheit. Für den zukünftigen Erfolg von eHealth und AAL ist aber ein weiterer Aspekt ganz besonders entscheidend: Alles muss auf die Menschen, die Patienten und deren Bedarf und Wünsche ausgerichtet sein. Sie müssen aber auch in die Lage versetzt werden, auf dem vielzitierten „Driver-Seat" Platz zu nehmen.

Noch eine Erkenntnis: Die Zielgruppen für AAL ändern sich offenbar. Früher waren es die Alten, jetzt sind es die Älteren, die ja faktisch jünger sind, als die Alten. Anne Sophie Parent vom AAL-Forum sagte dazu: „Wir richten uns mit AAL zunehmend bereits an die Altersgruppe 50+". 50+!

Ganz wichtig für den zukünftigen Erfolg, sowohl was eHealth, als auch AAL angeht, erscheint ein weiteres Zitat von Anne Sophie Parent: „Wir haben zu viele unterschiedliche Organisationen und Kommitees – es geht um das Tun!" Man könnte also schlussfolgern: Europa, sortiere und konsolidiere dich – damit wir uns auch in der Zukunft eine gute medizinische Versorgung und mehr Prävention, Krankheitsvermeidung, und ein gesundes und angenehmes Leben und Altern leisten können.

Zum Schluss: eHealth gehört dem Themenfeld Internet der Dinge an. Darüber haben wir in 2015 bereits grundsätzlich geschrieben. In 2016 wollen wir uns mit Industrie 4.0 befassen. In diesem Zusammenhang fällt auf, dass die Grenzen zwischen den einzelnen „Silos" des IoT, des Internet der Dinge, immer mehr eingerissen werden. Im Zeitalter des Internet der Dinge überwachen sich Maschinen selbst, mit Hilfe vernetzter Sensoren erreichen Industrieunternehmen einen reibungsloseren und von Unterbrechungen weitgehend befreiten Betrieb, „predictive Maintenance" ist hier das Schlagwort. In einer Welt, in der Maschinen einerseits und Menschen andererseits über Sensoren vermessen und vernetzt werden, ist es keine Grundsatzfrage, ob Maschinen und Menschen vermehrt miteinander vernetzt werden. Bereits heute können wir Autos kaufen, die mit Assistenten ausgestattet sind, die den plötzlichen Ausfall des Fahrers aufgrund gesundheitlicher Probleme erkennen und das Fahrzeug sicher zum Halten bringen. Das gleiche Prinzip ist auf Maschinen umso besser übertragbar, wenn Menschen im Auto, aber auch in Industriebetrieben mit Sensoren ausgestattet sind, die ihre Vitalwerte überwachen.

Es ist noch lange nicht alles gedacht.

Volker P. Andelfinger arbeitet seit Anfang 2009 als Unternehmensberater. Er befasst sich seit einigen Jahren mit Trend- und Zukunftsforschung, modernen Technologien, vorrangig Internet der Dinge und Innovation. Er arbeitet außerdem als Keynote-Speaker, als freier Fachjournalist und Buchautor. Als Dozent unterrichtet er an der Dualen Hochschule Baden-Württemberg in Heidenheim und Karlsruhe, der FH Zweibrücken/BA des Saarlandes und der ZHAW, Zürcher Hochschule für angewandte Wissenschaften.

Weitere Informationen finden Sie unter: www.palatinus-consulting.eu.

Prof. Till Hänisch ist von Haus aus Physiker und lehrt an der DHBW Heidenheim im Studiengang Wirtschaftsinformatik. Seine Schwerpunkte in Forschung und Lehre sind das Internet der Dinge, Big Data und flexible Datenmodelle.

Weitere Informationen finden Sie unter: http://www.tillh.de.

Erratum zu:
eHealth – Wie Smartphones, Apps und Wearables die Gesundheitsversorgung verändern werden

Erratum zu:
Andelfinger, Volker P., Hänisch, Till (Hrsg.)
eHealth,
DOI 10.1007/978-3-658-12239-3

Liebe Leserin, lieber Leser,

vielen Dank für Ihr Interesse an diesem Buch. Leider haben sich trotz sorgfältiger Prüfung Fehler eingeschlichen, die uns erst nach Drucklegung aufgefallen sind. Die Korrekturen finden Sie auf diesem Blatt.

Die Originalversion der folgenden Kapitel bzw. der Titelei wurde wie folgt korrigiert:

Titelei:
Das Inhaltsverzeichnis wurde geändert: die Autorennamen und Kapitelüberschriften wurden entsprechend der Korrekturen in Kapiteln 6–10, 15 und 16 angepasst.
Das Autorenverzeichnis lautet korrekt:

Volker P. Andelfinger Annweiler, Deutschland
Irene Wyrwa München, Deutschland
Arno Elmer Berlin, Deutschland
Till Hänisch Heidenheim, Deutschland
Julia Richter München, Deutschland
Jessica Schmid Heidenheim, Deutschland
Jonathan L. Schaffer Cleveland, USA

© Springer Fachmedien Wiesbaden 2016
V. P. Andelfinger, T. Hänisch (Hrsg.), *eHealth,* DOI 10.1007/978-3-658-12239-3_18

Florian Schumacher München, Deutschland

Jürgen Seitz Heidenheim, Deutschland

Stefan Selke Furtwangen, Deutschland

Ton Spil Enschede, Niederlande

Nilmini Wickramasinghe Melbourne, Australien

Doug Vogel Harbin, China

Kapitel 6

Die Kapitelüberschrift, die Verfasserin sowie die Kontaktdaten wurden korrigiert. Es wurde ergänzt, dass es sich bei dem Text auf Seite 31 um eine Vorbemerkung der Herausgeber handelt und eine Zwischenüberschrift eingefügt. In der Autorenbiografie wurde der Name von Irene Wyrwa korrigiert.

Kapitel 7

Die Kapitelüberschrift, der Verfasser sowie die Kontaktdaten wurden korrigiert. Es wurde ergänzt, dass es sich bei dem Text auf Seite 39 um eine Vorbemerkung der Herausgeber handelt und eine Zwischenüberschrift eingefügt.

Kapitel 8

Die Kapitelüberschrift, der Verfasser sowie die Kontaktdaten wurden korrigiert. Es wurde ergänzt, dass es sich bei dem einleitenden Text zu Beginn der Seite 53 um eine Vorbemerkung der Herausgeber handelt und eine Zwischenüberschrift eingefügt.

Kapitel 9

Die Kapitelüberschrift, die Verfasser sowie die Kontaktdaten wurden korrigiert. Es wurde ergänzt, dass es sich bei dem einleitenden Text zu Beginn der Seite 73 um eine Vorbemerkung der Herausgeber handelt und eine Zwischenüberschrift eingefügt.

Kapitel 10

Die Kapitelüberschrift, der Verfasser sowie die Kontaktdaten wurden korrigiert. Es wurde ergänzt, dass es sich bei dem einleitenden Text zu Beginn der Seite 97 um eine Vorbemerkung der Herausgeber handelt und eine Zwischenüberschrift eingefügt.

Kapitel 15

Der Name von Irene Wyrwa wurde in der Überschrift, der Autorenbiografie sowie in ihren Kontaktdaten korrigiert.

Kapitel 16

Die Kapitelüberschrift wurde korrigiert. Es wurde ergänzt, dass es sich bei dem einleitenden Text zu Beginn der Seite 239 um eine Vorbemerkung der Herausgeber handelt und eine Zwischenüberschrift eingefügt.